科学出版社"十四五"普通高等教育本科规划教材
普通高等教育体育学类系列教材

竞技训练学

Sports Training Science

陈　亮　熊　焰　主编

科学出版社
北　京

内 容 简 介

本教材以教书育人为根本理念，以高等院校体育专业建设服务教育教学需要为宗旨，以服从竞技训练实践诉求和大学生专业理论学习诉求为导向，坚持守正创新，兼收并蓄国内外经典和最新竞技训练研究成果，建立起一套全新的竞技训练教材体系。

本教材以揭示与解释运动员、教练员的“训”“练”现象本质，探索“训”“练”发生发展的一般规律为己任，按照竞技训练的主体、原理、内容、方法、过程、评价和研究7个维度，共设计了竞技运动与竞技训练学概述、运动员与教练员及其团队、竞技训练原理与原则、竞技训练内容、竞技训练方法与手段、竞技启蒙及基础训练阶段的训练计划与组织、专项深化及提高阶段的训练计划与组织、最佳竞技及高水平保持阶段的训练计划与组织、竞技训练监控与评价、竞技训练的科学研究十章内容，共同构成了一个知识性和专业性并蓄、理论性与实用性兼具、时代性和创新性共存的竞技训练知识体系。

本教材适用于高等院校体育各专业学生使用，也可作为业余训练教练员、大中小学体育教师和大众健身指导员学习与参考用书。

图书在版编目(CIP)数据

竞技训练学 / 陈亮，熊焰主编. --北京：科学出版社，2025.6. --(科学出版社“十四五”普通高等教育本科规划教材)(普通高等教育体育学类系列教材).
ISBN 978-7-03-081817-1

Ⅰ. G808.1

中国国家版本馆 CIP 数据核字第 2025U8N938 号

责任编辑：张佳仪　马晓琳/责任校对：谭宏宇
责任印制：黄晓鸣/封面设计：殷　靓

科学出版社 出版
北京东黄城根北街16号
邮政编码：100717
http://www.sciencep.com
南京文脉图文设计制作有限公司排版
上海锦佳印刷有限公司印刷
科学出版社发行　各地新华书店经销
*
2025年6月第　一　版　开本：787×1092　1/16
2025年6月第一次印刷　印张：19 3/4
字数：456 000

定价：75.00元

(如有印装质量问题，我社负责调换)

《竞技训练学》

编委会

顾　问　田麦久　北京体育大学

　　　　胡亦海　武汉体育学院

　　　　吴　瑛　上海体育大学

主　编　陈　亮　福建师范大学

　　　　熊　焰　广东白云学院

副主编　高玉花　广州体育学院

　　　　高　平　武汉体育学院

　　　　朱佳滨　哈尔滨体育学院

编　委（按姓氏笔画排序）

　　　　于　晶　沈阳师范大学

　　　　马海峰　上海体育大学

　　　　马博威　郑州大学

　　　　石　磊　山东体育学院

　　　　李　赞　天津体育学院

　　　　杨志华　浙江体育职业技术学院

　　　　汪　军　北京体育大学

　　　　张宝峰　苏州大学

　　　　陈　丹　华南理工大学

　　　　赵鲁南　曲阜师范大学

　　　　蒋国勤　江汉大学

前言

竞技运动饱含着人类对自然的崇拜与抗争，对生命的热爱与敬畏，充分彰显了人与自然以及竞争性、公开性与公平性的融合。作为当今奥林匹克运动的底色基因，竞技运动已然成为全人类社会的共同财富，在不同地区、不同民族、不同文化土壤中生长、传播，改善了人类社会的样貌。

运动训练是现代竞技运动的基石。运动训练学或运动训练理论与方法则是现代竞技运动理论的柱石。近百年来，特别是20世纪50年代以后，国内外体育领域和生物科学、人文社会科学领域的开拓者致力于竞技运动实践探索，搭建了一个系统、完整的知识体系和理论体系。

中国的运动训练学研究者在国际运动训练学研究的基础上，丰富与发展了国际运动训练学的内容，建立起中国化的运动训练学理论框架，在中国竞技体育的崛起与腾飞中功不可没。运动训练学以其多学科理论支撑所形成的复合性专业知识体系，为教练员、运动员、大学生和学校体育教师、俱乐部体育指导员的学习与运用提供了指引。

尽管，现有的运动训练学还存在些许不足，但是在竞技运动实践一线，在高等院校体育专业人才培养中，运动训练学依然是体育学学科中为数不多、具有独立学科性质的理论体系。在体育科学研究体系中，运动训练学提出的问题和学说，解决问题的价值取向，论证学说的范式方法，以及对竞技运动实践的服务指导，都充分展示了其相对独立的学术和学科体系地位。

本教材编写人员秉持守正创新的理念，学习借鉴国内外运动训练研究的成果和同类教材或专著的编撰经验，在教材主题和内容体系创新上做了大胆尝试。教材以运动训练的主体、原理、内容、方法和过程及评价为逻辑主线，构建了一个较新的运动训练知识体系。

本教材以体育专业本科生为本，紧密结合体育专业理论知识的学习需要，同时也关照他们未来从事基层体育教练员、体育教师和大众健身指导员的职业需求以及部分大学生研究生深造诉求，较多着墨于解决运动训练实践问题的理念与方法。本教材不仅注重理论知识的传授，更强调实践应用的重要性。通过大量的案例分析和实践建议，帮助学生或读者将理论知识转化为实际操作能力。在全面阐述竞技训练学基本理论的同时，还提供了具有针对性的训练方法、训练设计和建议。本教材在借鉴国内外先进理论与方法的基础上，结合当前竞技体育的最新发展趋势，融入了新的研究成果和理念，体现了教材的创新性与时代性。

特别需要说明的是，本教材基于三大体系建设，特别是竞技体育学学科体系建立的需要，首次使用"竞技训练学"名称。名称的更改并不是简单的词语变化，而是凸显竞技在运动训练知识体系的核心地位。不仅如此，竞技训练学实现了与竞技参赛学、竞技组赛学、竞技选材学、竞技教练学、竞技观赛学的贯通，为竞技运动学、竞技体育学的学科体系提供话语体系支持。

本教材编写分工：第一章竞技运动与竞技训练学由熊焰、马博威编写；第二章运动员与教练员及其团队由熊焰、张宝峰、苓国勤编写；第三章竞技训练原理与原则由高平、杨志华编写；第四章竞技训练内容由高玉花、李赞、于晶、陈丹编写；第五章竞技训练方法与手段由石磊编写；第六章竞技启蒙及基础训练阶段的训练计划与组织由陈亮、朱佳滨编写；第七章专项深化及提高阶段的训练计划与组织由马海峰、陈亮编写；第八章最佳竞技及高水平保持阶段的训练计划与组织由陈亮、马海峰编写；第九章竞技训练监控与评价由汪军、熊焰、朱佳滨编写；第十章竞技训练的科学研究由赵鲁南、高玉花、李赞编写。

系统设计、整体规划并编写符合教育教学改革需要的高质量、有特色的教材，推动形成中国特色高质量体育学领域的教材体系建设是新时期高等学校学科建设、专业建设的重要内容。本教材参编人员均为高等院校教师，他们既承担体育专业本科生运动训练学、竞技参赛学、运动技能学、体育竞赛学、体育科学研究方法、运动生理学、运动心理学等课程教学，也是各高校博士、硕士研究生或体育教育训练学、运动人体科学领域课程专题的主讲。同时，他们大都有长期的国家或省市运动队科技服务经历和承担国家级、省部级课题研究工作的经历。

提出编写本教材实则已有近十年的时间，真正动笔也已两年有余。前有学界前辈矗立的丰碑，间有业内的龃龉，无不增加了编写工作的艰巨性。编委们有精益求精之志，也有学识与胆识之自信，若仍有瑕疵，敬请各位同行斧正，也请同学、教练员、运动员朋友们提出善意批评，不胜铭感。

感谢田麦久、胡亦海、吴瑛等中国运动训练学拓荒者们的包容和支持。

陈　亮　熊　焰

2025 年 4 月

目录

第一章

竞技运动与竞技训练学概述

【导　　读】

竞技运动从身体游戏演化而来，并成为人类高级身体活动。本章从竞技运动引入竞技训练，进而引入竞技训练学等基本问题。重点介绍竞技运动和竞技训练的内涵、基本要素及其相互关系。着重介绍竞技训练学的研究对象、目的任务和边界范畴。本章还梳理了中外竞技训练学的形成与发展，特别介绍了国际竞技训练学中国学派。最后介绍了竞技训练学的课程学习方法、要求。

【学习目标】

通过学习了解竞技运动要素、竞技运动理论的基本体系及其相互关系，认识竞技运动的形态、方式、途径、法则的专门性、专业性和系统性特征。了解掌握竞技训练的内涵、任务、类型，重点掌握竞技训练学的内涵与性质、定位与边界、范畴与内容以及研究方法与基础。一般掌握国际竞技训练学的历史演进，并特别介绍中国竞技训练学流派及其贡献和竞技训练学学习和研究的基本方法和要求。

【思维导图】

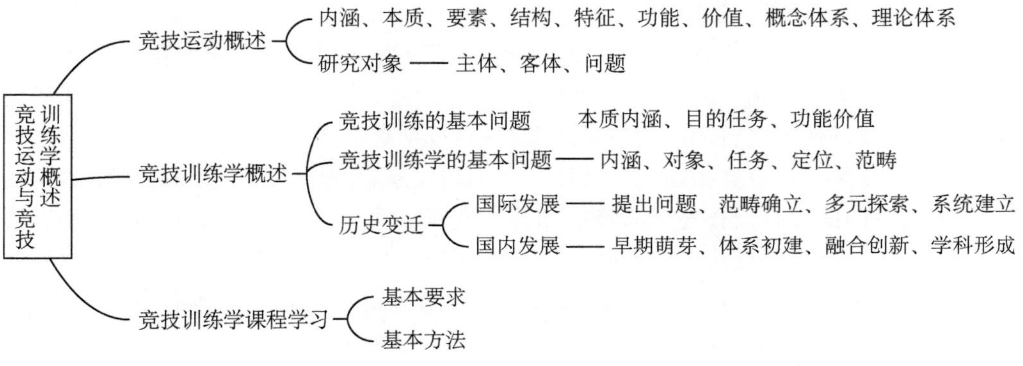

竞技训练是竞技运动的重要组成部分之一，也是实现竞技运动的主要途径。竞技运动是在人们的目标、过程和行为 3 个维度上，通过身体活动、场地器材、项目赛事、法则条例、裁判评定等具象活动条约和行为方式进行的博弈、竞争、比较。为了实现竞技运动创造优异运动成绩，实现竞赛胜利的最高目标，产生了竞技训练活动，在竞技训练实践基础上形成了竞技训练的经验和理论，并逐渐形成关于竞技训练现象及其一般规律的知识理论体系。

第一节　竞技运动概述

人类的游戏是为满足其生存和发展需要，借助身体和物体所进行的活动。竞技运动是由游戏活动演进而成的一整套有目标、有组织的体育活动。其因形态、形式、内容与途径的专门性和特殊性成为游戏性教育文化活动的最高形式。

一、竞技运动的内涵与本质

（一）竞技运动的内涵

竞技运动源自人类的身体游戏，与近代体操、户外运动一起构成现代体育的三大支柱。竞技运动具有共同约定的竞技形态、途径、法则，倡导诚信、公开和公平理念，追求拼搏、坚毅、顽强、合作和智慧，是人们在特定运动时间空间里，以不同运动形态和专门运动方式所进行的有目的、有组织的专门体育活动。结合国内外有关竞技运动的解释，我们将竞技运动定义为，人们按照普遍认同的竞技规则和方法，以竞技性身体活动为基础，以竞技运动项目为手段，通过训练和竞赛的主要途径实现创造最优竞技成绩，获得竞赛胜利的体育活动。

竞技运动的主体是竞技参与者，或称竞技者。狭义的竞技者是运动员、教练员、裁判员，广义的竞技者除运动员、教练员、裁判员之外，还包括竞技运动赛事组织者、志愿者、观众、媒体人员等。运动员、教练员、裁判员作为竞技运动实现的三大主体，是竞技运动目标与过程实现的人力基础。他们在训练、竞赛这一竞技运动主要过程中扮演着各自独立的角色，完成不同的竞技任务。

竞技运动的客体是竞技场地器材、竞技项目、竞技法则和竞技环境。竞技场地器材和竞技项目是竞技运动的物质基础。不同的竞技方式（跑、游、划、滑、投等）都是在其特定的场地器材和空间条件下进行的。竞技场地器材、竞技项目规定了运动员的运动能力发展方式。所有的竞技活动都有其特定的竞技场所和器材设备，竞技者必须遵循在约定的竞技场地空间，通过专门的器材设备完成其竞技训练和竞赛活动。竞技训练和竞赛活动都有其特定的法则，我们称其为竞技法则。它是人们在长期的竞技运动过程中所形成的在竞技训练和竞赛活动中对所有竞技者和竞技场地器材、训练与竞赛运行和保障等各方面的规定性、指导性文件，具有明确的法律效力，是竞技运动运行的制度保障。

竞技运动是体育的核心内容，是体育的核心手段。为了充分发挥其教育与发展的功能价值，竞技运动成为青少年与学校体育、大众体育健身的主要内容、手段与途径，其中竞技运动项目成为促进人们身体健康，实现人的全面发展的高级方式。以奥林匹克运动为代表的现代竞技运动已经成为世界各国、各民族间文化教育、科学技术乃至政治经济交流的重要形式之一，对于促进各国之间的文化交流具有重要意义。

（二）竞技运动的本质

竞技运动的本质是指竞技活动的内在要素之间的根本联系和竞技运动作为一种体育活动区别于其他体育活动乃至其他社会活动的根本特征。由于竞技运动是培养、教育人的活动，其基本属性存在于体育活动之中，又区别于其他体育活动，所以，竞技运动的本质是为了战胜对手，取得优异运动成绩，最大限度地发挥和提高个人、集体在运动能力等方面的潜力所进行的科学的、系统的训练和竞赛活动。简言之，公开公平公正的竞争性身体活动是竞技运动的本质属性。这一属性反映了竞技运动规律稳定、普遍的特性，也贯穿于一切竞技运动之中。

当然，以不同的视角观察竞技运动本质，便会对其产生不同的理解。在不同的历史时期，人们对其本质的认识也有不同。从立德树人的目标上说，竞技运动是塑造人的事业；从课程建设的意义上说，竞技运动是完善人的科学；从课堂教学的意义上说，竞技运动是培育人的艺术。从人的长期发展看，竞技运动的本质是培养人，是提高人的生命质量和生命价值的一个联动的过程。

竞技运动与竞技体育有联系，也有区别。竞技运动是人与人、人与物共同实现的社会化过程。在竞技运动的发展过程中，人们创造出一系列旨在促进与保障竞技运动健康稳定可持续发展的身体活动，以竞技运动为基石，衍生出竞技运动员选材、竞技教练员执教与培养、竞技裁判员执裁与培养、竞技运动赛事组织与管理、竞技运动观赛及竞技运动传媒等，这些为具有广泛意义的竞技体育奠定了物质基础。

竞技体育以竞技运动为基础，在竞技体育人才培养、竞技体育专业建设、竞技体育科学研究、竞技体育组织管理等领域的分工合作形成了一整套模式，是人们所构建的竞技体育的话语体系、学术体系和学科体系的总和。在我国的体育体系里，竞技体育与青少年体育、学校体育、大众体育等一起共同构成了体育事业（表 1-1）。

表 1-1　竞技运动与竞技体育的区别与联系

	竞技运动	竞技体育
主体	运动员、教练员、裁判员、观众、志愿者、媒体人员和赛事组织者等	体育行政主管部门、学校、科研机构、业余与职业俱乐部、企事业单位
目标	创造竞技运动成就和竞技运动文化，提升竞技体育综合实力，增强民族自豪感和凝聚力	推进竞技体育和体育事业发展，引领与促进青少年体育、大众健身和体育产业发展
形态	竞技项目、竞技场地器材、竞技法则、技术方法等	事业管理、文化教育、科学技术等
途径	竞技训练、竞技参赛、竞技组赛、竞技选材、竞技管理	竞技训练竞赛指导、专业人才教育培养、竞技运动科学研究等

二、竞技运动的要素、结构与特征

（一）竞技运动的要素

1. 竞技者及其专业才能

竞技运动是运动员、教练员、裁判员共同“在场”的体育活动，是人类社会特有的社会文化活动。

所有竞技参与者和从业者都必须具备胜任和完成竞技运动的专业能力和职业能力。运动员的专业能力主要是指竞技能力，亦即参训和参赛，并取得比赛优胜的才能。教练员的专业能力是指导运动员训练与比赛有关的专业知识与教练技能。裁判员的专业能力是准确公平执裁竞技赛事，维系竞赛正常运行的专业知识和执裁技能。竞赛组织者的专业能力是科学设计与管理赛事的专业知识和管理技能。竞技运动领域的观众同样也需要了解竞技运动知识，掌握竞技赛事礼仪与道德。媒体人员则必须具备以竞技运动为媒介向受众传播竞技运动的专业知识与专业技能。

2. 竞技动作与竞技技术

在竞技运动中，竞技者（运动员）的活动行为与方式主要有单个、局部和全身的肢体动作或身体动作。不同的身体动作在时间和空间维度上的变化，结合身体运动或竞技的目的需要，形成了不同的动作形态。例如，爬、翻、举、推、挥、投、抛、屈、伸、旋、踢、击等基本运动形态。在此基础之上又形成走、跑、跳、投、击、游、划、滑等运动方法。这些方法都有与之相适应的手段技术，以保证这些运动方法能够有效满足人的运动与竞技需要。在这些运动方法基础上，人们设计出满足不同运动竞赛环境和条件的，并与竞技器材场地、竞赛规则和裁判方法相结合的竞技项目。竞赛的目的性和竞技项目的规定性，又促进了诸如跑步、游泳、划船、射击、球类等不同动作方法系统和不同技术系统的形成。

竞技技术是人达成和完成某一竞技目标的身体动作方法和模式系统。从人类肢体的工具性表达出发（吮吸、眨眼等除外），人的基本动作如抓、握、捏、爬、滚、翻、走、跑、跳、投成为人们胜任与完成复杂动作的前提。人的竞技技术链如同俄罗斯套娃一样，近端与远端肢体技术“嵌套”，简单技术与复杂技术“嵌套”。竞技技术链的嵌套系统中，既有独立，也有连续，甚至有部分重叠关系。

竞技运动中的技术包含有两个子系统。第一个子系统是身体动作方法与方法的运用技巧的集合。第二个子系统是所有旨在促进和保证人的竞技行为和能力的方式方法、措施策略的集合。

3. 竞技场地与竞技器材

竞技场地与竞技器材不仅是人类生活生存空间的延伸与拓展，也确立了竞技运动的形式、方式和内容。

为了使竞技活动更加符合大多数人的需要，并得到大多数人的认同，人们对其使用的“器物”给予塑造或专门设计，如器材的形状和规格以及场地的材质和尺寸等。竞技场地包括天然场地和专门场地。一些运动项目的竞技场地是在天然的水域、道路、山地，按照竞赛要求临时设计、改造而成，如皮划艇静水项目、冲浪、马拉松、自行车赛等为自然场地；另一些运动项目则在室内或室外特制的区域进行。

跑、跳、游、操等运动因为所使用的器材源自自然生活，所以这一类运动器材属于基本生活类。一块开阔的场地，陆地、水域就可以使跑、跳、游、操类等竞技运动得以完成。这一类运动以身体单纯的竞力竞速为主要目标。空旷的场地与竞技者共同构建成一个单纯的空间，以至于人们在进行这一类运动时可以心无旁骛，从而使竞力竞速变得十分单纯。

竞技器材包括专用器材、辅助器材及通用器材。例如，排球比赛专用器材为排球、球网、球柱、计时记分系统、录像回放系统、排球讯响器、可调式裁判椅等；辅助器材为翻分牌、网高丈量尺、换人牌、打气筒、司线旗等；通用器材为电脑、打印机、音箱、电线插板、对讲机、教练椅等。划、滑等竞技运动则是借助了“助力”或者是“协助”的“桨”“杖”，还有特制的“鞋”，于是竞技者与空旷的空域之间的联系更为紧密，也十分复杂。这一类型的竞技会在竞力竞速的量度上有一个飞跃，同时空间的复杂程度也更高。

田径运动的投掷器材，冰球、滑雪滑冰运动的雪杖、冰鞋等器材的材质变化不断影响和改变了这些运动的技术。球类运动中“鹰眼”的使用，则改变了竞技方式、裁判方法甚至是规则。竞技技术与竞技场地和竞技器材之间产生了极其微妙的相互渗透，几乎左右了运动员的比赛行为、比赛过程和比赛结果。

4. 竞技项目与竞技法则

人们根据竞技运动的基本形态和方式设计了满足运动竞赛所需的一种“手段”“载体”，那就是竞技项目。

人类早期的竞技方式是最本能阶段的运动，掺杂着许多非体育的因素(军事的、宗教的)。现代意义的竞技运动之所以能够有序实现，是人们对赌博、博弈、拼争乃至战争等形式的规范化、专业化竞技运动化设计，这就是竞技运动项目。竞技运动项目与训练和竞赛活动相互作用，包含一个生成、演化与固化的过程。

田径、体操、游泳、射箭、划船、滑雪等是典型的传统项目，是古代、现代奥运会竞技项目设置中的必选项目。而篮球、足球、排球、乒乓球、羽毛球等则具有鲜明的现代性。当然，一众运动形态纷繁复杂，吸人眼球的竞技项目的集体闪亮登场却发生在18世纪以后。像自行车、F1方程式赛车、冲浪、帆板、帆船、轮滑、霹雳舞、滑板、棍网球和攀岩等运动凭借其运动者与大自然的融合、青年人的钟爱、大众对健康环保理念的追崇、运动项目推广的商业利益，也成为正式比赛项目。马球、马术、武术、卡巴迪等运动，因突出的地域性而使其普及受限，进入奥运会的道路十分艰辛。总体而论，无论是基于传统还是基于现代身体运动所形成的运动项目无不体现了运动与竞技价值取向的多面性和竞技运动发展方式的多样性。

竞技运动运行的基本逻辑是倡导和遵循“公平、公正”。人们遵循这一逻辑制定和形成了有关竞技形态、方法、过程和行为及其结果等方面的规制。这些规制是有关竞技场地、竞技方法、竞技过程、竞技行为、竞技成绩的竞技法则。所有法则是通过竞技规则、竞赛规程、裁判法则等一系列文本文件呈现的。

5. 竞技成绩与竞技评定

竞技成绩直接来源于运动员竞技参赛过程与行为的结果，是竞技者参与竞技运动的目标追求，也是竞技者竞技过程与行为的效果体现。通常所说的竞技成绩都是指运动员按照比赛规则、办法进行比赛活动中，由裁判员进行的测量与评定结果。例如，体能类和绝大多数技能类竞技项目中运动员在速度、高度、远度、精准度上的测量与评价。竞技成绩还可以是定性的、经验的评定。例如,同场对抗类项目的胜负结果,表演类项目中难度与优美评价换算而成的分值。

竞技成绩有正式和非正式之分,也有训练成绩和比赛成绩之分。训练成绩是参赛成绩的基础与保障,也是对竞技水平和竞技实力的主客观评价结果。

竞技运动评定是一个复杂的评价系统。其评价主体不同,主要有以下 3 种。首先是竞赛运动成绩评定。裁判员或技术人员按照竞赛法则主要对运动员的运动表现行为、过程和结果进行评定,最终产生运动成绩或名次。其次是运动员、教练员及其团队的参赛评定。这是运动员、教练员及其团队在赛中、赛后所进行的对自己参赛行为、表现与效果的评价。再次是运动员、教练员及其团队的训练评定。这是运动员、教练员及其团队对其自身训练行为、训练过程与训练绩效的评定。

竞技评定是对运动员、教练员、裁判员专业能力的评定。其中,对运动员竞技运动能力的评定是核心内容。

(二)竞技运动的结构

竞技运动的基本要素一方面反映了竞技运动的基本属性,另一方面也是竞技运动物质形态、组织形态和运行形态的构成要素。竞技运动的物质形态是指身体运动、场地器材、竞技项目。竞技运动的组织形态是指竞技训练、参赛、组赛、观赛的人员团队、制度法则系统。竞技运动的运行形态是指竞技训练、参赛、组赛、观赛过程的组织及实施过程系统。

竞技运动形态及其组合构成了由物质系统、组织系统、运行系统组成的竞技运动系统。竞技运动的选材、训练、参赛、组赛、裁判、观赛、执教、传媒等活动是这一系统的具体体现。其中,竞技训练和竞技参赛是竞技运动的核心。胡亦海、高平基于信息、系统、工程控制的理论提出了以训练和参赛为核心的竞技运动“双核结构”。该结构对训练和参赛过程的规划、控制和实施要素进行了全面梳理(图 1-1)。

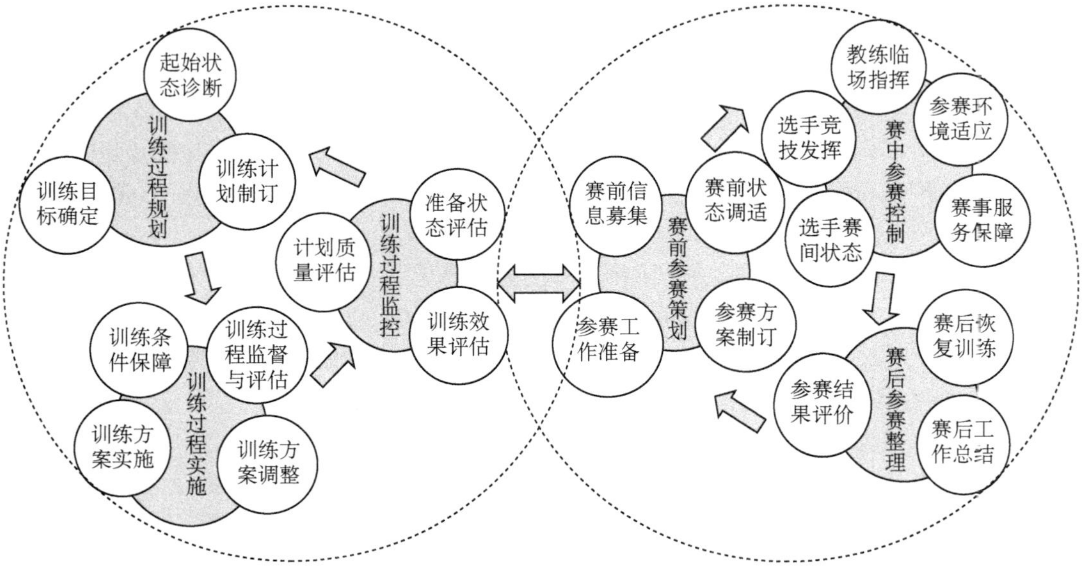

图 1-1　竞技运动训练和竞赛的“双核结构”框架图(高平,胡亦海,2015)

（三）竞技运动的特征

1. 竞争性与规范性

竞争与竞胜是竞技运动的最高价值追求，由此也形成了运动员、教练员运动生涯的思想与行为准则。这一套价值取向、思想行为准则体系成为青少年学校体育和大众体育实施的标的。为此，现代竞技运动确立了运动员、教练员、裁判员以及相关竞技者竞技运动行为规范，对不同运动项目场地及器材条件，训练与比赛的方式与途径等有专门的规制。

2. 公平性与公开性

竞技运动倡导公平，并对训练与比赛项目、时间、地点、场地、器材、竞技者资格等都有明确的规定，通过遵守共同竞技行为规范实现竞技公平。现代意义的竞技运动不再是自发性游戏，在任何场域下进行，而是在一个所有参与者认同的公开场域下进行竞争与竞胜。公共场域的竞争与竞胜具有很强的传播能力和很大的影响力，促进了运动技战术的交流和竞争，以及赛事公平的推进。

3. 公正性与功利性

竞技运动的核心价值观之一是保证竞技过程和结果的公正性和客观性，以激发竞技者的竞争精神，促进竞技运动的不断创新和提高。同时，竞技运动又具有一定的功利性。这是竞技运动的社会价值和经济价值所决定的。特别是商业化、职业化的竞技运动产生的经济效益成为所有竞技者的价值取向之一。

4. 不确定性与娱乐性

竞技运动中不同竞技形态，不同竞赛环境条件，特别是竞技者竞技状态的波动性，竞技过程与结果评价方法方式的复杂性都会造成竞技成绩的不确定性。因此，竞技评价的方法与方式成为运动员、教练员及其团队调控竞技活动过程的重要考虑因素。这也成为观众观赛、媒体传播的焦点。竞技运动生发于各类自然和人为的游戏活动，具有先天的娱乐、愉悦性质。竞技者因参与和获胜而实现心理满足，继而获得轻松、自由和美感。

三、竞技运动的功能与价值

（一）竞技运动的功能

竞技运动的目标是创造成绩和获取优胜，内容是竞技能力的发展与表现，手段与途径主要是训练与参赛。竞技运动的结构与特征决定了它的功能。竞技运动主要具有以下三大功能。

第一，游戏与博弈，挖掘潜力。竞技运动的本质及其要素决定了其具有游戏和博弈相济的功能。也就是说，人们能够通过游戏和博弈满足其生存与发展的需要。其中，游戏与博弈能够引发人们对竞技运动的追崇和热爱。竞技运动使人们追求创造优异成绩，既需要人们具有先天禀赋，又需要人们后天的极致努力，为此就必须通过各种正规手段与途径挖掘自身最大潜力。

第二，教育与塑造，完美人格。竞技运动的教育与塑造功能是指它能够对人的身心进行教育，培养人格，以适应个人与社会发展的需要。竞技运动的教育能够促进人的体质、体格发展，还能培养优良的品格。

第三，调节与维系，整饬秩序。尽管竞技运动是“战争”的变种，却可以作为一种人与人、国家与国家之间关系的调节剂与润滑剂。由于竞技运动追求同一和统一规则认同，且必须并按照这个规则体系去实现竞技博弈，于是形成了社会意义和文化意义上的公序良俗。

（二）竞技运动的价值

竞技运动具有的价值不仅在于提高个人或团队的运动能力，也在于对社会和文化发展产生的积极作用和影响。竞技运动的价值主要体现在以下几个方面。

第一，促进身体健康，提高运动能力，培养适应能力。竞技运动能够增强竞技者身体素质，提高免疫力，促进身体发育，降低患病风险。

第二，培养规则意识，塑造意志品质，提升竞争意识与抗压能力。竞技运动是有规则之运动，有助于强化人的规则、诚信意识，培养其自律、毅力、决心和勇气等品质。通过参与竞技运动，人们可以培养与强化竞争意识，还能够提高面对失败的抗压能力。竞技运动有助于释放压力，减少焦虑和抑郁等心理问题，从而提高生活满意度和幸福感。

第三，增强团队意识，提高协作能力，提升沟通交流能力。竞技运动是一种团队活动，需要所有人员相互协作，共同为团队目标努力。经常参加竞技运动有助于培养竞技者团队协作意识和提升人际沟通能力。拓宽其社交圈层，增加社会交往的机会。

第四，促进国际合作与交流，培养领导能力，彰显组织才能。现代竞技运动以竞赛为纽带，能够促进不同地区和民众在各个领域的交流，增进友谊和相互了解。在系统复杂的竞技运动领域，需要有杰出领导才能的专门人才。通过在竞技运动活动中担任相关职务，可以极大提高人的个人领导能力。

第五，传承体育精神，振奋民族精神，实现爱国主义教育。优秀运动员、教练员的巨大竞技运动成就可以激发人们对集高超运动技巧技艺与智慧于一体的崇尚。当一个国家或地区的运动员、教练员参加国际大赛并取得优异成绩时，会激发其民族自豪感和爱国热情。

第六，以赛事产品为品牌，促进体育产业发展。竞技运动赛事、优秀竞技运动个体和群体的巨大商业价值和市场潜力，能够吸引更多的资本投入，产生更多的商业机会和市场空间，由此推动体育赛事产业的快速发展。

四、 竞技运动理论

（一）竞技运动研究对象

如前所述，竞技运动是人们为了创造优异成绩，取得比赛优胜，以竞技性身体活动为手段，按照专门竞技法则、方法，通过训练、竞赛途径实现人的身体教育活动。

竞技运动研究主体对象是竞技者，研究客体是竞技者竞技过程、竞技行为以及竞技运动环境等。竞技者是所有参与竞技运动的人，包括运动员、教练员、裁判员、管理者、志愿者、观众、媒体人员等个体、群体及其组织。竞技行为是竞技者的训练、参赛、组赛和观赛与传播行为。竞技过程主要由竞技训练、参赛、组赛的组织与控制和观赛与传播过程构成。竞技环境对竞技过程与竞技行为产生重要影响，并会左右甚至决定竞技训练与比赛结果。关于竞技行为、竞技过程和竞技环境的研究问题纷繁复杂，同一个现象因为不同的视角和方法，也会形成不同的研究问题。

竞技运动研究的主题来自竞技运动已经出现或未来可能出现的问题。一些问题可以通过一定的办法或技术去解决，还有一些问题则需要我们对其进行理论化思考，将其提升为较为抽象的学术问题。也就是说既要完成具体问题的解决，又要着力于理论问题的探讨。

竞技运动研究的诸多问题有难易程度、性状性质的区别。不同性质问题形成了不同研究丛（领域），同类或相近问题形成一个研究领域。问题与问题之间，领域与领域之间也存在内在的逻辑联系，这是竞技运动研究和竞技运动理论形成的前提和必要条件。

竞技运动研究的基本问题包括：①竞技运动形态方式如竞技项目和竞技场地与器材；②竞技体制如竞技制度、规则等；③竞技过程如训练、参赛、竞赛及其控制的方法等。它们与竞技运动的物态、制度、精神及行为相关，进而成为竞技运动研究的主要领域。竞技运动形态方式、方法技术、途径内容为其核心知识理论体系。

（二）竞技运动概念体系

竞技运动理论体系是指由竞技运动理论各类知识整合而成的体系，是竞技运动的基本概念、基本原理、应用方法及逻辑关系，并成为系统的、严密的竞技运动知识网络。

人们对竞技运动基本问题的一般看法主要通过核心概念来表达。这些概念不仅规定了竞技运动理论的主线，还确立了竞技运动理论的框架。竞技运动核心概念也是竞技运动理论研究的“奇点”。竞技运动理论的核心概念围绕竞技训练、竞技参赛、竞技组赛等方面展开。人们为了描述与解释、分析与揭示训练、参赛和组赛现象的本质和规律，在已有经验认知基础上，通过逻辑学方法将这些实践概念理论化，并形成一整套概念体系。这一体系源自竞技运动的物质条件，经过竞技运动的实施方式与途径的重现，最终指向竞技者，由此确立了竞技运动概念体系中的核心概念。竞技运动理论中的核心概念见图 1-2。

图 1-2　竞技运动理论中的核心概念

（三）竞技运动理论体系

竞技运动是游戏性身体竞争活动的升华，所形成的专门知识、经验系统，为竞技运动知识或理论体系。竞技运动学着力于竞技运动实践的一系列具体问题研究，关注竞技者的竞技方式与途径及产生结果的机制。竞技者的训练与竞赛行为及其机制既是竞技运动实践的内驱力，也成为竞技运动研究的“元”问题。

竞技运动原理是人们对竞技运动发生、发展基本规律的认知与把握，其反映的是竞技运动具有普遍意义的最基本规律，是对这些规律的诠释。从竞技运动科学原理出发，可以推衍出竞技运动中各种具体的定理、命题等，从而对实践起指导作用。从目前竞技运动科学研究的成果来看，竞技运动原理主要包括竞技运动发生原理、实施原理和评价原理 3 个维度，具体主要包括竞技运动生理生化学原理、竞技运动教育心理学原理、竞技运动工程管理学原理、竞技训练运动文化社会学原理等。

竞技运动原理可以应用到竞技运动的训练、参赛、组赛以及选材、执裁、观赛与传播等各个方面，可以用来解释和预测各类竞技运动现象，帮助我们更好地理解和认识竞技运动。百年来，在现代科学技术的加持下，竞技运动中关于竞技训练参赛原则、竞技运动基本技术、竞技运动组织过程的原理与方法极大地推动了竞技运动实践的发展。现代竞技运动已经形成了明确的知识网络，这个知识网络成为其区别于其他体育活动的重要标志。

竞技运动理论源自竞技运动实践，也源自人们对竞技运动现象和规律的观察、描述、分析、归纳和概括，这一认知过程既是人们长期竞技运动实践经验的积累，也是一些理论研究工作者按照科学理论的范式和方法，将其系统地总结成竞技运动现象和规律一般看法，并回到实践中反复检验而形成的知识体系。

竞技运动由竞技者与竞技方式、竞技过程与行为、竞技过程与结果评定三大系统构成。基于身体运动方式形成的竞技动作与竞技技术、基于不同运动形态形成的竞技项目、场地器材以及保证竞技公平公正实现的竞技规制是竞技方式。竞技过程与行为主要是指运动员、教练员、裁判员、赛事管理者和观众的训练、参赛、组赛和观赛过程与行为。竞技行为和过程结果的评定主要指向运动员竞技能力、竞技负荷、竞技状态和竞技成绩的评定。

竞技运动理论以运动员竞技能力发展为出发点，以竞技能力表现为归宿，形成了“为何训”与“为何练”、“训什么”与“练什么”、“怎么训”与“怎么练”、“训多少”与“练多少”、“训如何”与“练如何”的竞技训练理论系统。

从竞技理论中分化出来的关于运动员、教练员竞技参赛过程“赛前、赛中和赛后”的时间维度出发形成了参赛计划、参赛过程控制、参赛行为控制、参赛总结的竞技参赛学知识系统。

基于先天遗传与后天习得形成了选材原理、选材原则、选材标准、选材方法等运动员选材学知识系统。

从国家和政府组织层面形成了竞技体育的人财物管理、信息管理、目标管理、运动队管理的竞技体育管理系统。

从教练技术出发，形成了教练员“训”的原理原则、教练员素养与能力、运动员指导、教练员训练参赛管理的竞技教练员学知识系统。

从竞技法则出发，形成了裁判学原则与方法、裁判员素养与能力、裁判员职业发展的竞技裁判学知识系统。

第二节　竞技训练学概述

竞技训练是运动员、教练员以及其他竞技者实现与完成竞技运动目标与任务的重要途径。竞技训练学是关于竞技训练现象及其一般规律的总结、提炼及归纳，是人们对竞技训练客观规律认知的知识与方法系统。

一、竞技训练的基本问题

（一）竞技训练的本质内涵

竞技训练是指运动员在教练员及其团队指导下，共同组织、实施，以挖掘、培养与发展运动员竞技能力与教练员执教能力，获得与创造竞技训练和参赛主观条件或才能的竞技活动。活动主体是运动员和教练员，主要途径是教练员的“训导”过程和运动员的“练习”过程，“训”与“练”是运动员、教练员及其团队的核心活动。

竞技训练要素包括运动员、教练员训练主体和训练场地器材、训练环境等客体。主客体活动都是通过训练原理原则、内容、方法与技术、训练计划与实施、训练监控与评价来实现。

（二）竞技训练的目的任务

竞技训练的根本目的是发展与提高运动员的竞技水平，为运动员成功参赛并创造优异成绩奠定基础。为此，运动员和教练员必须完成挖掘运动员竞技运动潜能，学习与发展竞技运动技术，掌握竞技训练和参赛技能的总任务。

具体任务主要有以下几点。

第一，培养正确的竞技运动价值观。加强道德和意志、品质教育，培养坚韧不拔、勇往直前的精神品质。增强运动员、教练员的责任感和使命感。

第二，改善运动员身体形态，提高其机体机能水平，发展其运动素质。

第三，传授与学习、掌握和提高一般与专项运动技术和战术以及专业理论知识。

第四，培养一般心理品质，提升观察力、注意力、控制力等专项竞技心理水平，培养凝聚力、协同力、合作力等职业沟通能力。

第五，科学制订竞技训练目标与计划，加强竞技训练过程的监控与评价管理。提升教练员执教与领导力水平。

第六，加强自我管理、自我控制和自我激励意识培养。

（三）竞技训练的功能价值

竞技训练是通过教练员的“训”和运动员的“练”实现对运动员竞技能力的发展目标。其功能与价值有很多，核心功能是挖掘、促进与发展运动员的竞技训练和竞技参赛能力，以适应训练和达到参赛要求。

第一，改善与增强运动员身体机能水平。系统、专门的竞技训练能够改善运动员新陈代谢及心肺功能，提高能量物质输送效率。

第二，促进与提高运动员肌肉力量和肌肉质量。系统、专门的竞技训练能够增加肌肉的大小和力量，提升完成训练和适应比赛的能力。

第三，提升中枢神经系统兴奋性与稳定性。竞技训练会刺激大脑皮层负责动作技能控制和运动学习的区域，促进新神经网络的形成，从而改善运动技能，达到灵活运用不同肌肉群和启用不同运动模式的目的。通过运动或特定的训练，提高平衡性、灵活性和协调性。加强身体的平衡感、灵活性和协调能力。

第四，提高与发展运动员基本及专项运动技能。系统、长期、专门的训练能够发展运动员的基本运动能力和专项所需的体能、技术技能、战术和心智水平，以满足训练和比赛的需要。

第五，改善身体修复能力。合理系统的训练可以增强身体各组织器官对营养素和氧合物的利用效率，促进器官的发育，降低运动中肌肉或器官负担，改善运动表现并降低受伤风险，提高身体应对损伤和疾病的修复能力。

第六，改进与提高运动员学习训练和比赛的综合技能，提升其抗压能力。有效提升运动员注意分配，情绪状态调适能力。培养判断与决策能力，增强自信心和自尊心。

第七，发展与提升教练员专业与职业能力。在训与练的活动中，培养与发展教练员的执教理念、执教风格、执教技术与执教策略。

二、 竞技训练学的基本问题

（一）竞技训练学的内涵

竞技训练学是一门研究竞技训练现象及其规律的综合性应用学科。竞技训练学旨在发现、描述竞技训练现象、过程和行为规律，归纳、总结有关竞技训练活动的知识体系与理论方法，为教练员和运动员提供科学、有效的训练方法、技术和策略。

学科意义上的竞技训练学是指竞技训练学内部以知识为基础的各类学科所组成的整体结构系统。也就是说，竞技训练学作为一门学科，其学科体系指竞技训练学自身，即竞技训练学的学科知识内容及其整体呈现。承载竞技训练学学科知识内容的主要载体是教材和著作。在此意义上，竞技训练学的学科体系与教材体系是一致的，所呈现的都是竞技训练学的学科知识内容。

简言之，竞技训练学是以竞技运动实践为基础，对竞技训练现象的共时性解释、揭示、归纳与升华，是一门研究竞技训练规律以及有效地组织竞技训练活动的行为科学。

（二）竞技训练学的对象与任务

竞技训练学的主体对象是运动员和教练员，客体对象是竞技训练行为与过程。

运动员、教练员是训与练这一竞技活动的主体。通过研究运动员、教练员的训与练现象，揭示与解释这一现象的本质，探索训与练发生发展的一般规律。训与练的过程是通过运动员、教练员的训与练行为来实现的，所以，运动员、教练员的训与练行为是竞技训练学的研究对象。

竞技训练学的总任务是发现、提出各种竞技训练问题，揭示运动员、教练员训练活动的基本原理和规律，建立竞技训练学理论体系，推进训练理论与训练实践的结合。

具体任务主要包括以下四个方面。

第一，研究运动员、教练员实施与完成训练活动的生物学机制。通过主要研究竞技训练时人体肌肉、神经系统和心血管系统等方面的基本作用原理，揭示竞技训练的本质和解释竞技训练对运动员、教练员的影响作用。

第二，研究运动员、教练员实施与完成训练活动的教育心理学原理。通过研究竞技训练情境下训与练的基本教育心理规律，包括运动员如何有效训练、教练员如何有效指导运动员训练，使其获得高效训练结果的基本教育心理学规律。

第三，研究运动员、教练员实施与完成竞技训练活动的管理学原理。通过研究、解决竞技训练管理的规律、方法、模式和效益等实践与理论问题。

第四，研究运动员、教练员实施与完成训练活动的社会学与文化人类学理论。对由运动员、教练员及其团队构成的竞技训练组织管理实践中所形成的组织行为进行研究，主要包括竞技组织的使命、愿景、宗旨、精神、价值观和理念等方面。

（三）竞技训练学的定位与范畴

竞技训练学是立足于竞技训练现象与实践活动，将运动员、教练员训练现象及其发展规律、训与练的经验、知识与方法进行理性抽象概括与总结从而形成系统的知识理论体系。

竞技训练学的研究对象、研究任务以及研究范式与其他学科的差异性确立了竞技训练学的学科边界，也确立了其与体育学其他学科之间的区别，从而保证了竞技训练学的理论和学科独特性。

所有关于训与练的现象及其发展规律是竞技训练学研究的主要范畴。这一范畴由“为何训”与“为何练”、“训什么”与“练什么”、“怎么训”与“怎么练”、“训多少”与“练多少”、“训如何”与“练如何”等 5 对基本问题构成。围绕训与练，形成了训练主体、训练目标、训练原则、训练内容、训练方法、训练负荷、训练过程、训练组织和训练评价等若干领域。竞技训练学主要包括竞技训练原理原则，竞技训练内容选择与组合，竞技训练手段与方法运用，竞技训练负荷设计与控制，竞技训练计划与过程组织，竞技训练过程监控与效果评价等 6 个方面的主要研究内容(图 1-3)。

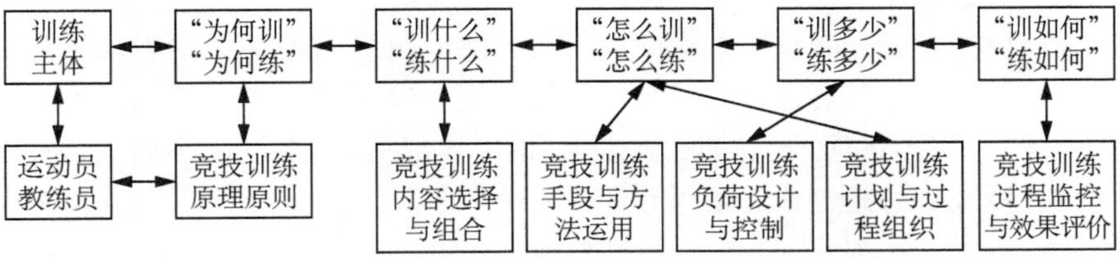

图 1-3　竞技训练学的范畴与内容

竞技训练理论还致力于研究竞技训练系统中运动员、教练员训练的性质、特点、类型，以及各种训练的过程和条件，并应用训练规律去设计竞技训练、改革竞技训练体制、优化竞技训练系统，以提高竞技训练的效能、加速运动员培养的原则。

三、竞技训练理论的历史变迁

（一）国际竞技训练理论的演进

18 世纪中后叶开始的工业革命不仅改变了人类社会的生产方式，更深刻地影响了人类社会的经济、政治、文化、教育等方面。也正是在这一变革的时代，以竞赛和竞技运动组织为代表的现代竞技运动萌芽生发。萌芽时期的竞技训练研究集中于训练影响因素等问题。其中以英国人 A. 麦克拉伦 1866 年的 *Training in Theory and Practice*（《训练理论与实践》）和 R. J. 李 1873 年的 *Exercise and Training: Their Effects Upon Health*（《锻炼与训练对健康的影响》）为代表。他们重点关注饮食、睡眠、沐浴、气候和穿着等对竞技训练活动的影响。尽管此时还是一般意义的训练问题研究，A. 麦克拉伦及其所著《训练理论与实践》也被学界视为开启竞技训练研究的标志。美国学者 A. 福林 1871 年发表的 *Physiological effects of Severe and Protracted Muscular Exercise*(《长期、严苛肌肉训练的生理效应》),J. B. 奥赖利 1888 年出版的 *Boxing and Manly Sport*(《男性运动与拳击》)等开始了专项和专门竞技训练问题的探索。

19 世纪末,特别是 20 世纪现代奥林匹克运动的国际传播,不仅推动了竞技运动的发展进程,也推动了竞技训练理论研究进程。20 世纪初叶,国际竞技训练研究热情地拥抱着现代科学技术,从而产生了许多突破性的成果。20 世纪 40 年代,德国中跑教练格施勒和医生阿因德尔共同创建了影响深远、至今仍然被广泛运用的间歇训练法。跨学科研究竞技训练现象在第二次世界大战之后更为时尚。苏联/东欧学者致力于运用生物学科理论解释和解决竞技训练的实践问题,通过医学、解剖学、生理学、心理学、营养学理论方法研究竞技训练问题。

自 20 世纪 20～30 年代,苏联率先建立体育学院,创办体育理论期刊,成立体育科学研究所,开展系列理论研究之后,20 世纪 50 年代,德国科隆体育学院、莱比锡体育学院在大学中开设竞技训练理论与方法课程,着力于竞技训练的系统研究和竞技训练专门人才的培养。

以 1961 年莫斯科"社会主义国家运动训练问题国际科学方法讨论会"为标志,国际竞技训练理论研究进入一个系统、全面的发展期。民主德国迪特里希·哈雷的《训练学》,列·巴·马特维也夫的《竞技运动理论》、B. H. 普拉托诺夫的《运动训练的理论与方法》在竞技训练过程、竞技训练方法、竞技训练负荷等一般训练学问题上进行了专门研究,由此将国际竞技训练理论研究的目标确立为如何保证运动员在最重要赛事中表现出最高竞技水平。列·巴·马特维也夫提出的训练分期理论以重大赛事和运动员竞技状态变化的一般规律为依据,建立了"准备期、比赛期和恢复期"的基本模式,并建构起不同类型的分期训练体系,成为现代竞技训练理论的核心学说。

20 世纪 80 年代以后,特别是 90 年代欧洲的统一,对竞技训练理论研究也产生了巨大影响。

美国学者尤其关注运动员竞技水平提高和力量、速度、耐力等素质发展等问题。詹姆斯·E. 康希尔曼的《竞技游泳手册》,迈克·鲍伊尔的《体育运动中的功能性训练》(第二版)等成为教练员们的必备学习手册。图德·O. 邦帕不仅出版了《周期:运动训练理论与方法》,还将列·巴·马特维也夫分期理论运用到力量训练之中,他和莫罗·迪·柏斯古与洛伦佐·J. 科内齐主编的《周期力量训练》至今已发行 3 版,被奉为力量训练的圣经。不仅如此,图德·O. 邦帕的力量分期理论还引起了训练理论的革新。

(二)当代中国竞技训练理论

历史地看,中国竞技体育和竞技训练理论研究早在 20 世纪 30～40 年代就已经萌芽。一批留日、留美、留欧的学生在主修教育学、体育学和其他学科之后将日本、欧美的以竞技训练为主体的竞技体育理论零星地带回中国。20 世纪 50 年代起,多名苏联教授和教练受邀来华任教或讲学。1961 年,我国编写的《体育理论》教材中设置有"运动训练概述"章节。在以苏联竞技训练为代表的东欧竞技训练研究模式影响下,我国的竞技训练研究从单项训练研究逐步转向了对竞技训练共性问题的探讨,并总结出了一些一般训练方法与训练原则等训练理论。该阶段最具代表性的理论有"两严"方针与"三从一大"的训练原则研究。列·巴·马特维也夫的《运动训练分期问题》等一批著作被译成中文。1982 年,葛欧瑟博士来华讲座,其《运动训练学》以及迪特里希·哈雷博士所著《训练学》也陆续被翻译。1977

年，北京体育学院主持编写的《体育理论》对训练过程主要规律与问题进行了初步介绍。

1980年中国体育科学学会成立了运动训练学分会，并组织人员编写《运动训练学》教材。该书由过家兴、董国珍、洪其典、瞿国俊、陈安槐等于1983年编写完成。这一内部教材是我国竞技训练学初步创立的标志。1983年和1986年，徐本力和董国珍编著了各校的《运动训练学》内部教材。1986年2月，过家兴主编的《运动训练学》教材正式出版。1988年运动训练专业被国家教育委员会首次列入我国普通高等院校本科专业目录。进入20世纪90年代，徐本力、董国珍、田麦久、延峰、胡亦海、刘建和、王永盛、宋继新等相继正式出版了一批竞技训练学和有关竞技训练理论与方法的专著和教材。上海、北京、沈阳等地的6所直属体育院校和10所地方体育院校以及全国许多师范院校体育系均先后开设了运动训练学课程。自此竞技训练学从原"体育理论"课程中独立出来。1985年北京体育学院成立了我国第一个运动训练学教研室。

1983年，田麦久等根据"竞技能力"和"运动项目"这两个核心问题，提出了竞技运动项目的分类问题，以竞技能力主导因素、运动技能动作结构和运动成绩评定方法为标准，对竞技运动项目进行分类，提出不同项群的训练目标、内容、方法等问题，并将其命名为项群训练理论。

此外，曹景伟对优秀运动员体能模型的建构及诊断与评价方法学体系的研究，李捷提出的运动技能的自组织理论，陈敏对动作技能学习的认知编码研究，张英波提出的竞技能力状态转移的时空协同理论对于丰富竞技能力理论都做出了重要贡献。王清等编写的《我国优秀运动员竞技能力状态诊断和监测系统的研究与建立》则是结合我国竞技运动选材与训练实践所进行的一项极具实践意义和学术价值的成果著作。

20世纪80年代中期以后，我国的运动训练学初步建立起完整的体系。高等体育院校专业教材是主要代表。同时，大量的学术专著也相继付梓。田麦久的《论运动训练过程》《论运动训练计划》对运动训练过程的结构、设计、组织和控制进行了深入系统的探讨；胡亦海的《竞技运动训练理论与方法》《竞技运动特征研究》对竞技训练方法的系统梳理，对竞技运动特征的总结极具洞察力。徐本力的《体育控制论》运用控制论理论对竞技训练过程进行了系统介绍。茅鹏的《运动训练新思路》基于传统竞技训练理论提出的新竞技训练思考具有重要的实践与理论价值。他提出的"一元训练理论"具有鲜明的训练哲学情愫。罗超毅的《我国运动训练科学化动力系统的研究》对竞技训练科学化动力系统理论原理、科学技术与竞技训练科学化等问题进行了系统研究。邓运龙的《运动训练的思维与设计》将竞技体育训练思想、原则和设计等问题上升到哲学高度，并提出了一些有益的思考。陈小平的《竞技运动训练实践发展的理论思考》遵循欧美竞技训练研究理念和理论模式，致力于竞技训练的生物学机制与方法应用研究；他的《当代运动训练经典理论与方法》通过对训练分期、超量恢复、协调、训练负荷和肌纤维募集理论，以及核心力量训练、超等长训练、高强度间歇训练、同期化训练和柔韧训练5种方法进行了全面梳理与展现。王清的《我国优秀运动员竞技能力状态诊断和监测系统的研究与建立》是一部结合选材、训练、参赛指导的重要著作。

中国的竞技训练学历经译介引进、本土化探索到自主创新的发展道路，形成了运动训练原则、运动训练内容、运动训练方法、运动训练负荷、运动训练安排、运动训练评价的完整知识体系。同时，涌现出一批有着独特研究旨趣与视角、稳定研究领域的代表人物和良好学术氛围的学术共同体，为运动员、教练员和研究人员提供了理论指导，建立起既是自主原创又能进行国际对话、既具有民族性又具有普遍性的竞技训练中国理论和中国话语体系。

第三节　竞技训练学课程学习

作为体育学各专业的学科门类学位课程或必修、选修课程，竞技训练学对于培养学生体育专业素养和提升体育职业技能都具有重要的作用。竞技训练学蕴含的多学科知识理论需要学生了解与掌握运动生物科学、教育心理科学、管理工程科学的相关知识与理论，并可以将其应用于对竞技训练现象的思考和实践问题的解决。

一、学习的基本要求

竞技训练学课程的学习要求涵盖了理论学习和实践操作两个方面，旨在帮助学生掌握竞技训练的基本理论和方法，提高其竞技训练设计、实施和评价的能力，为未来的教师和教练员职业发展奠定坚实的专业基础。

（1）掌握竞技训练学的基础知识、研究对象、竞技训练学的形成与发展历史，了解中外竞技训练教学、科研改革的特点与发展趋势，是学习本课程的方法与意义。

（2）了解竞技训练原则与目标设计、训练内容和方法与手段及训练负荷设计、训练过程设计与组织实施以及竞技训练评价的主要模式与实践取向。

（3）掌握竞技训练学的基础知识。理解与掌握竞技训练的基本原则、目标任务、方法与模式、组织形式、方案设计、实施策略、效果评价和环境创设等。

（4）掌握当代竞技训练的新理念、新方法和新技术，培养竞技训练设计、实施与评价能力。做好心理、知识、技能、训练理念以及训练物质准备。

（5）经常关注体育新闻，在线或现场观看重大体育赛事。观摩业余和专业运动训练，特别是及时了解当前中小学课外训练、大众业余训练的现实状况。

（6）提升课堂学习质量和学习效率。课前阅读预习，积极思考问题，积极参与和发起课堂讨论，与同学和老师交流竞技训练实践中观察和思考的问题，勇于提出自己的想法和观点。

（7）遵守课堂纪律，保持良好的学习态度和习惯。做好课后笔记整理，按时完成理论和实践作业，巩固所学知识，提高应用能力。

二、学习的基本方法

学习竞技训练学课程需要全面理解竞技训练理论与实践的各个方面，掌握基本的竞技训练理论和方法，同时注重竞技训练实践和竞技训练研究，培养竞技训练理论素养和专业能力。

1. 融会贯通本专业各科知识

运动解剖学、运动生理学、体育心理学、学校体育学是学习竞技训练学的基础课程。因此，学习这些专业知识对于理解竞技训练学至关重要。

2. 理解竞技训练基本概念

通过了解教师教学进度和课程思维导图掌握本课程教学的重点内容，掌握主要知识点及其相互关系。理解竞技训练的定义、目的、功能以及竞技训练系统中运动员、教练员的角色和职责。

3. 学习竞技训练基本理论

学习训练适应理论、超量恢复理论、分期理论、竞技能力理论、竞技训练过程理论，了解它们对竞技训练实践的影响和应用。

4. 与竞技运动实践结合

结合体育专业和运动技术课的学习，将各专项训练中的训练目标、内容、方法和手段、负荷和组织与本课程的学习结合起来，加深对竞技训练理论的认知。

5. 学习掌握竞技训练指导方法

学习各种竞技训练的一般方法和综合方法，并能够将常用训练方法运用于不同训练对象和阶段之中。

6. 学习制订与评价训练计划或方案

在理解竞技训练的基本概念和原理、方法的基础上，可以结合自己的专项运动实践制订自己、同学或某队伍的某一时期或阶段的课或周、年训练计划。定期评估和调整训练计划，学会根据需要及时调整训练计划。

7. 积极参与课外实习实践活动

通过实习实践，将所学训练理论应用于实际训练环境中，观察学生的训练过程，反思自己的训练设计和方法运用效果。

8. 积极参与训练教学和科学研究

参与教师训练教学研究项目，了解训练研究的方法和过程。学会分析和评价各种训练观点和理论，培养批判性思维和问题解决能力，初步了解竞技训练执教的观点、理念和风格。

9. 认真阅读相关专业文献

阅读竞技训练学、竞技体育学领域的经典文献和最新研究成果，了解竞技体育领域研究的最新发展趋势。参加和观看比赛和交流活动，了解竞技运动发展水平，及时掌握国内外竞技训练的新理念、新技术与新方法。

10. 培养数字训练技术和人工智能技能素养

基本掌握竞技训练及其监控领域的数字化、智能化仪器、设备、软件和工具。

第一章习题　　第一章参考文献

第二章

运动员与教练员及其团队

【导　　读】

竞技运动是以运动员、教练员及其团队为主体的竞技训练和竞赛活动。本章首先论述了运动员、教练员的角色、职责任务，进而介绍其专业能力内容和要求。重点介绍复合型教练团队建设意义，复合型教练团队的构成及其具体职责；系统介绍了复合型教练团队组织文化建设要点和途径。

【学习目标】

通过学习，使学生能够准确理解和把握运动员、教练员及其团队的性质和定位、意义与功能、类型与特征。了解运动员、教练员的专业与社会职业角色，进而掌握其应履行的职责与任务。重点掌握运动员、教练员的专业与职业能力范畴与要求，解释运动员、教练员专业与职业能力发展的重要意义。能够对复合型教练团队文化建设有一定思考。

【思维导图】

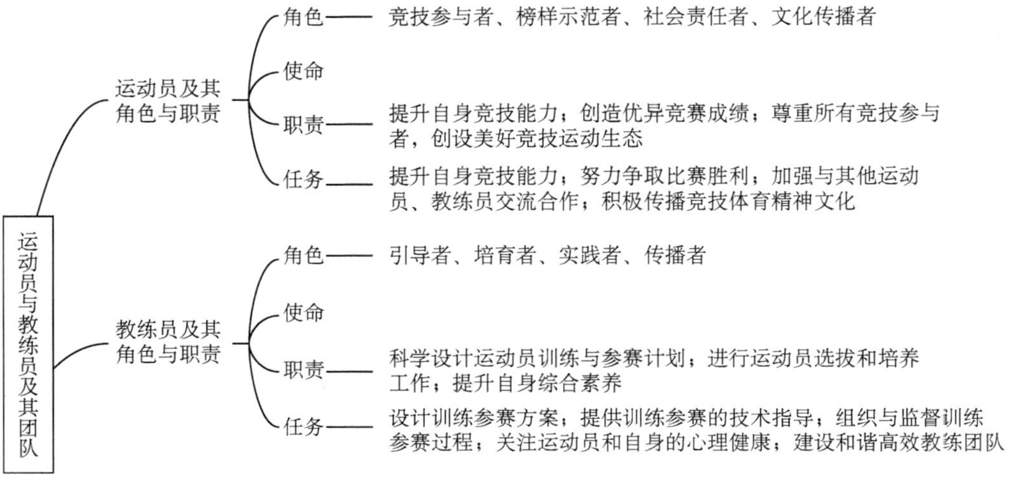

- 运动员、教练员的能力
  - 运动员的专业能力、职业能力
  - 教练员的专业能力、执教能力、职业能力
- 复合型教练团队及其建设 —— 团队构成、团队职责、团队建设

在竞技运动语境下，运动员、教练员的社会角色为其提供了竞技运动行为规范和职责要求，帮助他们在竞技运动中扮演合适的角色，以更好地理解他人的行为和意图，从而促进有效的竞技互动和沟通。

第一节　运动员及其角色与职责

没有运动员，也就没有教练员以及与其相关联的各类人群和竞技运动活动发生。在竞技训练活动里，运动员个人的角色定位决定了其专业与社会职责。认识运动员的角色性质、专业与职业定位和主要职责是竞技训练活动实施的前提。

一、运动员的角色与使命

在竞技运动语境里，运动员是以创造理想运动成绩为目标，通过训练和参赛两种主要竞技运动活动，实现其竞技运动价值和社会文化价值的专业人群。《韦氏词典》(*The Merriam Webster Dictionary*)对运动员的定义是“在锻炼、运动或比赛这些需要体能力量、灵活性和耐力的领域经过训练或具备专业技能的人”。Cross Fit① 把运动员定义为“一名经过训练或拥有如下技能如力量、爆发力、平衡性、灵活性、柔韧性和耐力的人”。

运动员在竞技运动中扮演着竞技运动学习者、实践者和传播者三重角色。他们不仅是训练与比赛等主要竞技运动的核心群体，也是实现竞技运动目标的载体与手段。运动员通过训练、参赛展示自己在竞技运动方面的才能，特别是通过创造优异运动成绩来实现其自我价值和团队与社会价值。运动员的主要角色有以下几种。

竞技参与者：运动员在竞技训练和参赛以及相关活动中展示自己的才华和实力，通过竞技实力水平的展示，体现其个人价值和社会价值。

榜样示范者：运动员作为公众人物，其行为和态度对社会具有示范作用。他们的拼搏精神和团队合作精神能够激励他人，促进社会正能量传播。

社会责任者：运动员竞技运动表现不仅关乎个人的荣誉，还代表着国家形象和荣誉。许多优秀运动员利用自己的体育资本和影响力参与社会活动，积极推进社会进步。

文化传播者：运动员通过参与训练比赛和社会文化活动，加强了不同国家和地区之间的文化交流与理解。

运动员的角色决定了他们背负着重要的社会使命。

---

① Cross Fit 是一个起源于美国的健身训练体系。

运动员以取得优异竞技成绩为根本任务，必须为国家赢得荣誉和尊重，为国家形象的代表。运动员若取得优异竞技成绩，不仅可以提升国家的国际地位，也可以增强国民的自豪感和凝聚力。

运动员在追求更高、更快、更强、更团结的竞技文化实践过程中，不断挑战自我极限，推动体育科学和竞技运动科学的发展。

运动员以其坚韧不拔的精神、团队合作的态度和公平竞争的原则，成为社会的榜样和楷模。他们的故事和经历为社会树立了积极向上的价值观念，激励国民特别是青年人参与和热爱体育运动，追求自己的梦想、克服困难，对社会风气产生积极影响。

运动员通过参与国际比赛和文化活动，促进不同民族、不同地区、不同文化之间的文化、科技、教育交流，有助于增进各国人民之间的友谊和相互尊重。

运动员通过代言、赞助和广告等方式，为社会带来经济效益，为自己创造财富，同时也提升其品牌影响力和市场号召力。其商业价值带动体育设施建设、体育用品销售等相关产业的发展，为社会创造就业机会，促进经济增长。

二、 运动员的职责与任务

运动员的角色决定其必须承担一定的职责，并完成具体的任务。运动员的职责是指运动员必须承担的训练、参赛及相关活动的责任，而运动员的任务则是指其必须完成的具体训练、参赛及相关工作。

运动员的具体职责主要包括以下几点。

第一，努力与坚持参与训练活动，挖掘、发展和提升自己的竞技能力。学习与完成竞技训练是运动员不可推脱的责任。运动员在教练团队的指导和服务保障团队的服务中，完成学习、训练和参加竞赛的任务，进而实现个人和集体竞技能力的发展与提升。

第二，诚信与积极参加各类赛事，遵循比赛准则和规则，秉持竞赛道德，创造优异竞赛成绩。竞技运动“公平、公正、公开”的诉求与规定，要求所有参与者必须首先遵循赛事的准则与规则。运动员必须了解、掌握、认同规则和裁判标准，坚守竞技赛事道德规范约定，以维护比赛的公正性和良好氛围。

第三，尊重教练员及其团队、科研服务团队、管理团队人员并与团队成员保持良好协同，尊重对手（运动员、教练员等）、裁判员、志愿者和赛事保障服务人员、体育观众和媒体，共同创设美好竞技运动生态。

运动员的具体任务包括以下几点。

第一，学习、掌握、提升参与竞赛并取得优异成绩所需的专项竞技能力与一般竞技能力。运动员只有具备专业、全面的竞技能力才能够在训练与比赛中获得与保持最佳状态。

第二，代表某一单位、国家或地区参加体育比赛，争取比赛胜利，获得荣誉。运动员应该以尽最大努力参加训练，并以赢得比赛胜利为最高目标。

第三，在训练和比赛中，与其他运动员和教练员加强交流与合作，建立良好的关系。运动员需要与队友、教练员以及团队其他成员密切合作，进行有效的沟通和协调，共同努力实现团队目标。

第四，参加竞技文化宣传活动和公益活动，传播竞技体育精神，推广竞技体育文化。运动员的运动成就为竞技运动赋予的独特魅力和影响力能够对大众健身和健康领域产生示范效应。在青少年体育教育领域，通过分享成功经验和失败教训，激励他们积极进取、坚韧不拔、努力拼搏、团结合作。

第二节　教练员及其角色与职责

竞技训练活动的另一主体就是教练员。没有教练员，竞技训练活动不可能有序、有效展开。教练员的角色与使命确立了他们的职责与任务。教练员与运动员以及团队其他成员共同协作，实现竞技训练的目标。

一、教练员的角色与使命

在人类社会的教育与文化活动中，从事传授知识与技能，培养学生价值观，引导学生长期可持续发展的社会群体被称为教育者。因为教育对象、教育目标与过程、教育手段与方法和教育评价的专门性，工作环境和方式的特殊性，教育者有“教师”“师傅”“教练”等多种称谓。在体育或竞技运动领域以及航天航空领域的飞行员培养、汽车驾驶员的培养体系中都有“教练员”这一群体。我们把胜任与完成竞技运动目标任务的专业人员称为竞技教练员，简称教练员或教练。

在竞技运动中，教练员主要扮演着引导者、培育者角色，同时也扮演着实践者和传播者的角色。竞技教练员不仅是运动员成长道路上的引路人，也是社会进步的推动者。他们的使命主要包括以下几个方面。

教练员负责管理和组织竞技团队，包括组织、协调和安排运动员的训练和参赛计划，确保团队的整体运作顺利。他们需要做出有效的决策，以实现团队的目标。教练员通过系统的讲解、演示、案例分析等方式，帮助运动员掌握竞技运动学科知识，提高运动员学习能力、适应能力等综合素质。

教练员是运动员的镜子和榜样，是运动员特别是青少年运动员的榜样和模仿对象。教练员通过自身的言行举止、行为表现和工作态度树立良好的专业与职业形象，引导运动员的专业与职业发展。教练员还是运动员人生发展引路人。通过给予运动员训练与参赛针对性的建议、指导和帮助，引导他们自主学习、自主探究，提高运动员的训练与参赛效果，提升竞技运动参与成就感。

教练员尊重每一位竞技参与者的权利、尊严和价值，无论其性别、种族、宗教或政治身份如何，须平等对待。以开放、合作的方式，与其他相关责任人一起致力提升运动员竞技能力。

教练员需要不断更新自己的知识和技能，以适应国际国内体育领域，特别是竞技运动的发展变化。积极参与进修、学习和培训，提升竞技运动科学研究水平，不断提升自己的职业发展能力。

教练员承担着传承体育精神和文化的责任。他们需要向运动员传授竞技体育的精神和价值观，以及教导他们在社会中展现优秀的体育精神和价值观。

二、 教练员的职责与任务

教练员的职责是指教练员必须承担的训练、参赛及相关活动的责任和义务。其任务是指其必须完成的具体训练、参赛及其相关工作。

教练员的具体职责主要包括以下几点。

第一，科学设计安排运动员的训练与参赛计划与行程，确保运动员训练与参赛的顺利进行。

第二，与相关专业人士共同进行运动员选拔和培养工作，为国家或地区输送优秀人才。

第三，学习前沿的竞技运动理论，掌握最新训练与参赛方法与技巧，提升自身综合素养，与团队其他教练员和体育专家进行交流并分享经验，以此应对复杂多变的竞技运动环境和训练参赛要求。

教练员的具体任务包括以下几点。

第一，为运动员设计训练与参赛方案。教练员需要根据运动员的表现和对手情况进行分析和策略调整，为运动员制订合理的训练计划和比赛策略。

第二，为运动员提供训练参赛的技术指导。教练员需要为运动员提供竞技运动能力发展与提升的技术指导和技巧，帮助他们改进和提高体能、技能、战能和心能等专项竞技能力水平。教练员需要根据比赛情况，为运动员安排合适的战术策略，以获得更好的比赛成绩。

第三，组织与监督训练参赛过程。教练员需要监督运动员的训练与参赛过程，确保他们按照计划进行训练与参赛。分析比赛数据和运动员表现，为比赛策略提供科学依据。

第四，关注运动员和自身的心理健康。教练员还需要关注运动员的心理健康，帮助他们调整心态，增强他们的自信心和意志力。同时，作为一种特殊职业，教练员也需要时刻做好自我的心理建设，管控情绪。

第五，建设和谐高效的教练团队。教练员需要通过各种方式培养团队成员间的合作和默契，如组织团队活动、强调团队目标、培养团队精神，最终实现团队目标和愿景。

第三节　运动员、教练员的能力

运动员、教练员的专业能力和职业能力是其从事和胜任竞技运动的基本条件和本领。运动员的专业能力与职业能力主要是通过竞技能力来体现，教练员的专业能力和职业能力则是通过执教能力来体现。运动员、教练员的能力是参加并有效完成训练和比赛活动，通过专门竞技行为表现出来的综合主观条件和个性心理特征。

一、 专业能力与职业能力

专业能力是职业能力的重要组成部分之一，是指与专业知识、专业技能和专业素养等相关的基础性职业能力，是从事某种职业必备的专业的并在职业中表现出来的多种能力的综合表现。专业能力通常是通过专门化的系统训练而获得的能力，主要包括专业知识的获得、专业技能的掌握等方面。

职业能力是个体将所学的知识、技能和态度在特定的职业活动或情境中进行类化迁移与整合所形成的能完成一定职业任务的能力。主要包括以下3个方面基本要素。第一是为了胜任一种具体职业而必须具备的能力，具体表现为任职资格或条件。第二是指在步入职场之后表现的职业素质。第三是开始职业生涯之后具备的职业生涯管理能力。

二、运动员的专业能力与职业能力

一般认为，运动员的专业能力是指其所具有的竞技能力，即运动员完成训练活动与参赛所具备的诸如体能、技术与技能、战术与战术能力和心理素质等才能和本领。运动员竞技能力是其创造优异运动成绩，获取比赛胜利的基础。

运动员的运动生涯主要包括了专业和职业两个阶段。作为职业角色的运动员，其必须具备的竞技运动能力是专项竞技能力基础上的行业、岗位等社会服务能力。由于运动员的运动生涯是有限的，也是短暂的，从运动员长期发展出发，作为职业的运动员，一方面要胜任竞技训练和参赛的工作，创造优异竞技运动成绩，另一方面，运动员作为社会的一员，应具备社会、文化、教育方面的示范与榜样作用。因此，运动员还需要具备公众人物形象应有的社交能力、公益意识、自我管理能力等职业才能和本领。

此外，现代竞技运动的复杂性、不确定性都需要运动员掌握除专项竞技能力以外的那些体现“非训练学因素”“非智力因素”色彩的能力，主要包括心理韧性、沟通能力、学习能力、自我管理能力等。这些能力的发展不仅可以满足竞技运动的需要，还可以为运动员长期发展提供支持。所以说，运动员的职业能力是当运动员以竞技运动为职业，为胜任与完成竞技运动的目标与任务所必须具备的职业素养和职业技能。

运动员的专业能力和职业能力之间存在密切联系。运动员专业能力主要是其从事竞技运动职业的专业能力，是从事竞技运动职业所需的专业技能和知识，是运动员职业能力的重要组成部分。职业能力涵盖一般职业能力、专业能力和综合能力。运动员的一般职业能力主要是指基础能力，如独立训练参赛、获取竞技运动新知识和技能的能力等。除此之外，运动员的职业能力还涵盖了诸如人际交往、团队协作、决策能力、沟通能力等综合能力。

总之，专业能力和职业能力是相互联系的，它们在运动员的职业发展中都起着至关重要的作用。不断提升专业能力和职业能力，可以使运动员更好地适应竞技运动的职场环境，达到个人和职业的发展目标。

三、教练员的专业能力与职业能力

教练员的专业能力是教练员所具备的竞技运动专业知识和技能，包括对竞技运动技术战术的掌握、对竞技运动项目特征的认知、对竞赛规则和裁判方法的熟悉等，特别是对竞技训练和竞技参赛基本理论和方法的系统学习和掌握。作为训练指导者，教练员还应具备良好的教学训练技能，能够通过形象生动的语言和准确无误的动作示范等诸多方法与手段，向运动员传授竞技运动专业知识和技能。

教练员的职业能力主要通过领导能力、沟通能力来体现。体育教练员需要具备良好的领导能力和团队意识，能够有效地管理团队，指导和激励运动员的成长和发展。体育教练员应具备良好的沟通和指导能力，能够有效地与运动员沟通和传授其知识。除此之外，体育教练员需要了解国内外竞技运动发展动向，应具有较强的教学科研能力，能够总结经验，掌握一般的科研方法，并勇于创新。

教练员的专业能力和职业能力最终通过执教能力综合体现。教练员执教能力是其指导运动员训练和参赛过程中所必须具备的、对提高运动员竞技能力起着关键作用的各种本领和才能。其主要体现在认识和把握项目运动规律的能力，学习和运用选材、训练、参赛以及运用理论指导实践的本领。

教练员的专业能力和职业能力之间存在密切联系。教练员专业能力主要是其从事竞技运动职业所需的专业技能和知识，是其职业能力的重要组成部分。职业能力涵盖一般职业能力、专业能力和综合能力。教练员的一般职业能力主要是指设计、组织、实施运动员训练参赛，获取竞技运动新知识和技能的能力等。除此之外，教练员的职业能力也涵盖人际交往、团队协作、决策能力、沟通能力等综合能力。

教练员执教能力具有鲜明的职业特点，职业特点源于竞技运动形态范式，和其执教的特定项目形态与范式息息相关。

教练员的执教能力包含了专项运动技能与理论知识、专业与职业应用技能两个方面，也就是个人条件（素养）和组织环境下的条件（本领）。具体包括专业技能与训练指导的能力和领导力、决策力、凝聚力与执行力等。执教能力是教练员从事竞技运动工作的核心能力。

一般而论，教练员执教能力由普通能力和特殊能力两个方面构成。前者是指认知能力、计划能力、交际能力、组织能力和教学能力，具体包括观察力、记忆力、思维力、想象力、组织能力、语言表达能力、公关协调能力等。后者是指教练员在指导训练中，所需要具备的一种独特而敏锐的思维能力，属于智力能力范畴，即对运动员模式的识别能力、对运动员反馈信息的感受能力。在这个意义上，教练员的执教能力由一般能力、群集职业能力和岗位职业能力构成，三者之间可相互迁移。总体而言，教练员的执教能力都是以指导能力、管理能力、沟通和协作能力、创新和科研能力等 4 种基本素质为基础，最后形成的认知能力、计划能力、交际能力、组织能力和教学能力。

教练员执教能力具有显著的专项特点。足球教练员专业能力主要由控制训练过程能力、教育管理能力、控制比赛过程能力、科研能力以及社会活动能力五大能力构成。青少年足球教练员专业能力则包括控制训练过程能力、控制比赛过程能力、管理教育能力、科学研究能力和社会交往能力五大方面。短道速滑高水平教练员应具备的专业能力则主要是由扎实的基础知识、精深和广博的专业知识、创造能力、训练能力、人际交往能力等构成。高等学校高水平篮球教练员则应具有篮球专项能力、组织管理能力、理解和应用知识的能力、社会活动能力。排球教练员的专业能力主要包括指挥比赛能力、长期建队能力、管理与训练能力、综合性能力和基本专业能力。乒乓球教练员专业能力则包括专项训练能力、临场指挥能力、管理能力、创新能力、合作能力和科研能力等。优秀体操教练员应该具备实践操作、知识、创新、合作、信息、终身学习、教育与管理等方面的能力。

第四节 复合型教练团队及其建设

现代竞技运动发展的一个重要特征是竞技训练和竞技参赛等活动的复杂性。现代竞技训练实践表明,个人和单一专业和职业背景已经难以胜任或完成复杂的竞技训练和竞技参赛活动的需要。同时,竞技运动越来越朝着多学科交融方向发展。复合型教练团队及其建设被视作当代竞技运动的重要内容和途径。

一、 复合型教练团队的构成

团队是指为了实现某一目标而由相互协作的个体所组成的正式群体。竞技运动领域的复合型教练团队具备与团队共同的特性,即不同学科的不同成员之间知识和技能优势互补,共同完成同一任务。一般认为,竞技运动复合型教练团队是顺应国际高水平竞技训练和竞技参赛的发展趋势,以提高运动员竞技表现为目标,以主教练为核心,由训练、参赛、科研、心理、医疗、康复等交叉学科的成员共同完成运动员训练和参赛等主要工作的团队组织形态和管理模式。

复合型教练团队的学科交叉是指团队内各成员不同专业学科背景的共存。教练员应掌握教育学、心理学和管理学的理论与技能,主要负责运动员竞技能力训练参赛设计与组织实施。医务人员应掌握解剖学、生理学、康复学、营养学的理论与技能,负责运动员的医疗保健和康复工作,确保他们保持良好身体状态。科研人员则应该掌握自然科学和人文社会科学的研究范式和技能,负责收集和分析运动员的竞技能力发展与表现数据,为教练员制订训练、参赛计划,实施训练与参赛过程管理提供科学依据。行政或俱乐部人员则应掌握管理学、社会学乃至政治学、经济学的理论与技能,可以协调各种资源,并为运动员及团队提供综合保障。

复合型教练团队具有科研先导性、集体攻关和领导影响力管理等主要特征。复合型教练团队的运行特征体现了科研与训练和参赛实践的紧密结合,能够激发教练员参与团队工作的热情。通过团队模式,体育科研工作向科研功能、科研内容紧密结合训练实践的转变得以完成。复合型教练团队是多学科、多层次、多成员的集体,形成“训、科、医、教、管一体化”“集体决策”的工作局面,以实现竞技训练管理目的。在复合型教练团队运行中,团队领导者需要具备强大的影响力,通过加强沟通与协调、解决团队冲突问题,优化团队绩效考核体系和注重团队的可持续发展问题,从而确保团队的稳定性和工作高效性。

复合型教练团队每个成员都具备深厚的专业知识和技能,能够为运动员提供全方位的训练和支持。同时,团队成员之间相互协作,形成合力,使得整个训练与参赛过程更加科学、高效。复合型教练团队的作用还在于提高运动员的训练效果和比赛表现。通过多学科的合作和支持,教练团队能够更好地了解运动员的身体和心理状态,制订更加科学的训练与参赛计划，帮助他们更好地发挥自己的潜力。同时，团队成员之间的相互学习和交流也能够促进教练团队的专业水平和综合素质的提高。

二、复合型教练团队的职责

竞技训练与竞技参赛管理的主要目标是保证运动员训练和参赛等活动有序、高效地开展。复合型教练团队本身也是一种追求“最高水平”训练与参赛的管理体系，其主要目标是为运动员创造理想或优异运动成绩，获得比赛胜利提供支持。

围绕这一目标，复合型教练团队的总体工作职能包括：①集体研究、论证和制定运动员（队）中长期发展战略规划和具体实施方案；②负责保障团队正常和高效运行的有关规章制度的制定和进行检查；③对本团队金牌任务指标进行分解，确定重点项目和尖子运动员及教练员，选拔和配备领队、科研人员和医疗人员，聘任专家组；④对教练组提交的运动员（队）周期、年度、阶段训练和竞赛计划和任务指标、参赛方案进行集体论证，并对执行和完成情况进行监督、检查和调控；⑤共同查找、研究运动员（队）急需解决的主要问题，有针对性地采取相应的措施及时予以解决；⑥共同研究、制定尖子运动员（队）的技术诊断、机能检测、伤病治疗、营养恢复、思想教育等方面的方案，并监督实施；⑦组织运动员（队）专业业务学习活动，对主管教练训练计划的制订和实施情况进行解析和点评等。复合型教练团队总目标和任务相同，但是各相关团队的具体工作职能不同。

1. 教练团队

教练团队一般是由主教练和几名助理教练等组成。团队的优势是强化教练角色的转变，由被动接受服务转为主动参与，这也要求教练员的综合素质要全面提升。在“训、科、医、管”的整合机制下，教练处于主体位置，教练员直接负责运动员日常的各种训练工作，还要与科研人员的科研立项、医务人员的伤病预防与康复计划紧密协调，通过教练员对运动员掌握和了解的具体情况，制定相应的个性化科研攻关方案和医疗恢复措施。同时，作为教练员，要把各学科各专业的相关知识和技术加以综合，“揉入”训练与参赛指导，使之发挥最佳组合效应。

2. 科研团队

科研团队需要对竞技训练、运动生理学、运动营养学等领域进行深入研究，以提供科学依据和创新的训练方法。他们使用先进的仪器和设备，进行运动员身体测试、体能评估和运动生物学分析，以了解运动员的优势和劣势，并为其提供个性化的训练计划。与医生密切合作，确保运动员的健康状况得到及时监控和管理。他们负责运动员的伤病预防、治疗和康复，为运动员提供全面的医疗保障。与教练合作，根据运动员的体能测试结果和运动科学研究成果，制订详细的训练与参赛计划并确保其实施和执行，并对效果进行评估和反馈。对运动员的训练及比赛数据和对手进行深入分析，以发现改进空间和提高运动员表现的关键因素。在比赛中进行实时监测和分析，为教练团队提供有针对性的比赛策略和建议。科研团队还负责教练的培训与发展，确保他们掌握最新的运动科学知识和技术。他们为教练员提供专业培训课程和研讨会，以帮助教练员更好地理解和应用科学训练方法。科研团队在复合型教练团队中起到桥梁和纽带的作用，与其他学科领域的专家及教练员进行密切合作与沟通。他们确保科学理论与实际训练相结合，推动教练团队的整体发展。总之，复合型教练团队中的科研团队在提高运动员表现、保障其健康状况以及优化训练计划方面发挥着重要作用。他们通过科学研究、数据分析、教练培训等多个方面为整个教练团队提供科学依据和支持。

3. 医务团队

在复合型教练团队中，医务团队扮演着重要的角色。他们的主要职责包括以下几个方面。①为运动员提供专业的医疗服务和支持，包括预防、诊断和治疗各种伤病。②为运动员提供营养指导、康复训练和心理咨询等支持。③负责监测和评估运动员的身体状况，以确保他们能够顺利地进行训练和比赛。④为运动员提供必要的医疗保健和急救措施，以保障他们的生命安全。⑤制订与运动员训练参赛需要相适应的营养计划，为满足运动员的身体状况和训练比赛需求提供专业的建议和指导，以确保运动员能够充分发挥潜力。医务团队应当参与各种团队活动和组织的策划和实施。例如，组织运动员参加体检、疫苗接种、健康宣传等活动。协助教练团队进行运动员转会、注册等事务。总之，复合型教练团队中的医务团队是保障运动员健康和提高运动成绩的重要力量。他们提供专业的医疗服务和支持，确保运动员能够充分发挥潜力，并助力整个团队取得更好的成绩。

4. 管理团队

管理团队为运动项目发展、运动队训练参赛、运动队文化建设等制订团队发展计划，确保团队能够有效地完成目标。组织和协调团队成员的工作，确保每个成员都能够达到最佳效果。分析团队的运行情况和效果，提出下一步的改进建议。主动与教练员、科研人员、医务人员等团队成员沟通，针对团队内部和外部的问题和其他团队成员进行沟通。管理团队财务资源，确保团队运作顺利。培训、激励和管理团队成员，确保团队可以达到最佳状态。总体来说，管理团队在复合型教练团队中的职责是全方位的，包括制订计划、组织协调、分析改进、沟通交流、财务管理及培训激励等。

5. 保障团队

保障团队是为运动员、教练团队、科研团队、医务团队提供全面、专业的后勤支持和保护，确保运动员、教练员能够全身心地投入比赛。保障团队的职责任务是为全体参训、参赛人员提供优质的场馆与器材设备、服装装备、信息技术服务，做好住宿、交通、餐饮、保险、办公设备、营养品、药品等后勤保障服务。负责训练比赛场馆的布置、设施维护和安全保障工作。为参训、参赛人员提供必要的医疗保障，如伤病处理、药物供应等。为运动员、教练员提供必要的心理辅导和支持。总之，保障团队是确保训练比赛顺利进行的重要力量，他们需要具备专业的技能和丰富的经验，能够应对各种复杂的情况和挑战。

三、复合型教练团队的建设

（一）建设依据

以竞技训练和参赛为主体的竞技运动的运行与发展有着显著的复杂性。具体表现在以下几点。第一，运动员竞技能力和教练员执教能力的获得与发展机制和过程的复杂性。第二，竞技训练和参赛过程及内容的复杂性。这是由于运动员竞技状态的变化模式以非线性涌现为主，具有显著的不确定性、无序性、多样性、动态性和不稳定性等。使得教练员对训练和参赛的预测和掌控变得困难。第三，竞技训练和参赛的途径方法与手段的复杂性。为了满足提高不同项目、不同运动员训练和参赛能力的需求，教练员需要根据运动员特点、项目特点、时间阶段特点、对手特点、比赛环境特点等诸多要素去制订训练和参赛计划。第四，竞技训练和参赛的环境极其复杂，多元且易变的各种因素都可能会影响运动员的训练和参赛结果。不同运动项目都有其独特的技能、策略和要求。运动员训练与参赛表现过程与结果通常受到个人身体状况、情绪状态、疲劳程度以及对手的技术水平和比赛规则、场地条件、气候等诸多因素的影响。第五，竞技训练和参赛全过程与行为监控评价及反馈内容、方式的复杂性。例如，对运动员健康状况、心理状态、训练状态与效果、参赛状态与效果的评价反馈需要多学科的支持。

竞技训练与参赛具有多学科属性。人体生理学、运动生物力学、运动生理学、运动心理学、康复医学、计算机科学、管理学、社会学、文化学等多个学科都能够在竞技运动中发现各学科所关注的基本问题，同时也从多个学科视角出发，运用其理论与方法对竞技运动进行全面系统化的研究，其研究成果对于运动员、教练员的竞技训练和参赛的理论和实践都具有重要的指导作用。竞技训练与参赛的多学科属性表明了其对各种学科知识的综合应用和对科学技术手段的广泛依赖。这种多学科属性也使竞技训练与参赛在推动体育事业发展、促进青少年与大众健康、增进国际交流等方面具有重要的地位和发挥更大的作用。

（二）建设目标

1. 长期规划和目标设定

为确保团队建设的可持续性，必须有长期规划和明确的目标设定。复合型教练团队建设的目标是科学整合资源、激发成员动力、完善保障机制、获取最佳成绩。团队需要对未来进行深入思考，制定清晰的愿景，并确立可行的短期和长期目标。这样的规划有助于团队在不同阶段保持高效运作。

2. 持续性的培训和发展

团队成员的持续培训和发展是保持竞技优势的关键。这包括定期的技能培训、团队协作训练以及最新技术的应用。通过不断更新知识和技能，团队能够适应竞技环境的变化，确保长期的高水平表现。

3. 领导力的传承和培养

可持续的团队建设需要优秀领导力的传承和培养。团队领导者应该积极培养新一代的领导者，传递团队的核心价值观和成功经验。这有助于保持团队在领导层面的连续性和稳定性。

4. 社会责任和可持续发展

团队在运作中应关注社会责任，通过积极参与社区活动、慈善事业等方式回馈社会。同时，团队的可持续发展也应考虑对环境的影响，采取可持续性的训练和竞技方式，以实现经济、社会和环境的和谐共赢。

5. 创新精神和适应力

团队需要保持创新精神和适应力，不断寻求新的训练方法、科技支持等。通过引入创新元素，团队能够更好地适应快速变化的竞技环境，保持竞争力。复合型教练团队的组织管理机构，需要为团队工作创造各种有利发展的平台，这有利于提高团队的应变能力和跨职能交叉工作的效率，从而更有利于助推团队进行创新性的工作。

通过深入分析社会影响和可持续性，竞技训练复合型教练团队的建设不仅仅是为了眼前的成功，更是为了在长期内对社会、体育产业和团队成员本身产生积极且可持续的影响。

（三）建设意义

随着竞技体育的不断发展，对教练团队的专业能力和素质要求也在不断提高。建立复合型教练团队可以更好地适应竞技体育发展的需要，为运动员提供更全面、专业的指导和支持。加强复合型教练团队建设不仅对竞技运动组织和团队内部发展有着深远的意义，也对改变社会认知、提升经济效益以及传承竞技运动文化等多个方面具有重要的意义。

构建复合型教练团队有助于提升社会大众的体育认知，将崇尚个体发展转向团队协同。这一认知转变特别有助于激发年轻一代的潜力，使他们更加注重团队协作、领导力和多元技能的培养。团队的成功建设可激励更多年轻人参与体育活动，培养全面发展的个体。

复合型教练团队通常由不同领域和专业的教练员组成，这样可以相互学习和交流，提高整个教练团队的专业水平和综合能力。同时，不同教练员的专业知识和技能，可以为运动员提供更全面、更有效的指导和训练。

复合型教练团队可以更好地满足运动员在技能、体能、心理等多方面的需求。不同领域的教练员可以针对不同的训练项目和运动员的需求，提供专业的指导和支持，促进运动员的全面发展。

复合型教练团队可以更好地协调和管理训练和比赛中的各项工作，确保训练和比赛的顺利进行。同时，通过不同教练员的合作和协作，可以更好地应对比赛中出现的各种情况和问题，提高比赛成绩。

复合型教练团队可以推动体育事业的发展，提高体育运动的整体水平和社会影响力。同时，培养更多高素质的教练员，可以为体育事业的发展提供更多的人才支持。复合型教练团队建设及其创造的竞技运动成就和共同的价值观为社会大众带来了积极向上的文化影响。这不仅体现在对体育精神的传承，还在社会的各个层面推动了团结、奋斗、拼搏的文化认同，为社会提供了积极向前的动力。

复合型教练团队的高水平竞技表现吸引着更多的赞助商和投资，推动着体育赛事的商业化。这种商业化不仅有助于团队自身的可持续发展，还为整个体育产业创造了就业机会、提高了知名度，推动了相关产业链的繁荣。

（四）建设途径

复合型教练团队的建设是现代竞技体育发展的重要趋势，它不仅需要多学科的融合，还需要科学的管理和高效的合作。以下是建设复合型教练团队的主要途径。

1. 加强团队领导者影响力管理

一般而言，领导者的影响力可以分为权力性的和非权力性的两类。权力性影响力是职位和职务的伴生产物，是由组织上以法律或条例的形式固定下来的一种影响力，它具有强制性和不可抗拒性的特点。领导者权力性影响力是管理基础，也是其权威的一个重要构成要素。领导者非权力影响力（又称自然性影响力），是由领导者本人的素质和行为形成的。

与权力性影响力不同，非权力性影响力与职位和职务无关，是一种自然的柔性力量，但又是一种具有示范性、潜移默化性、塑造性和深刻性等特点的力量。它的作用是领导者依靠自身的个人品质、道德、知识、情感等来影响、引导、塑造团队成员，增进团队的凝聚力和向心力。

2. 加强沟通与协调，解决团队冲突问题

冲突是社会生活中一种普遍现象。复合型教练团队一般面临两种冲突：一是外部冲突，主要是与国家队、竞争运动队、俱乐部等的冲突，对于外部冲突，团队一般有明确的应对策略；二是内部冲突，主要来源于复杂的人际关系和业务关系及成员特殊利益的诉求，处理起来需要大量的沟通和协调。为此，根据团队目标及策略，正确选择沟通方式，灵活使用训练方法，创造民族平等和相互信任的团队氛围，通过各种制度性措施（如会议制度、建议制度、头脑风暴制度、集体协商制度）和技术性措施（如“说”“听”“换位思考”技巧等）消除各种沟通障碍，有效地进行沟通。更为重要的是，团队领导对成员、成员对领导、成员之间应建立起深层的相互信任机制，避免和减少成员之间的相互猜疑，降低因加强监督而带来的附加管理成本，促进组织、团队和个人三方的共赢。

3. 优化团队绩效考核体系

复合型教练团队的考核仅仅考核团队绩效是不够的，还要注重把团队绩效与个人绩效结合起来考核，但是，在团队工作方式下，如何考核个人绩效及个人对团队的贡献是比较棘手的问题。以科研和医务人员考核为例，在传统的管理模式下对于科研及医务人员多是从研究课题、发表论文、参加会议等维度进行考核的，但是，在复合型教练团队模式下，在原来的基础上还要增加“团队绩效”和“一体化”的效果指标，可以较客观地体现科研和医务人员的价值和作用。

4. 注重团队的可持续发展

复合型教练团队的有效运行，要注重不断提高团队成员的思想素质、业务素质和能力，明确职责分工与责任，处理好政事关系，实现高效决策和低成本运行。要把体育科技和医务人才的引进、培养与再培养作为一项重要工作来抓，力求形成团队成员学科分布合理、学历层次清晰、年龄结构恰当、人才梯度明显、培训与培养系统连续的良好局面。此外，要不断完善和创新复合型教练团队的管理体制和运行机制，最大程度地提高集体决策的高效性，最大限度地发挥复合型教练团队的管理作用，进而推动竞技体育水平的进一步提高。

5. 培养创新文化

培养创新文化是成功构建复合型教练团队不可或缺的环节。其核心在于激发成员的创造性思维，鼓励他们大胆尝试新思路和新方法。在这样的文化氛围下，团队成员可以自由地去表达观点，无论观点是否与主流看法一致。创新文化建立在尊重和包容的基础上。每个团队成员都能够感受到自己的声音受到重视，而不受地位或角色的制约。这种开放的文化激励成员提出独特观点，促使不同思维的碰撞，激发新的创意。鼓励团队成员接受挑战和接受失败是创新文化的重要一环。在创新中，失败是学习的一部分，而非致命打击。接受失败能够帮助运动员迅速调整策略，找到更优解决方案。积极的激励机制是创新文化的助推器。应设立奖励来表彰成功创新的成员，激发团队成员的动力，使其更加积极地投入创新过程。创新文化的建设需要长期坚持，而非短暂口号。领导者的坚定决心和整个团队对创新文化的认同是必要条件。通过培养创新文化，团队将更好适应变化、创新解决方案，在竞技训练中取得更卓越的成绩。

6. 量化绩效与持续改进

建设复合型教练团队的过程中，关键的一环是制定明确的绩效指标，涉及确定哪些能够准确衡量团队和个体表现的具体标准，如技能发展、任务完成、创新能力等。这些指标的需要与团队目标相契合，为每位成员提供清晰的方向。这种明确的绩效指标是衡量成员贡献的基础，为团队的整体成功提供了坚实的支持。围绕团队不同成员的职责和工作分工，打造责、权、利相统一的激励机制，激发团队的整体优势。定期的绩效评估是确保团队不断发展的关键步骤。通过对绩效指标的定期检查和评估，团队可以及时发现问题并采取改进措施。这个过程需要一个有序的评估体系，强调团队的整体进展和个体成员的贡献。关键在于提供具体而建设性的反馈，激发团队成员的积极性，并为改进提供明确方向。绩效评估不仅仅是问题发现，更是成功实践和成功经验的识别和分享。持续改进文化的建设是团队绩效评估的核心目标。通过及时发现并纠正问题，团队可以更灵活地适应变化，提高训练效率，并更好地实现共同目标。这一过程也有助于团队成员在个人和职业发展中不断提升，形成积极学习与进步的文化氛围。通过量化绩效和持续改进，复合型教练团队将能够在竞技训练中展现出更卓越的表现。

除了以上 6 条主要途径之外，我们还应该注重团队建设的持续评估与改进，做好定期对团队运作效果进行评估，根据反馈进行调整和优化，确保团队始终保持最佳状态。面对竞技体育领域的快速变化，团队需要保持灵活性，及时调整策略和方法，以适应新的挑战和机遇。在追求竞技成绩的同时，团队应始终坚持体育精神和职业道德，确保所有行为都符合公平竞争的原则。

复合型教练团队建设的核心是团队文化建设。团队文化被认为是团队凝聚力和团队走向成功的基石。为了确保理想的团队文化得以真正落地并培养团队成员的文化认同感和凝聚力，我们还需要采取一系列有针对性的方法来推进团队文化建设。

第一，制定明确的文化价值观。团队文化建设的首要步骤是明确文化价值观。主教练员或管理者应该与团队成员共同制定明确的文化核心价值观，强调团队的信仰、道德和共同追求的目标。这些价值观将为团队行为、决策提供指导。

第二，建立共享的愿景和目标。全体团队成员需要对未来愿景和目标有共同的认知。通过团队工作会议、工作坊等方式，共同制定愿景和目标，使每个成员感受到他们的个人努力与整个团队的成功密切相关。

第三，强化主教练或管理者的示范作用。主教练或管理者是团队文化的引领者。通过他们的示范行为，团队成员能够更好地理解和接受理想的团队文化。主教练或管理者应以身作则，展现出团队文化所代表的特质，鼓励团队成员效仿。

第四，增强沟通的透明性和频繁性。透明的沟通是培养文化认同感的关键。主教练或管理者应确保沟通透明、真实，及时分享团队的进展、挑战和决策。频率适宜的团队会议和开放的讨论平台有助于建立良好的沟通渠道。

第五，加强团队建设活动。举办团队建设活动是培养团队文化认同感的有效方式。这些活动不仅仅是为了提高团队成员之间的协作能力，也是为了让他们更好地理解和融入团队文化。

为了提升文化认同感和团队凝聚力，在复合型教练团队建设中还应该注意以下几点。

首先是制造共同的经历和形成统一的传统。共同的经历和传统有助于建立团队成员之间的联系和信任。这可以包括共同参与特定的训练项目、庆祝特殊的节日或活动等。这些经历将成为团队文化的一部分，激发文化认同感。

其次是建立个性化的激励机制。每个成员都有不同的动机和价值观。为了培养文化认同感，主教练员或管理者可以采用个性化的激励机制，根据个体的喜好和价值观为其提供激励，使每个成员都感受到团队的温暖。

再次是为团队成员提供发展机会。通过精心设计的培训计划和明确的职业晋升机会，每个团队成员都感受到了个人和职业成长的可能性。这不仅激发了团队成员的积极性，更增进了他们对团队文化的认同感，形成了一种共同奋斗的精神，共同成长，共创辉煌。

最后是共享成功和失败的经验和教训。共享成功和失败的经验是一种深化文化认同感的强大机制。在团队中，成功不仅是一个个体的胜利，更是整个团队共同努力的结果。共同庆祝成功时，团队成员共享着胜利的喜悦，这不仅强化了团队的凝聚力，也加深了他们对文化共鸣的理解。同样重要的是，失败时应共同面对挑战。将失败视为学习的机会，团队成员可以共同总结经验教训，找到改进的途径。这种共同的应对失败的经历不仅有助于团队更快地调整策略，也增强了成员之间的信任和默契。通过分享成功和失败的点滴，团队成员拥有了一种共同的历程，这超越了单一的任务完成，而是形成了一种团队文化的精神。这种文化鼓励团队成员相互支持，在成功和失败中共同成长，从而在团队的发展中达到更高的高度。

第二章习题　　第二章参考文献

第三章

竞技训练原理与原则

【本章导语】

竞技训练原理、原则分别针对竞技训练学“为何训”与“为何练”、“怎么训”与“怎么练”这两大基本问题进行理论阐述。竞技训练原理是指竞技训练领域中具有普遍意义的基本规律，竞技训练原则是指竞技训练实践所必须遵循的准则。竞技训练原理是训练原则提出的理论基础，竞技训练原则是对训练过程客观规律的反映。本章内容包括竞技训练原理与原则概述、竞技训练基本原理、竞技训练基本原则。重点介绍竞技训练原理与原则的内涵，竞技训练的生理学、心理学、教育学、运动学等学科原理，竞技训练七大原则的释义和实施要点。

【学习目标】

通过本章学习，学生能够理解竞技训练原理与原则的内涵，并基于运动科学及相关学科理论知识，基本掌握竞技训练实践所需要遵循的基本原理和规律；理解竞技训练基本原则含义及其实施要点，并利用各项竞技训练原则深入分析竞技训练现象，掌握训练实践的基本行为准则，形成指导竞技训练实践的科学化理念。

【思维导图】

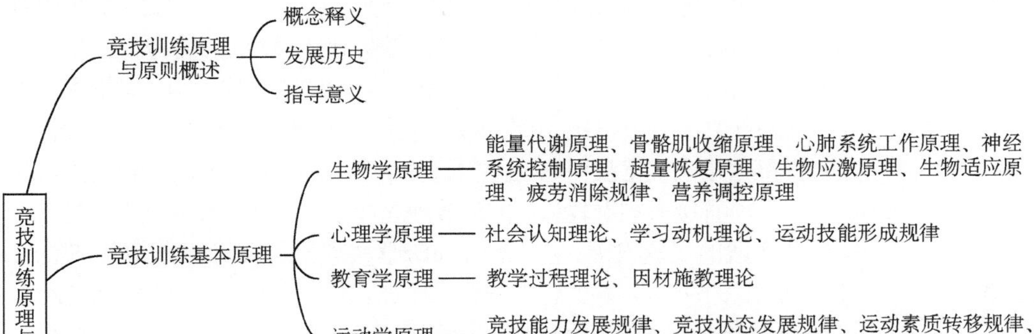

- 竞技训练基本原则
  - 动机激励原则
  - 专项深化原则
  - 系统持续原则
  - 周期安排原则
  - 适宜负荷原则
  - 适时恢复原则
  - 区别对待原则

竞技训练原理与原则具有普遍性、基础性和长期性的特点。竞技训练原理更多侧重于对竞技训练现象和实践内在规律的揭示和描述，而竞技训练原则则更侧重于基于竞技训练规律而制定的竞技训练行为准则或指导方针。学习掌握竞技训练的原理机制有助于我们深入了解竞技训练的本质和运行规律。认识其内部的相互作用和关系，从而更好地理解事物的本质和运行方式。通过对竞技训练原理机制的认识，可以发现新的竞技训练科学规律和原理，推动竞技训练科学知识的拓展和深化。学习掌握竞技训练原理机制有助于解决竞技训练实践中的具体问题，并找到解决问题的途径和方法，为实际问题的解决提供理论支持和指导。

第一节　竞技训练原理与原则概述

竞技训练原理与原则是指导运动员、教练员及其团队在竞技训练活动中进行思考和行动的基本依据，对于解决竞技训练实践问题和实现竞技训练目标具有重要作用。学习竞技训练原理与原则涉及对竞技训练内涵、内在机制、构成元素以及它们之间相互作用关系的认识。通过深入了解竞技训练原理与原则的内涵，可以形成起对它们的基本认识。

一、竞技训练原理释义

竞技训练原理指竞技训练领域中具有普遍意义的基本规律。竞技训练原理是通过大量的观察、实验和实践而总结和概括出来的指导训练实践的基本规律，可作为竞技训练原则的科学基础，亦可用于解释竞技训练实践所遵循的客观规律。

竞技训练是一个复杂的系统工程，是由教练团队指导、运动员练习以及保障团队服务等多方组成的体育实践活动。竞技训练的核心任务是不断挖掘运动员潜力，提高或保持其竞技能力水平，最终在竞赛中创造优异成绩。因此，围绕人体的运动的基本规律和运动的人体的生物机制，一系列关于生理系统功能、教育教学组织、训练过程控制、生物应激与适应、心理活动与干预等方面的竞技训练原理，是现代竞技训练理论构架的学科基石，是教练员和相关人员从事竞技训练实践的科学依据，将直接影响着教练员的执教理念和竞技训练实践的科学化进程。

随着现代竞技运动实践的飞速发展，交叉学科和跨学科理论与技术不断应用于竞技训练实践，使得竞技训练所涉及的学科类型不断拓展。例如，社会科学、自然科学、工程学、生物学等学科的交叉融合与跨学科合作，使人们对竞技训练原理的认识不断深化，组织与控制训练过程的技术手段更加科学与高效。本章基于竞技训练实践需要，重点将运动训练高度相关的生理学原理、心理学原理、教育学原理、运动学原理和运动员竞技状态形成规律、训练过程分期规律等作为竞技训练的基本规律，旨在为客观认识和掌握竞技训练的基本规律奠定科学基础。

二、竞技训练原则释义

竞技训练原则是竞技训练活动客观规律的反映，是竞技训练实践成功经验的总结与概括，是组织竞技训练过程所必须遵循的基本准则。竞技训练原则是随着训练实践的发展而逐渐建立起来的，并随着人们对竞技训练客观规律认识的广度和深度的变化而逐步形成的专门体系，这一体系集中反映着训练过程中的客观规律。

尽管竞技训练过程有着自身独特的规律与特点，但其是一项专门组织的教育过程，因此，教育教学的代表性原则也适用于竞技训练实践。例如，一般教学论原则中的自觉性原则、直观性原则、系统性原则、循序渐进原则、区别对待原则等，同样在不同程度上反映了竞技训练的基本规律。特别是针对青少年运动员，更是要遵循这些基本原则来组织好训练过程。

竞技训练是通过对运动员机体施加一定量度的运动负荷刺激，以逐步影响其身体机能、运动素质和技战术等竞技能力发展，因此，有关竞技训练这一实践过程的特有原则也是各国学者研究的重点。例如，专项性原则、适应性原则、周期安排原则、适宜负荷原则、适时恢复原则、科学监控原则等。这类原则鲜明体现竞技训练的专项性、系统性、周期性、控制性特点，深刻反映了竞技训练设计与实施过程中的基本规律。

三、竞技训练原理与原则的国际发展

（一）竞技训练原理的国际发展

现代竞技训练原理所涉及的学科很广，主要涵盖生理学、心理学、教育学、运动学等学科。20 世纪初叶以来，国际相关学者逐步关注竞技训练原理、规律和方法研究，为推动世界竞技运动发展提供了重要理论指导。在生物学原理方面，20 世纪 20 年代末，学者们发现肌肉中的磷酸肌酸随着肌肉收缩出现下降，而在收缩后的恢复期又出现合成，这是最早对能量物质在运动中的消耗和再合成的研究。

20 世纪 30 年代，汉斯・塞利（Hans Selye）从病理学角度提出了生命的应激（stress）和适应（adaptation）问题。他认为，应激和适应是各种生物体的基本特征，任何一种作用于人体器官的侵害性刺激都是由专门病原性和非专门病原性 2 个部分组成，机体对非专门病原刺激的反应被称作一般适应综合征（general adaptation syndrome，GAS）。同时，适应还可以被分为不同形式，如生理、心理、社会等不同的适应。

1956 年，汉斯・塞利出版 *The Stress of Life*（《生命的应激》）一书，标志着适应理论问世。20 世纪 40～50 年代，苏联科学家开始关注运动对肌肉的影响，N. N. 雅克夫列夫（N. N. Jakowlev）等注意到肌糖原储备和营养补充对运动能力影响的问题，提出超量恢复的概念。20 世纪 60 年代初，列・巴・马特维也夫将超量恢复作为运动训练负荷安排的重要理论基础，认为人体竞技能力的发展是一个“刺激—疲劳—恢复—超量恢复”的过程。科学安排训练负荷，就要处理好负荷刺激的量度与时机。

1976 年，汉斯·塞利又提出“局部适应”的问题，一些器官或功能可以通过蛋白质结构的改变而发生局部性的适应。这一点对运动训练尤其重要，专门有针对性的训练可以优先发展某一器官或系统的功能。从运动训练的角度来看，汉斯·塞利的适应理论为运动训练构建了一个宏观的生物学基础，即人体对外界环境的自然适应过程。

此外，竞技训练作为一项系统工程，随着现代科技与交叉学科的融合发展，教学过程理论、因材施教理论等教育学原理，学习动机理论、社会认知理论、运动技能形成规律等心理学原理，组织行为理论、体育工程理论和一般系统论等其他学科原理和规律都在现代竞技训练实践中发挥着重要作用。

（二）竞技训练原则的国际发展

俄罗斯学者认为，竞技训练原则体系主要包括深刻的专项化和个别对待原则、训练过程的不间断性原则、循序渐进和趋向极限负荷的统一原则、负荷的动态和波浪性原则、训练过程的周期性原则。德国学者认为，竞技训练原则主要包括渐进增加负荷原则、全年负荷原则、负荷分级及周期安排原则、自觉性原则、系统性原则、直观性原则、可接受性原则、持续性原则。

我国学者在不同版本的《运动训练学》教材中，都对训练原则进行了专门阐述。例如，在 1983 年版《运动训练学》教材中，我国学者提出了自觉性原则、直观性原则、一般训练和专项训练相结合原则、不间断性原则、合理安排运动负荷原则和区别对待原则。随着竞技训练实践的发展，以及相关学科理论与技术的介入，人们对竞技训练本质属性和基本规律的认识更加深入和全面，对竞技训练成功经验的总结也不断丰富。因此，竞技训练原则的内容也获得了充实与发展。

田麦久教授在 2017 年版《运动训练学》教材中，提出了统筹兼顾运动训练过程中若干对立矛盾问题的辩证协同训练原则体系。这一原则体系包括动机激励与健康保障原则、竞技需要与区别对待原则、系统持续与周期安排原则、适宜负荷与适时恢复原则。这些训练原则站在哲学高度，辩证地引导教练员和运动员认知各组原则相互矛盾的 2 个范畴，并使之协同运行，以适宜的“操作力度”来掌控受到多维因素影响、复杂多变的竞技训练行为，为教练员和运动员的训练实践提供了现实的理论指导。

纵览国内外学者对竞技训练原则的阐释，既存在普遍共识，也因各国发展竞技运动的体制机制差异，以及相关学者主观认识不同，而在总结与提炼具体的竞技训练原则时，采用的提法不尽相同。俄罗斯、德国和中国的学者都提出了不同的训练原则体系（表 3-1）。综合国内外专家学者的研究，我们选取动机激励、专项深化、系统持续、周期安排、适宜负荷、适时恢复和区别对待等 7 个方面建立起竞技训练原则体系。

表 3-1　国内外代表性学者、教材关于竞技训练原则体系的一览表

姓名		时间（年）	负荷类原则	周期性原则	系统性原则	全面性原则	区别对待原则	动机性原则	专项化原则	直观性原则	控制类原则	导向类原则	恢复类原则	健康性原则
国外	列·巴·马特维也夫	1977	▲	▲	▲	▲	▲	▲	▲			▲		

（续表）

	姓名	时间（年）	负荷类原则	周期性原则	系统性原则	全面性原则	区别对待原则	动机性原则	专项化原则	直观性原则	控制类原则	导向类原则	恢复类原则	健康性原则
国外	迪特里希·哈雷	1982	▲	▲	▲		▲	▲		▲				
	葛欧瑟	1984	▲	▲		▲	▲				▲	▲		
	普拉托诺夫	1986	▲	▲	▲	▲	▲	▲	▲	▲		▲		
	图德·O. 邦帕	1990	▲			▲	▲	▲	▲		▲	▲		
国内	体育理论	1981	▲	▲	▲	▲	▲							
	运动训练学分会	1983	▲	▲	▲	▲	▲	▲		▲				
	过家兴	1986	▲	▲	▲	▲	▲	▲		▲				
	董国珍	1986	▲	▲	▲	▲	▲			▲				
	刘建和	1987	▲	▲		▲		▲		▲				
	徐本力	1990	▲	▲	▲	▲	▲	▲		▲	▲			
	过家兴，田麦久，徐本力	1990	▲	▲	▲	▲	▲							
	胡亦海	1991	▲	▲	▲	▲	▲	▲	▲					
	田麦久	2000	▲	▲	▲		▲	▲		▲	▲	▲	▲	
	胡亦海	2005	▲	▲	▲		▲	▲	▲			▲	▲	
	田麦久	2006	▲	▲	▲		▲	▲			▲	▲	▲	
	田麦久，刘大庆	2012	▲	▲	▲		▲	▲				▲	▲	▲
	胡亦海	2014	▲	▲	▲		▲	▲	▲			▲	▲	
	田麦久	2017	▲	▲	▲		▲	▲				▲	▲	▲
	余银，胡亦海	2019	▲	▲	▲		▲	▲	▲			▲	▲	

四、竞技训练原理与原则的指导意义

（一）竞技训练原理的指导意义

竞技训练原理旨在揭示竞技训练过程规划、实施与监控的科学依据与客观规律，并指导训练实践科学化发展。例如，能量代谢原理、超量恢复原理、生物应激原理、生物适应原理等竞技训练原理的应用，显著提升了现代竞技训练实践的科学化水平。21 世纪以来，正是基于运动科学与交叉学科，以及跨学科的理论原理与科学技术的支持，通过不断加强理论研究和科技助力，中国竞技运动水平快速发展，连续多届奥运会进入金牌榜前 3 名，并在第 29 届北京奥运会上居于金牌榜首位。

（二）竞技训练原则的指导意义

竞技训练原则既是对竞技训练原理的客观反映，也是对训练实践成功经验与客观规律的高度总结。最终形成指导竞技训练实践的行为准则。竞技训练理论与实践主要围绕“为何练”“练什么”“怎么练”“练多少”“练如何”等基本问题展开论述。随着科学技术与竞技运动的发展，人们对隐性的竞技运动科学原理及项目规律的认识逐步深入，对训练实践所遵循的准则也愈加明晰。本章基于国内外学者对竞技训练原则的主流提法，并结合中国竞技训练实践发展的经验与教训，提出了动机激励原则、专项深化原则、系统持续原则、周期安排原则、适宜负荷原则、适时恢复原则、区别对待原则。旨在从理论传承与实践应用角度阐述竞技训练实践所必须遵循的基本准则。

第二节 竞技训练基本原理

一、竞技训练生物学原理

（一）能量代谢原理

人体生命活动的最基本特征是新陈代谢，包括物质代谢与能量代谢。一般将生物体内物质代谢过程中所伴随的能量储存、释放、转移和利用，称为能量代谢。人体能量代谢系统包括 ATP-CP 代谢系统、糖酵解代谢系统和有氧氧化代谢系统。

1. ATP-CP 代谢系统

ATP-CP 代谢系统又称磷酸盐系统。腺苷三磷酸（adenosine triphosphate，ATP）和磷酸肌酸（creatine phosphate，CP）都是高能磷酸化合物，并储存在肌细胞内。其中，ATP 是人体肌肉收缩时唯一直接利用的能量，CP 是一种最快速可以使 ADP 迅速再合成 ATP 的间接能源。肌肉中存储的磷酸盐总量不多，因此，利用此系统所提供的能量极为有限。

2. 糖酵解代谢系统

糖原在缺氧状态下发生无氧糖酵解产生能量的过程称为糖酵解代谢，缺氧状态下肌糖原的分解代谢产物为乳酸，故又称为乳酸代谢，糖酵解代谢系统是持续最大速率 1～2 分钟运动的主要供能方式。

3. 有氧氧化代谢系统

有氧氧化代谢系统是指糖原、脂肪、蛋白质等在氧供应充足情况下发生有氧氧化产生 ATP 的能量代谢系统，该系统是长时间耐力运动的基础。

3 种不同能量代谢系统特点及运动中主要 3 种不同能量代谢系统主要能量供应比例具体见表 3-2 及图 3-1。

表 3-2　3 种不同能量代谢系统特点（Bompa，2009）

能量代谢过程	肌组织供应量（μmol/g）	ATP 最大生成率［μmol/(g·s)］	最大功率输出持续时间
CP ⟶ ATP+C	20	1.6～3.0	6 秒
糖原（葡萄糖）⟶ 乳酸	240	1.0	从 30 秒到 1 分 30 秒
糖原（葡萄糖）⟶ CO_2+H_2O	3 000	0.5	2～5 分钟，甚至更久
脂肪酸 ⟶ CO_2+H_2O	不受限制	0.24	

不同运动项目对运动员体能与技战术要求不同，这也决定了运动项目能量供应具有专

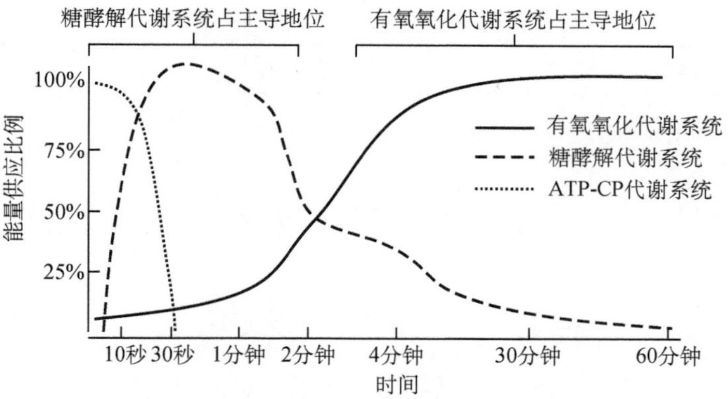

图 3-1　运动中 3 种不同能量代谢系统主要能量供应比例示意图(Bompa, 2009)

项性特点,但竞技运动项目不存在绝对的某一个单一能量代谢系统供能,而是需要 3 个能量代谢系统按照不同比例协同供能。因此,在制订训练计划时,应根据运动项目供能特点,着重发展在该运动中起主导作用的能量代谢系统,同时也要兼顾其他能量代谢系统的发展,并针对性安排训练方法与手段。例如,100 m 短跑是以 ATP-CP 代谢系统供能为主,但糖酵解代谢系统也一定比例地供能;马拉松运动持续时间很长,运动中能量供应以有氧氧化代谢系统为主,但糖酵解代谢系统供能也占有一定比例。

(二) 骨骼肌收缩原理

骨骼肌受到刺激产生兴奋后,立即产生收缩反应,人体各种形式的运动主要是靠肌细胞的收缩活动来完成。在整体情况下,运动神经传来的冲动,经过运动终板传至肌纤维膜,引起肌纤维膜发生一个可传导的动作电位,从而触发横桥运动,产生肌纤维收缩,收缩后又必须舒张才能进行下一次收缩。肌纤维收缩和舒张的全过程包括兴奋-收缩耦联、横桥的运动引起肌丝的滑行、收缩后的舒张。

骨骼肌收缩可表现为整块肌肉的长度发生变化,但整块肌肉的长度也可不发生变化。根据收缩时的长度变化,把收缩分为 3 种基本形式,即向心收缩、离心收缩和等长收缩。在完成工作或对抗地心引力对身体的作用时,这几种收缩往往同时或按顺序发生。向心收缩又可根据收缩时负荷和速度的变化区分为等张收缩和等动收缩。

有研究者用电刺激法证明了红肌纤维、白肌纤维的收缩功能不同,红肌纤维收缩慢而持久,白肌纤维收缩快而短暂。之后人们对骨骼肌肌纤维类型的形态、功能和代谢特征等进行了较全面的研究。另有研究者创造了肌肉的活检技术,使得人们对人体骨骼肌肌纤维类型的研究有了飞跃性发展。有研究者对运动员骨骼肌快、慢肌纤维的分布、功能及代谢特点等进行较为广泛的研究,并将研究成果应用于运动训练实践之中。快、慢肌纤维的生理学特征见表 3-3。

表 3-3　快、慢肌纤维的生理学特征(封飞虎 等,2018)

生理学特征	慢肌纤维(Ⅰ型)	快肌纤维(Ⅱ型)
运动神经元兴奋性	兴奋阈值低	兴奋阈值高
运动神经元传导速度	2～8 m/s	20～40 m/s

（续表）

生理学特征	慢肌纤维（Ⅰ型）	快肌纤维（Ⅱ型）
收缩速度	慢	快
收缩力量	小	大
肌肉收缩能量供给	有氧代谢能力强	无氧代谢能力强
抗疲劳能力	不易疲劳	易疲劳
动员模式	耐力类活动	力量、速度类活动

运动员肌纤维组成具有明显的运动项目适应性特点。时间短、强度大的运动项目的运动员，快肌纤维占比高。相反，耐力项目的运动员，慢肌纤维占比更高。例如，马拉松世界冠军的腓肠肌中，慢肌纤维所占比例为93%～99%。在运动训练时，不同强度的练习可以发展不同类型的肌纤维。为了增强快肌纤维的代谢能力，训练计划必须包括大强度练习；若要发展慢肌纤维的代谢能力，则要安排强度较低、持续时间较长的练习。

（三）心肺系统工作原理

心肺系统是指以泵血功能为主的心脏和以呼吸功能为主的肺部协同工作的系统，用于输送 O_2 和营养物质到身体各部位，并将代谢产物从身体排出。心脏负责将氧气富集的血液泵送到身体各处，肺部则负责将空气中的 O_2 吸入血液，同时将 CO_2 排出体外。这个系统对于运动员的耐力和体能至关重要，因为它直接影响着 O_2 输送和代谢产物的清除速度。人体气体血液循环示意见图 3-2。

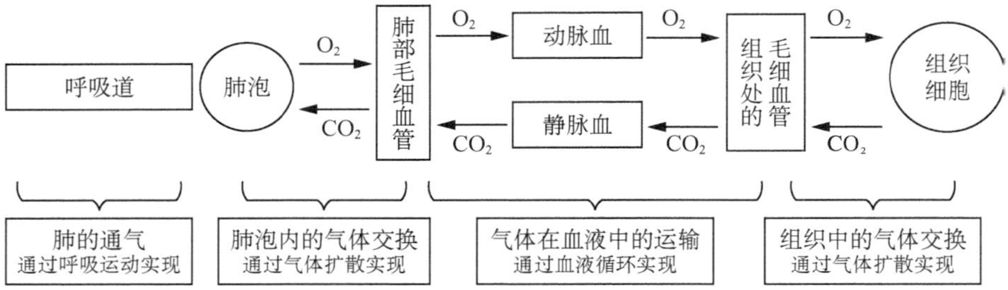

图 3-2 人体气体血液循环示意图

心力储备的大小反映心脏泵血功能对代谢需要的适应能力，也反映心脏训练的耐力水平。耐力水平高的人，心力储备明显高于一般人，其最大心输出量可达静息心输出量的5～6倍。有研究认为，坚持体育锻炼的人，心肌纤维较粗，心肌收缩力强，射血分数提高，因此搏出量储备增加；同时，静息心率因训练而减慢，因此心力储备也增大。例如，优秀耐力运动员的静息心率可低到50次/分以下，而运动时的最高心率达190～200次/分时，搏出量仍不减少，故最大心输出量大幅度增加。此外，长期运动训练可改善与增进呼吸系统功能，提高运动时的最大肺通气量以及肺换气和组织换气的效率。通过训练，呼吸肌力量能够增强，吸气和呼气能力也能得到提高。

（四）神经系统控制原理

神经系统是人体主要的功能调节系统，通过神经元和神经递质传递信息，信息通过电信号在神经元之间传递，神经递质则在神经元间传递化学信号，这种信息传递形成了复杂的神经网络，控制着人体的感觉、思维、行为和身体功能。人体运动神经系统主要有三级传递结构，即大脑皮层、脑干、脊髓。大脑皮层运动区发出指令，通过脊髓传递至周围神经，发动随意运动。脑干的运动神经元接收来自前庭、视觉、身体各种感觉和大脑皮层的下行控制信息，并通过脊髓运动神经元控制肌紧张、身体姿势、体位反射以及站立和行走等基本活动。

肌梭和高尔基腱器被称为肌肉感觉器官。正是由于肌肉感觉器官的传入神经将运动状态的反馈信息反馈回各级运动调节中枢，中枢神经系统才有可能实现对人体运动的控制。脑科学是研究大脑和神经系统的学科领域，涉及神经生物学、心理学、计算机科学和其他相关学科。随着科学技术发展创新，为了进一步研究脑电信号的生理、病理与心理学意义，学者们发明了脑波处理技术。为了更好地研究运动员中枢神经系统的功能状态，在运动实践中除了测试运动员安静状态及运动后的脑电图，还会用一些特定方法使运动员产生诱发脑电波来反映运动员大脑的功能状态。

（五）超量恢复原理

人体在运动负荷刺激下，能量储备、物质代谢以及神经调节功能会出现不同水平下降，负荷刺激结束后，下降的功能不但可以恢复到负荷前的初始水平，而且能够超过初始水平的现象，我们称之为超量恢复（over-recovery）。超量恢复理论主要是从运动时某些能源物质的消耗和恢复视角阐述运动能力提高的机制，至今支撑其理论最有力的实验证据仍然来自负荷刺激后肌糖原的超量恢复。

德国学者温奈克将超量恢复作为负荷与恢复最佳关系原则的生物学基础，提出了能力下降、能力恢复和能力超量恢复的 3 个阶段。科学安排训练负荷，就要处理好负荷刺激的量度与时机，一般来讲，在机体疲劳恢复至产生超量恢复效应期间安排下一次适宜负荷刺激，可以使“负荷—疲劳—恢复—超量恢复”的过程持续不断地在人体潜能范围内延续，使机体产生更高层次的运动适应，表现出运动能力不断提高（图 3-3）。

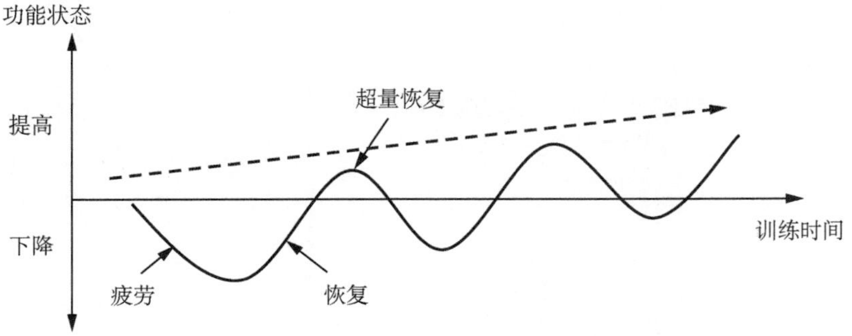

图 3-3　超量恢复示意图

在训练实践中，人们通过超量恢复进一步认识到负荷刺激和机体恢复是两个同样重要的因素。在高度重视训练负荷刺激同时，应加强训练后能量物质和各器官、各系统功能的恢复。一般来讲,突出量对机体的刺激较缓和,所产生超量恢复的程度稍低,出现时间较晚;而突出强度对机体刺激较激烈,超量恢复水平较高且出现较早,但保持时间较短,容易消退(图3-4)。

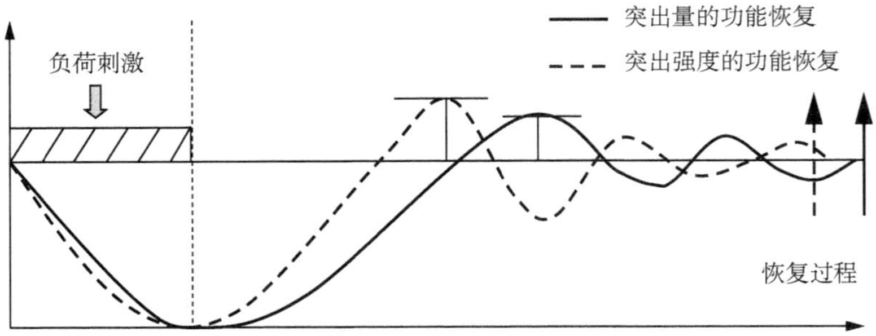

图3-4　突出量与突出强度的负荷刺激的超量恢复规律示意图

(六)生物应激原理

应激指机体在受到一定强度的应激源(躯体或心理刺激)作用时所出现的全身性非特异性适应反应。适度应激有利于机体在变化的环境中维持自身稳态,提高机体应对不利环境的能力。但过度应激则会发生功能、行为和心理不良反应(表3-4)。适宜的运动应激可以表现出多方面特点,其中,物质代谢系统表现为分解增强、合成减少、代谢率升高。内分泌系统表现为肾上腺素适度增加,可引起心理专注程度升高。应激过度则会引起焦虑、害怕、胆怯与愤怒;应激不足则会引起抑郁、厌食和自残现象等。

表3-4　运动员不同运动项目过度训练后的不良反应(Bompa, 2009)

不良反应	运动项目	
	对抗性、力量性、速度性及无氧做功能力强的项目	耐力性项目
心理表现	动机(↓)　易怒(↑)　抑郁(↑)	精神萎靡(↑)　抑郁(↑)　嗜睡(↑)
食欲	↓	不变
心血管参数	休息、运动和恢复心率(↑) 休息、运动和恢复血压(↑) 心电图异常(↑)	静息心动过缓(↑) 运动心率(↓或不变) 运动后心率恢复(↓或不变) 运动的血压反应(↓或不变)
内分泌系统	皮质醇浓度(↑) 睾酮浓度(↓) 儿茶酚胺浓度(↑) 运动后激素恢复时间(↑)	应激性应答反应(↓)
其他	肌糖原、肝糖原储备(↓) 不同的运动性乳酸反应(↓)	运动中血糖浓度(↓) 运动中与运动后乳酸浓度(↑)

（续表）

不良反应	运动项目	
	对抗性、力量性、速度性及无氧做功能力强的项目	耐力性项目
疲劳	慢性	急性
竞技状态	↓或不变	↓或不变

注：↑表示增强；↓表示减弱。

运动应激具有双重性特点，过度应激或应激不足都是竞技训练或运动参赛的不良因素。根据应激源的性质，可将其分为生理应激和心理应激。运动员承受一定运动负荷后，必然产生相应的应激反应。但并非只要施加负荷，就一定会产生良好的训练效应。实践中应该以运动员机体对运动负荷应激的生理临界为标准，在训练初期安排稍微超出生理临界的负荷刺激，以引起机体积极的应激反应。教练员应与科技服务人员通力协作，通过长期跟踪测试，分析不同个体对负荷刺激的生理临界及其动态变化规律，使训练负荷安排更有针对性和实效性。

（七）生物适应原理

适应性指生物体与环境表现相适合的现象。生物的适应指生物的形态结构和生理功能与其赖以生存的一定环境条件相适合的现象。运动适应是生物适应的表现形式之一，即运动员通过长期不间断的科学训练，其机体的细胞、组织、器官、系统、整体运动行为，会发生结构性和功能性的相应改变，有利于其提高竞技能力或竞技运动成绩。例如，优秀长跑运动员肌细胞内的线粒体容量和密度增大，血浆容量和红细胞总数增加，心脏的左心室容积增大、心肌变薄、每搏输出量增大、静息心率降低等。这些细胞、组织、器官、系统乃至人体运动行为的变化特征，就是运动训练的适应现象。运动负荷引起的骨骼肌适应见图 3-5。

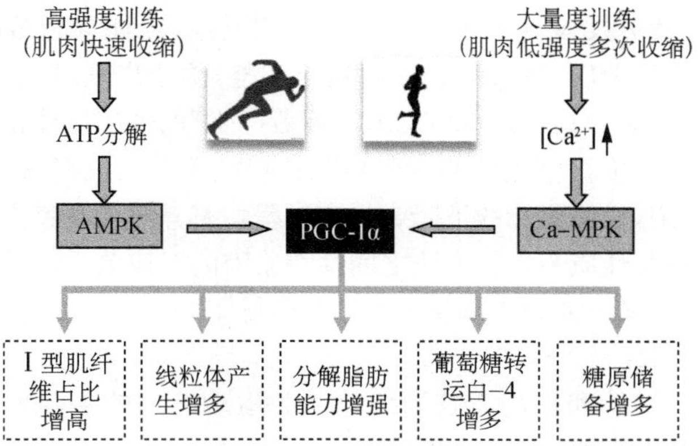

图 3-5　运动负荷引起的骨骼肌适应（Laursen，2010）

ATP，腺苷三磷酸；AMPK，AMP 活化的蛋白质激酶；PGC-1α，过氧化物酶体增殖物激活受体 γ 共激活剂-1α；Ca-MPK，钙依赖性蛋白激酶在生理极限范围内，机体在承受一定负荷的过程中，会产生某种应激反应。当机体适应这一负荷后，会出现“机能节省化”现象。如果在一段时间内，负荷刺激仍停留在原来水平，机体机能也将停留在原有水平。因此，只有在适应的基础上，不断通过加大负荷，对机体施加更强烈的刺激，使机体不断获得新的适应，才能不断提高运动员竞技能力水平。然而，应当指出，倘若在训练过程中，不能科学分析运动员承担负荷的生理临界，盲目过大或过快提高负荷，以致超出运动员机体承受能力最大限度，其后果非但不能引起机体积极的适应性反应，反而会导致过度训练或运动伤病发生。消极性运动适应过程见图 3-6。

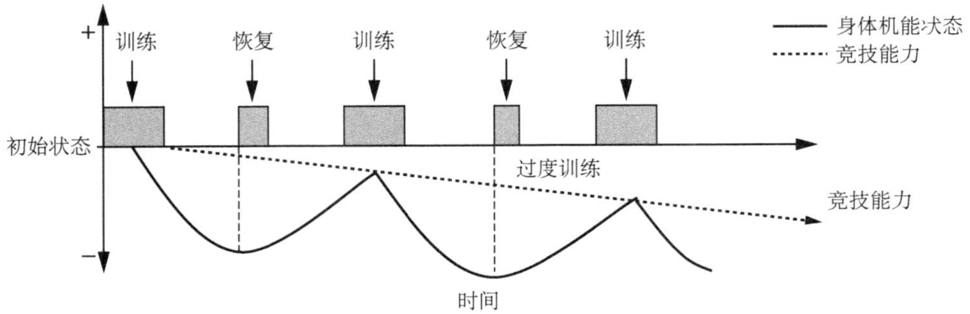

图 3-6　消极性运动适应过程示意图

（八）疲劳消除规律

在运动过程中，当机体生理过程不能继续保持在特定水平或不能维持预定的运动强度时即会出现运动性疲劳。运动性疲劳（exercise-induced fatigue）是由运动负荷所引起的一种正常的生理现象，主要表现为机体工作能力暂时性下降。运动性疲劳既是机体对负荷的一种必然反应，同时也是进一步引起机体产生适应性变化的有效应激。当然，当运动性疲劳继续发展，身体和心理均达到疲惫程度时，就会出现运动性力竭（exercise-induced exhaustion）或过度疲劳。

过度疲劳是运动疲劳发展到一定程度后的病理反应，可能会造成机体各种损伤。因此，当机体出现运动性疲劳后，应及时关注并适当调整，防止出现过度疲劳。此外，机体疲劳产生和消除有规律可循。其中，“负荷刺激—疲劳产生”的效应规律指在大强度或长时间负荷刺激下，机体必然产生相应程度的疲劳症状；“机能下降—机能恢复”的异时规律指在负荷训练和恢复过程中，机体机能的下降或提高过程均有异时变化特点；“负荷性质—恢复方法”的对应规律指负荷性质与恢复方法之间存在紧密的对应关系。认识这些规律对于促进机能恢复具有重要意义。疲劳与恢复的对应规律见图 3-7。

（九）营养调控原理

营养是保障健康、维持和提高竞技训练效果和运动能力的主要因素。对于运动员而言，合理营养是指进行大强度训练与运动时需要的液体、营养素及能量；也指不同环境、不同状态下进行运动时适当补充食物、液体和营养品。良好的营养能够帮助运动员改善运动能力、缩短运动后恢复时间、预防因运动疲劳导致的运动损伤、提供大强度运动时的能量以及控制体重的有效手段。

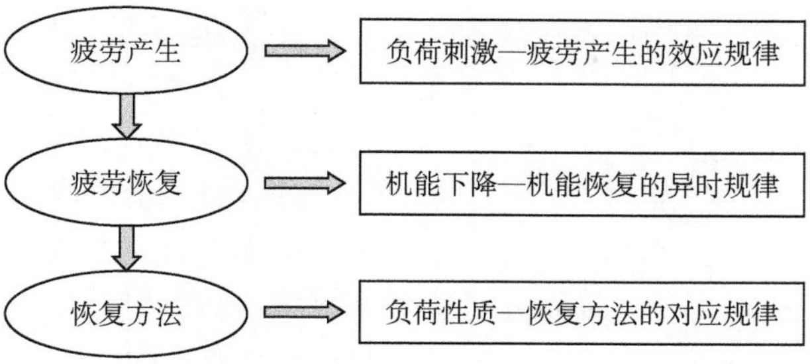

图 3-7　疲劳与恢复的对应规律(胡亦海,2005)

在训练实践中,必须在了解训练计划及完成情况的基础上,进行系统的机能评定,并据此制订运动员营养补充计划。只有做到个性化、针对性的营养补充,才是有效的营养干预。运动员营养是通过合理膳食摄入与营养补充两种途径来实现。合理膳食摄入从保持健康水平和运动能力出发,着眼于补足运动引起的营养素丢失和重建平衡,是维系机体健康、消除疲劳、促进恢复及提升运动能力的基本保障。在合理膳食摄入的基础上,营养补充即是以提高运动能力、促进机能恢复为目的的营养强化手段。运动营养品的类别及其功能见表 3-5。

表 3-5　运动营养品类别及其功能

类别	功能
能量补充类	增加体内能量储备和提升运动能力
能量补充与恢复类	消除疲劳、刺激恢复
改善内分泌功能类	提升促恢复的代谢调节能力
预防关节软骨损伤类	刺激组织细胞修复、更新
预防运动性低血红蛋白类	刺激红细胞合成/抗溶血
抗氧化类	消除由过氧化反应引起的致疲劳因素
增强免疫力类	增强免疫功能
减控体重类	助推脂肪氧化及提供胃肠饱腹感
改善肌肉质量类	提高肌力及改善肌肉收缩功能
神经调节类	调节中枢、改善睡眠

二、 竞技训练心理学原理

(一) 社会认知理论

社会认知理论(social cognitive theory)是社会心理学的重要理论之一,它是一种用来解释社会学习过程的理论,主要关注人的信念、记忆、期望、动机及自我强化等认知因素。该理论认为,人在社会情境中的认知是行为动机产生的决定因素,人所具有的完成某种活动的价值期望、目标设置、能力判断与控制感觉等，对人是否选择、产生和坚持某种行为活动有着重要的影响作用。在中国特色运动员培养模式下，运动员参与训练的动机激励显得尤为重要。一方面，奥运争光、社会认同、他人影响等社会认知导向时刻影响着运动员的训练动机；另一方面，自我价值取向、自我心理认知等因素也不断影响着运动员参与训练的积极性。在训练实践中，教练员与管理人员要充分利用社会主义核心价值观、竞技运动的价值体系以引导运动员树立正确的训练动机。社会认知理论模型具体见图3-8。

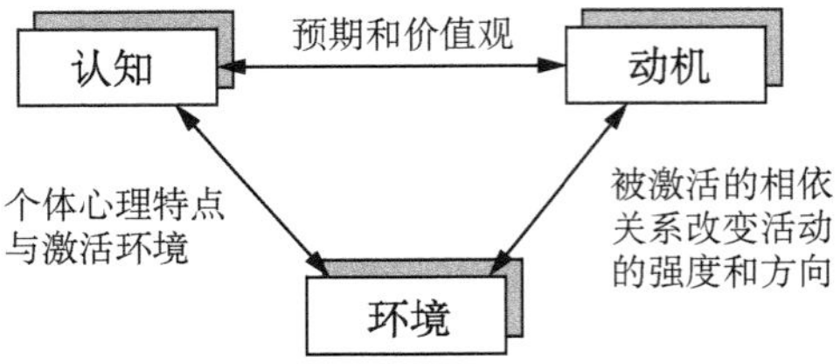

图3-8　社会认知理论模型

（二）学习动机理论

动机（motivation）是指由特定需要引起的，欲满足各种需要的特殊心理状态和意愿。它是指人们在做某种决定时所产生的念头，是理念实施的组织源头。现代教学论认为，为了有效激发和培养学习者的学习动机，首先必须了解学习行为是如何受学习动机影响的。有研究认为，影响学习动机的原因大致分为3类：其一，强调诱因的直接作用，属于行为主义的观点，认为强化能够促进学习动机。例如，在学习过程中，采用奖赏、赞扬、评分等方法激发学生的学习动机，引起相应的学习行为。其二，强调需要的直接作用，属于人本主义的观点。例如，马斯洛需求层次理论指出，人类需求像阶梯一样从低到高按层次分为5种，分别是生理需求、安全需求、社交需求、尊重需求和自我实现需求。其三，强调对于需要、诱因及学习活动本身的相关因素的意识和思考作为中介起作用，属于认知观点。其中，成就动机理论、成败归因理论与自我效能感理论都是决定学习行为的重要影响因素（表3-6）。

表3-6　主要学习动机理论一览表

学者	理论类别	主要观点
伯尔赫斯·弗雷德里克·斯金纳（Burrhus Frederic Skinner）	强化理论	强化是引起动机的重要因素
亚伯拉罕·马斯洛（Abraham Maslow）	需求层次理论	5个层次的需求
约翰·威廉·阿特金森（John William Atkinson）	成就动机理论	力求成功的动机与避免失败的动机
伯纳德·韦纳（Bernard Weiner）	成败归因理论	3个维度和6个层次
阿尔伯特·班杜拉（Albert Bandura）	自我效能感理论	自我效能感

（三）运动技能形成规律

运动技能是指人体在运动中掌握和有效地完成专门动作的能力。运动技能的形成原理是神经传导连接机制。运动技能形成的本质是建立复杂的、连锁的和本体感受性的运动条件反射。这一过程受多种因素影响，其中遗传和多年系统训练是主要影响因素，优秀运动员能够把来自外界的信息转变为自我控制的随意行动，从而达到运动技能自动化水平。

外在表现上，运动技能形成过程分为泛化、分化、巩固和自动化 4 个阶段(表 3-7)。

表 3-7 运动技能形成的基本过程与特点

	神经特点	技能表现	训练要求
泛化阶段	大脑皮层的兴奋与抑制呈现扩散状态	动作僵硬、不协调、不放松、多余和错误的动作较多	对动作环节进行强化教学与训练，不宜过多强调动作细节
分化阶段	大脑皮层运动中枢的兴奋与抑制趋于集中	初步建立动作定型，但不稳定	对动作细节进行体会与强化训练，注意纠正错误动作
巩固阶段	大脑皮层运动中枢的兴奋与抑制在空间和时间上更加集中、精确	动作定型比较稳定，技能应用准确	进行重复性技术与技能训练，巩固技术能力
自动化阶段	暂时神经联系达到非常稳固的程度，出现无意识动作	动作定型已牢固建立，技能应用自如	不断强化技术质量与技术应用能力，达到精益求精

运动技能的形成过程，就是在多种感觉功能参与下同大脑皮层动觉细胞建立暂时的神经联系。特别是本体感觉，对形成运动技能尤其有特殊意义。通过一般训练，使运动员运动中枢建立起各类适合专项需要的暂时性神经联系，从而为形成有效而灵敏的专项性神经联系奠定基础；通过不断深化专项训练，调整神经系统的运动性神经联系，使非专项动作技能的暂时性神经联系转向专项化，使泛化的神经联系转向精确化，从而在高级神经中枢内形成最佳化的暂时性神经联系结构。在运动实践中只有勤学苦练、反复实践，才能建立精确的分化，区别正确动作和错误动作的肌肉感觉，才能巩固正确动作，消除错误动作。运动技术形成过程见图 3-9。

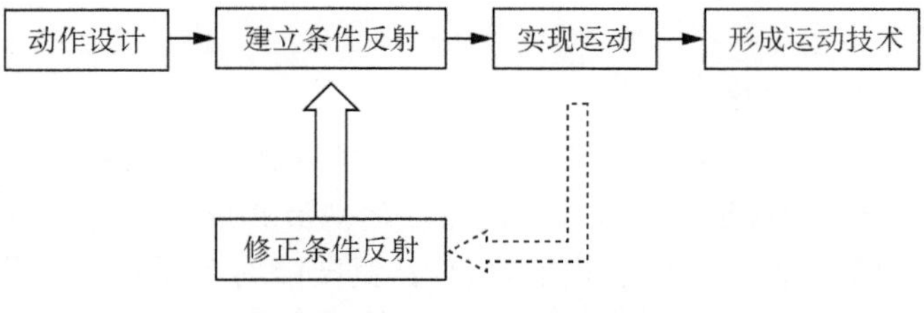

图 3-9 运动技术形成过程示意图(胡亦海，2014)

三、竞技训练教育学原理

(一) 教学过程理论

教学过程是教学活动的启动、发展、变化和结束在时间上连续展开的程序结构，它是认识过程、心理过程、社会化过程的复合整体。在教与学的关系中，要充分发挥教师的主导作用，引导学生成为学习的主人和发展的主体。竞技训练是一种特殊的教学过程，从获得训练效果的角度来讲，教练员的“教”和“训”只是一个条件，是获得训练效果的外因。而运动员的“学”与“练”则是取得成绩的内因，外因通过内因而起作用。

在训练实践中，既要激发训练主导者，即教练团队指导训练的积极性，又要激发训练主体，即运动员主动参与训练的积极性。一方面，教练员的思想理念、言行举止时刻影响着运动员；另一方面，运动员主动参与训练、理解训练、接受训练更是决定最终训练效果的关键因素。总之，竞技训练作为特殊的教学过程，必须遵循一般教学过程所具有的间接性、双边性、发展性与教育性规律（图 3-10）。

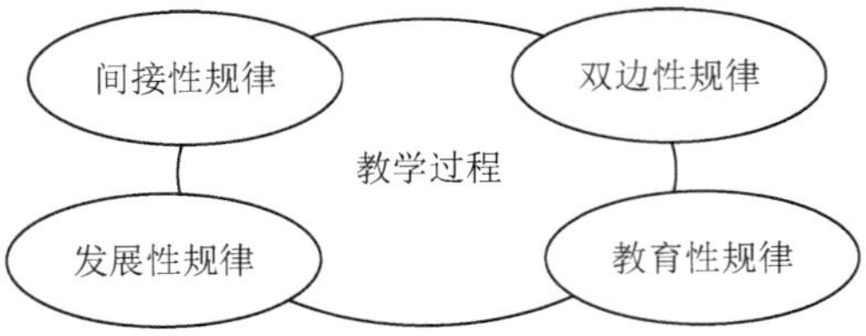

图 3-10　教学过程的基本规律

（二）因材施教理论

因材施教属于一般教学论原则，是指根据教学对象的个性心理特点及知识、能力现状，从实际出发，采取不同的途径、措施和方法进行教育和教学的原则。该原则指出不同的教学对象，受遗传、环境和教育等因素的影响，其个性也互不相同，知识、能力、情感、意志、性格等方面都表现出不同的特点和发展倾向。

在教学实践中，要注意在统一要求的基础上，结合每个教学对象的特点和发展倾向做到因材施教。竞技训练是一项特殊的教育活动，即使是同一项目，同一个水平的运动员，也会因遗传、环境和教育等因素表现出竞技能力、个性心理、思想认识、主观能动性等多方面的差异，教练员必须深入了解运动员，根据具体的训练任务与个体特点组织训练过程。另外，要尊重运动员，用赏识的目光、激励的方式对待每一名运动员，利用多种途径发展运动员的独立个性与特长。同时，也要处理好训练分层和统一要求的关系，既要促进运动员全面发展，又要兼顾每名运动员的个体差异。

四、竞技训练运动学原理

（一）竞技能力发展规律

竞技能力是指运动员的参赛能力，是由不同表现形式和作用的素质、技术、战术、心理、智能等要素构成，并综合性地表现在专项竞赛之中。运动员竞技能力的发展受基因遗传、竞技训练和生活环境等因素的影响。在不同年龄阶段，竞技能力各要素发展程度并不相同。此外，不同项目运动员的竞技能力在各年龄阶段发展的标准与要求也不相同。正如运动员长期发展（long-term athlete development，LTAD）模型所指出的，随着运动员年龄增长和竞技水平发展，应不断增加专项训练和竞赛比例，逐步培养运动员参赛和赢得比赛的能力。

竞技能力可以分为先天遗传性竞技能力与后天获得性竞技能力，两者的获得途径不同。先天遗传性竞技能力主要通过基因遗传获得，并且随着生长发育进程逐步显现；后天获得性竞技能力则主要通过训练效益和生活环境的作用发展和提高，并伴随训练过程的延伸而变化。在生长发育不同阶段，运动员竞技能力子要素发展速度与程度各不相同。有研究表明，人体各大生理系统中神经系统最早发育成熟，继而是淋巴系统和一般系统等。因此，运动员技能可在早期发展；体能发展次之；心智能力发展有赖于教育环境的引导和自身知识、阅历的积累，相对较晚才能进入成熟发展阶段(图 3-11)。

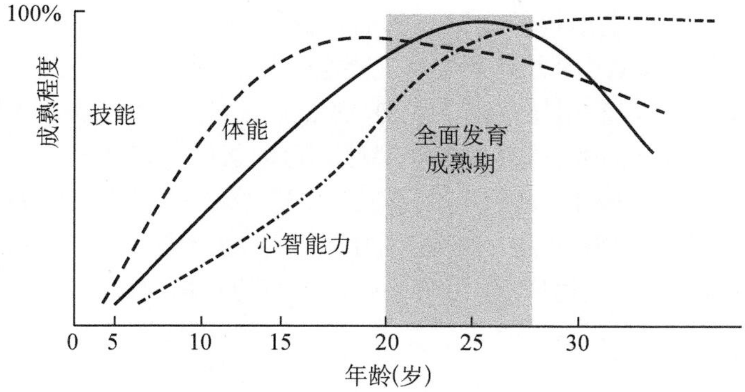

图 3-11　运动员不同竞技子能力发育成熟的年龄阶段(田麦久,1988)

(二) 竞技状态发展规律

列·巴·马特维也夫将“竞技状态”定义为，在一个大的训练周期(全年或半年)中为获得最佳运动成绩的最佳准备状态的程度。我国学者认为，无论是比赛时的状态，还是训练中的状态，都是运动员竞技能力在某个特定时刻的状态，所以将“竞技状态”释义为“运动员竞技水平的即时状态”。综合来看，竞技状态是运动员参加训练和比赛的准备与现实状态，而在重大比赛中创造优异成绩的最适宜、最理想的参赛准备状态就是最佳竞技状态。运动员的最佳竞技状态需要在机体不同系统、不同器官高度动员、精密协同的基础之上才能得以形成。竞技状态的阶段性发展与训练大周期时期的划分见表 3-8。

表 3-8　竞技状态的阶段性发展与训练大周期时期的划分(田麦久,2006)

竞技状态阶段性发展过程	生物学基础	训练任务	训练时期
竞技状态发展与提高阶段	适应性机制：机体对外界刺激的适应性现象	提高竞技能力，促进竞技状态的形成	准备期
竞技状态优化与保持阶段	动员性机制：心理/生理能力充分动员，各系统高度协调	发展稳定的竞技状态，创造好成绩	比赛期
竞技状态减退与下降阶段	保护性机制：机体自动停止积极的应激反应	积极恢复，消除心理与生理疲劳	恢复期

运动员机体对适宜训练负荷会产生生物适应现象，从而使机体能力不断提高。通过专门的训练内容、方法、负荷，运动员逐步进入积极动员机体潜能并高度协调工作的状态。但在高度动员状态下工作一段时间，机体的生理和心理潜能均被大量消耗，机体的保护性机制便会发挥作用，首先是提示性的要求，而后是强制性的命令，不再承受大负荷的训练和高强度的竞赛。在适应性、动员性和保护性机制的交替作用下，通过训练、比赛和恢复的周期运行，运动员的竞技状态呈现出提高、保持、减退的波动变化。

(三) 运动素质转移规律

运动素质是指在神经系统控制下，身体活动时所表现出来的各种能力。通常划分为力量、耐力、速度、灵敏性及柔韧性等。人体各器官、系统联系的整体性，造成各种运动素质之间必然存在密切的联系，既相互促进又相互制约。运动素质多维转移就是指某种运动素质的发展对其他运动素质产生影响的过程。例如，肌纤维张力提高的同时，也自然会增加其克服同等阻力的收缩速度，因此力量素质的提高会在很大程度上促进速度素质的发展。掌握运动素质转移特征，可以利用转移强化优势、避免干扰，提高训练的整体效益。

运动素质转移具有指向性、选择性和规律性。运动素质转移规律提示人们在设计训练时，既要考虑多个素质之间的良性转移，也要顾及不同素质之间的不良转移。例如，力量和耐力之间既相互促进又相互制约，力量耐力同期训练就要考虑二者的相互影响。如图 3-12 所示，正确利用力量、速度、耐力和灵敏性之间的转移规律，可以实现训练效益的最大化。

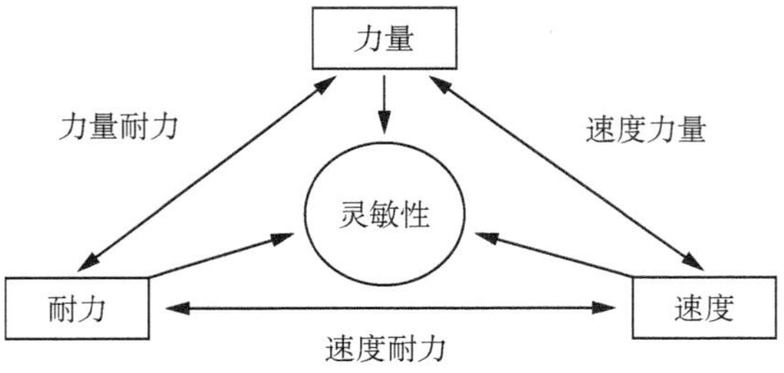

图 3-12　力量、速度、耐力和灵敏性间的相互关系示意图(余银 等,2019)

（四）运动技能迁移原理

运动技能迁移原理是指在训练或教学过程中，运动员学习新的技术或者新的动作时，在新刺激的作用下，使得与新刺激有联系的原有的神经暂时联系的痕迹被激活，并参与新刺激联系的建立或对以往联系的改造，从而使原有的神经系统的暂时性联系得以扩大、蔓延、发展，也就是说，对学习新的技术和对原有技术或动作的改造具有一定影响。这种影响有时是良性的，有时是不良的。其结果如何往往受新旧技术动作结构的相似性和差异性、学习时的心理状态、学习者的认知水平、训练场所的条件、教练员的指导方法、技能储备水平等因素影响。

运动技能的学习过程是复杂的，迁移过程是多维的，因此运动技能迁移的类型也是多种多样的(图 3-13)。在运动技能的学习中，要充分利用运动技能间的相互良好影响，尽力消除不良影响，加速运动技能的形成。运动技能之间的相互良好影响，表现为原有的运动技能可以促进新的运动技能形成。例如，学习单杠前上技术对双杠屈伸上技术就有良好的作用。相反，运动技能的不良影响，表现为前一动作的学习将妨碍后一动作的掌握。例如，学会了自由泳后再去学蛙泳，原来掌握的自由泳双腿打

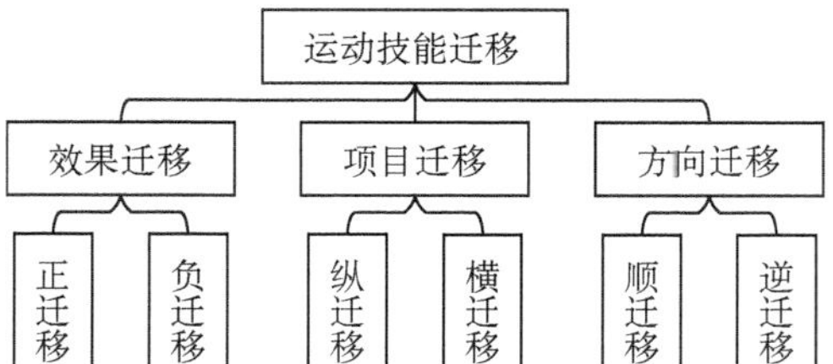

图 3-13　运动技能迁移类型(胡亦海,2014)

水技术就会妨碍蛙泳蹬水动作的掌握。

（五）运动训练分期理论

运动训练分期是若干以提高运动员专项竞技能力和培养运动员最佳竞技状态为目标的一组具有特定训练内容和负荷的训练时间序列。首先，训练分期是运动训练活动在时间维度上的理论设计，以规划运动员竞技能力增强和竞技状态转移的路径。通过运动训练计划的科学制订，统一各方人员认识，保证了运动训练目标的实现；其次，训练分期是将不同训练计划分解和嵌入的过程，由此提高了各种计划的可操作性；再次，合理的训练分期确保运动员竞技能力发展处于良好的持续状态，逐步向着专项竞技需要的方向迈进；最后，训练分期在遵循竞技状态发展自然规律性的基础上，展现设计的操作工艺性，以便在特定的时间表现出最佳竞技状态。运动训练分期的基本结构见图 3-14。

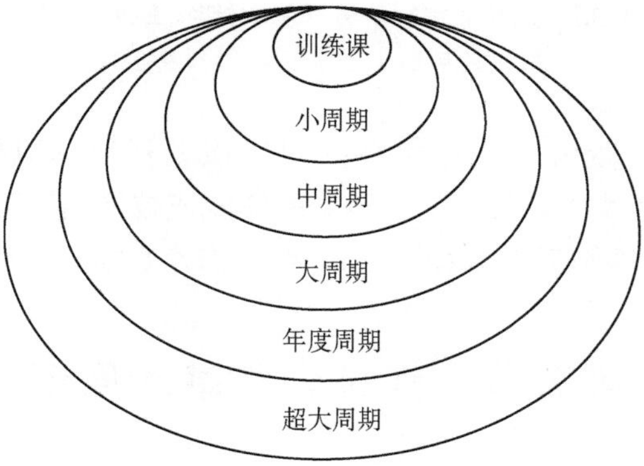

图 3-14　运动训练分期的基本结构

列·巴·马特维也夫于 1962 年提出的运动训练分期理论，也被称为经典分期理论。经典分期理论以竞技状态形成的客观规律为依据，根据人体的生理和生物节律性，提出了发展运动员的竞技能力，培养运动员竞技状态，促进运动员竞技表现的基本结构单元——训练大周期。每个大周期由准备期、比赛期、恢复期 3 个训练时期构成，每个训练时期又有若干个中周期，而每个中周期又包含了若干个小周期。通过层次性的分期设计，逐步诱导运动员出现最佳竞技状态，以便能在重大国际性赛事中最大可能地获得优异比赛成绩。

20 世纪 80 年代，维尔霍山斯基提出了训练“板块”的概念，随后其本人、邦达尔丘克、伊苏林等学者对板块训练理论的内涵不断予以补充和完善，即在一个相对较长的训练期间（15～27 周），根据不同能力之间的相互作用与影响及机体对不同能力的适应特点，安排不同的重点负荷板块，由 4～6 周的重点训练负荷构成，如技术、力量、耐力等。训练板块是指一种高度专项化集中式训练负荷的周期训练模式，即由几个训练因素组织集合成一种具有专项功能和彼此间紧密联系的单元。运动训练板块分期基本结构见图 3-15。

板块分期理论认为，发展多种高度指向性的训练负荷不能同时进行，运动员需要的各种竞技能力要依次发展而并非同步发展，因此应该在一个时段的训练中采用专门训练手段集中刺激机体，重点发展关键身体能力要素，利用“集中负荷效应”实现运动员核心竞技能力的专门发展。板块训练周期通常将运动员的年度训练过程按照季赛期的安排分为几个

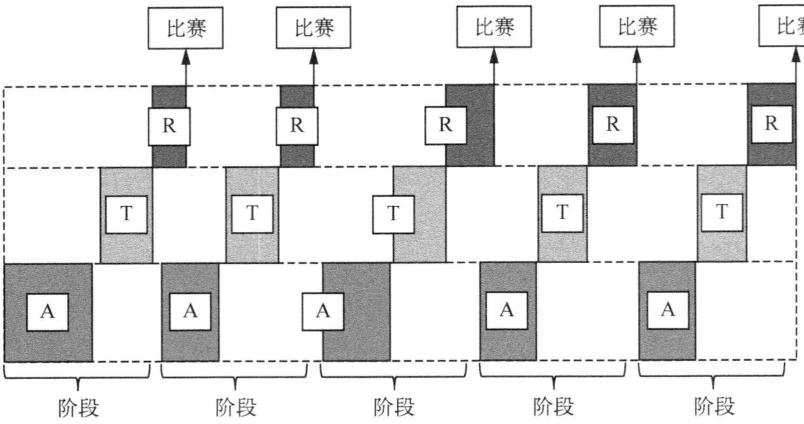

图 3-15　运动训练板块分期基本结构(Issurin, 2011)

A,积累板块;T,转换板块;R,实现板块

彼此独立的阶段,每个阶段由 3 个按顺序排列的积累板块、转换板块和实现板块构成(图 3-15)。其中,积累板块主要发展某项薄弱的体能或技能,转换板块主要强化专项综合能力,实现板块主要提升参赛能力,帮助运动员取得优异成绩。

第三节　竞技训练基本原则

一、动机激励原则

(一) 动机激励原则释义

动机激励原则指从激励运动员训练动机的角度组织训练过程的训练原则。该原则指出,在竞技训练过程中,通过多种有效途径与办法,促使运动员深刻认识参加训练的目的,并自觉、积极、主动地完成训练任务。自觉是对认识、思想上的要求,积极是对行动、实践上的要求。从国内外竞技实践来看,优秀运动员在训练和生活中通常更加主动、积极,具备很高的职业素养。

动机激励训练主要通过两种途径来实现,其一是来自被激励者本身,属于自觉性激励;其二是来自社会激励,属于外源性激励。因此,不断提高运动员职业素养,加强训练团队的敬业精神和凝聚力,对于激发运动员训练的主动性和积极性具有重要意义。竞技训练是一个艰苦的过程,运动员只有具备崇高的职业素养、顽强的意志品质和积极的训练动机,才可能获得最终的成功。此外,高度重视运动员政治思想教育,形成适应时代发展的运动员培养体系,促进社会对运动员的普遍认同,帮助运动员更好地实现人生价值,也是激发运动员训练动机的重要途径。

(二) 动机激励原则的实施要点

1. 充分认识训练的目标与任务

在竞技训练实践中,首先必须使运动员充分认识参加训练的目的,树立勇攀高峰、为国争光的崇高目标，如此才能将祖国利益和个人命运紧密相连，深刻理解刻苦训练的意义。其次，运动员也需要在教练员的指导下，明确阶段训练的具体任务，由此更好地理解训练的重点和难点，积极配合教练员高效地完成阶段训练任务。在我国，运动员投身竞技训练的动机各种各样，作为教练员要善于正确引导运动员，结合运动员个人实际情况，利用多种途径与资源，教育和引导运动员形成正确的、积极的训练动机，使其始终保持为国争光的崇高理想，也为实现自己人生价值而不懈努力。只有唤起运动员巨大的心理能量，才能使其无论是顺境，还是逆境，都矢志不渝地为实现训练目标而努力奋斗。

2. 充分发挥教练员主导作用

教练员是训练过程的组织者、指导者，即训练过程的主导者。新时代对一名教练员的素养提出了新的要求，一名优秀的教练员必须同时具备事业心、责任心与激情。事业心决定了教练员的业务能力，责任心影响着教练员的管理能力，激情则会激发教练员的创新能力。现实中，我国教练员扮演着多元化的职业角色，承载着多方面执教任务与职责，影响着运动员最关键时期乃至整个人生的成长。因此，根据新时代对教练员的职业素养的要求，充分发挥教练员多方位的主导作用，是激发运动员训练动机的重要途径。在训练实践中，教练员要以身作则，为人师表，不断提高自身执教能力与业务水平，帮助运动员提高思想政治水平和专业基础知识，使其懂得达到训练目的与完成具体训练任务与要求的关系；客观认识项目特点以及自身竞技能力特点，逐步理解与掌握竞技训练基本规律，积极对待每项具体练习，完成每项具体任务。

3. 科学设计与实施训练过程

要善于根据训练的目标与任务，以及运动员的实际情况和训练的现实条件，科学设计训练内容、方法和手段，科学安排训练负荷，有效促进疲劳恢复，精准控制训练过程。实践证明，在竞技训练中，训练目标任务是否适宜、方法与手段是否恰当、负荷安排是否合理、训练效果是否显著等是影响运动员训练主动性与积极性的关键因素。另外，从全程性训练过程来讲，各个不同训练阶段的训练目的与任务不同，教练员需要明确全程性训练规划的阶段性特点，区别对待不同阶段、不同水平和不同个体的差异性，科学制定训练目标与任务，正确选择训练手段，合理安排训练负荷、高度重视恢复训练、强化训练过程监控等，让运动员能够切实体会自身能力发展与教练员训练实施的针对性。

4. 系统运用评价与反馈功能

训练过程监控与评价是竞技训练实践中的重要一环，现代竞技运动尤其重视训练过程的全方位监控与评价。其中，对运动员训练效果的测评与反馈对引导其形成正确的训练动机极为重要。训练效果评价包括过程性评价和结果性评价，通过评价让管理者、教练员掌握训练质量的实际情况，同时帮助运动员及时了解自己在训练上的进步与不足。教练员和科研人员需要及时向运动员反馈训练评价结果，并尽可能向其解释评价的目的与意义，使其及时、客观地了解自身训练的效果与存在的问题，明确下一步努力的方向，由此培养其主动训练的自觉性与积极性。另外，运动员及时了解自身训练的进步，会使其产生劳有所获，不断提高其成就感与喜悦心情，并以此建立自信；此外，通过检查与评定反馈的问题，能使运动员清晰认识到自身能力的不足，看到自己与对手的差距，从而更有针对性地纠正训练偏态，在训练中积极配合教练员，做到有的放矢，提高训练效果。

如图 3-16 所示，竞技训练评价与反馈系统与竞技训练过程控制相对应，在起始状态诊断基础上，设立整体性和阶段性的训练目标，利用训练评价结果可以实现目标状态与起始状态的对比，通过对比反馈结果，能够适时调整初始训练方案，直至达成阶段性和整体性训练目标。

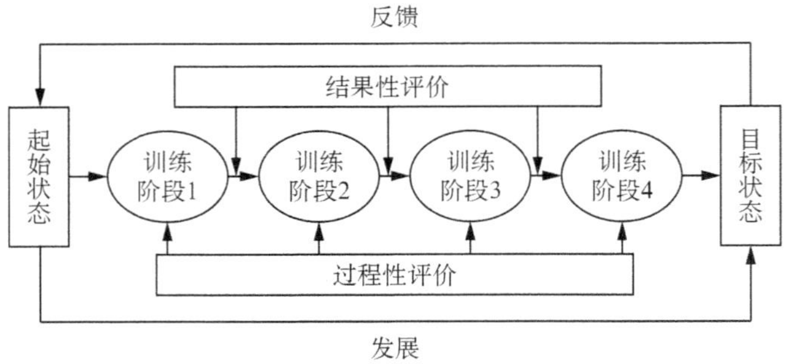

图 3-16　竞技训练评价与反馈系统

二、专项深化原则

（一）专项深化原则释义

专项深化原则指逐步深化并合理安排专项训练内容、方法、手段及负荷等因素来组织训练过程的训练原则。在竞技训练实践中，需要根据运动项目本质特点，运动员竞技能力的发展规律，以及不同时期训练的具体任务，逐步深化专项训练的比例，科学安排专项训练内容、方法、手段与负荷。

专项训练是相对于一般训练提出的概念，通常，一般训练是指在训练中采用多种多样的身体练习和方法与手段，提高运动员身体机能、全面发展其运动素质，使其掌握一些非专项的运动技术和理论知识，改善一般心理品质的训练。其目的是为专项训练奠定基础。专项训练是指在竞技训练中，以发展专项技战术应用实战能力为目的，以专项技战术运动或者与专项技战术运动相似的练习，来提升运动员的体能，发展其专项运动素质，强化其技战术能力，积累比赛经验，改善参赛心智能力的训练。

（二）专项深化原则的实施要点

1. 客观认识基础训练与专项训练的关系

基础训练的目的是为运动员储备专项训练所需的基本能力，包括基础体能、基本技术、基本战术、基本心理能力和运动智能。如图 3-17 所示，运动员竞技能力的发展遵循“金字塔”序列模型，“塔基”代表多元化运动技能及全面身体机能，“塔腰”寓意在基础训练所具备的多元化运动能力基础上，逐步强化专项训练比重，发展运动员专项竞技能力，“塔尖”表示通过系统训练，运动员具备的高水平竞技能力，能够参加更高级别的赛事并取得优异成绩。毋庸置疑，“塔尖”的高度取决于“塔基”的厚实度。因此，在基础训练阶段，要高度重视运动员运动能力多元化发展，使其获得全面的运动技能储备，具备良好的身体协调性、稳定性和平衡性，这些基础运动能力都是其之后进行专项化训练并创造优异运动成绩的坚实基础。

随着运动员竞技水平的不断发展，专项训练比例逐渐增大，但需要注意的是即使在高级训练阶段，同样要安排一些基础训练内容。

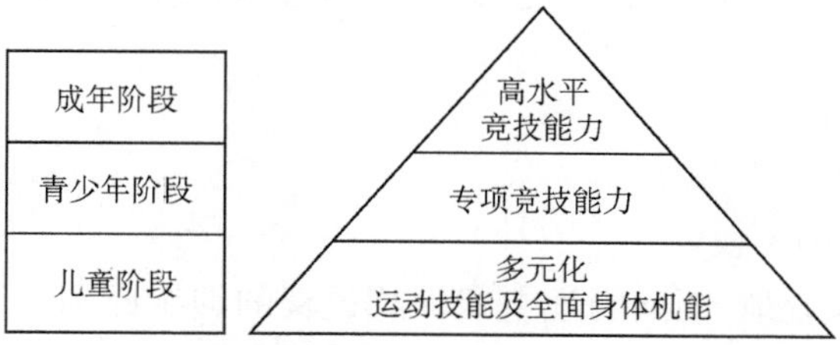

图 3-17 长期竞技训练的“金字塔”序列模型(Bompa, 2009)

2. 循序渐进提升专项训练比例

运动员全程性多年训练过程通常包括竞技启蒙与基础训练阶段、专项深化与提高阶段、最佳竞技阶段以及高水平保持阶段 4 个阶段。各个阶段有着不同的训练目标与任务，同时对训练内容和运动负荷也有不同的要求。一般来讲，竞技启蒙与基础训练阶段主要以一般训练为主，如一般运动素质训练、多样性的基本技术训练等。从专项深化与提高阶段向高水平保持阶段发展的进程中，随着运动员竞技能力发展与专项训练深化时期不同阶段的任务变化，专项训练内容比例应逐渐加大，训练方法与手段也应逐渐体现专项性与针对性，所安排的运动负荷也应更加符合专项比赛负荷的特点。不同阶段专项训练比例安排见图 3-18。

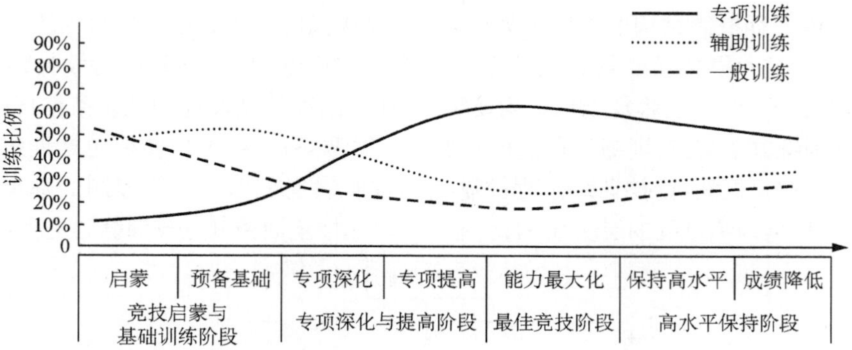

图 3-18 不同阶段专项训练比例安排示意图

3. 合理设计专项训练的负荷安排

专项训练的特点体现于专项训练的任务、内容、方法、手段与负荷等方面。其中，专项训练内容及其负荷安排是影响训练效果的关键因素。为实现竞技训练目标，组织者必须对训练过程进行系统规划。遵循一般训练向专项训练、一般专项训练转向专项深化训练的循序渐进规律，合理设计不同训练阶段的负荷内容，科学安排训练负荷强度和量度的大小，是有序发展运动员竞技能力、提升其专项竞技水平的基本保障。同时，根据专项运动竞赛规则及其竞技特点的不断变化，科学认识专项竞赛对优秀运动员竞技能力的要求，构建优秀运动员冠军模型，可为专项竞技训练实践提供目标指向，也可为科学诊断运动员竞技能力水平、明确训练目标任务、优化训练内容及负荷、逐步向冠军模型发展提供了重要参考依据。因此，专项深化原则不仅体现于专项训练比例的逐步增加，也强调专项训练负荷的逐步加大。

三、系统持续原则

（一）系统持续原则释义

系统持续原则指系统地、不间断地组织训练过程的训练原则。该原则强调，在运动员运动生涯的全过程中，都应根据训练结构中各因素间的内在联系，以及人体运动能力发展规律，系统且有序地进行训练。竞技训练是一个多层次、多因素、结构复杂的"人造复合系统"。从纵向看，一名优秀运动员的成长过程大体须经 5 个阶段：启蒙训练、专项初级训练、专项深化训练、创造或保持优异成绩、延长运动生涯等阶段。各个阶段层层递进、依次相连、有机衔接。运动员通过这些阶段的持续训练走向竞技巅峰，直至终结运动生涯；从横向看，寓于这一过程的诸多因素互为影响且具有明显的时序性，如竞技状态诊断、训练目标制定、训练计划设计、训练过程实施、训练质量监控、训练过程纠偏等环节。其中，每一环节的内容具有明显的时序性。因此，训练实践中，我们需要不间断的训练。在训练内容的安排上，须注意内容间的层次性。

（二）系统持续原则的实施要点

1. 严格执行竞技训练工程控制的基本程序

竞技训练工程控制指训练团队为实现训练目标而对影响训练过程的变量所进行的操控。竞技训练工程控制结构的主体框架由训练工程规划、训练工程实施和训练工程监控构成（图 3-19）。这一框架按照竞技训练全程发展与过程分期的规律，可持续性地循环应用于训练实践之中。训练工程规划包括竞技状态诊断、训练计划设计和训练条件保障；训练工程实施包括训练方案实施、训练过程监评和训练方案调整；训练工程监控包括训练效果评估和阶段赛事评估。显然，竞技训练工程控制结构鲜明展现了训练过程控制的基本程序与要素，实践中应根据训练过程的层次性、工作流程的时序性全面控制竞技训练的进程与质量。

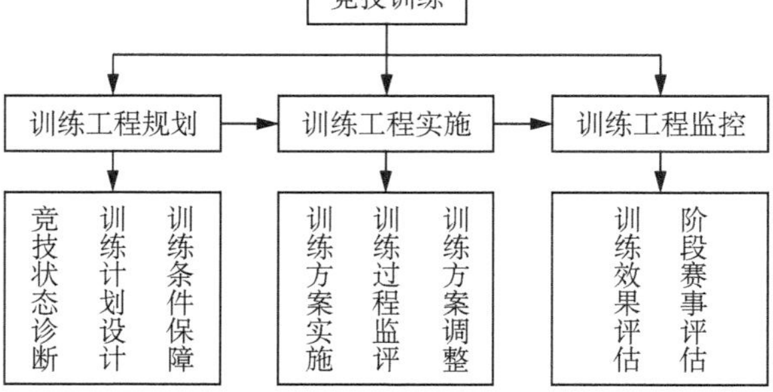

图 3-19　竞技训练工程控制结构框架

2. 科学遵循用进废退的基本规律

从运动员竞技能力的发展规律来看，系统性训练是保证有机体取得显著的运动适应，不断提高竞技水平并创造优异运动成绩的关键。为此，在全年、多年训练中，我们必须将训练过程的每次课、每个训练周、每个训练阶段与训练周期有机地联系起来，使运动员在逐渐产生良性适应的基础上，不断提高运动水平，直至创造优异成绩。与之相反的是，如果某些特殊原因导致训练长时间中断或者停训，必然会对运动员竞技能力及其状态发展产生负面影响，如肌肉萎缩、肌力下降、柔韧性消退等。当然，系统持续原则并非指在训练过程中不需要安排适宜的间歇和调整时间。恰恰相反，只有科学地安排积极性间歇时间和恢复训练，才能更好地保证训练不间断的系统性。例如，一次大力量训练课后，为促使肌肉疲劳快速恢复，保证下一次大力量训练的质量，通常安排 48 小时间歇时间，并采取积极的恢复手段，促进肌肉系统的恢复。

3. 适时创新系统训练的运动机制

训练全过程的系统持续原则还须体现在系统的训练管理体制上。运动员系统地接受多年训练，必须以健全的多年训练体制作为保证。从世界竞技体育强国来看，尽管不同国家的训练体制特点各异，但都高度重视运动员多年训练的系统性，通过各自系统的训练体制保障青少年时期和成年时期训练的良好衔接，以此促进运动员多年训练的系统可持续性。我国目前现行的是三级训练体制，各自担负着多年训练过程中不同阶段的训练任务，各个训练阶段的组织形式之间要有机地联系与结合，这包括中小学代表队、体育传统学校、业余体校（一般业余体校、重点业余体校）、体育运动学校，直至优秀运动队（省、区、市队甚至国家队）等各级组织（图 3-20）。在训练内容的安排、指标的规划、比赛的要求上都应层层衔接。为此，各级训练组织都须根据各自的任务、内容制订出相应的训练大纲和计划，确定其层次相对应的训练目标，以确保运动水平的逐步提高。

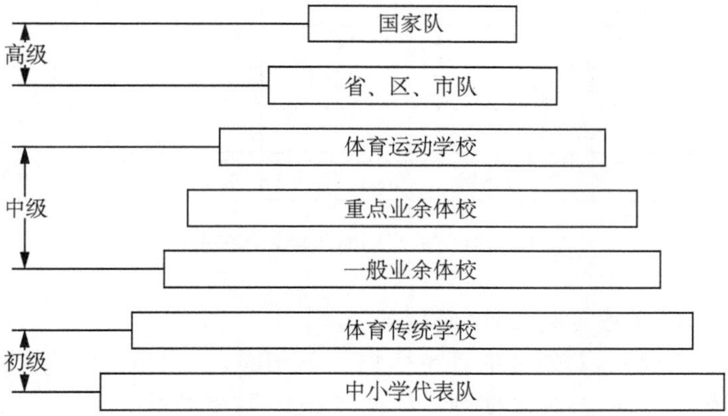

图 3-20　我国竞技体育三级训练网体系

四、周期安排原则

（一）周期安排原则释义

周期安排原则指根据竞技训练周期性结构特点、重大赛事安排规律和运动员竞技状态呈现规律组织训练过程的训练原则。这一原则主要强调训练过程的周期性、赛事安排的计划性和竞技状态发展的规律性。一般来讲，国际重大竞技赛事安排都具有周期性规律。例如，四年一届的奥运会就是如此。因此，重大赛事的周期性规律就为提前确定训练过程分期、制订训练计划、调控运动员竞技状态提供了重要依据。

训练周期既是竞技训练过程科学安排的一种方式，也是竞技训练工程工期划分的基本依据。一般分为超大周期、年度周期、大周期、中周期、小周期 5 种基本类型。一个完整的大周期又分为 3 个既相互独立又紧密衔接的阶段，即准备期、比赛期、恢复期。正是由于多个训练周期有机衔接，从而组成多年、全年、阶段、小周期的训练过程。实践中，为了有效提高成绩，教练员必须根据专项训练与竞赛的周期性规律，科学制订训练计划。

（二）周期安排原则的实施要点

1. 合理安排符合竞赛特点的周期类型

一般根据重大比赛的任务和运动项目的特点来考虑全年训练周期的划分。通常有如下几种典型的周期安排：其一，一年安排一个大周期（称单周期结构）；其二，一年安排两个周期（称双周期结构）；其三，一年安排多个周期（称多周期结构）。图 3-21 是多周期的年度训练安排。其中，每一大周期可以按竞技状态发展的 3 个阶段相对应地划分准备期、比赛期、恢复期。与经典分期不同的是，板块分期根据高水平运动员训练与竞赛的特点，提出了“集中负荷效应”的训练方法，即将一些对专项成绩具有关键影响和运动员相对薄弱的素质以“板块”的形式集中插入训练当中，在总负荷不变的情况下，增加该素质的训练负荷，通过对它的集中训练和优先发展，实现专项成绩的突破。

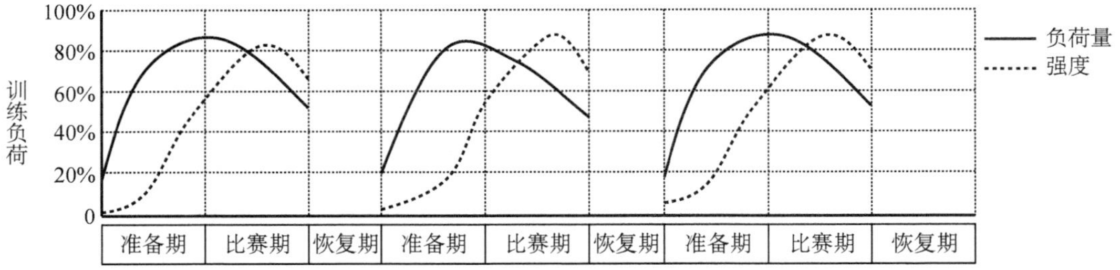

图 3-21　多周期的年度训练安排

2. 科学统筹不同训练周期之间的联系

不同类别的训练周期，其划分的理论依据并不相同。一般而言，超大周期的确定是根据奥运战略和工程规划而定；大周期则是依据赛事安排、竞技能力发展、竞技状态形成规律而定；中周期则是根据阶段任务和目标而定；小周期则是根据负荷性质而定。此外，竞技训练作为一项系统工程，从超大周期到训练课，是一个整体与部分彼此相连、环环相扣的有机整体。竞技训练的周期性工作主要是落实大周期训练任务，而大周期训练任务又是各个中、小周期训练任务的高度集合。因此，完成大周期训练任务，实际上是经过不断完成小周期任务而累积落实的。在实践中，小周期的时间段为一个基本单元周。单元周的训练结构，是由周内循环链数、训练课数、休息日数（时数）、训练负荷安排的节奏、作息制度以及各次课的任务、内容、方法、手段等因素所构成。小周期训练最接近课次训练工作，并具有灵活的调节性，因此，优异地完成小周期训练任务，是完成大周期训练任务的关键。

3. 有序衔接不同训练阶段周期性任务

任何训练周期的准备期、比赛期、恢复期的长短，都要根据具体情况进行规划。实践证明，不适宜地缩短准备期的训练，或不恰当地参加一些赛事，都会导致竞技状态不佳，从而形成不良后果，甚至会影响运动员重大比赛的竞技状态。例如，国家队自然是以参加国际大赛为主要赛事任务，但某些项目却因为国内选拔赛而干扰整个训练周期的安排，甚至是国内选拔赛的重视程度远远超过国际赛事，故意缩短准备期，打乱了备战国际赛事的进程。同样，也不能过多参加比赛，不适宜地延长比赛期，这样很容易造成能量物质的过度消耗，形成厌赛心理，从而有损运动员的身心健康。例如，皮划艇项目每年有多站世界杯系列赛，还有一次世界锦标赛，因此，为了更好地备战世界锦标赛，前期的世界杯系列赛就要有选择性地参加，遵循运动员竞技状态的发展规律，协调好各个赛事之间的衔接。另外，每个阶段的赛事结束后，应针对前一周期竞技参赛成绩与问题，认真总结经验和教训，为下一周期训练提供科学依据。

五、 适宜负荷原则

（一）适宜负荷原则释义

适宜负荷原则指根据运动员现实可能和人体机能适应性规律，以及提高运动员竞技能力需要，在训练中给予适宜量度的负荷，以取得理想训练效果的训练原则。运动员承受一定运动负荷后，必然产生相应的应激反应。但并非只要施加负荷，就一定会产生良好的训练效应。因此，合理安排训练负荷意义重大。在训练计划制订与实施时，需要根据具体的训练任务、训练对象及其竞技状态，遵循竞技能力发展规律以及机能适应规律设计适宜的运动负荷。这里，所谓的适宜负荷，是以运动员机体对运动负荷应激的生理临界为标准，在训练初期安排稍微超出生理临界的负荷刺激，以引起机体积极的应激反应，持续一段时间后，机体对这一负荷的应激反应减小，表现出适应状态，就可以继续施加更大的负荷，继而形成新的适应。

（二）适宜负荷原则的实施要点

1. 客观掌握运动员个体生理临界

应当指出，运动负荷的大小是相对的，相同的运动负荷对不同人体的刺激反应是不同的，这是人体存在着个体差异所决定的。因此，科学安排运动负荷的前提条件是，必须科学分析与掌握每位运动员所能承受负荷的生理临界及其变化阈值。训练实践中，机能状态监控是准确把握运动负荷对运动员机体刺激程度的重要途径，通常在不同阶段的训练中，根据训练计划制定不同频次的生理生化测试。一般准备期测试周期稍长，赛前训练阶段较短，频次较高。教练员与科研人员协作，通过长期的纵向跟踪测试，分析不同个体对负荷刺激的生理临界值及其动态变化规律，才能使负荷安排做到有的放矢，富有针对性。实践中，一般通过测量运动员脉搏、血乳酸、血红蛋白、血清肌酸激酶、血尿素氮、血清睾酮、血清皮质醇等指标来确定运动员对运动负荷的机体反应，评估负荷刺激效果，为训练计划的制订与实施提供重要的科学依据。

2. 科学运用负荷刺激的训练效应

运动负荷的训练效应取决于负荷刺激的程度与性质，其中，负荷程度指负荷量与强度；负荷性质指不同形式、结构组成的运动负荷的实施，两者都具有促使不同运动功能发展的特点。有研究表明，只有大负荷与超负荷训练才能更好地促使机体产生积极适应，提高运动员训练和比赛表现。训练过程中负荷及其效应的特点见图 3-22。此外，不同性质的负荷刺激所导致的运动适应也不相同。单纯离心收缩训练与向心收缩或向心、离心相结合的力量训练相比，其导致肌肉肥大和力量增长水平更高。快速离心收缩比慢速离心收缩训练促进肌肉肥大与肌力增长效果更好。系统的有氧训练后，每条肌纤维和每块肌肉横断面积的毛细血管数量增加，这一改变促进肌肉血液灌注，从而提高了血液和肌纤维之间的气体、废物和营养物质交换。骨骼肌线粒体数量和体积增加提高了肌肉氧化代谢的能力。运动负荷的不同搭配，将会导致运动功能内部不同因素的发展。例如，力量性负荷的不同搭配，会促使不同类型力量素质的发展。

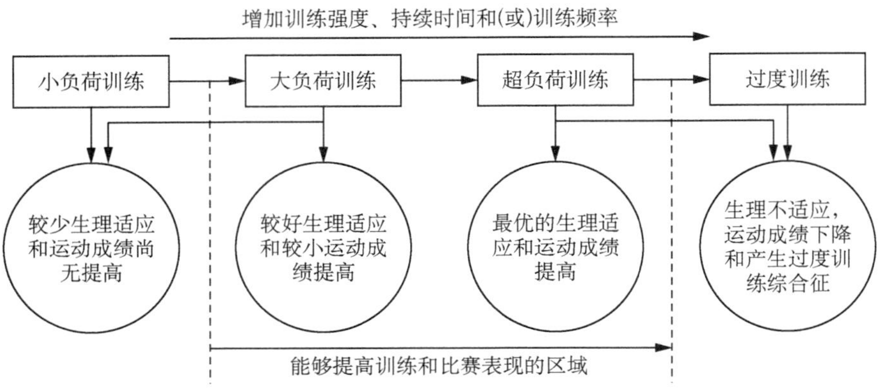

图 3-22 训练过程中负荷及其效应的特点

3. 合理安排训练负荷的量与强度

运动负荷由负荷量、负荷强度两类因素构成，处理好负荷量、负荷强度的关系是合理安排运动负荷的又一关键条件。运动负荷的表现形式多种多样以及组合方式千变万化，因此，这里仅从宏观角度阐述实践中解决运动负荷中的强度与量度关系的基本方式。从时间上看，影响负荷变化的组合方式有若干种，其受负荷量及强度的异动变化制约。但这些负荷的变化不是随意运用在训练过程中的各个周期和阶段，而是需要针对不同类型的周期及不同训练水平、对象的具体情况而决定。此外，机体对运动负荷的适应程度根据运动量和运动强度的不同而有所不同，实践中有些教练员认为尽可能大的训练量与强度的训练就能够获得理想的训练效果，实践证明这种观点不切实际。评估运动负荷是否适宜，其标准是机体对其适应程度。有研究表明，超负荷原则(overload training principle)采用适当超出身体承受能力的负荷刺激，并随着运动适应逐渐增加训练负荷刺激，能够取得最优的生理适应与运动成绩提高。相反，运动负荷过低无法达到理想的训练效果。

六、适时恢复原则

（一）适时恢复原则释义

适时恢复原则指根据运动负荷的性质，以及疲劳产生的机制，及时消除疲劳，并采用积极的恢复手段提高机体能力的训练原则。有研究表明，疲劳是极其复杂的现象，导致运动疲劳的原因是多方面的，但当前阐述疲劳原因和疲劳发生部位的主要焦点是：①三大供能系统的能量物质耗竭；②大量代谢副产物堆积，如乳酸和 H^+；③肌纤维收缩能力减弱；④神经系统变化等。前 3 个原因大多发生在肌肉本身，通常被称为外周性疲劳。神经系统的改变造成的疲劳称为中枢性疲劳。但训练中导致机体疲劳一般是由多个因子作用在多个不同部位上共同引起的。疲劳产生的机制因运动负荷性质、运动强度、收缩肌肉的纤维类型、受试者的训练状态以及他们的饮食而不同。因此，必须掌握负荷性质、负荷强度、负荷量的差异性导致的身体机能“下降—恢复—适应—提高”过程的异时性特征，以及不同能源物质“消耗—恢复—超量恢复”的异时性特征。训练后应科学安排适宜的恢复时间和方法与手段。

（二）适时恢复原则的实施要点

1. 科学树立负荷与恢复辩证统一观念

必须深刻认识训练过程中负荷训练和恢复训练并存的客观规律，这不仅表现于负荷训练与恢复训练过程相继和同步进行的特征。并且，在训练实践中，应认真将负荷的强度、时间、方式等与恢复的措施、方法、效果等放在同等地位上进行考虑。从疲劳发生的先后顺序特点看，我们应注意在负荷训练中采用多种变换的方法延缓神经疲劳的发生；而在恢复训练时，则应首先使神经疲劳得以解除，然后再采取措施来消除肌肉疲劳；从导致疲劳的生理机制上看，我们应根据训练负荷的性质，有针对性地消除产生疲劳的内环境障碍，补充体内最缺乏的物质，以满足能源的直接需求；此外，运动负荷是通过作用于人体不同器官与系统，从而对身体机能与运动能力产生影响。因此，疲劳也往往表现在人体各个器官与系统上，恢复过程也表现在各个器官与系统功能的恢复上。例如，能量的消耗与恢复，肌肉系统的疲劳与工作能力的恢复，心血管系统、大脑和神经中枢、心理和精神状态的疲劳与功能恢复等。

2. 客观认识不同性质疲劳的产生机制

速度性质的负荷刺激导致机体因磷酸肌酸消耗过多，神经细胞缺氧而产生疲劳；力量性质的负荷刺激导致机体因蛋白质消耗，磷酸肌酸恢复不足而产生疲劳；乳酸耐受力性质的负荷刺激导致机体代谢产物堆积，血液酸度过高而产生疲劳；有氧耐力性质的负荷刺激导致机体因肌糖原消耗，能源补充不足而产生疲劳；负荷性质单一性的负荷刺激导致神经系统的兴奋性降低，神经抑制发展逐渐产生疲劳。此外，有研究还表明，在不同训练内容的大负荷训练后，有氧能力的恢复时间最长（72 小时），其次为无氧能力（48～72 小时），速度力量能力恢复时间最短（48 小时）。不同训练内容、手段、不同的负荷及其消耗的能量物质不同所产生的超量恢复的时间不同。一般说，磷酸肌酸恢复最快，2～3 分钟；肌糖原恢复时间为 1～46 小时；蛋白质恢复时间为 6～48 小时；脂肪恢复最慢，需要 48 小时。科学认识这些疲劳与恢复的特征，有助于针对性地安排疲劳恢复的方法与手段。

3. 准确评估不同性质疲劳的程度

除了识别不同性质的负荷刺激导致不同性质的疲劳以外，还须掌握不同负荷刺激程度引发的疲劳特征。依负荷刺激的强度不同，产生疲劳的特征通常为：①长时间中小强度的负荷刺激，机体易出现轻度疲劳。症状是疲倦、心率加快。②一次极限强度负荷刺激，机体容易出现急性疲劳。症状是面色苍白，心率过速，白细胞总量增多，出现尿蛋白。③出现急性疲劳后若凭意志继续进行负荷训练或连续进行大强度负荷训练，机体易出现过度疲劳。症状是情绪低落，厌烦训练，食欲不佳，体重下降，动作不协调，运动水平下降。因此，从不同强度负荷刺激引发的疲劳特征上看，要特别防止因过度训练而导致的过度疲劳。实践中应从教练员观察、运动员自我判断及科研人员训练监控等多方面及时识别与评定运动员疲劳的症状与程度，一旦出现过度疲劳征象，一定要及时调整训练计划安排，并采取措施予以消除。

4. 科学运用疲劳恢复的方法与手段

基于负荷刺激性质与疲劳恢复对应规律，科学运用疲劳恢复方法。例如，由能源物质消耗以及肌纤维的大负荷工作所引起的疲劳，必将导致肌力下降，训练中和训练后应及时通过合理膳食与营养补充能源储备，并采用拉伸、按摩、理疗等方式促使肌肉疲劳恢复。此外，实践中应根据机能恢复的异时规律，安排适宜的恢复时间和方法与手段。负荷接近极限时，须安排较长的恢复时间，使机体有充分的时间恢复工作能力。在负荷强度为中等或中等以下时(负荷量中等)，则不必安排过长的恢复时间，否则会失去竞技训练中恢复训练的意义。目前，实践中常用的恢复方法包括训练学、医学、生物学、物理学、心理学、营养学恢复方法；常用的恢复手段包括低强度有氧慢跑、拉伸、按摩、针灸、拔火罐、紫外线照射、红外线照射、水浴、盐浴、含氧浴等手段，以及心理咨询、催眠、营养品补充等。

七、 区别对待原则

(一) 区别对待原则释义

区别对待原则指在竞技训练中要根据不同专项、不同运动员，以及不同训练任务、训练阶段、训练环境，针对性地选择训练内容、确定方法与手段，安排运动负荷的训练原则。首先，不同运动项目竞技特点不同，构成运动员竞技能力的体能、技能、战术能力、心理能力和知识能力表现出明显的专项差异，要求我们全面、准确地认识运动项目特点，进而选择与专项竞技需要相符合的训练内容、方法与手段，设计适宜的运动负荷方案，有效组织竞技训练活动。其次，即使同一个运动项目的运动员，由于运动员思想、健康状况、个体特征、训练水平、阶段任务以及学习、工作、日常生活等情况均不相同，教练员应做到具体情况具体分析，根据运动项目、训练阶段、运动员个体特点等多个要素的变化，注意有区别地组织好竞技训练活动。因人而异地在训练中采取区别对待的措施。

(二) 区别对待原则的实施要点

1. 全面了解运动员的个体差异

在训练过程中，教练员应全面了解运动员个体特点，因人而异地采取区别对待措施。

例如，运动员的生理年龄、训练年限与训练经历是其训练耐受力与竞技能力发展潜力的主要影响因素。与运动员的实际年龄相比，生理年龄被认为是体现个体身体运动潜能的更精确指标。一般来说，青少年运动员有更好的抗疲劳能力，能够更好地应对大运动量训练；而对于年长的运动员来讲，他们对增加负荷强度的动机下降，受伤的概率和社会压力增大，导致大龄运动员承受高强度训练的能力下降。另外，训练年限长，特别是早期训练进行的是多元化训练的运动员，其因具有扎实的基础，专项化发展的潜力更大。此外，性别差异也是影响训练安排的主要因素，在青春期以后，男性和女性身体形态、运动素质的差异开始显现。女性往往有较高的体脂，瘦体重和总体重较轻。从运动能力来讲，男性和女性的肌肉质量、肌肉力量、最大摄氧量、无氧能力和有氧能力都明显不同。

2. 深刻认识不同项目的本质特征

竞技运动项目的本质特征决定了其竞技能力构成因素的差异性。例如，举重运动员必须有巨大的力量，射击运动员应保持稳定的情绪，乒乓球运动员需要快速的反应与机动灵活的技战术能力等。只有深刻认识专项竞技的本质特征，才能科学设计训练目标、任务、内容、方法与手段。此外，训练负荷安排也要考虑专项比赛特点。例如，马拉松跑、铁人三项运动员的专项训练必须保证有足够的负荷量，大负荷的专项训练课时应不短于比赛持续时间的两倍；而跳远、投掷等比赛中一次试跳、试掷用时很短的项目，运动员的专项训练课就不必一定要求很长的时间，在训练中应更加关注练习的强度；篮球、足球专项训练课既要考虑训练内容的针对性，也要考虑负荷强度的实战性；体操、跳水等项目专项训练中则特别要注意不断发展和提高动作技术的难度和质量。

3. 妥善处理不同水平队员的关系

正确处理重点、非重点队员的关系，此点对于加强全队的团结尤为重要。在处理这种关系时，教练员既不能偏袒重点队员，也不能忽视非重点队员。在思想认识上，工作作风上要注意一视同仁，正向引导，否则将对队伍管理与训练不利。区别对待既是一种训练原则，也是一种管理原则，以人为本是落实这一原则的基本指导思想。训练实践中，管理者既要重视重点运动员的思想动态及其训练情况，也要兼顾一般运动员的训练动态，根据运动员的竞技能力水平、发展潜能及个体主观能动性等因素，在一定范畴内，采取合理有效的激励措施，以满足各个不同层次运动员的现实需求，形成以点带面、良性竞争、梯队发展的训练局面，从而提高全队整体的训练效果。在竞技训练管理的 3 个要素中，管理者起着主导作用，被管理者起着主体作用，管理是以人为核心。因此，对于一个队伍中不同特点、不同水平的运动员，须考虑队伍发展的整体利益与运动员个体发展的特殊需求，做到辩证统一与区别对待。

第三章习题　　第三章参考文献

第四章

竞技训练内容

【本章导读】

竞技训练内容是训练过程中竞技知识和运动技能的总和，主要包括体能、运动技术能力、竞技战术能力、竞技心智能力等方面。竞技训练过程中，教练员是传授者，运动员是练习者，目的是帮助运动员建立起系统专业的竞技知识体系，并培养出满足训练和参赛之需的竞技能力。本章首先介绍竞技能力及其子能力的内涵、意义、分类和特征等基本问题；然后从“训”与“练”的视角，重点介绍各子能力训练的一般原理和训练设计要点或要求。

【学习目标】

通过学习，理解竞技能力和竞技子能力的定义与内涵，能够分析竞技子能力的价值意义、主要特征及其相互关系。理解不同子能力训练的基本理念、价值取向，掌握各子能力训练设计的基本原理与基本思路，主要方法与基本要求。

【思维导图】

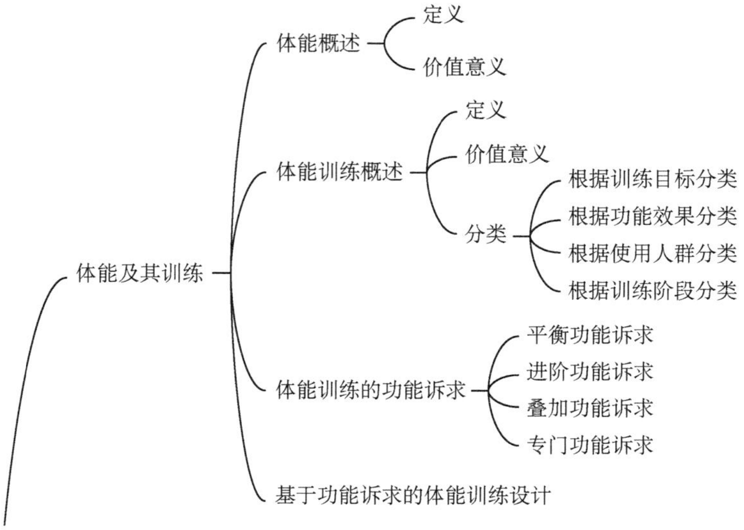

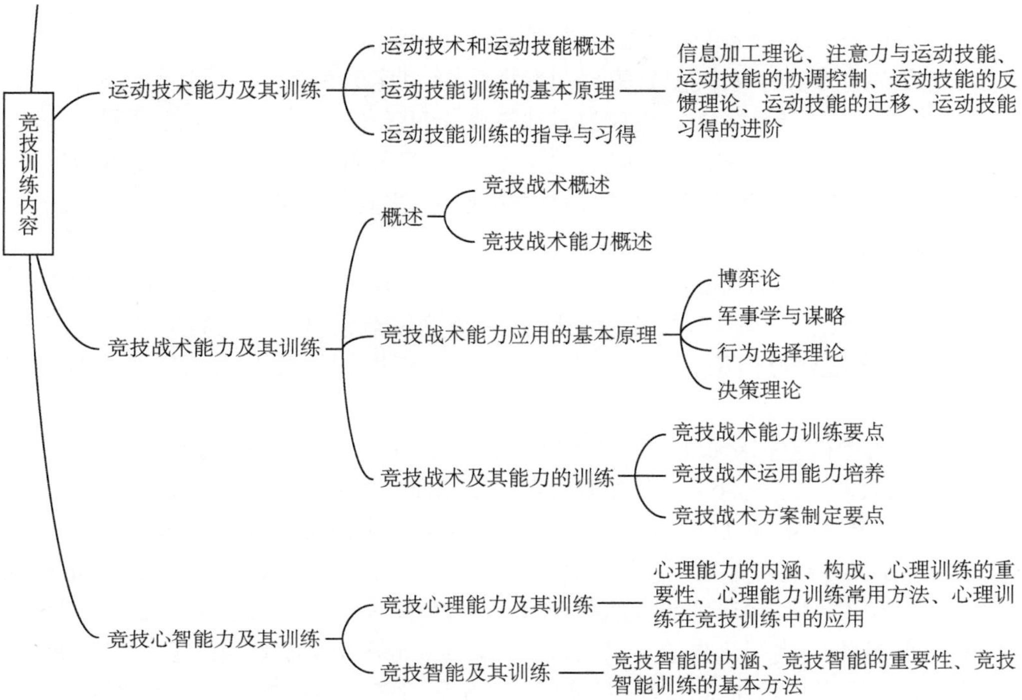

竞技训练内容是人们在竞技运动实践经验的总结与发展基础上形成的专门知识体系。现代生理学、解剖学、运动学、力学以及教育学、心理学、管理学等多学科知识的融入，极大地充实与丰富了竞技训练内容体系。在竞技训练活动中，训练内容的选择与训练的组织实施，通常基于训练目标、专项特点、运动员年龄、现实水平等多重因素。在运动员的训练设计与组织实施过程中，教练员需要精心选择符合运动员个体特征、专项训练目标要求的训练内容，进而选择相应的训练方法与手段，实现训练的目标任务。

第一节　体能及其训练

基于特定功能诉求的体能训练，能够满足提升运动员竞技训练、竞技参赛及其相关活动功能表现的需求。竞技训练理论离不开科学性、功能性和系统性体能训练体系。本节主要介绍体能和体能训练的定义、价值意义和分类，重点介绍体能训练平衡、进阶、叠加和专门功能诉求的新理念和基于功能诉求的体能训练设计新思路。

一、体能概述

（一）体能的定义

“体能”作为竞技运动领域里一个重要概念，中外学者对其有多种概念界定。目前，通用的英文体能概念多使用“physical fitness”和“strength and conditioning”。中文使用“体能”“体适能”。

对“physical fitness”定义的视角多样，根据适应理论，将其定义为个体(机体)为适应外部环境，完成身体活动的机体能力；根据功能意义，将其定义为机体完成运动任务又降低运动风险的能力。机体活动的能力表现为多种与身体健康和运动技能相关的可测量属性，包括心肺能力、肌肉力量、柔韧性、平衡性、敏捷性(或动态平衡)和速度。从竞技运动出发，又可将其定义为“一种能够提高活动或运动技能的能力，主要包括灵敏性、平衡性、协调性、力量、速度和反应时”。

“strength and conditioning”最初是由力量教练(strength coach)的工作内容演变而来，涵盖了力量、速度、耐力等多个方面。后来，这一概念逐渐超出了单纯的力量训练范畴，并且包含了快速伸缩复合训练、冲刺-灵敏性训练、柔韧性训练及有氧训练等多种方法或模式。

1969 年，美国内布拉斯加州大学(the University of Nebraska)橄榄球队聘请田径运动员博伊德·埃普利(Boyd Epley)为力量训练教练，由此提出“strength and conditioning”这一概念。1978 年成立的美国力量教练协会(National Strength Coaches Association，NSCA)，后在 1981 年更名为美国体能协会(National Strength and Conditioning Association，NSCA)。1954 年成立的美国运动医学学会(American College of Sports Medicine，ACSM)等组织机构的专家认为，“strength and conditioning”是一种以力量素质为主，整合其他肌肉适能、心肺适能、身体成分及柔韧性等素质的机体综合运动能力。

在我国，与体能有关的概念包括体力、体质、体适能。多种概念反映了不同时代背景、不同专业领域对这一问题的认知。目前，这些概念在运动训练、大众健身、学校体育领域中都经常使用。总体上看，体能是目前国内使用最为广泛，也最为专业的概念。

王保成(2002)认为，体能有广义和狭义之分。广义体能是积极适应生活的身体能力、日常工作能力及抵抗疾病的适应能力。狭义体能则是与竞技体育相结合，是在专项训练或比赛中，各器官系统克服疲劳、完成任务的能力。袁运平(2004)认为，体能是由人体的先天遗传和后天获得而形成的，是一种包括形态结构、功能和调节、物质能量的储存和转移以及与外界结合的综合运动能力。金宗强(2010)认为，体能是机体在先天遗传与后天训练的基础上所形成的在各项活动中承受负荷与适应环境变化的能力。它包括身体形态、身体功能(或生理功能)、运动素质和健康水平 4 部分，其中运动素质是体能的核心。

《现代行业语词典》《体育大辞典》认为，体能是体质的一个部分，是人体各个器官、系统，通过肌肉活动所表现出来的各项能力，具体包括走、跑、攀爬、跳跃、投掷等。自 1986 年以后出版的《运动训练学》对体能的定义达成基本共识，即体能是通过力量、速度、耐力、协调、柔韧性、灵敏性等运动素质表现出来的人体基本运动能力，是运动员进行专项训练和比赛所需的物质条件。

根据中外体能研究成果，结合竞技运动实际，将体能定义为，运动员身体器官功能、人体系统胜任与完成竞技训练和参赛任务的本领和能力，是运动员竞技能力的重要子能力。

(二) 体能的价值意义

1. 评定运动员机体状态与健康水平

运动员身心健康水平主要通过反映身体形态、身体机能和运动素质的各项指标进行测量评估。体能指标能够对运动员身体状态与健康水平进行反映与评定。

对身体形态和身体机能进行评估，使我们能够了解运动员生长发育的阶段和健康状况。例如，身高反映了个体骨骼和肌肉系统的发育情况，身高增长速度通常会在青春期达到峰值。体重过快增长可能暗示着肥胖或其他代谢性疾病的风险，而生长期体重过慢增长则可能暗示着营养不良或其他健康问题。肺活量增加或降低可以评估运动员气体交换能力和身体适应水平。青春期男性和女性的骨骼肌肉功能水平存在较大差异。

运动素质反映运动员生长发育和健康水平。例如，心肺耐力测试可以评估运动员在运动中的耐力和持久力。肌肉力量测试能够评估运动员运动水平和肌肉发展的平衡程度。进行灵活性、协调性、平衡性测量，可以评估运动员中枢神经与肌肉骨骼系统的灵敏性、一致性和协同性。

2. 保障竞技能力提升的物质基础

良好的体能是运动员掌握和发挥技术战术的基础。例如，力量素质对于举重、投掷等项目的运动员至关重要；耐力素质则是长跑、游泳等项目取得优异成绩的关键；速度素质能帮助田径短跑、自行车等项目的运动员在比赛中占据优势；灵敏性可以让体操、击剑等项目的运动员更好地完成复杂的动作和应对突发情况。

较高体能水平能够保证运动员承受更大的训练和参赛强度和负荷，从而在训练和参赛中不断挑战自我，突破身体和心理的极限，实现竞技运动能力的持续提升。不同运动项目有不同的战术要求，而体能是实现这些战术的基础。例如，篮球比赛中的快攻战术需要球员具备良好的速度和耐力；足球比赛中的防守反击战术需要球员具备较强的爆发力和敏捷性。高水平体能使运动员可以更好地适应团队的战术需求。

在竞技能力系统中，各子能力之间相互制约、相互联系、相互促进、相互作用、相互依存。不同项目群的运动员要求发展的体能不同。只有具备良好体能才有利于承受大负荷、高强度训练和参赛。

3. 预防运动损伤与延长运动生涯

良好的体能使运动员能够很好地协调和平衡肌肉力量、韧带弹性和关节稳定性等身体各部位之间的运动关系，从而降低在训练和比赛中受伤的风险。例如，足球运动员通过进行腿部力量训练和平衡训练，可以有效减少脚踝扭伤、膝盖受伤等常见运动损伤的发生。

良好的体能有助于运动员在训练和比赛后更快地恢复身体状态，减轻疲劳和肌肉酸痛，降低因过度疲劳而导致的运动损伤风险。例如，进行有氧运动和拉伸训练可以促进血液循环，加速身体的新陈代谢，帮助运动员更快地消除疲劳。

良好的体能水平可以使运动员的身体各器官系统保持良好的功能状态，减少疾病的发生，从而延长他们的运动生涯。例如，优秀的体能可以帮助运动员维持健康的心血管系统、呼吸系统和免疫系统，使他们能够在较长时间内保持高水平的运动能力。

4. 促进运动员完美品质品格塑造

良好的体能水平是运动员优秀品质和品格塑造的保障。运动员的情感、意志、兴趣、能力、性格等的发展离不开一定的体能支持。运动员的道德素质，社交素养和自我管理素养也离不开良好的体能水平支持。不同竞技运动、不同的竞技项目对运动员体能的要求不同，也会塑造不同品质品格的运动员。

当运动员不断提升自己的身体素质和运动能力时，会在训练和比赛中表现得更加自信和从容，有助于他们在赛场上发挥出更好的水平，还会对日常生活产生积极的影响。运动员的训练与参赛具有一定难度和挑战性，需要运动员具备坚韧不拔的意志品质。较高水平的体能能够反映运动员的意志品质，进而迁移到他们的训练和比赛，乃至他们的社会生活中，帮助他们更好地应对各种压力和挫折。

二、 体能训练概述

（一）体能训练的定义

体能训练是指运动员、教练员及其团队以改善与提升运动员身体各器官系统功能水平，增强运动素质为目标，提高运动员训练与参赛能力的科学、系统的身体练习活动。

体能训练不仅仅是针对某一身体素质的训练，而是包括力量、速度、耐力、灵敏性、柔韧性等多个方面的综合训练，特别是可提高运动员在专门和特定竞技运动场景中的表现能力。这些运动素质相互关联、相互影响，共同构成了运动员的整体体能水平。

体能训练需要关注运动员身体如何有效地利用能量，以及如何提高能量的产生和利用效率，从而提升运动表现。

体能训练必须与运动技术能力、竞技战术能力、竞技心智能力等其他竞技能力的学习掌握和实践运用相结合。特别是在专项体能训练中，运动员必须是在正确的动作技术模式下进行，从而实现专项运动的功能诉求。专项或专门体能训练需要注重运动技术的规范性和准确性，避免因错误的动作模式导致运动损伤。

体能训练能够培养运动员坚韧不拔、毅力和自律等心理品质，以保证运动员在训练、比赛中保持稳定、良好的心理状态。

体能训练需要关注个体的适应能力和恢复能力。体能训练需要合理安排训练内容、方法与手段、负荷及组织安排，确保运动员得到充分恢复，避免过度训练。

现代体能训练强调生理学、生物力学、运动学和康复医学的理念与方法的融合，追求运动员体能训练中的运动功能改善与修复。

（二）体能训练的价值意义

1. 提高运动员健康适应水平

体能训练能够有效提高运动员机体细胞、器官和系统的功能表现，帮助他们更好地应对训练和参赛中的各种挑战，获得更好的运动表现。

长期、系统地进行体能训练能提高机体抵抗疾病能力，保持健康状态。例如，增强身体的抵抗能力，降低疾病感染的风险。提高骨骼和骨骼肌新陈代谢，改善骨密度，预防肌少症、关节炎、骨质疏松等疾病。提高机体基础代谢率，增加胰岛素敏感性和肌肉组织吸收热量的能力，预防肥胖、动脉硬化等生理健康问题。减少抑郁和焦虑的症状，改善情绪。

2. 提高运动员竞技能力水平

体能是竞技能力的物质基础，运动素质是体能的综合体现。运动员竞技子能力中的技术能力、战术能力和心智能力的发展必须以身体机能与力量、速度、耐力等运动素质的发展为基础。

运动员竞技子能力训练虽然有各自特定的方法与模式，但是都与运动员、运动项目以及训练参赛条件紧密关联，最终形成一个完整的系统，即竞技能力水平系统。体能训练也有基于多种功能诉求的训练方法和模式，以保证运动员适应专项训练和参赛的需要。

3. 增强运动员高强度负荷适应性

体能水平的提高，能够为运动员未来承受与适应大负荷强度训练提供支撑，也能提高运动疲劳之后的恢复能力。系统、长期的竞技训练是根据运动员训练目标、任务和内容来设计不同水平的训练负荷。竞技训练负荷设计基本遵循超负荷和循序渐进的原则，通过"适应—刺激—适应—再刺激—再适应"，使运动员在特定的训练活动中能承受最大限度负荷。

现代科学运动训练中一个重要内容就是通过数字化、智能化的仪器设备精确监控运动训练过程和训练负荷，从而保障运动员在不断增加负荷的情况下，仍然能够胜任和完成训练和比赛活动。

4. 提升运动技术能力和竞技战术运用效率

系统、长期的体能训练不仅有利于运动员学习与掌握复杂的运动技术，更能提高效率。尽管运动员运动技术能力的学习和发展离不开中枢神经系统和运动系统水平，但是良好的体能能够为运动员学习掌握复杂的运动技术提供保障。特别是在开放式运动技术或者多元动作结构的项目中，运动员的运动技术不是单一的，而是多元的。同样，竞技战术的多样性和有效性也需要与之匹配的体能水平。越是复杂竞技战术的实施，越需要高水平的体能储备。

5. 辅助运动损伤治疗和功能障碍消除

运动员运动损伤或运动功能障碍广泛存在于竞技训练与竞赛中。现代体能训练可以有效实现运动员一般与专门功能障碍的消除与康复。相较于传统的药物、静养或理疗手段，体能训练的优势在于能够更有效地改善和恢复运动员运动系统的功能，并减少停训综合征对运动员竞赛周期的影响，也能够更好地维持运动员竞技状态。

（三）体能训练的分类

按照训练主体与运动项目、体能构成要素与训练目标和运动训练负荷强度，体能训练的具体分类见表 4-1。

表 4-1　体能训练的分类

依据	类型	目标
训练主体与运动项目	基础体能训练、专项体能训练、辅助性体能训练	根据运动员身体机能与身心健康水平和训练水平状态实际，全面、系统地改善、提升与发展运动员体能
体能构成要素与训练目标	力量训练、速度训练、耐力训练、灵敏性训练、柔韧性训练和协调性训练	根据运动员和训练阶段实际，运用不同手段方法重点改善、提升、发展某一或部分或整体体能
运动训练负荷强度	极限强度体能训练、次极限强度体能训练、大强度体能训练、中等强度体能训练和小强度体能训练	根据运动员个体、训练阶段，运用不同负荷强度，重点改善、提升、发展某一、部分或整体体能

按照训练主体与运动项目可以将体能训练分为基础体能训练、专项体能训练和辅助性体能训练。按照体能构成要素与训练目标可以将体能训练分为力量训练、速度训练、耐力训练、灵敏性训练、柔韧性训练和协调性训练等。按照运动训练负荷水平划分，体能训练可以分为极限强度体能训练、次极限强度体能训练、大强度体能训练、中等强度体能训练和小强度的体能训练。不同类型的体能训练之间并不是完全割裂的，而是相互联系的，也可以是循序渐进发展的。

三、 体能训练的功能诉求

认识结构、掌握功能、完善结构、发展功能是体能训练的核心理念。从功能性体能训练的视角来看，体能训练内容计划和功能效果需要遵循功能性的“金字塔”模型（图 4-1）。

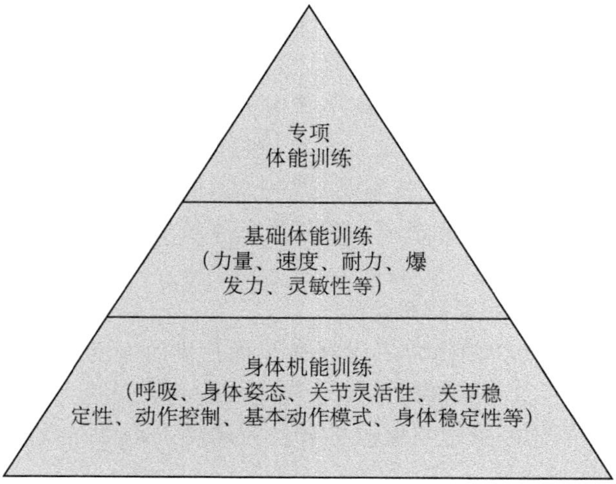

图 4-1 功能性的体能训练“金字塔”模型（闫琪，2013）

可见，功能性体能训练要求以人体基本动作为功能基础，以运动专项表现为最终功能导向，淡化专项体能与一般体能之间的界线。同时，满足平衡、进阶、专门和叠加等训练诉求可以作为训练的功能目标，将运动员专项竞技诉求与功能性体能训练有机结合（图 4-2）。

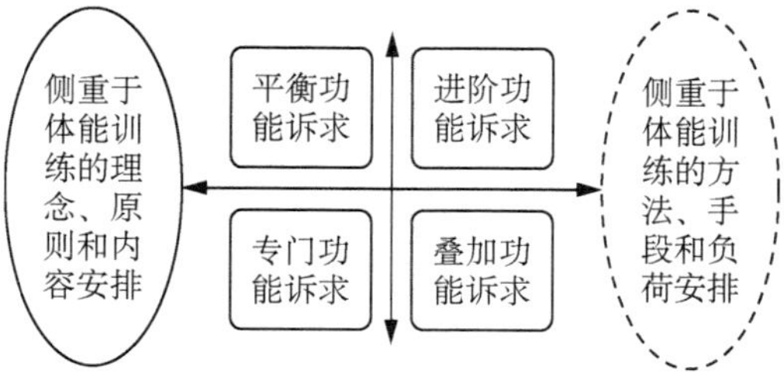

图 4-2 体能训练的四大功能诉求

（一）平衡功能诉求

平衡功能诉求指在进行体能训练时，要坚持均衡发展、全面发展的原则。基础体能和专项体能训练之间要平衡协调发展。

当然，平衡功能诉求并不是简单的平等、等同或完全持平。竞技训练活动过程实则是在“平衡—失衡—再平衡”中运行，是螺旋式上升的动态平衡，最终达到竞技训练目标。强调平衡功能诉求就是避免或尽可能少地出现各种不平衡现象。图 4-3 提出了体能训练平衡功能诉求实现的主要路径。

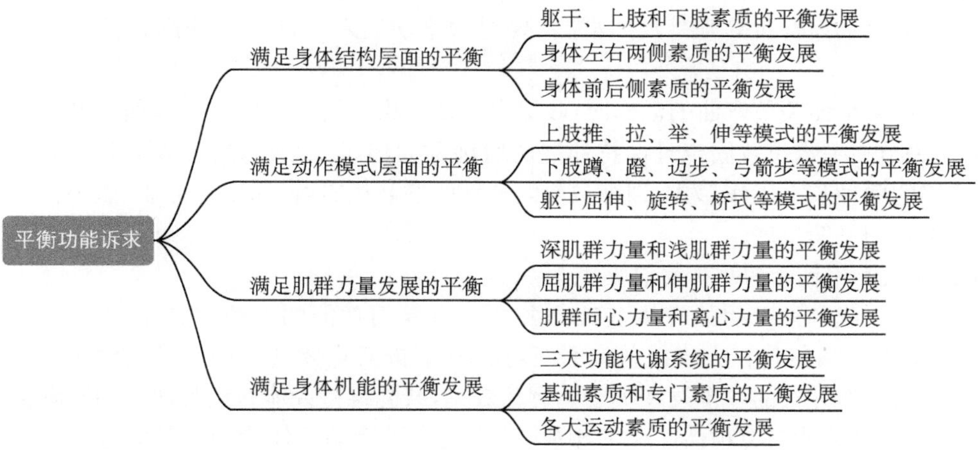

图 4-3　平衡功能诉求

1. 满足身体结构层面的平衡

不同的运动形态和方法对身体不同部位有着不同的要求。例如，网球运动员更注重手臂的力量，跳高运动员更注重下肢的跳与跃的能力等。但训练中应认识到，身体核心区的功能决定了四肢和核心区自身力量的正确传递和有效、稳定的发挥。

同时，人体内部结构是左右不平衡的。各系统器官，诸如心脏、胃、脾在身体左侧或偏左侧，而肝在右侧，于是身体左侧空间小于右侧，导致右肺完全占据右胸腔，且右肺三叶的容积比左肺两叶大一些。胸腔容积的差距形成了在多数情况下，右侧身体更有力量、运动能力更好、身体的本体意象也比左侧更完整。由此也形成大多数人的右侧肢体为优势侧。所以，发展躯干、上肢和下肢素质的平衡，身体左右两侧和前后侧素质的平衡，能够针对性地发展弱势侧肢体，保持全身处于稳定状态。

2. 满足动作模式层面的平衡

上肢的推指将重物远离身体方向的动作，如卧推。上肢的拉指将重物靠近身体方向的动作，如引体向上。上肢的拉可以分为水平面上的平拉与矢状面上的垂直拉。这两种拉是两种最常见的上肢动作模式，要保证水平拉与垂直拉的平衡。同时，过于强调推的动作，会导致关节失衡；过于强调拉的动作，或者忽视水平拉的练习，也容易产生肌力失衡的体态问题与损伤问题。

下肢的动作过程中，主动肌与拮抗肌同时工作，即收缩与伸展同步进行。也就是说，不论是同侧，还是对侧的肌肉工作均发生这一现象。躯干主要进行屈与伸的工作。只做某一方向的扭转将会导致身体两侧力量失衡，也会导致腰腹肌与背肌力量的失衡，进而影响核心稳定性。因此，为了保持身体整体力量的稳定性，减少肌力不平衡带来的异常体态，应追求上肢、下肢和躯干部位肌肉的协调训练。

3. 满足肌群力量发展的平衡

人体分布着形态大小不一、功能不同、部位深浅各异的肌肉。人体核心部位的深层肌肉主要是位于肌群深层的多裂肌、腹横肌和部分腹内斜肌、腰方肌等，它们以单独收缩或整体收缩的方式来保证脊椎的稳定。深肌群是维持脊柱稳定的最重要肌群。腹直肌、腹内外斜肌、背部伸肌群、臀肌等则是浅肌群，主要对脊椎前后左右动作增加助力及进行相应的控制。

在完成某个使关节弯曲的动作时，收缩发力使肌肉变短的肌肉称为屈肌。与屈肌相对应的，使关节在一定位置固定且保持伸展的肌肉称为伸肌。此外，向心收缩和离心收缩是肌肉收缩的两种基本工作形式，训练中要注意深肌群和浅肌群、屈肌和伸肌、肌肉向心力量和离心力量的平衡发展。

4. 满足身体机能的平衡发展

运动员完成各种运动的身体基础是各个具有专门功能的系统综合工作，其中 ATP-CP、糖酵解和有氧氧化三大供能代谢系统等发挥着极其重要的作用。三大供能代谢系统的功能及其工作方式的平衡发展决定了运动效率，共同维持人体的正常功能和健康状态。

同时，基础体能与专项体能相辅相成，共同构成了运动员体能训练的完整体系。基础体能为运动员进行各种运动提供了最基本的运动素质保障。专项体能是基础体能的延伸和应用。当运动员具备了较强的基础体能后，才能够承受专项训练的负荷，更快地掌握专项技术并提高专项能力。专项体能训练也能促进基础体能水平的进一步提高。在此基础上，平衡协同发展力量、速度、耐力、灵敏性、协调性等运动素质的，保证竞技能力系统的平衡发展。

（二）进阶功能诉求

竞技训练的复杂性、系统性，运动项目专项特征，运动员竞技水平状态和体能训练损伤风险等决定了体能训练目标、内容、方法和负荷的设计实施都具有一定的层次性和递进性。进阶功能诉求主要体现在训练目标和内容的、动作难度的进阶和动作模式的进阶（图 4-4）。

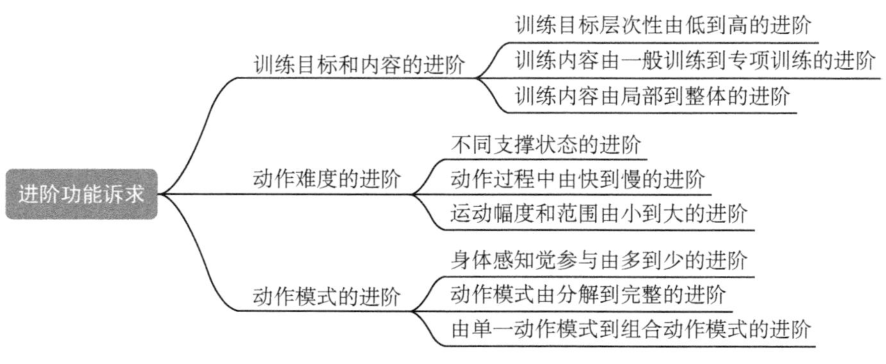

图 4-4 进阶功能诉求

1. 训练目标和内容的进阶

竞技训练过程具有训练过程连续性和组织实施阶段性特点。因此在不同训练阶段，体能训练目标和内容既有不同点，又有训练目标层次性由低到高、训练内容由一般训练到专项训练以及训练内容由局部到整体的进阶特点。

2. 动作难度的进阶

体能训练中，动作难度的进阶是较常见的进阶变化，最常见的方法是改变动作不同的支撑状态，如四点支撑变为三点或两点支撑、支撑面由宽到窄、稳定支撑变为非稳定支撑、力矩由短到长等进阶方法。此外，还可以通过动作过程由快到慢和动作幅度和范围由小到大来提高动作难度，如减慢动作速度、动作完成途中增加暂停点、加大肌肉的拉伸和收缩幅度等进阶方法。例如，在深蹲中逐渐增加下蹲的深度或在引体向上中增加悬垂动作的幅度，渐进地增加训练难度，能打破机体的适应状态，激发机体潜能。

3. 动作模式的进阶

动作模式的进阶主要从身体感知觉参与由多到少、动作模式由分解到完整的进阶、由单一动作模式到组合动作模式等方法进行变化，增加动作的复杂性和挑战。例如，深蹲加推举、俯卧撑加跳跃，激活更多的肌肉群，增加肌肉的力量和灵活性，并提高全身的协调性和功能性，同时有效提高神经系统对运动系统的控制能力，更精确地调动更多的运动单位参与运动，提高肌肉的协调性和收缩效率。

（三）叠加功能诉求

叠加功能诉求是为了获得更深层次的肌肉刺激适应功能而提出的。通过在克服自重的动作和手段上加入多种外界阻力，满足运动员完成多维抗阻训练的需要，也为不同水平运动员的体能训练提供了多种模式，进一步增强机体运动素质发展（图 4-5）。

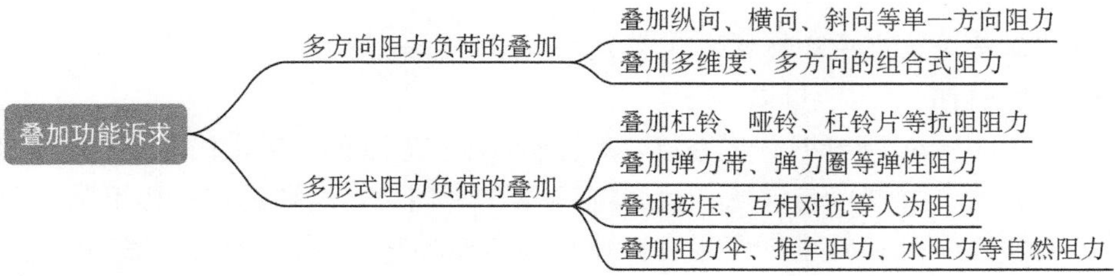

图 4-5　叠加功能诉求

1. 多方向阻力负荷的叠加

运动员体能发展和体能表现的复杂性，决定了体能训练负荷不能采用单一的负荷，叠加一种或一种以上的其他阻力负荷，能够实现多重负荷刺激，进而发展体能水平。阻力负荷的叠加可以对运动员身体不同部位施加不同大小、方向和频次的负荷（拉力、推力或者具体的负重），以达到增强运动员适应叠加负荷的能力，进而提升运动员的体能表现水平。其设计思路体现在叠加纵向、横向、斜向等单一方向阻力，或者叠加多维度、多方向的组合式阻力。

2. 多形式阻力负荷的叠加

叠加功能训练诉求可以在进阶的基础上施加多形式的阻力负荷，包括器械类的抗阻阻力（如杠铃、哑铃、杠铃片等）、弹力带类的弹性阻力（如弹力带、弹力圈等）、按压对抗类的人为阻力(如按压、互相对抗等)以及阻力伞、推车阻力、水阻力类的自然阻力等。例如,在进行踝关节稳定性训练中,在进行平衡球站立、单脚站立或闭眼单脚站立等练习时,可以叠加弹力带阻力进一步加强练习者核心区稳定性。

(四) 专门功能诉求

专门功能诉求下的体能训练体现在运动项目的专门性、运动员需求的专门性、比赛环境的专门性。专门功能诉求的体能训练应该具有明确指向性、针对性,精准、有效地解决运动员所期望达到的专项性、个性化、专门性的训练诉求。同时,基于专门功能诉求的力量、耐力、速度等体能训练,能够高效提高运动员体能水平。不同运动项目的比赛环境也具有一定的专门性,特别是一些特殊环境的诉求,对运动员体能表现和水平高低形成影响(图 4-6)。

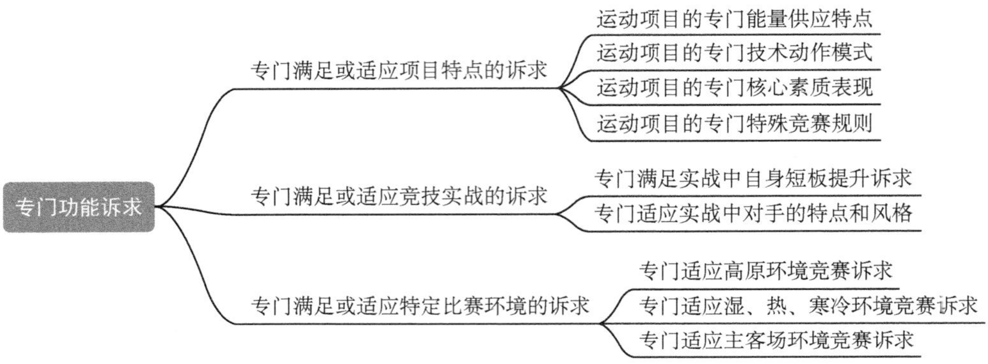

图 4-6 专门功能诉求

1. 专门满足或适应项目特点的诉求

(1) 运动项目的专门能量供应特点

在人体运动中,ATP-CP 代谢系统、糖酵解代谢系统和有氧氧化代谢系统是根据运动的强度、时间和性质共同参与供能,因此具有显著的专门性。运动员在进行不同运动形态、运动项目或身体练习时,能量供应各有其特点和适用场景,也具有高度的专门性。在完成不同训练量、强度和间歇时间的身体练习时,应根据运动项目的能量供应的专门性特点,力求使主要供能系统达到最大化唤醒。

(2) 运动项目的专门技术动作模式

竞技能力系统中,运动素质和运动技术紧密相关,体能和技术能力的发展是同步的。运动员的竞技能力特征形成首先源于竞技运动形态和运动项目的专门性,这种专门性形成了运动员从事某一运动或某一项目的主导能力。竞技目标任务与技术动作是竞技主导能力的专门性体现,指与特定运动相关的专门技术要素和动作模式。因此,体能训练中的技术动作训练,既要符合训练动作的专门性,又要符合专项技术的专门性。为此,必须选择符合专项技术和动作模式的训练方法与手段,帮助运动员更好地掌握动作技巧,提高动作速度和力量输出,增强相关肌群的力量、耐力和灵活性,改善身体协调性和反应能力,促进运动技能的转化。

(3) 运动项目的专门核心素质表现

一些关于竞技能力潜在决定因素受到肌群力量、柔韧性、耐力、上下肢爆发力、稳定性等多个可训练素质变量的影响。这些核心素质训练设计比例变化是高水平竞技运动员出现差异性体能素质和不同竞技表现的关键。一般体能训练手段可有效提高某项体能素质，但不一定具有转化为专项竞技能力的功能性，需要立足于满足运动项目的专门核心素质表现，设计符合特定运动项目规律的训练方案，提高训练的功能性。

(4) 运动项目的专门特殊竞赛规则

在运动竞赛体系中，各个运动项目的竞赛方式、竞赛规则法则都有鲜明的专门性。这些方式和规则法则规定了运动竞赛，也规定了运动员完成竞赛的体能表现方式和路径。中短距的竞速类项目比赛更强调运动员的爆发力和速度，而长距离的竞速项目则更侧重运动员的耐力和持久力。技术能力、战术能力主导的运动项目比赛中，更强调运动员的专项技术能力和战术能力水平。因此，运动竞赛的专门性诉求要求体能训练根据比赛的特点和规则，重点或突出发展符合竞赛需求的专门运动素质。

2. 专门满足或适应竞技实战的诉求

(1) 专门满足实战中自身短板提升诉求

任何运动员的竞技能力系统中都有短板存在。发现不足或缺陷并制订专门的训练计划，以弥补短板带来的不利效应，改善竞技能力系统功能，使运动员总体水平保持在一个适宜的状态。

(2) 专门适应实战中对手的特点和风格

通过分析对手体能表现特点，确立体能训练的“补长”和“避短”策略和方法。同时进行专门扮演或模拟训练。

3. 专门满足或适应特定比赛环境的诉求

(1) 专门适应高原环境竞赛诉求

高原低氧条件下的体能训练，可使运动员体内的红细胞数量剧增、氧成分增加、有氧呼吸能力明显增强，对运动员耐力和速度耐力训练有极强的功能效果，从而提高专项体能水平。

(2) 专门适应湿、热、寒冷环境竞赛诉求

不同温度、湿度环境下的训练，体内会产生大量热量，流失更多水分，导致体内温度也会升高，极易出现脱水、眩晕等症状，引起一系列的机能失调。低温环境下，血管收缩血流量减少，部分器官会相对进入麻木状态。因此，体能训练的设计需要针对性设计，注重冷、热适应性和液体摄入。

(3) 专门适应主客场环境竞赛诉求

主客场环境既可以为运动员带来积极心理影响，增强动力和自信心，也能产生竞赛压力。通过模拟主场环境和增强心理韧性的训练来应对主场比赛的压力。客场比赛一方面面临旅行和时差影响，另一方面也面临客场压力和服务保障影响。体能训练中也要考虑旅行和时差、睡眠和饮食习惯等影响因素。

四、基于功能诉求的体能训练设计

（一）基本设计思路

以满足功能诉求的体能训练计划设计理念为指导，将碎片化的体能训练进行整合，达到全面发展运动员体能素质的目的。

从运动员体能科学诊断开始，评估运动员现阶段体能水平。明确其能量供应特点、肌肉及其收缩方式、动作模式及其组合等，确立平衡、专门、进阶和叠加功能诉求。根据功能诉求设计具有相应功能效果的力量、速度、耐力、灵敏性、柔韧性等不同板块的训练计划，重点确立各种训练手段、方法，以满足功能诉求；最后继续进行科学体能诊断，发现新的功能诉求。基于功能诉求的体能训练设计思路具体见图 4-7。

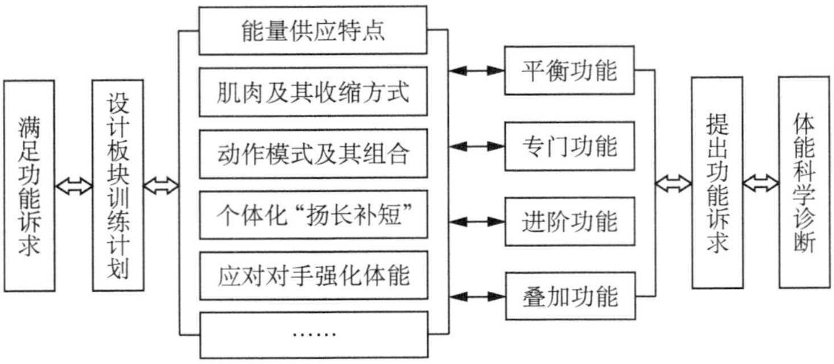

图 4-7　基于功能诉求的体能训练设计思路

为了实现体能训练内容与安排的合理性、时序性与逻辑性，应基于竞技体育金字塔模型和功能诉求原则设计体能训练的内容和安排时序，使不同运动素质的训练内容，以及训练板块的安排更加完整，形成“菜单式”的体能训练计划，保障体能训练内容结构的系统性和完整性。

（二）不同功能诉求的设计

1. 基于功能诉求的热身激活设计思路

热身激活是训练的组成部分之一。系统合理的热身激活可以促进体温升高、激活运动神经、动员能量代谢系统，为即将进行的正式训练或比赛做好生理上与心理上的准备。热身激活进行顺序为一般热身、软组织激活、核心柱激活、动/静态拉伸、神经肌肉激活和专项动作准备。

（1）一般热身、软组织激活与核心柱激活

一般热身、软组织激活以及核心柱激活目的是帮助唤醒机体运动系统的各个软组织和关节，最大限度发挥机体运动系统功能，激活运动需求的神经肌肉控制。

基于平衡、进阶、叠加、专门功能诉求整合的热身激活开始阶段，将运动员机体进行全面系统整理，有效梳理深层软组织与激活深层核心稳定肌群，为运动员进行体能训练提供良好的深层支持。热身激活的内容丰富，需要在有限的时间进行最有效的激活，通过不同层面的功能诉求设计，满足运动员开始热身激活的需要。以一般热身的基础训练内容为起点，根据软组织激活、核心柱激活、动/静态拉伸和神经肌肉激活的实践顺序横向延伸激活环节。同时，根据特定诉求纵向展开热身激活的具体内容安排，使热身激活训练计划具有针对性、完整性和功能性，并且能最大限度节省热身激活时间，为体能训练提供更多时间。

(2) 动/静态拉伸

动/静态拉伸主要针对特定肌肉、韧带或关节，通过增加骨骼肌起止点或不同骨骼间距离的方式，调整肌张力，提高关节活动度和机体柔韧性。合理安排动/静态拉伸，有助于提升肌肉温度、加速血液流通，降低肌肉及关节的黏稠度，为后续运动或某一专门训练提供安全保障。动/静态拉伸可以使动作更加协调、优美，也能预防肌肉损伤。

(3) 神经肌肉激活与专项动作准备

神经肌肉激活技术是一种高水平的激活肌肉组织的神经肌肉刺激。通过神经肌肉激活训练，运动单元被水平电位激活，肌肉从休眠状态转变为激活状态。它是以持久改善肌肉骨骼疾病为目的，应用主动训练为主要手段的训练方法。专项动作准备通过渐进性、特定的准备时期，让运动员从生理上和心理上对训练和比赛的需求做好准备的一种综合方法，一方面是通过建立和强化正确的专项动作模式，来使练习者形成正确的专门神经控制模式，另一方面通过动作整合来刺激练习者的外部感受器，提高其动作协调性。神经肌肉激活和专项动作准备能够使运动系统逐渐适应即将到来的较激烈训练活动，也能帮助运动员集中注意力，减少过度的紧张和焦虑，保持必要的兴奋性，减少运动伤害的发生。

2. 基于功能诉求的稳定性训练设计思路

身体稳定性是功能性体能训练“金字塔”底层的基础，是科学、安全进行高强度体能训练的保障。身体稳定性主要分为核心稳定性、上肢稳定性和下肢稳定性，均包括身体相关区域内的肌肉、关节韧带、肌腱等组织的联动稳定。身体稳定性训练对于身体健康和功能性具有重要意义，可以支撑和保护关节、改善姿势和身体控制、提高运动表现以及预防运动伤害。基于功能诉求的核心稳定性训练内容设计具体见下文及表 4-5。

(1) 核心稳定性训练

核心稳定性指人体核心部位在运动或静止条件下所处的一种身体姿态和状态。核心稳定性训练能够提升人体核心部位的稳定性，为上下肢的发力和力量传递提供“支点”，不仅为上下肢力量的传递创造条件，而且为身体重心的稳定和移动提供力量。同时，还可以降低运动损伤的概率，提升运动员的运动表现，增加中枢神经系统的控制、增加适应性及稳定性、改善肌肉征召能力。

(2) 上肢稳定性训练

上肢稳定性指的是肩关节、肘关节和腕关节周围在运动或静止状态下的姿态和状态。肩关节作为人体最灵活的关节，稳定性相对较差。上肢稳定性训练可以增强上肢关节抬举、推拉、举重、抓握等动作控制能力，改善击球、投掷、推动、拉动等各种运动技能。同时，稳定的上肢可以提供更强的力量传输和控制能力，减少肩关节脱位、肘关节过度伸展、手腕扭伤等常见的上肢运动损伤。此外，平衡原则下上肢稳定性训练，促使肩膀、背部和颈部肌肉的正确协调，减少肌肉不平衡导致的不良姿势。

(3) 下肢稳定性训练

下肢稳定性指的是膝关节、踝关节及髋关节周围在运动或静止状态下的姿态和状态。人体结构决定了下肢及其稳定性在运动中的重要地位。进行科学系统的下肢稳定性训练能够提升全身力量传递的效率以减少力量在传递过程中的流失，并且能够确保运动员在做出动作时保持平衡和稳定，从而提高技术动作的准确性和成功率。下肢关节的不稳定、不正确接触是产生运动损伤的主要因素，特别是在高强度活动中，下肢稳定性能够减少踝关节扭伤、膝关节损伤等。

3. 基于功能诉求的基本动作模式与柔韧性训练设计思路

基于功能诉求的基本动作模式和柔韧性训练，旨在提高个体的运动功能性、动作技巧和运动效率。

基本动作模式训练侧重于模仿人体结构功能的基本动作模式，保证机体正常的运动能力、姿势控制和功能需求，满足个体在不同运动和日常生活中的需求。柔韧性训练帮助机体恢复正常的关节活动度，维持正确的动作模式。人体天然的基本动作模式涵盖了身体的各个方面，并且基本动作训练强调将训练结果转化为日常生活和运动中的实际应用，这意味着训练应该模仿日常动作、运动技能和具体运动的要求，通过爬行、下蹲、推拉等动作模仿进行训练，以提高核心稳定性、肌肉协调性、运动技巧和身体的适应性和效率。

4. 基于功能诉求的肌肉力量训练设计思路

根据运动员进阶、专门、平衡和叠加功能诉求对力量训练计划进行上肢、下肢、核心区以及全身性的区分性设计，使力量素质的增长能够满足具体的竞技表现增长需要，以体现力量素质增长阶段明显的侧重点和针对性。

(1) 上肢力量训练

上肢力量训练中，肩部力量的提升对于执行各种动作和运动都至关重要，重点训练肩前束(前侧肌)、肩中束(中部肌)和肩后束(后侧肌)等肩部肌群，一般采用推举、侧平举、颈后推举等手段。胸部肌肉对于推动动作和上肢稳定性都起着重要作用，重点训练胸大肌和胸小肌，常见手段包括卧推、俯卧撑和飞鸟等。背部肌肉用于维持上肢力量和姿势，重点训练背阔肌、斜方肌和菱形肌等背部肌肉群，常见的训练包括引体向上、划船、硬拉等。手臂力量的训练可以提升握力和上肢的整体力量表现，重点训练肱二头肌、肱三头肌和前臂肌肉群，常见训练包括弯举、颈后臂屈伸等。手腕和手部的力量对于稳定和控制物体非常重要，重点训练手腕屈伸肌群和手部肌肉群，常见的训练包括手腕卷曲、手指灵活性训练和握力训练。

(2) 下肢力量训练

下肢力量的提升能有效改善日常活动和运动表现，对于整体身体力量和功能的发展至关重要。重点训练大腿肌肉群，包括股四头肌(股前肌)、股二头肌(股后肌)，常见的腿部训练包括深蹲、腿推、腿弯举等。臀部肌肉对于下肢力量和稳定性非常重要，重点训练臀大肌、臀中肌和臀小肌等臀部肌群，常见的训练包括臀桥、臀部推举和后踢腿等。腿后侧肌群的训练用于平衡下肢肌肉；重点训练腘绳肌(半腱肌和半膜肌)和腓肠肌，常见的训练包括直腿硬拉、坐姿腿弯举等。小腿肌肉群能够维持下肢的爆发力和稳定性，重点训练腓肠肌和胫骨前肌，常见的训练包括提踵、跳跃和小腿屈伸等。

(3) 核心力量训练

“躯干核心”位于运动链的中心，它可以将来自地面的力量有效传递至上肢，以达到对上肢或所持器械的最大加速或减速的作用，也可以将上肢动量传递给下肢，调整下肢肌群对地面的作用力度，从而提高上下肢或技术动作间的协调工作效率。核心力量训练是指针对腹部、腰部和背部的肌肉群进行的训练，旨在增强核心力量和稳定性，提高身体的平衡性、功能性和抗旋转能力。核心区的肌群包括腹直肌、腹外斜肌、腰方肌，以及起拮抗作用的背阔肌、脊柱肌群等，常见的训练包括仰卧起坐、卷腹、腹肌轮、侧卧侧屈、俯卧交替腹肌训练、平板支撑、腹式呼吸、桥式训练和侧抬腿等。

(4) 全身功能性力量训练

训练是通过锻炼身体的各个肌群，提高全身的力量和肌肉功能。进行全身关节、肌肉参与的力量训练不仅仅要关注单个肌群的力量，还要通过综合性的动作模式，加强核心稳定性、姿势控制能力和协调性。这有助于改善身体在日常生活和运动中的表现，如提高坐姿、行走、举重等活动的表现能力。可以提高身体的整体功能性，促进代谢率提高，提高身体运动链的稳定性、柔韧性和韧性，从而减少日常活动和运动损伤的风险。

5. 基于功能诉求的有氧和无氧耐力训练设计思路

有氧耐力和无氧耐力在供能方式、持续时间以及训练方法等方面存在显著差异。进行有氧耐力和无氧耐力训练要充分考量练习时间、练习强度及练习次数，循序渐进地施加运动负荷，同时还要注意运动环境的安全。通常采用不同形式的持续性跑、跳、游、骑等手段，或者采用由不同身体练习组成的循环练习。具体内容设计思路基于平衡、专门、进阶和叠加功能诉求进行设定。

(1) 有氧耐力训练

有氧耐力训练是一种以提高心血管系统功能和增强身体对长时间持续活动的能力为目标的训练形式。它主要通过进行中低强度的持久性运动来达到这一目的，如慢跑、骑行、游泳、快走、跳绳等。在进行有氧耐力训练时应确定目标心率区间。通常，目标心率区间为最大心率的50%～85%。

(2) 无氧耐力训练

无氧耐力训练是一种以增强肌肉力量和耐力为目标的训练形式。主要通过瞬间爆发的力量和快速的肌肉收缩来进行，包括使用重量训练器材(如哑铃、杠铃)或身体负荷(如俯卧撑、深蹲)进行力量训练。无氧耐力训练可以提高基础代谢率和肌肉的质量，这有助于控制体重和维持健康的体脂含量。同时，高强度的无氧训练可以提高心脏的收缩力和血液循环效率，从而促进心血管健康，在各种运动项目中表现出更好的爆发力、速度和耐力。

6. 基于功能诉求的速度与灵敏性训练设计思路

速度素质具体表现为人体快速完成动作的能力、对外界信号快速反应的能力和快速移动距离的能力。灵敏性指运动员在面对刺激能够快速改变运动方式。

速度与灵敏性训练设计有较高自由度，需要匹配符合自身体能水平阶段的速度训练诉求制定相关训练目标。此外，不管什么时候开始速度与灵敏性训练，都应该保证技术动作的正确性，而且应该在掌握基本的训练动作之后再进阶过渡到具有变化性、挑战性的速度与灵敏性训练。训练强度也应随着动作的复杂度增加而增加。以提高跑步冲刺速度为训练目的诉求。

7. 基于功能诉求的恢复再生设计思路

恢复再生中的恢复包括主动恢复(慢跑、泡沫轴滚动、拉伸)和被动恢复(按摩、冷水浴等),不同恢复手段的功能不同,运动员需要根据现实情况不断地满足自身恢复诉求,以促进身体产生良好的恢复过程。

恢复的功能目的包括:①扩张血管加大氧气和代谢物质运输速度,及时清除乳酸等产物,避免产物过度堆积导致相关炎症;②缓解机体运动后的身心压力,降低交感神经张力;③改变组织的黏度和降低扳机点敏感性,以便于更好地进行整体肌肉收缩和关节运动。机体再生的功能目的包括:①强化受伤肌肉、肌腱等薄弱肌群的各种素质,增加神经对薄弱肌群的控制,从而增强人体运动系统的运动能力,降低运动损伤发生概率;②缓解由过度使用、动作代偿产生的运动功能障碍和神经骨骼肌失衡,增加关节活动度,提高各个肌群的协调性,刺激机体功能活动,恢复并提升运动员身体结构功能状态,为下次训练提供身体物质基础需要,以期预防运动损伤和延长运动生涯。

第二节　运动技术能力及其训练

运动技术能力是运动员完成与胜任竞技训练和竞技参赛目标和任务不可或缺的本领和才能,是运动员竞技能力系统中重要的子能力。运动技能训练体系是竞技训练理论中重要组成部分。本节主要介绍运动技术及运动技能的内涵、要素、特征和类型。系统介绍运动技能训练的六大原理,提出训练中教练员的指导原则、程序、内容、形式与方法,运动员技能练习的内容、方法和设计。

一、运动技术和运动技能概述

(一) 运动技术

1. 运动技术定义

运动技术是人体为了实现运动目标而采取的各类身体动作方法的集合。身体动作是形成运动技术的核心要素。人体的运动是由一系列身体动作组合构成。人们为了合理、有效完成运动,身体动作必须遵循人体解剖和运动力学的基本原理和方法,形成符合某一运动形态的动作技术。身体动作、动作技术还必须符合竞技运动的时空场域与规则法则的约定,由此就形成了具有合理性、规范性和经济性的运动技术。运动技术是运动员运动技能习得与发展的基本条件,是运动员竞技运动表现的显性标志,是运动员竞技能力系统的重要构成要素。人们关于运动技术的认知与总结是竞技训练理论中的重要知识体系。

2. 运动技术系统

(1) 运动技术要素

运动技术要素包括身体姿势、动作轨迹、动作时间、动作速度、动作速率、动作力量和动作节奏等。

1）身体姿势：指在动作过程中，身体或身体各部分所处的状态及身体各部位在空间所处的位置关系。其可分为开始姿势、动作进行过程中的姿势和结束姿势。

2）动作轨迹：指在做动作时，身体或身体某部分所移动的路线。其包括轨迹形状（直线、曲线、弧线等）、轨迹方向（前、后、左、右、上、下 6 个基本方向及各种旋转与环绕等）和轨迹幅度（长度、角度）。

3）动作时间：指完成动作所需要的时间。其包括完成动作的总时间（完成动作所需的全部时间）和各个部分的操作时间（完成动作的某一环节所需要的时间）。

4）动作速度：指在单位时间里身体或身体某部分移动的距离。其包括平均速度、瞬时速度、初速度、末速度、角速度和加速度等。

5）动作速率：指在单位时间内同一动作重复的次数。

6）动作力量：指在完成动作时，身体或身体某部分克服阻力所用力的大小，是人体内力和外力相互作用的结果。

7）动作节奏：指在完成动作过程中的时间特征。其包括用力的大小、时间间隔的长短、动作幅度的大小及动作快慢等要素。

（2）运动技术结构

运动技术结构包括动作基本结构和技术组合两层含义。

1）动作基本结构：指由动作基本环节和环节之间的顺序构成，它是技术的微观结构。

每一项技术动作的基本结构都包括若干个基本环节。例如，跳远技术动作由助跑、踏跳、腾空和落地 4 个基本环节组成。这些基本环节按特定的、一般不能予以改变的顺序形成动作基本结构。因而，动作基本结构可称为“技术链”，而动作基本环节则可视作“技术链”上的各个点，“顺序”则成为连接各个点的连线。改善动作基本结构可从改善动作基本环节、改善环节间顺序两个方面进行。

2）技术组合：指由若干独立的技术动作连接组成的集合。例如，乒乓球运动员的“左推右攻”，武术运动员的“腾空落地”，艺术体操运动员的“难度性组合”。

3. 运动技术特征

（1）运动技术与体育动作的不可分割性

这是运动技术区别于其他技术的最显著的特征。运动技术只能通过运动员身体动作表现出来，因而人们长期将运动技术又称为“技术动作”“动作技术”等。

（2）运动技术不断发展的必然性

在任一特定时刻，运动技术规范要求的合理性都是相对和暂时的。随着运动员身心素质的不断提高和运动器械设备的不断改进，运动技术也在不断发展，处于动态变化过程之中。

（3）运动技术相对稳定与即时应变的统一性

运动技术应具备相对稳定的动作结构。在比赛中，闭合式运动应力求保持这种结构。同时，随着比赛环境及比赛对手的变化，有效的运动技术应能随这些变化而有所调整，这在开放式运动中表现得尤为突出。

(4) 运动技术的个体差异性

正确的运动技术都应该符合科学原理，具有运动的规范性和公认的动作规格。然而，因为每个运动员在身体形态、运动素质等许多方面具有不同的个人特点，所以，运动技术还具有个体差异性，对每个具体的运动员来说，最合理的技术动作都不会完全相同，其有着鲜明的个人特点。

4. 运动技术分类

(1) 基本技术和难度技术

基本技术也称为一般技术，是针对特定运动项目完成技术动作根本的且必不可少的技术，包括动作技巧、技术规范和操作流程。不同运动项目有着特定的基本技术(表 4-2)，它的掌握情况是提高技术整体水平的基础与前提。

表 4-2 部分运动项目的基本技术举例

运动项目	专项基本技术
高山滑雪	快速下滑、控制转弯、跳跃和着陆
健美操	各种身体姿势、步伐、转体、跳跃和舞蹈动作
篮球	传球、接球、运球、投篮、抢断等
跳高	助跑、起跳、腾空、落地
游泳	身体姿势、划水动作、呼吸方法等

难度技术是基于基本技术的，具有一定完成难度和应用高度的技术。在现代竞技运动中，这类技术的难度价值和完成质量是决定运动成绩的关键。例如，我国跳水队取得巨大成功的重要经验之一就是“走在世界跳水难度前列”，即在训练中强调难度技术的突出地位。

(2) 全面技术和特长技术

全面技术是完整的、全方位的技术。运动员技术系统(技术群)在竞赛中所发挥出的整体效应服从“木桶原理”，即往往不取决于难度和特长技术，而取决于其他水平相对较低的技术。例如，我国优秀乒乓球运动员马龙，其最突出的技术特征是技术非常全面，发球、正手、反手、侧身、翻挑等技术均没有明显漏洞，能够在比赛中根据对手变化和比赛进程做出相应的调整。

特长技术是运动员所掌握的技术系统中，那些对其获取优异运动成绩有决定意义的、能够展现个人特点或优势、使用概率和(或)得分概率相对较高的技术。比赛中，特长技术通常是运动员获得高分或克“敌”制胜的主要手段，这就需要在训练中精雕细琢、精益求精。

(3) 单一技术与组合技术

单一技术是指某运动项目中的单个技术或动作，如篮球的投篮、足球的射门等。单一技术是构成基本技术的基础。

组合技术是将不同的单一技术组合在一起形成连贯的技术动作，如足球运动中将运球、传球和射门等单一技术组合成的传切配合技术动作。组合技术的使用需要运动员具备较高的单一技术水平和战术意识。

（4）常规技术与特殊技术

常规技术是运动员在训练和比赛中经常使用的技术，包括各种基本动作、技巧和策略。常规技术只有在训练中反复练习才能在比赛中稳定地使用和发挥。

特殊技术是在常规技术的基础上，根据竞赛规则和对手情况所采用的独特的技术或策略。例如，篮球比赛中使用“高位”策略防守对方主要得分手；网球比赛中使用“旋转球”或“切球”来改变球的轨迹或增加球的旋转。

需要注意的是，不同的运动项目可能会有不同的技术分类方式，上述分类只是一种常见训练学分类方法，实际应用中可能会有所不同。当然，运动技术的分类也可以根据不同的训练目标和层级进行进一步划分和细化。

（二）运动技能

1. 运动技能定义

运动技能是运动员为了实现运动目标，运用专门或特定运动技术的本领和才能。

运动技能是通过学习或训练而形成的有法则的操作活动方式，也是完成特定运动任务所需的一系列运动技术的组合。运动技能有着特定的目标指向，也有着鲜明的个体差异，还有特定的运动项目属性。

运动技能是运动员竞技能力系统的重要子能力。人们关于运动技能的认知与总结是竞技训练理论中重要的知识体系。

2. 运动技能要素

（1）认知要素

运动技能中的认知要素由完成技术动作的4个顺序性的心理活动过程组成：①感知技术使用的环境信息；②决定技术动作的运用策略；③发出运动指令，产生有组织的肌肉活动，实施技术行动；④收集技术运用效果的反馈信息。

例如，在羽毛球运动中，运动员首先观察对手的击球方式和球的飞行路线，中枢系统对视觉信息收集到的信息进行综合判断，继而发出运动指令。技术动作完成后，有关动作的实施效果以及是否达到目标还需要通过反馈通路进行感知和加工，中枢神经系统决定是否需要改变动作方式，或者继续执行原先的决策。

（2）运动要素

运动技能中的运动要素由3个部分组成：①姿势成分，为动作提供支持平台；②移动成分，使身体和肢体移动到动作位置；③操作成分，完成动作。其中，姿势成分和移动成分分别为技术的完成提供静态和动态支撑。

例如，在网球运动的接发球过程中，运动员首先要做好接发球的准备，站立姿势和握拍方式为实施接球与回击提供了“动作平台”，当发球飞来时，运动员通过步法使身体及时移动至较佳的击球位置，然后实施击球动作，以实现期望的回球路线、速度与旋转。

3. 运动技能特征

（1）较高的准确性和成功率

高超运动技能的重要标志是较高的准确性，以及达成预期的动作目的。足球运动的直接任意球射门可以有不同的弧线和速度，尽管训练中反复多次射入球门是运动员运动技能重要表现，但在实际比赛中，罚球点的位置、对方人墙的搭配、比赛当天的自然条件加大了使用技术的难度。高水平运动员主罚任意球的技术使用更为合理，可以提高射门的准确性和得分的成功率，这也是他们优于普通运动员的主要特点之一。

（2）较低的能量消耗

动作有效的另一个标志是执行动作过程中减少不必要的动作，表现出更小的能量消耗，这在运动时间较长、需要合理分配体能的项目中尤为重要。例如，竞走、马拉松、铁人三项等长距离耐力性项目的运动员，应该具备符合自身生物力学特征的最经济和有效的动作方式；优秀的柔道和跆拳道运动员应该明确如何更有效地分配技术使用，以便在比赛的关键时刻出奇制胜；自由体操运动员的成套动作设计需要将规定动作和高难动作合理搭配，以便顺利完成比赛并提高表现力。

（3）较短的动作时间

运动技能的另一特征是缩短实现动作目的所需时间，或者提高达成动作目标的速度。例如，周期性动作的项目需要尽量缩短每个技术单元的完成时间；田径田赛项目最后发力动作的速度决定着技术完成效果；格斗对抗性运动员的下肢移动和上肢击打速率决定攻防效果；排球运动员的挥臂速度将直接决定能否直接得分。当然，技术使用效果并不能只通过"快"来评价，快慢结合的节奏变化，往往会成为运动技能整体有效性的关键。

4．运动技能分类

运动技能通常可以按照动作组织方式、执行环境的稳定性、肌肉的精细化程度以及持续工作的能力进行分类。以下是一些常见的分类方法：

（1）粗大和精细运动技能

此分类的依据是运动时所涉及肌肉的多少与动作幅度的大小。粗大运动技能依靠大肌群参与实现操作目标，且执行过程中需要整合身体多个部位共同参与；精细运动技能则是依靠小肌群参与动作控制才能实现操作目标的运动技能，如射箭撒放时手腕和手指的精准控制。

（2）封闭式和开放式运动技能

此分类的依据是运动技能的执行环境。封闭式运动技能是在相对稳定和可预测环境中执行的技能，注重技术的精确性和一致性，如撑竿跳高每次试跳的技术运用环境基本保持不变。开放式运动技能是运动员在不断变化和不可预测环境中执行的技能，一方面需要运动员具备大量的动作储备；另一方面要求运动员具有良好的预测能力和面对复杂情况快速的决策能力，如足球比赛中的技术运用需要基于对对方技战术行为的预判。

（3）连续性、不连续性和系列性运动技能

此分类的依据是动作开始和结束的特定位置。连续性动作是没有明确的开始与结束动作的周期性动作，如游泳、滑冰、跑步等，这类动作的开始和结束的位置任意，不断重复且完成任务的时间较长。不连续性动作是具有明显的开始和结束动作的非周期性动作，如跳跃、投掷、射箭等，该类运动技能的表现时间一般相对短暂。系列性动作是指由一系列不连续动作或一个动作序列构成的混合性或组合性动作，如三级跳远、体操等，动作持续时间较长且不会随意停止，可被看作若干个连续性和非连续性任务的顺序连接。

（4）快速和持久运动技能

此分类的依据是运动的持续时间。快速运动技能是在短时间内迅速完成的技能，需要更高的神经肌肉输出功率，如击球运动中的反应速度和击球速度。持久运动技能则是需要较长时间和较高耐力完成的技能，注重运动员的心血管耐力、力量以及动作的经济性与稳定性，如长距离竞速类项目运动员所应具备的运动技能。

5. 运动技能形成的条件

(1) 运动技能的储存数量

运动员运动技能储存的数量越多，越能顺利地建立新的条件反射，掌握新的技术动作。

(2) 运动素质的发展水平

动作速度、力量、柔韧性、协调性、灵敏性等运动素质的发展水平直接影响技术完成过程中时空、节奏特征及各部分肌肉用力的协调配合。

(3) 场地设备和器材

运动技能的形成和发展离不开器材设备与场地的进步。例如，撑竿跳高的“弹射”过杆技术，离不开玻璃钢竿；乒乓球的“倒拍”发球和削球技术，离不开两面不同性质的球拍胶皮。

(4) 运动员个性心理特征

运动技能的形成受到运动员专注力、自信心和决心等心理因素的影响，而认知心理的形成与发展、表象的形成与运用都对学习和掌握运动技能有着重要的作用。

(5) 技术环境

技术环境是指运动员(队)周边相关群体(国家、地区或运动队)的整体技术水平。良好的技术环境有助于运动员学习、掌握和运用运动技能。

(6) 技术指导

教练员提供正确的技术指导和错误纠正，帮助运动员逐步掌握和改进技术，进而表现出更高的运动技能。

第四章
拓展阅读 1

(7) 练习的次数

运动技能的形成需要大量的重复练习；反复练习可以加强运动员神经系统和肌肉系统之间的连接，提高动作的自动化程度；持续、有针对性的练习可以不断改进和巩固运动技能。

二、运动技能训练的基本原理

(一) 信息加工理论

运动技能的训练是对运动中各种信息不断利用和加工的过程，涉及各种认知活动，并遵循人类信息加工的基本规律。在运动的环境中，各种信息对动作操作很重要，运动员个体搜索信息、接收信息并将其存储于记忆系统中，以便为随后个体对环境做出感知、决策及行动提供服务。例如，羽毛球运动员在比赛中做出放网回球动作时，根据现场对手的位置、来球位置以及自己的站位等信息做出判断，利用大脑的中枢神经系统经过一系列过程来处理信息，并产生动作。一般而言，人体信息加工系统与外部环境相互作用，存在“信息输入”“信息处理”“信息输出”3 个环节。与之相对应，形成了信息加工的刺激识别、反应选择和反应组织 3 个阶段(图 4-8)。

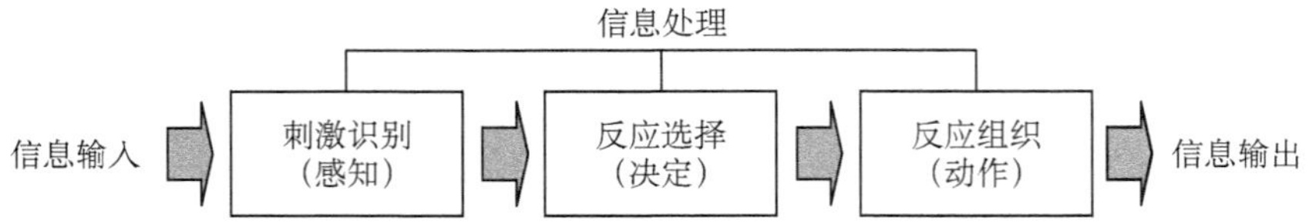

图 4-8　信息加工流程模型

在刺激识别阶段，个体感觉到某一刺激，并做出识别，这个阶段个体主要通过各种感官(视觉、听觉、嗅觉、触觉)对外部环境输入的信息进行分析，并将有用的信息进行综合，以便为接下来的信息加工做好准备。当然，在刺激识别阶段，需要对刺激信息进行探测和模式识别，为此分辨和察觉出对自己有用的信息。

在反应选择阶段刺激被正确识别后，个体需要做出反应。个体做出什么样的反应取决于当时的环境、对手的技术战术特点以及自身所处的位置，从而从众多选择中选择一个有效的反应动作。

在反应组织阶段，一旦进行了刺激识别和反应选择，便进入技术动作的组织和发动阶段。在执行动作之前，系统必须在脑干和脊髓低级中枢做好准备工作，从记忆库中提取动作，引导肌肉按照正确的顺序和时机收缩，产生适宜的力量强度，从而有效地做出动作。

以篮球运动员完成传切配合的技术运用为例，第一，运球运动员看到队友成功切入篮下(刺激识别)；第二，运球运动员决定将篮球快速传给这名队友(反应选择)；第三，运球运动员用单手把篮球迅速传至篮下运动员比较舒服或者有利的位置(反应组织)。

(二) 注意力与运动技能

在竞技训练和比赛中，运动员需要快速准确地感知和处理来自对手、裁判、观众以及自身身体状态等多方面的刺激信息，并做出相应的动作反应。为此，运动员应具备高度的选择性注意能力、信息整合与加工能力以及动作决策与执行能力。

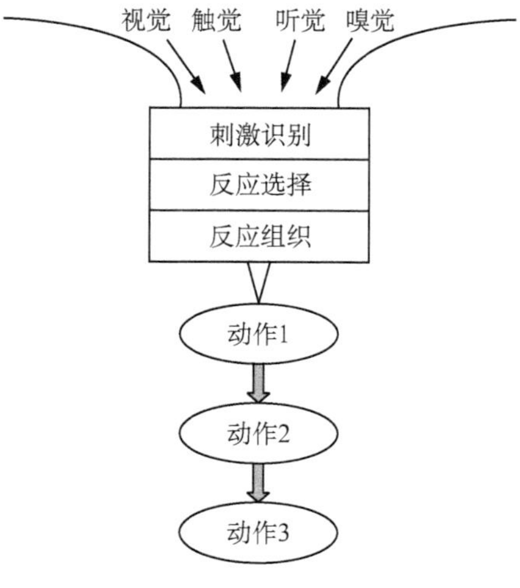

图 4-9　多刺激信息的动作输出模块

注意和注意力水平受多种因素的影响，其中不同信息来源形成的干扰的影响最为显著。在复杂环境或进行多重任务操作时的运动技能，会因为不断变化、相互干扰的信息源，出现运动员注意力水平下降的情况。

多刺激信息的动作输出模型认为，在刺激识别阶段，信息是并行加工的(不需要注意)。在反应选择阶段，信息加工不完全并行。在反应组织阶段，任务间会有明显的干扰，动作输出在应答方式上会出现延迟性。多刺激信息的动作输出模块见图 4-9。

(三) 运动技能的协调控制

运动技能的协调控制是指运动员根据自己对运动动作的预判，制订技术动作的操练计划，通过各种反馈信息组织并调整身体各部位协同运动，反复练习最终达到技术动作自动化阶段的水平。伴随着生理发育与动作技能的发展，人们可以很容易地获得肢体间相互协调的一般运动技能，如行走、跑步等。在日常的训练中，各种技术动作是由多个肢体或肢体的多个环节共同协同完成的，如篮球的投篮、羽毛球的扣杀、体操的转体等。影响各肢体间运动协调的主要因素有动作的时间结构和运动技能的控制过程，若要在竞技运动专项领域获得较高的运动技能，必须经过长时间的训练，以克服肢体间的协调障碍并达到对技术动作的控制。

（四）运动技能的反馈理论

反馈是教练员经常使用的技能教学和训练手段之一，他们通过语言指导、录像回放、动作示范等多种形式的反馈激励着运动员更加专注练习，在不断纠正和优化中形成正确的技术动作。依据感觉信息的来源，可将反馈分为内在反馈和追加反馈两类。

内在反馈是个体在执行动作时所得到的感觉信息，它不需要借助任何外界的特殊设备和装置。例如，高尔夫球运动员在击球的过程中，可以感觉到自己的肌肉用力，看到球的飞行路线和落地位置，听到球杆击打球的声音。

追加反馈是人在执行动作时得到的内在反馈之外的，由体外信息源提供的感觉信息，如教练员的指导、裁判员的评分、录像回放等。根据关注的情况，又可以将追加反馈进一步分为结果反馈和绩效反馈。其中，结果反馈是在完成动作后指出所达到的动作结果或运动目标的理想程度，如告知运动员某项技术的水平符合了高难度要求；绩效反馈是提供与操作过程相关的信息，如击剑教练员反馈给运动员的“进攻时脚下的动作节奏需要加快”或“防守时身体重心偏高”等。

（五）运动技能的迁移

运动技能的迁移是指先前已经练习和操作过的动作，影响下一个动作任务的熟练程度、动作质量和水平。影响的效果可能是积极的、消极的或者不存在影响，即运动技能的正迁移、负迁移和零迁移。

如果以前完成动作任务的经历有利于新技能的学习或在新的环境中操作该技能，这就是正迁移。例如，短跑运动员所获得速度能力能够成为跳远助跑的加速能力，学会了篮球基本技能之后更容易学习手球等。如果以前完成动作任务的经历阻碍新技能的学习或在新的环境中操作该技能，这就是负迁移。例如，羽毛球和网球的正手击球动作，一个是要求练习者手腕放松，另一个是要求练习者手腕固定，两者在发力点上存在明显区别。如果以前完成动作任务的经历对新技能的学习或在新的环境中操作该技能并没有造成影响，这就是零迁移。例如，学习乒乓球和学习篮球在技术动作上并不会发生任何迁移。

（六）运动技能习得的进阶

大多数运动技能都是由多个动作单元构成的复杂系统，需要在学习过程中逐步得到发展与提高。运动技能的习得呈现出阶段性特点，按照运动技能的习得过程，可分为按顺序进行的认知、联结、自动化 3 个阶段。

在运动技能习得的认知阶段，运动员的神经过程处于泛化阶段，内抑制过程尚未建立、多余和错误动作较多、缺乏一致性、动作稳定性也较差。此时的技能习得主要对动作操作进行认知，并在头脑中形成粗放的、一般的动作表征。技能训练通过指导、示范、追加反馈等练习帮助运动员快速形成正确的动作方式。

在运动技能习得的联结阶段，运动员对动作操作的认知基本掌握，动作的各个部分建立起固定的联系，神经过程中兴奋和抑制在时间上更加精确，动作之间的干扰逐步减少，错误和多余动作逐渐消除，技术动作的准确性不断提高，也更加协调。这一阶段，运动员需要持续的时间较长，需要不断调整动作环节，以便形成高效的动作协调模式。

在运动技能习得的自动化阶段，运动员对技能操作很少需要意识的参与，也很少受到其他动作活动的干扰，几乎达到了自动化的状态，动作的连贯性由本体感受器自动调节，无须特殊的注意和纠正。例如，优秀的篮球后卫在快速运球时可以做出战术部署和决策。需要注意的是，运动技能的自动化阶段需要通过大量的反复练习才能够达到，与这个阶段的练习量、强度及指导程度息息相关。

三、 运动技能训练的指导与习得

（一）运动技能训练的指导

运动技能训练的指导是指教练员的指导。

1. 指导原则

一是整体性原则。教练员实施指导时需要全面考虑运动员竞技能力的现实状态和特点，以及竞赛规则、训练条件、发展趋势等环境因素。二是个性化原则。指导内容应该根据运动员的竞技水平和认知水平区别对待，当运动员的运动技能尚未熟练时，不宜向其传授技战术配合过程中的技术运用。三是多样性原则。教练员需要根据运动员特点、练习任务和练习环境，综合性地运用形式和组合多样的指导方式。

2. 指导程序

技能学习和技能发展需要长时间重复练习，以便将新技能内化为自己的能力.有效的指导程序应该是一个循环反复的过程，其基本步骤包括以下几点。

（1）组织

设置训练结构，明确训练内容。例如，设置训练场区、训练设备器材的摆放、队员的分组等，在保证完成训练任务的同时，最大化地提升训练效率。

（2）示范

示范动作结构如何运作。教练员完整地向运动员示范训练的内容和流程，安排运动员在标定的位置，阐述练习的要求。

（3）练习

运动员根据示范开始练习。安排运动员由易至难地进行练习，并在运动员练习的过程中做出干预并要求改进，适时地提升动作难度、速度和强度，逐步逼近比赛的实际要求。

（4）观察

在合适的位置观察训练，找出不足与问题。教练员选取视野较为开阔的角度适时观察，观察内容包括运动员的行为、与训练任务相关的场景是否出现等。

（5）指导

针对观察到的问题，进行指导与调整。练习过程中，多采用指令的方式进行指导，直接指出运动员错误的动作并纠正，但尽量不要打断训练；练习间歇时，可采用问答的方式引导运动员发现问题并纠错，同时注意正反馈激励；指导时语言简练、行动快速、指令有效，以便快速重启练习。

3. 指导内容

（1）注重结果反馈

教练员在竞技训练实践中，尤其是指导新技术学习或技术改进时，可以有意识地采用结果反馈，以提高运动员的运动技能学习效率。

（2）动作操作的准确性

运动员的专项技能应体现使用性，如羽毛球的起跳杀球、篮球的急停跳投等。对于这类运动技能学习而言，应该让运动员将注意指向动作操作过程，兼顾动作质量和效益，提高技术运用效果。

（3）不变的环境因素

运动技能学习的初始阶段，运动员往往会受到环境变化的干扰，此时可以让运动员将注意集中于动作操作环境中的不变的因素。例如，在篮球投篮教学中，让运动员将注意集中于篮圈“后沿”这一固定的背景信息。

（4）整体性知识

指导的“定势”作用对运动技能的学习影响显著，不同的指导产生的效果不同，最初的概念指导可以产生长期影响。掌握新技能时，一方面，运动员在练习前教练员应提供技术动作的详细信息，建立技术的整体性概念，如肢体的初始位置、起始姿势、动作轨迹等；另一方面，指导时还要使运动员提高对动作错误的自我觉察能力，如“检查自己的手臂是不是直的”。当然，对于竞技启蒙阶段的儿童而言，注意范围要比成年人窄，简单技术学习时，应当用词概括技术的核心动作，当前一个技术要点习得后，再通过语言提醒学习下一个要点，依次进行。

（5）讲解技术动作原理

教练员对动作原理的讲解有助于运动员快速掌握技术要领，如游泳的助推力、台球的旋转、足球的飞行弧线等。然而，并不是运动员掌握的原理性知识越多越好，很多技术学习过程在缺少外显知识时也能发生，关键在于运动员能否将原理性知识内化，思考技术运用效果与用力感知觉之间的关系，自主提高运动技能。

（6）感知觉训练

有研究显示，采用有规律的刺激进行感知觉预判，会提高对新刺激的反应效率。练习前，通过特别设计的知觉训练给予运动员新异刺激，可以帮助他们建立运动技能的结构性知识，感知技术运用的时间和空间规律，从而在完成真实任务时提高操作绩效。例如，赛车手在驾车前可以在赛道上步行一圈，并用语言说出赛道特征以及比赛时的应对策略。

（7）指导的信息量

由于人类的注意资源有限，教练员在指导时应根据运动员的具体情况控制提示的信息量。对于初学运动员而言，在练习之初运动技能的操作需要占用更多的注意资源，此时过多的指导往往会超出运动员的注意限度，此时指导的信息应突出要点、言简意赅，指向动作的关键信息；对于具备一定技能水平的运动员而言，他们具有高度的分化抑制，因此需要提供较为详细的指导信息。

4. 指导形式

(1) 运动技能示范

教练员通过演示技术动作或技术环节，纠正、完善运动员已有的技术动作或行为过程。

(2) 言语指导

以言语描述或提示的方式向运动员提供动作信息，使之形成全面的认知和表象；或提醒运动员关注对动作技能的执行有影响的环境线索；或提示动作技能的关键环节。

(3) 非言语指导

若指导信息量比较大、比较复杂或比较抽象，无法用言语描述时，往往采用非言语指导。例如，通过观看技术示范、拍摄技术视频、录像回放、运动学数据分析等形式提供练习过程中的动作反馈。

5. 指导时机

教练员按照在练习中给予运动员信息的时间特征，可将指导时机分为同步指导、快速指导和滞后指导。同步指导信息应在动作完成过程中给予（如教练员的呼喊）；快逗指导信息应在动作后 25～30 秒给予（如实拍录像教练员的即刻指示等）；滞后指导信息则是在练习或比赛后给予。

在技能学习的不同阶段，教练员采用的指导时机不同（表 4-3）。首先，在练习初期的认知阶段，运动员的注意力主要集中在与动作技能相关的各种认知问题，此时采用快速指导和滞后指导将有助于他们辨别刺激信息。在运动技能的联结阶段，运动员明确了技术动作流程，运动员注意力集中于动作的精细化操作，此时采用同步指导和快速指导有助于他们建立动作的固定联系，修正并提高正确的动作模式。在动作技能的自动化阶段，运动员已经建立较稳固的动力定型，技能操作很少有意识参与，完成动作时也较少受到其他活动的干扰，此时应以同步指导为主，帮助他们快速觉察并及时纠正错误。

表 4-3 运动员不同技能学习阶段训练指导时机

技能学习的阶段	指导时机
认知阶段	快速指导、滞后指导
联结阶段	同步指导、快速指导
自动化阶段	同步指导

不同类别运动技能的指导时机也存在差异（表 4-4）。对于不连续性运动技能，如跳跃、投掷等，完成技术的时间较短，一般采用快速指导或滞后指导；对于连续性运动技能，如游泳、滑冰等，完成动作的任务较重，主要采用同步指导；对于系列性运动技能，如跳远、体操等，动作持续时间较长且不会随意停止，为不影响整体动作的流畅程度，一般采用滞后指导。

表 4-4 不同类别运动技能的训练指导时机

运动技能类别	指导时机
不连续性运动技能	快速指导、滞后指导

（续表）

运动技能类别	指导时机
连续性运动技能	同步指导
系列性运动技能	滞后指导

6. 指导频率

指导频率是教练员训练指导的频繁程度，过低频率的训练指导会使运动员缺乏明确的方向，无法巩固和提高正确行为，也无法及时调整与改进错误动作；而过于频繁的训练指导会给运动员带来注意资源的超负荷，阻碍其独立操作与应用运动技能。指导频率分为绝对频率和相对频率，其中，绝对频率是训练单位时间内提供指导的次数，相对频率是单位时间内提供指导的次数占总练习次数的比例。

为了提高指导的有效性，保证适宜的训练指导频率，教练员可以综合利用小结指导、平均指导和自我控制指导。小结指导是教练员详细记录运动员练习过程中的情况，在若干次练习后，一次性地向运动员反馈完成的情况和练习的操作情况。平均指导是在教练员在进行指导时，不再详述每次练习的具体情况，而是概况地描述已完成练习的总体或大致情况。自我控制指导是运动员根据自己的需要决定是否获得指导，这种策略要注重个体差异，能充分调动运动员的主动性，鼓励其积极发展自身的错误觉察机制，减少对教练员训练指导的依赖。

第四章
拓展阅读 2

（二）运动技能训练的习得

运动技能训练的习得是指运动员的习得。

1. 运动技能习得的过程

运动技能习得是个体通过练习使运动技能发生潜在的、相对持久变化的过程，这一过程是技能训练或发生与技能相关的体验产生的结果，通常难以直接观察，而只能通过技能表现的变化进行推测。技能习得的一般程序为：①接收信息，形成动作表象，建立动作程序；②发出指令，完成动作；③反馈和调整动作。共 3 个环节。

学习运动技能时，运动员通过感觉器官，从多种信息源中提取有关所学技能的信息，并将信息传至大脑皮层加工处理，形成动作表象，由此组成动作方案在脑中留下知觉痕迹。由于人的信息加工能力是有限的，如果信息过于密集，机体反应会推迟或无反应。能否抓住动作的主要信息，取决于运动员的技能水平、认知能力及学习时机、情绪等方面的特征和状态。

大脑皮层按照形成的动作方案，向有关运动器官发出指令。运动器官按此进行活动，完成动作。开始完成的动作不可能与预定方案完全相符，这就需要下一步的反馈、调节过程进行修正。

信息的反馈包括有关动作的参数（方向、速度、节奏等），以及动作学习的进展。反馈信息来自两个方面：一是运动员本身的各种感知觉；二是他人给予的评价信息，以及通过测试仪器测得的数据。反馈信息传到中枢神经系统与原来的动作方案对照，据此调整动作方案，再次发出指令，实施动作，经过多次循环往复最终形成技能。

2. 运动技能的练习内容

(1) 基本运动技能

主要是在走、跑、跳、投、滚、翻、攀、爬、支撑、悬垂、旋转等方面的具有固定模式的常见动作，包括稳定性运动技能、多平面移动性运动技能和双侧目标控制性运动技能。稳定性运动技能是所有运动发力及目标控制的基础；多平面移动性技能是基本运动技能的最主要的外在表现形式；双侧目标控制性技能能保障运动员与所处环境中的各类对象进行有意识的互动（表 4-5）。

表 4-5　基本运动技能的类别及其定义和举例

类别	定义	举例
稳定性运动技能	失去平衡时，能感知身体各部分之间关系的改变，并能通过适当的动作调整，迅速而准确地恢复平衡	身体姿态、静态平衡、动态平衡、下落与着地、旋转
多平面移动性运动技能	身体从一种姿态移动到另一姿态时产生的全身动作，此时身体往往处于直立姿势，移动方向包括垂直、水平及旋转	走、跳、垂直与水平跳跃、单足跳、快跑、蹦跳
双侧目标控制性运动技能	施力于外部对象，或从外部对象上获得力量，通过身体的大幅度动作完成的操控技能	低手或肩上投、接、踢、反弹、击打静态或动态物体、扑(拦)

基本运动技能是大部分专项运动技能的根基，必须成为竞技启蒙和基础训练阶段的训练重点，而不能成为运动生涯后期不得已而为之的补救措施。动作技能的学习是一个循序渐进的过程，前期掌握的基本运动技能，为后期更高难度和专项场景中的技能获得提供条件。其中，稳定性运动技能处于优先发展地位。例如，网球运动员施展转身接发球的基础就是体位平衡与姿态的稳定性。起始姿势中，重心支撑面为转体创建了平衡体位，也为发力提供稳定的基础；足、膝、髋、脊柱与肩部对位对线正确，为力量的产生和传导提供一个稳定的平台（图 4-10）。

图 4-10　网球运动员的接发球技术

（2）专项运动技能

专项运动技能实质上构建了基本运动技能及其应用在各种专项体育运动情景中的基本联系。专项运动技能是对基本运动技能的升级，进程依次为基本技能、高难技能、特长技能。

实践证明，凡能够攀登上世界体育高峰的运动员，一般都具备扎实的基本技能；而如欲长期保持高峰状态，延长运动生涯，以基本技能为核心的“基本功”是否雄厚也是必备条件之一；即使是在高水平运动员的训练中，基本技能训练也应占相当的比重。运动员只有获得了高难技能和特长技能才能提升专项运动技能。在此过程中，运动员需要对其精雕细琢、精益求精，力求使之成为比赛中获得高分或克“敌”制胜的主要手段。

（3）技能风格

技能风格是指某运动员或运动队的技能系统，区别于其他运动员或运动队的技能系统的、较为成熟和定型化了的、经常表现出来的特征。技能系统是技能风格的内核，运动员技能风格的不同，实质上是源于技能系统的不同，其区别主要由技能系统的元素和结构的两个方面表现出来。因此，如要培养运动员或运动队的独特的技能风格，可以采用两种途径，一是改变技能系统元素，二是用特殊组合形式将各元素联系起来。

影响技术风格的因素包括以下 3 点：第一，特长技能。在训练中，如何选择几项技能反复精练，使其成为运动员的特长，并结合好其他技能进行练习，这是培养运动员鲜明技能风格的关键。第二，运动员的神经类型（气质类型）。一定的气质类型适合一定的技能风格。在技能风格中强调"变化的运动员"，要求其自身的神经活动具有高度的灵活性和平衡性，这种风格运动员大多为典型的多血质。第三，种族特征。从人类学的角度看，种族形态与心理特征制约着运动技能的发展方向。例如，在对抗性项目中，东方运动员的技能风格往往表现出"巧"的特征，而西方运动员则往往表现为"猛"。

3. 运动技能的训练负荷

（1）"一万小时定律"

普遍的人才学理论认为，无论从事何种活动，只要持续实践一万小时，通常能够达到该领域的专家水平。国际上存在一个被广泛接受的"10 年 10 000 小时刻意训练"法则，它指出优秀运动员的成长通常需要 10～15 年的时间。在中国，不同运动项目的奥运选手培养周期为 7.6～11.2 年。然而，尽管努力训练是必要的，但这并不保证运动员的技能一定会有绝对的提升。运动技能的形成还受到天赋、环境、训练条件等多种因素的影响。另外，关于运动技能训练时长的研究表明，技能习得存在 8 000～40 000 小时的个体差异。尽管如此，不可否认的是，技能的习得与长期的系统训练和循序渐进的练习有着密切的联系。

（2）运动技能的额外训练

运动技能的额外训练是指超过标准练习量以外的附加练习。即使运动员已经能够很好地完成技术，额外训练仍可以强化运动员运动技能的一般运动程序，以及提高在未来情境中操作此项技能的能力，成为运动员调控运动技能稳定性的有效途径。对于单一动作结构和多元动作结构固定组合类项目运动员而言，额外训练可以有效提高他们运动技能操作程序的质量。对于多元动作结构变异组合类项目运动员而言，额外训练有助于他们在疲劳状态和对抗条件下技术运用的稳定性。然而，额外训练存在收益递减的现象，除了增加损伤风险外，还会导致训练倦怠、动作负迁移、回忆动作能力降低等问题。

（3）运动技能训练频率

运动员的专项技能训练通常采用较高的训练频率，即一周安排 3 次以上的训练课。运动技能的训练频率存在明显的项目和项群差异。周期性技术动作项目运动员的运动技能能够保持很长时间，即便停训很久仍能几乎保持原有水平，所以一旦形成合理的技能动作结构便无须特意强化练习。非周期性技能动作项目运动员的运动技能的保持受时间间隔的影响较大，间隔时间越长，保持损耗越大。但是，由于技能记忆的存在，与技能学习初始阶段相比，运动技能损耗后再学习提高的速度明显更快。

4. 运动技能的训练设计

（1）开放性运动技能的训练设计

1）训练程序

开放性运动技能的训练不能提前计划整个技术，而是强调通过变异性练习来提高效果,以提高练习者的技术操作能力和对未来新环境的适应能力。有效的变异性练习应该让运动员体验到操作情境的变化和技能本身的变化,练习形式包括固定练习和变换练习两类。

固定练习是在练习过程中按照动作的要求对一个动作进行反复练习,完成动作的程序和参数都不变;变换练习是在练习过程中变换某些调节参数(速度、距离、力量、间歇时间等)并反复进行技能习得的方法。对于初学者而言,固定练习的效果更好;而对拥有较高竞技能力的运动员而言,使用运动和操作情境多样性的练习方法,可以增大从练习到应用情境正迁移的可能性,练习中经历的变换条件越多越有利于技能习得。

例如,篮球的投篮动作既包括参与的肢体、动作顺序和相对节奏等固有特征,也包括不同距离、弧线和速度等调节参数。在运动技能学习的初期,使用固定练习可以很好地确定技术的参与肢体、相对节奏和肢体顺序,而一旦掌握初步的动作程序,就要通过变换技术的力量、速度等调节参数,将一般运动程序运用于具体的投篮情境,以适应不同的比赛环境。

2) 训练变换的方式

要确定练习变异性如何才是适量的,首先要对运动员将要进行技能练习的情境特征进行评价。情境特征是指运动员操作技能的各种物理背景特征和操作情境需要的技能特征。如果从学习迁移的角度看,根据测试条件来确定练习环境是非常必要的,两种情境的高度相似有助于练习和测验间的技能迁移。

第一,变换练习背景。练习背景的不同会增加技术完成的条件,可以通过调节背景参数来拓宽动作规格。例如,硬地网球和红土网球因地面材质的不同,分别需要运动员采用不同的技术(表 4-6)。此外,练习场地的空间布局、装饰环境和灯光等物理环境变量,尽管不会直接影响技术形式,但在特殊背景下也能影响个体完成技术的成功率,在技能从训练情境向比赛情境迁移中发挥作用。技能习得的过程中,可以有目的地改变物理变量,增强运动员的环境适应性。

表 4-6 硬地网球与红土网球的技术练习设计

类别	硬地网球	红土网球
练习背景	表面通常比较平滑,有利于球员快速移动和发挥爆发力	场地表面比较粗糙,球员需要更好地控制步伐和身体重心
球速和弹跳	球速较快,反弹力相对较低,需要球员具备快速的反应和移动能力	球速较慢,反弹力相对较高,使得球员更容易击出无法回击的球
发球与接发球	弹跳力较低,发球较为重要,发球时需要更多的力量和控制	弹跳力较高,接发球更为关键,接发球时需要更好地做出预判和反应
击球方式	采用更开放的站位和更大幅度挥拍来增加击球力量	采用上旋球来增加球的弹跳高度和深度

第二,变换练习条件。开放性运动技能的每一次操作都不完全相同,所以练习除了改变非调节条件外,还要让练习者多体验各种调节条件的变化,在不断变换练习中提高技能操作水平。例如,在网球发球技能发展过程中,除了固定练习外,还可以通过改变运动员在球场上的位置、球的抛掷方向与高度、运动空间方向、运动时间 4 种条件提高发球准确性。

（2）封闭性运动技能的训练设计

参加封闭性运动技能训练的运动员能够在稳定的、可预测的环境背景下预先计划自己的动作。因为技能动作结构相对稳定，所以对外界的环境依赖程度较低，在大多数情况下靠内部反馈控制动作完成。封闭性运动技能类项目的每个技术环节都有其独特的技术要求和标准，需要运动员进行专门的训练和练习，这就需要考虑，在一次训练课中安排几项技术训练任务，以及这些训练任务如何搭配的问题。

多任务训练的模式主要分为组块练习、随机练习和系列练习。组块练习是指在一项任务的练习完成后再进行下一任务的练习模式；随机练习是指每项任务的练习都采用随机不连续的方式进行，直至全部完成的练习模式；系列练习是指几项任务的练习采用一定的顺序依次进行，下一组练习仍然采用这一顺序，直至完成所有任务的练习模式。

多任务练习模式的选择需要考虑背景干扰的问题，即练习的顺序可能导致练习效果降低的现象。就干扰程度而言，组块练习的干扰程度最小，系列练习次之，随机练习干扰程度最大。在技能练习的初期，低背景干扰的重复性练习有助于建立动作的一般程序，确立动作参与的肢体，动作完成的节奏和动作效果的力量使用；当练习者掌握了动作的基本程序之后，一定程度甚至高背景干扰的练习模式对技能的保持和迁移更有效，应尽可能地避免过多使用重复的组块练习，可以通过练习的随机性组合进行轮换练习。

第三节　竞技战术能力及其训练

在复杂激烈的竞赛中，卓越的竞技战术与战术能力水平成为运动员完成比赛任务，战胜对手的不二法宝。教练员向运动员传授战术知识，培养其战术意识，提升其战术执行能力，共同设计与执行战术方案等竞技战术和战术能力训练。

一、竞技战术和竞技战术能力概述

（一）竞技战术

1. 竞技战术定义

竞技战术是指在比赛中为战胜对手或为表现出期望的比赛结果而采取的计谋和行动。其中“策略、计谋”是思维活动过程，“行动、行为”是运动员的行为选择。

竞技战术具有整合运动员自身其他子能力、制约对手竞技表现、调控比赛节奏、协同团队成员行为等功能。各个运动项目的战术体系，都必须符合各自的项目制胜规律；而具体的选择和调整，既要充分考虑运动员自身的专项体能、技术能力、心理能力，又要考虑对手的竞技能力特点，以及比赛环境和条件的制约。

2. 竞技战术的构成

（1）运动技术及其组合变化

运动技术是竞技战术呈现的基础，运动员必须精通各种运动技术，并能根据比赛情景灵活组合和变化，以适应不同的竞技战术需求。

(2) 操作人员及其变化

涉及运动员的角色分配、替补策略和人员调整。教练员需要根据运动员的特点、状态和对手的情况,合理安排首发阵容和替补计划,并在比赛中适时地做出人员调整,使比赛进程向预设方向进行。

(3) 行动阵型及其变化

行动阵型是运动员在场上的位置排列和移动模式。其中,进攻阵型注重创造空间和机会,防守阵型侧重于压缩空间和限制对手的行动。阵型的变化可以改变竞技战术方案,增加竞技战术的不可预测性。

(4) 运动学参数及其变化

路线、落点、方向、速度、转换、节奏等运动学参数是竞技战术执行中的具体操作要素,它们决定了竞技战术的具体表现形式。路线、落点、方向的选择是竞技战术选择的指标,速度、转换、节奏是竞技战术执行的指标。

(5) 能量代谢分配方案

能量代谢分配方案涉及运动员如何在比赛中合理分配体力和能量,表现为依据专项特点和比赛进程,不同难度动作的搭配和不同强度活动的交替。合理的能量管理具有帮助运动员在比赛中保持状态、减缓疲劳、执行关键竞技战术行动等作用。

3. 竞技战术的特征

(1) 选择与应用的对抗性

竞技运动的本质在于对抗,竞技战术的选择与运用只有在与对手的“博弈”中才能显现效果。竞技战术对抗性的呈现形式多样,既有个人的对抗,也有集体的对抗;既有相向的对抗,也有同向的对抗;既有计谋的对抗,也有技艺的对抗。

(2) 对参赛条件的整合性

竞技战术活动以参赛者的技术、身体条件和运动器材等为物质基础,以比赛规程、比赛态势和实力对比作为客观依据。同时,合理的竞技战术选择应使竞技能力的要素得到最佳组合,实现运动员“智”与“勇”的统一。

(3) 参赛的目的性与应变性

一方面,参赛目的是竞技战术的基础和前提,它规定了竞技战术活动的目标和方向;另一方面,竞技体育比赛的赛场情况千变万化,教练员和运动员需要依据比赛态势与走向做出竞技战术改变。

(4) 知行统一性

竞技战术是思维和行为的统一。在比赛的战术行动中,体现在知己知彼的战术决策与有的放矢的战术行动等方面。“知是行之始,行是知之成”,在战术活动中深思熟虑与果断行动相结合达到知行统一,是战术运用能否成功的关键。

4. 竞技战术的分类

(1) 按竞技战术的表现特点分类

1) 阵型战术

阵型战术指在集体性项目中,运动员以一定的位置阵型和布局分工,按一定的要求协同配合,从而构成一个相对完整的阵型去战胜对手的战术行动。例如,足球的

“4-4-2 阵型”“4-3-3 阵型”，网球双打项目的“前后交叉站位”“双网前站位”“双底线站位”等。

2）体力分配战术

体力分配战术指通过体力的合理分配而谋取比赛胜利的战术行动。例如，体能主导类耐力性项目中常用的“跟随战术”“领头战术”“后程发力战术”“主动提速战术”等。

3）难度战术

难度战术指在参赛前和参赛过程中通过主动选择、调整和变更参赛难度而实施的战术行动。例如，竞技体操比赛中依据对手表现临时调整难度动作，举重比赛依据出场顺序和对手表现改变试举重量，跳高比赛中的“免跳战术”等。

4）编排战术

编排战术指对比赛使用成套动作或人员出场顺序进行编排，以便产生最高竞技表现的战术行为。例如，艺术体操针对运动员技术特点编排动作组合，体操团体比赛运动员的出场顺序，田径接力跑的棒次顺序等。

5）参赛目的战术

参赛目的战术指根据不同的参赛目的，为达到特定的比赛结果而采取的富有针对性的战术行动。依据运动成绩的构成要素，参赛目的战术可分为名次目的战术和表现目的战术。例如，集体球类项目的小组赛“争排位”战术是名次目的战术；举重“破纪录”战术是表现目的战术。

6）心理战术

心理战术指通过一些特定的方式和措施，对参赛对手心理上施加影响，使对手不能顺利完成其预期的战术决策和战术行动。在比赛前和比赛中，运动员个人或集体任何微小的变化都会给对方以心理影响。心理战术的主要目的是确立自己的心理优势，使对手在心理上处于劣势。

（2）按参加战术行动的人数分类

1）个人战术

个人战术指由个人所完成的战术行为。个人战术既是个人项目运动战术的主要表现形式，也是集体项目小组和全队战术的组成部分。例如，排球的发球战术，足球的定位球战术。

2）小组战术

小组战术指比赛中由两人或多人配合共同完成的战术行为。小组战术是以个人战术行为作为基础实现的。例如，篮球的掩护、策应、传切等战术配合，足球比赛中的二过一、套边等战术配合。

3）集体（全队）战术

集体（全队）战术指赛场上同一运动队中所有运动员按统一的战术方案所进行的战术行动。在集体对抗性项目中，集体战术显得尤为重要，合理有效的集体战术往往是获得胜利的关键。

（3）按战术的攻防性质分类

1）进攻战术

进攻战术指利用掌握主动权的机会，向对手发动主动进攻的战术行动。例如，篮球的

“阵地进攻”“快攻”等进攻战术形式，网球的“发球上网”，乒乓球的“接发球抢攻”等。

2）防守战术

防守战术指阻止对手达到进攻目的的战术行动。例如，篮球的“区域联防”“人盯人”战术等。

3）相持战术

相持战术指比赛中双方攻守态势保持相对均衡时，为争得主动、力求场上形势向有利于己方转化而采取的战术行动。例如，持拍隔网对抗性项目中，以经验丰富、比赛发挥稳定见长的运动员会有意引诱对手陷入“多拍”相持状态，或利用对手技术控制、心理控制等稳定性差、体力消耗明显等形成战术主动。

（4）按战术的普适程度分类

1）常用战术

常用战术又称基本战术、常规战术。是人们在长期竞赛实践中总结出来的、具有较大普适性的战术。例如，乒乓球的“发球抢攻”战术、篮球的“人盯人”防守战术、击剑的“防守反击”战术等。

2）特殊战术

特殊战术指比赛中针对特殊对手而专门制定的战术。“一次性效应”是这种战术的显著特征。在争夺名次出线权等关键性比赛中特殊战术的有效性是极为重要的。

5. 竞技战术的影响因素

（1）运动技术

运动技术是实现竞技战术的基础，两者是相互依存、相互促进的关系。首先，运动员需要掌握相应的技术才能执行战术。其次，竞技战术的实施依赖运动技术的支持，运动员只有掌握相应的技术，才能驾驭特定的战术。再次，运动技术与竞技战术相互促进，运动员通过比赛中积累战术理论和经验知识的同时，也逐渐掌握更多的技巧，从而进一步提升了自己的技术水平。

（2）竞赛规则

竞赛规则是保证运动竞赛正常进行、维护良好的竞赛秩序而制定的统一规范和准则。竞赛规则规定了竞技战术使用的边界与可能性。首先，竞赛规则规定了动作标准、得分方式、犯规判定等比赛判罚准则，从而决定了可以使用的战术形式和战术选择；其次，竞赛规则的变化也会影响运动战术的调整，如篮球三秒区和合理冲撞区设定对战术形式与配合有很大影响；再次，竞赛规则对运动员行为准则的限定限制了特殊战术的使用。

（3）场地器材与装备

不同的场地特性对项目战术有着显著影响。对于草地网球球体与地面摩擦力较小、反弹速度快、向前滑动的特点，网前截击和快速反击成为主要战术形式。运动器材设备的选择和使用也会影响战术的实施。例如，使用不同类型的球拍或球鞋可能会影响运动员的击球方式和移动方式，从而影响战术的选择。

（二）竞技战术能力

1. 竞技战术能力定义

竞技战术能力是指运动员（队）运用竞技战术完成比赛目标，解决比赛问题的本领或才能。该能力通过运动员在竞技过程中的具体行动得以体现，并旨在实现战术目的，达成预定的比赛目标。这一能力涵盖了对战术原则的理解、战术决策的制定以及战术行动的有效执行等多个方面，是运动员竞技表现的关键组成部分。

运动员（队）战术能力的强弱反映在其战术观念的先进性、个人战术意识即集体配合意识的强弱、战术理论知识的多少、所掌握的战术行动的质量和数量、运用战术的针对性和有效性等。不同竞技运动项目对运动员（队）战术能力的要求有所不同，技战能主导类项目对运动员的战术能力要求较高。

2. 竞技战术能力的构成

(1) 战术观念

战术观念是指运动员对战术重要性的认识和理解，以及对战术在竞技中作用的基本看法。一个先进的战术观念能够帮助运动员更好地把握比赛的节奏和动态，有效地应对各种竞技挑战。

(2) 战术指导思想

战术指导思想是教练员或团队领导在比赛中所采取的战术理念和方法，它为运动员提供了战术行动的总体方向和策略。战术指导思想通常体现了教练员的战术理念和对比赛的理解。

(3) 战术意识

战术意识是运动员在比赛中对战术运用的敏感度和判断力，包括对比赛形势的快速识别、对对手行为的预判以及对战术调整的及时反应。高度的战术意识使运动员能够在关键时刻做出正确的战术决策。

(4) 战术知识

战术知识是指运动员对特定运动项目中战术原则、战术模式和战术历史等方面的理解和掌握。这包括对各种战术动作、阵型、路线和策略的认识，以及对这些战术元素如何组合和变化的理解。

(5) 战术形式

战术形式涉及运动员或团队在比赛中所采用的具体战术布局和阵型，如进攻和防守时的人员配置、移动路径和交互模式。战术形式的选择和变化对比赛的进程和结果有着直接的影响。

(6) 战术行动

战术行动是运动员在比赛实践中执行战术的具体行为，包括技术动作的执行、位置的调整、与队友的配合等。高效的战术行动能够确保战术计划得到有效实施，并在比赛中创造优势。

3. 竞技战术能力的特征

(1) 战术结构的整体性和稳定性

这一特征指的是运动员在比赛中所运用的战术不是孤立的行动，而是构成一个有机整体的一系列行动。这些战术行动相互关联，形成一个稳定的战术体系，能够在比赛中持续发挥作用。整体性和稳定性保证了战术运用的连贯性和可靠性，使得运动员能够在面对不断变化的比赛环境时，依然能够坚持既定的战术原则和模式。

（2）战术运用的实战性与灵活性

实战性意味着运动员的战术能力必须在实际比赛中得到验证和体现，而灵活性则表明运动员能够根据比赛的具体情况和对手的行为，对战术进行适时的调整和变通。这种能力使得运动员能够灵活应对各种竞技挑战，有效适应比赛中出现的各种意外和变化。

（3）战术表现的对抗性与有效性

对抗性是指运动员在比赛中运用战术时必须考虑到对手的战术行为，战术表现不仅仅是执行既定计划，还包括与对手的直接对抗和竞争。有效性则强调战术运用的成果，即战术行动能够实际帮助运动员在比赛中取得优势或得分，实现比赛目标。在体育比赛中，战术的有效性通常取决于运动员的技术水平、团队配合、对手的实力和比赛规则等因素。例如，在足球比赛中，如果一个球队采用攻击型战术，能够快速反击并打入进球，那么这种战术就是有效的。如果一个球队采用防守型战术，能够成功地阻止对手的进攻并获得球权，那么这种战术也是有效的。

（4）战术选择的目的性与计划性

目的性体现在运动员的战术选择始终围绕比赛的目标和预期成果进行，每一个战术决策都有明确的目的和意图。计划性则指运动员或教练团队在比赛前对战术行动进行周密的规划和设计，确保在比赛中能够有条不紊地执行战术计划，即使在面临压力和挑战时也能保持战术的一致性和执行力。

4. 竞技战术能力的分类

（1）个人战术能力和集体战术能力

个人战术能力是指运动员在比赛中独立完成任务的能力，受到技术能力、一般和专项运动素质、战术知识的多少、战术意识的强弱等因素制约。个体战术能力的提高可以通过专门的训练方法和技术训练来实现。

集体战术能力是指运动员在集体比赛中与队友合作完成任务的能力，在比赛中表现为团队协作、战术配合、位置调整、传球配合等能力。集体战术能力的提高需要进行团队训练和战术训练，培养队员之间的默契和配合能力。

（2）战术执行能力和战术适应能力

战术执行能力是指运动员在比赛中将战术要求转化为实际行动的能力，包括运动员在合适的时机做出正确的动作、完成战术任务和配合队友等。良好的战术执行能力能够确保战术在比赛中得以有效实施。

战术适应能力是指运动员在比赛中根据实际情况灵活调整和应对战术的能力，包括运动员对比赛形势的判断、对对手战术的分析和应对策略的调整等。战术适应能力能够使运动员在不同的比赛情况下保持灵活性和应变能力，它的提高需要通过长期的比赛经验积累和战术训练来培养。

5. 竞技战术能力的影响因素

（1）运动员其他竞技子能力的发展

运动员的竞技战术能力受到体能水平、技能水平、心智能水平和战术知识的综合影响。具体来说，良好的体能水平是实施战术的基础，它使得运动员能够在比赛中持续有效地执行战术要求；技能水平的高低决定了运动员能否准确完成战术动作；而心智能包括注意力、记忆力、判断力和决策能力，对于理解和记忆战术要求、快速判断比赛形势以及做出战术决策至关重要。此外，战术知识，包括理论性和经验性知识，使运动员能够深入理解战术原则，根据对手策略和比赛经验做出快速反应。

（2）比赛环境

比赛环境是影响运动员战术选择和表现的外部因素，它涵盖了场地特性、气候条件、观众反应和比赛用品等方面。其中，场地特性，如硬度、湿度和摩擦系数，对运动员的战术执行产生直接影响；气候条件，如温度和湿度，会改变运动员的体能消耗和战术决策，极端气候可能迫使运动员调整战术以适应环境；观众反应会影响运动员的心理状态，热情的观众可以提供激励，而消极反应可能导致分心。此外，比赛主办方提供比赛用品的质量也会影响战术选择，如羽毛球的羽毛紧密度和篮球的弹性。

（3）比赛规则与裁判员的判罚尺度

比赛规则与裁判员的判罚尺度直接或间接塑造了运动员在比赛中的战术选择和执行方式。

比赛规则定义了比赛的基本框架和运动员可以采取的合法行动。规则的变化，无论是细微的调整还是较大的修改，都可能对运动员的战术部署产生显著影响。例如，足球比赛中对于越位规则的解释变化可能会影响球队的进攻战术，促使教练员和运动员调整传球策略和跑位模式。同样，篮球比赛中对于犯规判罚的严格程度也可能影响运动员在进攻和防守时的行为，如是否采取更为激进的身体对抗。

裁判员的判罚尺度决定了规则在实际比赛中的执行程度。裁判员对于比赛规则的宽松或严格解读会影响运动员的战术决策。例如，如果裁判员对于身体接触的判罚较为宽松，运动员可能会采取更为激烈的防守策略；相反，如果裁判员对于犯规的判罚较为严格，运动员可能会避免过于激烈的身体对抗，转而采用更为技术性的防守方式。此外，裁判员对比赛节奏的控制也会影响运动员的体能分配和战术选择。

（4）对手类型、教练员支持和团队协作

运动员的竞技战术能力受到对手类型、教练员支持和团队合作等关键因素的影响。了解对手的特点和战术风格对制订和调整战术计划至关重要，它要求运动员针对不同的对手特性采取相应的策略，同时教练员的战术指导和即时策略调整为运动员提供了方向和支持。此外，团队合作在团队项目中尤为突出，运动员之间需要建立良好的沟通和默契，明确角色分配，共同执行战术计划，以提高整体表现。这些因素的综合作用不仅能够增强运动员在比赛中的适应性和执行力，还能够提升他们在面对不同竞技挑战时的心理素质和团队协作能力，从而在竞技体育中取得更好的成绩。

（5）科技支持

科技支持在现代竞技体育中扮演着至关重要的角色，它通过提供先进的数据分析、视频回放技术、智能穿戴设备、虚拟现实模拟训练以及全面的健康管理平台等手段，极大地提升了运动员的战术能力和整体竞技表现。利用这些科技工具，教练团队能够深入分析运动员的训练和比赛数据，精准地调整战术和训练计划，同时运动员也能够通过模拟实战环境提高适应性和决策速度。此外，实时监测运动员的生理和心理状态，确保他们在最佳状态下参赛，预防伤病风险。科技的融入使得运动员和教练团队能够以更科学、系统的方式进

第四章
拓展阅读3

行训练和准备比赛，从而在竞技场上取得更佳成绩。

二、 竞技战术能力应用的基本原理

（一）博弈论

博弈论是分析理性人竞争以及协作机制的工具，它是研究冲突对抗条件下最优决策问题的理论。博弈论是一种广义的行为学方法论，基本构成要素包括参与者、行动、策略、获益、结果、均衡。

竞技运动的博弈是在一定的竞争规则的限定下进行，最具理想意义的竞争。运动员在竞技场上的战术运用实际上是竞技双方运动员的一场博弈，一方运动员有多种战术可以使用，而对方运动员也可有多种战术可以使用，双方各种战术的对垒会产生不同的结果，且各方都希望从中获利，这就是一种具体的“纳什博弈”。

（二）军事学与谋略学

军事学和谋略学包含了丰富的战略和战术思想。这些思想也成为竞技运动竞赛中教练员制定比赛战略战术的重要依据。

1. 出奇制胜

“凡战者，以正合，以奇胜”。奇与正是一对重要的谋略矛盾，同时也是事物的统一性与多样性的客观反映。

（1）出其不意，攻其不备

比赛中，在对方意外的时间和地点，采用意外的战术形式常会收到意外的效果。其中，出其不意即不拘常规而灵活用谋，攻其不备即在对方未准备或立足未稳时乘机突袭。例如，散打运动员在发起战术时，采用虚晃或示之欲攻的动作，转移对方的防守重心，趁其注意力被转移之机，攻击对方的空当或破绽之处使其防不胜防。

（2）声东击西

声东击西的实质为战术欺骗，通过各种“示假隐真，示虚隐实”的手段制造假象，隐蔽己方主攻方向与意图，蒙蔽和迷惑对手，使之犹豫不决或判断错误。例如，排球的“双快一游动的进攻战术”，就是典型的个人技术和集体配合战术的范例。

（3）兵贵神速，“其节短，其势速，其疾如风”

竞赛中要以快制胜，快速有利于先发制人、占据主动、捕捉战机，以速度换取时空优势，达到突袭制敌的效果。

（4）先发制人

比赛中打好开局，争取主动权，破坏对方的比赛节奏计划和心理状态，动摇其信心和决心。这种战术用于应对盲目自信、求胜心切、比赛经验较少的对手时，往往收效十分明显。

2. 知己知彼

“知己知彼，百战不殆”，强调了解敌人和自己，洞察信息，以及掌握战争主动权的重要性。

（1）因彼制胜

战术谋略的知彼，一是先计后战，即在不明对方战术企图的情况下，注意侦察和调查；二是审时度势，摸清对手实力、阵形态势、战术企图等具体情况。要做到知己知彼，必须进行艰苦细致的调查研究工作，如对方的风格打法、技术水平、心理特点、士气状态、教练员的指挥特点和谋略水平等。

（2）以己之长，攻彼之短

“尺有所短，寸有所长”，比赛中双方实力态势的强弱并不是绝对的，并且处于随时变化的状态之中。因此，通过周密的情报，客观全面地了解双方的优、劣、长、短，并在此基础上寻找发挥本方之长、抑制对方之长的方法。

3. 避实击虚

（1）以优对劣

竞赛中，以优对劣的战术谋略主要体现在双方局部或个体实力的对抗安排上，实现“田忌赛马”的战术效果。例如，乒乓球、羽毛球等项目的出场顺序安排，排球比赛开局布阵、强弱轮次的布置，都是对教练员谋略水平的考验。

（2）趋利避害

在体育比赛中，各种矛盾紧密相扣，致使各种利害关系相互依存，在同一条件和行动中总是利中有害，害中有利，并且会因客观条件的变化而相互转化，这就要做到“两利相权取其重，两害相衡取其轻”。

4. 攻心为上

（1）造势

造势即创造有利的作战态势，意在给对方造成心理上的压力，从气势上压倒对手，影响和阻碍其技术实力的正常发挥。竞技体育比赛中有两方面的含义：一是态势，即通过一系列方法与手段，使赛场形成有利于我不利于对手的形势；二是气势，充分发挥运动员的积极性、主观能动性，把握主动权。

（2）励士

励士指通过鼓励、激励、勉励和奖励等方法，调动并调整运动员的比赛士气，有利于运动员技战术水平的充分发挥。士气在一场比赛或一轮赛事中，往往是上下波动、此起彼伏的，所以要注重运动员（队）士气的激励。

（3）攻心

“攻心为上，攻城为下”“不战而屈人之兵”的实质是一种心理战。“攻心”即精神攻势，采取一定的示形、造势手段，迷惑对方并使之产生态势错觉和心理压力，从而达到在气势上压倒对方，制约对方技战术水平的发挥的目的。

（三）行为选择理论

行为选择理论主要关注个体如何在面对不同情境时做出的选择和决策。这一理论在多个领域都有应用，包括教育、管理、经济和体育等。在运动员的战术行为选择中，行为选择理论提供了一个分析和理解运动员如何在竞赛中做出战术决策的框架。运动员在竞技体育中所做出的战术决策是基于对比赛环境的深入感知、对对手行为的精准预测、对个人能力和限制的清晰认识以及对战术效果的预期评估。这一理论强调运动员在选择战术行为时，会综合考虑自身的技术特点、体能状况、心理状态以及比赛的具体情况，包括对手的战术布局、比赛规则和场地条件等因素。通过这种综合分析，运动员能够制定并执行最有可能帮助他们实现竞技目标的战术策略，同时，运动员的战术选择也会受到教练团队指导、历史数据和现代科技辅助等外部因素的影响。这一理论不仅适用于个体运动员，同样适用于团队运动中的协作和战术决策，旨在通过科学的分析和合理的选择，使运动员或团队在比赛中的表现和成绩最优化。

行为选择理论为理解和分析运动员在竞技体育中的战术行为选择提供了一个多维度的视角。通过考虑个体的需求、知觉、目标、预期后果和心理状态等因素，可以更好地理解运动员如何在复杂多变的比赛环境中做出决策。

（四）决策理论

决策理论是研究个体或集体在面对选择时如何做出决策的一系列理论和模型。它涉及心理学、经济学、管理学、政治学等多个学科领域，旨在解释和预测人们在不确定性条件下如何评估各种选择方案并最终做出选择。体育领域，决策理论强调了运动员的认知过程和决策制定。

运动员战术决策的核心在于快速、准确地评估比赛信息，选择最适合当前情况的行动方案。这需要运动员具备良好的信息处理能力、适应性、风险评估意识和心理素质。同时，个人及团队的经验、教练员指导和技术支持对于制定和执行战术决策至关重要。运动员还需要将战术决策与整体比赛策略相结合，以优化比赛表现和提高获胜概率。不同运动项目的运动员战术决策影响因素见表 4-7。

表 4-7　不同运动项目的运动员战术决策影响因素

影响因素	项目(战术)举例	决策重点
运动项目性质	篮球、排球、足球	团队协作和战术布局
	游泳、跑步	个人技巧和体能管理
比赛节奏	乒乓球、羽毛球	要求快速反应
	高尔夫、射箭	允许更多思考时间
比赛环境	高尔夫、射击、体操	专注于技术和战术执行
	足球、网球、滑雪、射箭	需要适应自然条件变化
对手战术	拳击、摔跤	针对对手调整战术
	篮球、乒乓球、柔道	注重技巧展示
规则和得分系统	篮球中的三分球、足球的点球、网球的一发和二发	不同得分方式影响战术选择
	篮球 24 秒进攻时间限制、网球 25 秒发球限制	不同时限下的战术调整
运动员个人特点	朱婷是中国女排关键球进攻的不二人选	运动员优势和弱点影响战术选择
	自信、冷静的状态促使运动员采取更具攻击性和侵略性的战术	心理状态影响决策

三、竞技战术能力的训练

（一）竞技战术能力训练要点

1. 战术训练的渐进性

运动项目完整的战术体系是由多个战术子系统所组成的。例如，排球运动的战术体系包括接发球及其进攻系统、接扣球及其进攻系统、接拦回球及其进攻系统、接传垫球及其进攻系统共 4 个子系统。战术训练必须按照战术系统的逻辑体系，把系统中各个环节和各种技术有机地串起来。通常的顺序是个人技术—个人战术—小组战术—集体（团队）战术。

2. 战术训练的实战性

竞赛是战术训练效果的最好检验形式，战术训练的目的就是要出色地完成比赛任务。因此，比赛的需要就是战术训练的最终目标，一切从实战出发，一切从比赛的需要出发，这就是战术训练的根本宗旨。这一原则的基本精神是将比赛需要作为战术训练的基本内容和客观标准，比赛要求与训练目标相一致，努力缩短训练与比赛的距离，赛训一致。

3. 战术训练的对抗性

战术训练若离开了对抗，便难以真正体现战术选用的效果。战术训练运用对抗时应注意以下几点。

(1) 正确选择对抗的形式。从运动员战术能力获得的角度来看，对抗性应该沿着无对抗—消极对抗—积极对抗由易到难逐步加强。

(2) 恰当地安排对手的实力。例如，检验新战术配合的熟练程度可选择较低实力的对手，而检验战术运用效果则需要选择实力相近甚至强于自身的对手。

(3) 合理安排对抗的比例。通常来说，随着年度和大周期训练的延伸，比赛性质的对抗性训练比例相应增加。

（二）竞技战术运用能力的培养

1. 基本要求

在运动训练中，应当把培养运动员在各种复杂而艰苦的条件下合理运用战术的能力这一任务放在相当重要的位置上。这也是在战术训练中贯彻“练为战”思想的具体要求。

战术运用的基本要求为：第一，明确的目的性和针对性。任何战术的运用都必须有明确的目的性，做到有的放矢。战术行动合理、针对性强，做到特定战术解决特定问题。第二，高度的实效性。战术运用目的是制胜，因此，应以能否达到制胜目的为准，力戒华而不实。第三，高度的灵活性。能根据场上千变万化的局势，灵活机动地坚持运用有效战术，力争主动、避免被动，使战局向有利于己方的方向发展。

2. 加强战术意识培养

战术意识这一特殊思维活动过程由战术信息选择与战术行为决策两个前后为序、紧密相连的部分组成。具体体现在技术运用的目的性、战术行动的预见性、判断的准确性、攻防转换的平衡性、战术变化的灵活性、战术配合的协同性、战术行为的隐蔽性等。

战术意识的获得需要运动员具备以下能力：随机应变的思维能力、宽阔的视野和准确的视觉能力、较强的注意力分配和转移能力、坚强的意志品质和控制情绪稳定的能力、了解同伴与调动全队的组织协调能力。

培养运动员的战术意识，是战术训练的中心环节，具体方式通常有：①系统了解专项竞赛基本规律与战术特征、比赛中战术变化的规律及正确的应变措施、专项战术的发展趋势；②积累专项战术理论及经验知识；③大量而熟练地掌握基本战术等。从训练实践看，“想练结合”是培养运动员战术思维行之有效的手段。

3. 注意个人战术行为与集体战术配合的培养

个人战术行为能力可分为“单兵作战能力”和“协同作战能力”。在集体项目中，个人战术行为的目的或为直接制胜，或为队友创造机会制胜。个人战术能力培养是提高个人战术行为能力的关键环节。此外，丰富的战术理论知识、结构独特的个人战术体系及由此外化成独特的战术风格，都是加强个人战术能力的必备条件。

集体战术以个人战术为基础并对此加以协调配合，战术配合是集体战术行为的核心。战术配合的构成因素有参与配合的人数、每个人的行动方式、个人行动目的与战术配合目的的关系等。战术配合水平取决于两个方面：第一，运动员在战术配合过程中表现出的活动方式的协调程度，亦称为操作形式的协调程度。第二，战术意识——心理过程的协调，亦称为“默契”。达到“默契”程度的战术配合行动，往往表现出较大的灵活性和创造性。

集体战术的基本要求为：①严密的组织性，即强调个人战术行为必须服从全队的整体配合。每个运动员都必须遵守战术纪律。所谓战术纪律，指为争取比赛胜利而制定的要求每个运动员必须按战术计划行动的强制性规定。战术纪律是战术计划得以有效执行的保证。在战术计划没有被竞赛过程证明为无效且竞赛指挥者没有发出明确修改指令前，战术纪律要求运动员不得无故不执行战术计划。②高度的一致性，即队内所有运动员战术行为的目的应当一致。③高度的协调性，即队内每个运动员的个人战术行为必须相互协调，以保证全队战术目的的顺利实现。

（三）竞技战术方案制定要点

1. 把握制胜规律

竞技运动“夺取”优异运动成绩的过程实质上就是制胜的过程。而要制胜，就必须遵循制胜规律，这是战术训练最基本的要求，也是形成正确战术观、正确制定战术方案、正确实施战术训练、在比赛中正确运用战术的前提性条件。

所谓制胜规律，是指在竞赛规则的限定内，教练员、运动员在竞赛中战胜对手、争取优异运动成绩所必须遵循的客观规律。制胜规律的组成包括两个方面：其一是制胜因素；其二是制胜因素之间的本质联系。

对专项运动成绩有决定性影响的因素称为制胜因素。这些因素是人们在对专项比赛的各种特性进行深入研究后归纳总结出来的。我国部分优势竞技项目在认识、发掘和把握制胜因素方面走在其他项目前面，如乒乓球项目总结出“快、转、准、狠、变”、排球项目总结出“高、全、快、变”的制胜因素等。

每个项目中的制胜因素都以“因素群”形式呈现，若干因素之间存在着必然联系，这些联系有的互相促进，有的互相制约，有的互相矛盾。例如，篮球、排球项目中的“高”与“快”的关系，网球、羽毛球等项目中“快”与“准”的关系，击剑、拳击等项目中“狠”与“准”的关系等。正确地认识和把握这些关系，才能做到遵循制胜规律，才能有效地进行战术训练。

在认识制胜因素及其关系时，要特别注意各因素内涵的发展情况。例如，目前在对技能主导类项群隔网对抗项目“快”的理解上，除了以前内涵中已有的球速快以外，人们还从抓“适应与反适应”（即最大限度地适应对手、最大限度地不让对手适应自己）这对主要矛盾出发，赋予“快”以“战术变化快”（在有效的前提下）、“节奏变化快”等新的内容。这些都是我们在进行战术训练时应该加以注意的。

2. 注重竞技战术组合

随着现代运动竞赛的日趋激烈，战术也在向“复合化”方向发展，靠单一战术制胜的局面已不复多见。从某种意义上讲，战术组合即为集成式创新。

战术组合可分为程式性组合与创造性组合两种。程式性组合是指将各种战术行动在空间上、时间上按一定的顺序所构成的战术组合。各专项教科书所载战术（配合）多指此种，如足球中的阵形战术以及篮球中的联防、盯人战术等。另外，根据特定对手而专门制定的战术组合也可归入此类。创造性组合指根据比赛临场变化情况，不按固定程式，创造性地将几套战术组合在一起。“随机性”是这种组合的重要特性。

程式性组合既可表现于训练之中，又可表现于比赛之中；而创造性组合则更多地表现于比赛之中。程式性组合能力是创造性组合能力的基础，运动员对程式性组合掌握得越多、越熟练，就越能开发创造性组合。运动员在比赛中的创造性是必须加以着重培养的能力。

3. 优化竞技战术方案

第一，及时收集准确的情报。战术方案的制定应以准确的情报为基础。需要收集的情报内容包括运动员的竞技能力情况及比赛风格，教练员的指挥能力及指挥风格，传统打法及近期是否有创新，进攻与防守特点及比赛中常用节奏，主体队员与替补队员的具体情况，近期比赛的成绩及致因，比赛场地、器材、气候、住宿及饮食情况，比赛日程安排，裁判员情况等。

第二，处理好战略决策和战术决策的关系。战略决策指对参加一次比赛的全局性问题所进行的决策；战术决策是针对比赛中具体情况而进行的决策。相对于战略决策，战术决策是局部的。一般来说，战略决策具有相对稳定性且历时相对较长，而战术决策则具有较大的灵活性，可随着竞赛中的具体情况而加以必要的调整，往往表现出快速性的特点。

第三，考虑竞赛环境的影响。竞赛场地、器材条件、地理气候、裁判、观众等竞赛环境因素，在制定战术方案时都必须依据项目特点加以综合考虑。

第四，充分利用竞赛规则。任何战术的运用都要受到规则的制约，同时又应充分利用竞赛规则来达到战术目的。例如，在足球世界杯赛分组循环＋交叉淘汰的赛制中，循环赛阶段通常采用避开淘汰赛目标对手的战略。

第五，计划性与可变性相结合。战术方案是一种计划，具有预测性，但在比赛中出现一些计划之外的局面时，就需要改变原定计划。因此，战术方案应保持合理的弹性，制定时，首先要考虑战术的针对性和实效性；其次要考虑攻守转换的灵活性、运动员对方案的可接受性，以及发挥每个运动员的特点及创造性，有利于集体各个成员之间的协同性等。

竞技战术方案制定流程见图 4-11。

第四章
拓展阅读 4

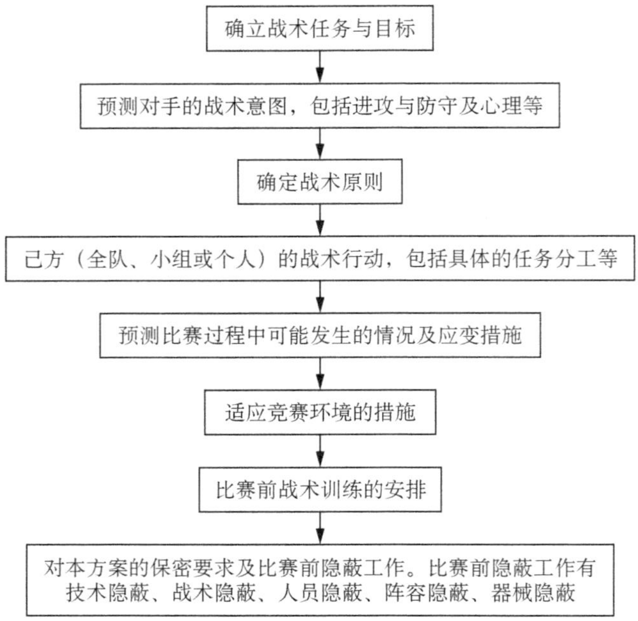

图 4-11　竞技战术方案制定流程

第四节　竞技心智能力及其训练

竞技运动不仅仅是人体在空间相对位置随着时间而变化，还是一种因为生物学特征的活动而受到心智水平的影响和左右的运动。运动员生理功能改善，身体素质和技能战能发展与其心智水平密不可分。运动员心智能力训练可以影响和指导竞技行为，而竞技行为又能反过来促进心智能力的发展和完善。

一、竞技心理能力及其训练

（一）竞技心理能力定义

运动员竞技心理能力(mental ability)指运动员个体，对与训练、竞赛有关过程进行把握、调整心理过程的能力，是运动员在训练和竞赛中保持良好状态的重要保障。其包括意志品质、认知能力、情绪调控能力及心理适应能力。

意志品质是保证运动员坚持艰苦训练、克服赛中困难的重要保障。意志是个体自觉确定目的，并努力调节和支配自身的行为，克服困难达到事先预定目的的心理倾向，也是决策心理活动过程中的重要心理成分。在意志中表现出来的具有一定倾向的稳定特征，称为意志品质。而意志品质作为衡量意志能力的主要指标，对于运动员应对赛前、赛中、赛后压力，达到目标，获得成就等至关重要。

认知能力包括注意、记忆、思维、想象等，是快速感知、应对赛中各种情况的基础能力。

注意出现在认知全过程中，并且具有一定的指向性和集中性。外界信息通过感知觉的传递进入大脑高级中枢，记忆让这些信息得以保存，思维与想象使这些信息形成具体操作流程。

情绪调控能力是指运动员在赛中调整情绪、保持冷静的能力。情绪调节可以根据是否有意识、有无外界刺激分为外显情绪调节和内因情绪调节，前者是指有意识地转移注意力等，后者则是指无意识性的且由外界刺激引起；也可以根据所调节情绪的效价，分为正性情绪调节和负性情绪调节。

心理适应能力是指运动员适应不同的比赛环境、应对不同压力挑战的能力。心理适应能力较强的运动员，不仅能在平时保持较好的状态，在遇到创伤或挫折时依然能够保持较好的耐受力。

（二）竞技心理能力训练的重要性

运动训练的诸多理论与实践证明，训练、竞赛过程中，不仅会消耗运动员身体上的能力，也需要其付出心理能量。其原因在于，训练与竞赛兼具生理与心理负荷。心理能力训练主要涉及竞技运动、体育教育和大众健康3个领域。赛事经验与理论研究的结果均证明，即使体能、技能等子能力达到最佳状态，运动员若心理能力水平较低，也会影响其竞技表现的过程和结果；不仅如此，竞赛相关人员的心理状态也可能影响运动员技能的发挥，甚至成为其提高训练水平和超常发挥的突破口。

可见，运动员想要在训练和比赛中保持良好的心理状态，需要各方面能力的协调和配合，这样不仅可以帮助运动员较好地保持注意、识别场上情况并做出判断，使用相应的技战术动作等。此外，从压力-损伤关系模型来看，压力会导致运动员肌张力增高、注意力降低等，进而使运动协调性和灵活性下降，还可能导致视野变窄、无法捕捉到外部重要线索。因此，在面对各种压力因素时，运动员受伤的风险更大。所以，良好的竞技心理能力还能减少运动员损伤的发生。那么，在日常训练和比赛中应当如何进行心理能力训练呢？下文对此进行详细介绍。

（三）竞技心理能力训练常用方法

运动心理能力训练开始始于20世纪70年代的美国，又称竞技心理能力训练(psychological skill training，PST)，是指系统、一致地练习精神或心理技巧，以提高表现、增加愉悦感，或实现更高的体育和身体活动自我满意度的训练方法。主要由目标设定、觉醒调节、自我对话等技术组成。到了20世纪80年代末，有研究者就提出，应当扩大竞技心理能力训练/心理技能训练的目标人群，细化具体实施程序、区分竞技心理能力和方法。运动员需要具备的最基本的心理能力训练技能包括注意力集中训练、训练动机、自信和焦虑管理。

本节主要介绍目标设定训练、放松训练、注意训练、表象训练。

1. 目标设定训练

目标设定训练被认为是最受欢迎的基本运动心理学技术，是任何旨在最大限度地发挥运动潜力的心理能力训练计划不可或缺的一部分。体育领域的目标设定，不仅可以最大限度发挥运动员自身的潜力，也是教练员们进行指导或实施教学策略的重要支撑，有效的目标设定训练可以通过激励效应促进运动员提升成绩。随着目标的实现，运动员可以逐渐改变其个人能力观念，并为新的目标设定打下基础；随着这些新目标的依次实现，运动员会发展出更强大、更稳定的内心和更高的信心。

在运动心理学领域，一般将目标分为 3 种类型：结果目标、表现目标、过程目标。结果目标描述了与运动员相关的其他人的目标设定，其与后两种目标的明显区别在于存在社会比较的性质，如取得胜利或夺得冠军。表现目标是基于个人成就水平而言的，并基于数字标准的主观标准。例如，在一定时间完成一场比赛、举起一定的重量或者多次重复某种训练。过程目标与表现目标的相同之处在于，都是由运动员主观调节，但不同之处在于过程目标的变化远大于结果目标和表现目标的变化，其通常更偏重对细节的把控。例如，射击运动员在比赛过程中调节呼吸的技术、高尔夫球运动员在击球前在脑中对球的飞行路线的模拟想象等。教练员或运动员本身可以根据自身状况、技能水平和竞赛内容设定合理的目标。

在进行目标设定训练时，设定表现目标或过程目标，而非结果目标；设定具有一定难度的目标，而非简单易达的目标；设定具体的、可操作性较强目标，而非模糊、笼统的目标；设定具有现实性的目标，而非不现实的目标；长期目标与短期目标应配合，而非设定单一的目标；团队目标与个人目标契合，而非脱离的目标。

目标设定需要有一定难度且具体，并具有接近性和集体性两个特质。其中，目标接近性是指将长期目标(6 周或者更长时间)与短期目标相结合，长期目标提供了方向，而短期目标提供了培养信心和保持动力以追求更远目标的机会。而目标的集体性体现在团队或群体目标对集体成绩的影响，团队目标可以为团队提供方向，并帮助个人成员建立适当的个人目标来支持团队目标，提高团队满意度、凝聚力和积极性。相应地，团队目标应该伴随着个人目标，以确保团队中的个人保持任务重点和努力水平。这些个人目标应该基于每个运动员需要履行的个人角色，以最大限度地提高团队效率。

2. 放松训练

(1) 想象放松训练

顾名思义，想象放松训练就是通过想象自己身处某种非常舒适或放松的环境中。例如，想象自己坐在温暖、安静的房间里，或者坐在微风拂过的伴随树叶沙沙作响的树下等。进行想象放松训练时，可以先找一个最舒适的位置和姿势，然后想象自己身处最能放松的环境里，深呼吸，调动各种感官的想象，尽量生动地形成关于在这个环境中的“图像”或“感觉”，让自己身临其境，并在这个环境里逐渐慢慢深呼吸，达到放松的效果。

(2) 渐进式肌肉放松法

渐进式肌肉放松法(progressive muscle relaxation)，也称渐进式肌肉放松训练、逐步肌肉放松或深度肌肉放松，是一种逐渐的、有序的、使肌肉先紧张后放松的训练方法(图 4-12)。生理学家埃德蒙·雅各布森(Edmund Jacobson)于 1905～1920 年首先提出该种训练方法，他发现这种状态能够缓解从高血压到溃疡性结肠炎等多种症状。“渐进”强调放松要循序渐进地进行，要求在放松之前先使肌肉收缩，继而进行放松。如先使某部分肌肉紧张，保持 5～7 秒，注意肌肉紧张时所产生的感觉，紧接着很快地使紧张的肌肉彻底放松，并细心体会放松时肌肉有什么感觉。同时，还要求放松训练是自上而下有序地进行，先放松一部分肌肉之后再放松另外一部分肌肉，“渐进”而行。渐进式肌肉放松训练可以有效地减轻或消除身心的紧张状态，降低压力和焦虑水平。

进行渐进式放松训练时应注意以下几点。

第一，刚开始练习时，可以自己录下紧张—放松的指令。跟着录音按顺序练习，每个动作尽量做到位。

第二，熟练记住每个动作后，可以尝试不跟录音进行练习。不需要刻板地按顺序做完每个动作，可以自主选择在肌肉紧张的地方进行放松训练。

第三，每个环节中紧张与放松的间隔时间一般是 5～10 秒。耐受力强的人可以延长到 15～30 秒，放松的感觉会更深。

第四，每次练习 15～20 分钟。

运动员在练习放松训练时应在安静且舒适环境中，选择合适坐姿，或者放松平躺。按以下顺序和方式进行肌肉紧张与放松的交替练习。

图 4-12　渐进式肌肉放松训练流程

3. 注意训练

注意是运动员竞技心理能力中重要的组成部分，是在心理活动或意识对一定对象的指向和集中，或者集中在重要刺激而忽略无关刺激的一种能力。对于运动员来说，就是关注当下最重要的运动操作，保证运动技能学习的有效性和比赛中良好的运动表现。良好的注意能够加强运动员对内在心理活动的控制，有效过滤内外因素的干扰。因此，在体育运动中，关注当前最重要的事情，同时忽略其他干扰的能力是影响运动表现的重要因素之一。主要包括自我对话和正念训练。

(1) 自我对话

许多运动员在训练或比赛时会偷偷自言自语——通常是为了提高他们的注意力和表现。这种自言自语，或者运动员默默地对自己说的话，可能涉及赞美、批评或指导，这就是自我对话。自我对话主要分为 3 种类型：积极型、指导型和消极型。积极型自我对话主要用于增加能量、获得成就或采取积极态度。例如，“我一定可以！”“加油，继续坚持！”等。指导型自我对话常用于提高任务表现和技术。例如，“注意力集中”“盯好球”等。消极型自我对话不仅不能提高运动表现，还会产生自我怀疑和焦虑情绪。例如，“怎么表现这么不好”“这个球太差了”等，自我对话的指令类型的一个例子是使用触发词，触发词是简短、生动和积极措辞的口头提醒，以提示运动员专注于特定目标或执行指定动作。

2002 年温布尔登网球公开赛女子单打决赛中，塞雷娜·威廉姆斯(Serena Williams)以 7∶6、6∶3 击败维纳斯·威廉姆斯(Venus Williams)，在比赛之间的转换期间坐在球场旁边时，数百万电视观众看到她阅读手写的笔记。事后，她解释说，她给自己写了这些笔记，作为指导型自我对话及提醒，在比赛中要击球或保持低位。曾经打破女子马拉松世界纪录的保拉·拉德克利夫(Paula Radcliffe)提倡一种触发词策略，包括默默地计算她的步数，以保持她在比赛中的注意力。指导型自我对话可以通过提醒运动员在特定情况下关注的重点来提高注意力技能。例如，新手高尔夫球手在学习正确挥杆的早期阶段可能会在球道上完全错过球。因此，为了克服这个问题，教练可能会建议学习者专注于扫草地而不是击球。

(2) 正念训练

正念是一个来源于东方禅修的有意识、非评判的对当前状态进行注意的方法，也是一种意识状态或心理过程。它可以帮助人们更好地控制自己的情绪，减轻压力。正念的核心程序包含 3 个部分：注意力、情感灵活性与认知灵活性。注意力技能的训练被认为是情感灵活性和认知灵活性的基础，使人们能够更笼统地对自己的思想、感觉和经历进行判断。正念训练/正念疗法常用于调节身心健康，如压力管理、缓解焦虑抑郁情绪、提高注意力等。

在体育运动领域，正念训练可以用来调节运动员心理能力，提高使用处理情绪策略、解决问题策略的倾向性，运动员还能通过系统的正念训练来提高自我觉察力，更好地控制注意力并保持专注，从而使运动员在训练和比赛中将注意力集中在重要的动作或技能上，进而提高运动表现。美国职业篮球联赛(national basketball association, NBA)公牛队和湖人队的前主帅菲尔·杰克逊(Phil Jackson)，他认为正念训练是他取得成功的重要原因之一。他不仅个人进行正念训练，还让他的运动员和教练员也进行冥想练习。著名 NBA 球星科比·布莱恩特(Kobe Bryant)、美国国家橄榄球联盟(national football league, NFL)教练皮特·卡罗尔(Pete Carroll)都对正念训练方法十分推崇。运动心理学家萨拉·米切尔(Sara Mitchell)也为 2020 年东京夏季奥运会的运动员提供正念训练的指导，帮助优化他们的身体和心理健康，以此来提高运动成绩。

4. 表象训练

在体育运动中，表象训练是指在暗示语的指导下，在头脑中反复想象某种运动动作或情境，从而提高运动技能和情绪控制能力的方法。而运动表象(motor imagery, MI)是指在无外部动作输出的情况下，对动作进行心理排练或模仿的神经心理过程。简单来说，也就是运动员不做出实际的动作或技能，只在脑海中一遍一遍地想象某一个运动动作或比赛过程中可能遇到的情况应对策略等。运动表象可分为视觉表象(visual imagery, VI)和动觉表象(kinesthetic imagery, KI)，视觉表象也称第三视角的表象(外在表象)，主要依靠视觉感知运动；动觉表象也称第一人称视角的表象(内在表象)，主要依靠本体感觉的信息传入感知关节活动和肌肉收缩。

既然表象训练没有练习实际的动作，那么它是如何发挥作用的呢？这主要可以通过心理神经肌肉理论、符号学习理论和功能等同理论来解释。心理神经肌肉理论认为表象过程中会产生与实际运动过程中相似的肌肉活动。运动中枢与骨骼肌之间存在双向联系的神经通道，运动员在进行运动表象认知活动时，会使运动中枢兴奋，从而激活大脑运动皮层，大脑皮层将兴奋传入相应肌群。符号学习理论强调表象训练的作用机制在于认知过程的学习，表象训练可以帮助运动员理解或获得动作模式，从而建立系列动作程序。功能等同理论认为，表象的本质是认知过程的一种，并且基于此提出 PETTLEP 模型，包含物理（physical，P）、环境（environment，E）、任务（task，T）、时间（timing，T）、学习（learning，L）、情感（emotion，E）和观点（perspective，P），主要强调了使运动员的状态达到最接近运动准备和执行状态、应用照片或视频等形式使运动员处于熟悉的比赛环境、采用与竞赛相似的认知过程启动方式、学习将表象训练与技能训练相结合、调整情绪等。

表象训练可以为心理训练方案的制定和评价提供理论及实践参考，在针对 2022 年北京冬季奥运会的科技服务的实践探索过程中，就有研究提出可以根据教练员的个体经验、观看优秀运动员的优质作品动作视频提升自身水平，并基于此建立针对运动员的个性化心理表象训练方案。

第四章
拓展阅读 5

表象训练可分为运动表象编码期和运动表象训练期，运动表象编码期主要完成实际执行动作，在大脑中留有印象；运动表象训练期需要依据运动表象编码期的动作进行表象，不实际操作动作。

（四）竞技训练中的心理能力训练

目前针对运动员、教练员以及运动队整体的心理能力训练已经开展并取得一定效果。竞技体育心理训练模式有 9 种，主要针对运动员、教练员、运动队、运动心理学家之间的关系进行划分，包括终身发展模式、多系统模式、整合组织模式、社会教育模式、认知行为模式、儿童教育模式、家庭系统模式、发展心理模式和婚姻治疗模式。以上模式分别从个体发育特点、成长时间、生长环境及所处的组织等多个层面对个体的竞技心理能力进行训练。

无论何种心理训练方式，均围绕运动员的竞技心理能力展开，都包括了以下 3 个内容。

第一，促进运动员心理过程的完善，使运动员在高强度的训练与竞赛环境中保持高度的运动感知觉、运动表象能力等。

第二，促进运动员个体心理特征的发展，个体心理特征包括性格、气质、能力、兴趣、动机等。心理能力训练使运动员逐步形成促进训练及竞赛的心理特征。

第三，促进运动员保持适宜的心理状态，使运动员的心理功能保持一定的积极性和强度。

心理能力训练的方法多种多样，但需要根据不同项目以及运动员本身的特点，做出不同的心理能力训练安排。例如，针对中长跑运动员的心理能力训练，可以从一般心理能力训练、赛前心理能力训练、临赛心理能力训练 3 个阶段进行安排。在一般心理能力训练阶段可以通过目标设定训练，让运动员时刻明确训练目标，激发其荣誉感。在赛前心理能力训练过程中，要针对中长跑运动员最常容易出现的问题进行分析。例如，可以进行呼吸系统的训练，有意识地让运动员对呼吸节奏进行改变从而达到心态调节的目的。临赛时，可以通过呼吸、冥想、正念等方法调节紧张、焦虑等的情绪，冥想可让运动员在相当安静的环境中专注于某些感官图像。例如，使运动员记得训练及比赛中使用的战术。另外，还可以使用表现训练在脑海中重复跑步技巧、赛道状况等。

第四章
拓展阅读 6

除了针对常规运动员群体的日常训练，对一些比较特殊或处在赛前的运动员群体，需要考虑到其具体的身心状况，从而安排合理的心理能力训练计划。例如，运动损伤的运动员，在进行心理能力训练前，应确定其运动损伤的原因、部位、程度并且分析当时周边环境因素(对抗、重要比赛、发挥失常等)，判断运动损伤是否与心理状态有关。根据损伤情况制定合理的训练方案及竞赛技巧，在身体能力逐步恢复的基础上逐步提升运动技能水平以及运动员的自信心等。而对于那些过度训练甚至表现出过度训练综合征(优秀运动员为了在比赛中取得优异成绩，长期参加大运动量、高强度的训练，使得身心疲惫，出现自信心下降、动机减退、焦躁不安等反应)的运动员，可以指导其先进行过度训练自我诊断，了解过度训练的生理、心理症状，分析其出现过度训练问题的运动负荷强度，再通过运动员及教练员的训练日志、记录等对其训练安排和自身状况进行调整，增进与教练间的交流，并可以通过呼吸训练、正念训练等调节自信心和情绪。

二、 竞技智能及其训练

(一) 竞技智能定义

在社会学中，智能是指人们运用知识的能力，包括自学能力、研究能力、思维能力、表达和组织能力。在心理学领域，智能则是人类在解决难题与创造产品过程中所表现出来的，被一种或数种文化环境所珍视的能力。美国哈佛大学心理学教授霍华德·加德纳(Howard Gardner)认为人具备 7 种智能，分别为空间智能、言语智能、逻辑数学智能、音乐智能、身体竞技智能、人际智能、洞察内部的智能。1996 年，加德纳教授提出了第八种智能，即认识自然的智能。

在体育领域中，智能指人认识客观事物并运用知识解决实际问题的能力，常包括智力和能力两个方面：①智力，包含智力潜力和智力能力，是有效地进行认识活动的稳定心理特征的综合。其包括观察力、记忆力、想象力、思维力、注意力。②能力，是保证人们成功地进行实际活动的稳定心理特点的综合。其包括组织能力、计划能力、实际操作能力、适应能力、创造力。而竞技智能则是指运动员以一般智能为基础，运用体育理论等多学科知识，在训练和比赛过程中，通过思维意识来支配身体动作实现运动训练目标或比赛目标的综合能力。具体来说，则是通过思维和心理来支配身体活动完成各项专项技能的能力，不仅是技战术能稳定、有效发挥的前提基础，更是运动员竞技能力的重要组成部分。

(二) 竞技智能的重要性

竞技智能对于运动员来说，有多重要的呢？从前面的讨论中我们可以看到，智能是智力和能力的结合体，是保证运动员在比赛和训练过程中有效认识客观事物和成功地进行实际活动的稳定的心理特点的综合。因此，良好的竞技智能不仅可以帮助运动员正确理解教练员的意图、高质量地完成训练计划、善于正确理解运动技术、缩短学习和掌握运动技巧的过程、准确把握战术精髓，也在比赛中灵活机动地运用战术调整自己的比赛状态，从而提高其运动技能和运动表现。

具体来说，竞技智能可能通过影响力量、速度、耐力及运动迁移能力从而影响运动表现。

1. 力量

尽管竞技智能没有对运动能力产生直接快速的影响，但在各因素影响力量素质的过程中，竞技智能同样也发挥着重要的作用。例如，快速力量性项群中，跳跃步法节奏的掌握、投掷时的出手速度和角度控制等。

2. 速度

速度的快慢主要受感受器、效应器和中枢延搁的影响，而竞技智能与中枢延搁有关。例如，运动员在比赛和训练中积累了许多经验，在关键的时刻总能做出迅速的判断。

3. 耐力

在一些耐力性项目中，除了要求运动员具有良好的耐力外，还需要合理地根据自身素质情况结合具体比赛情况做出合理的时间和体能分配，并在突发情况出现时能做出相应调整，这就需要运动员具备一定的竞技智能。

4. 运动迁移能力

在运动技能的学习过程中，正迁移的积极作用可以促进运动功能的习得，而竞技智能则体现在运动员可以运用运动迁移能力的相关知识进行技能迁移的学习，能快速和有效地掌握和巩固新学习的内容。

运动员运动技能形成和运动技能发挥的重要保证，是运动员观察力、记忆力、想象力、思维力、注意力等 5 种基本因素和组织能力、计划能力、实际操作能力、适应能力、创造能力等 5 种基本能力在竞赛中的综合体现。

比赛和训练整个过程中的每个环节都需要运动员运用智能来应对赛场上和训练中出现的不同变化，并随时根据赛场上和训练中的形势合理地运用技战术，是运动员在阅读比赛、阅读自己、阅读他人的技术动作完成过程、战术行动操作过程和程序化对策性知识体系思维过程中展现出来的，是技战术应用能力、运动感知觉能力和时空认知能力的具体体现。因此，不断发展运动员的竞技智能就成为提高运动员竞技实力的重要途径之一。既然竞技智能可以提高运动员的运动表现，那具体应当如何进行训练呢？下文主要从 3 个方面着手：基础理论知识、专项理论知识和运动训练本身。

（三）竞技智能的基本训练方法

1. 在基础理论知识的传授中发展智能

（1）学习有关训练规律、训练与原理的知识。

（2）运用参观、图示、录像等多种方法培养运动员观察力，通过提问、复习、测验引导运动员学会运用分析、比较、综合、概括、判断、推理等思维形式认识和解决问题的能力。

（3）理论与实践相结合。

2. 在专项理论知识学习中发展竞技智能

（1）专项技术分析和战术意识的发展：运用生物力学知识对专项技术进行分析并通过模型或教学比赛发展运动员战术。

（2）器材性能、比赛规则、裁判方法的学习：通过学习器材的构造、性能、维修，培养运动员实际操作能力。学习比赛规则和裁判方法，培养运动员的观察力和适应能力。

（3）训练计划、辅助措施、自我监控等知识的掌握：参与制订计划，发展运动员思维能力，让运动员学习卫生保健和理疗等以掌握自我医务监督知识，发展运动员的自我保健的操作能力。

3. 在运动训练中发展竞技智能

（1）加强运动素质、技术、战术的训练：实际运动中的运动素质、技战术的训练能够促进运动员运动感知觉、运动表象、动作概念、战术思维的表现，使运动员的观察力、记忆力、思维力、实际操作能力和创造力得到全面的发展。

（2）经常进行模拟比赛实战训练：经常进行教学比赛或模拟比赛等实战训练，对培养运动员应对千变万化比赛情况的能力及发展运动员的观察力和战术思维能力有着重要作用。

第四章习题　　第四章参考文献

第五章

竞技训练方法与手段

本章【导读】

竞技训练方法与手段是竞技训练学“怎么训”与“怎么练”这一基本问题的具体体现。本章内容主要包括竞技训练方法与手段概述、整体性控制方法及其应用、具体性操作方法与竞技子能力训练方法的主要类型及其应用、竞技训练手段及其应用。其中,“竞技训练方法与手段概述”一节主要阐述竞技训练方法与手段的定义、构成要素、分类;“整体性控制方法及其应用”一节主要阐述模式训练法及其应用、程序训练法及其应用;“具体性操作方法与竞技子能力训练方法的主要类型及其应用”一节首先介绍了重复训练法、间歇训练法、持续训练法、变换训练法、循环训练法、比赛训练法、模拟训练法及其应用,继而阐述了体能、技术能力和战术能力、心智能力训练的主要方法及其应用;“竞技训练手段及其应用”一节具体讲述了周期性、混合性、固定性、变异性训练手段。

【学习目标】

明确竞技训练方法与手段的构成要素基本分类;理解不同竞技训练方法与手段的适用条件和使用环境,掌握具体的操作方案和实施要点;结合运动员体能、技术能力、战术能力、心智能力的基本特性,学会选用相应的训练方法与手段提高竞技子能力。

【思维导图】

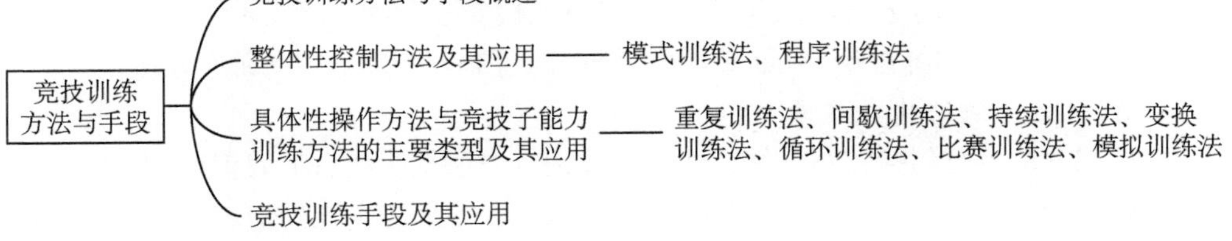

竞技训练活动是教练员与运动员以学习并掌握训练内容、达成训练目标为目的，共同参与的有计划、有组织的训与练的行动组合。竞技训练方法与手段是竞技训练活动及其过程的核心，是“怎么训”和“怎么练”的体现，是实现发展运动员竞技能力目标、完成训练活动任务的途径、办法或身体练习的总和。随着竞技运动与现代科学技术的发展，竞技训练方法与手段不断更新、迭代和创新，极大地提升了竞技训练水平，同时也推动了竞技运动的科学化进程。

第一节　竞技训练方法与手段概述

竞技训练方法与手段对于提升竞技训练质量、激发运动员潜能和训练潜力具有决定性作用。竞技训练方法为竞技训练手段的设计与选择提供了依据和方向。竞技训练手段是训练方法的具体表现形式和实际载体。科学、合理、合适的竞技训练方法与手段能够保证竞技训练活动的顺利进行，使训练活动更加高效、生动且富有成效。教练员要不断总结经验教训，根据运动员反馈和训练目标达成情况，对训练方法手段进行改进和创新，提高训练方法段的合理性和有效性。

一、竞技训练方法及其分类

（一）竞技训练方法定义与构成要素

1. 竞技训练方法的定义

竞技训练方法指在竞技训练活动中，教练员和运动员为实现训练目标和完成训练任务所采取的途径和办法的总称。竞技训练方法既是竞技训练过程中各种具体有效的训练方式和办法的高度概括和科学总结，也是竞技训练基本原理应用于竞技训练具体实践的各种途径与办法的集中表述。

现代竞技训练方法不仅是从事训练工作、完成训练任务和提高竞技能力的应用工具，同时蕴含着丰富的科学训练知识、基本的科学训练原理和相应的科学训练思想。现代竞技运动发展历程表明，任何一种科学训练方法的诞生和完善，既是科学训练原理实践应用的具体体现，也是科学训练实践成功经验的高度总结。因此，从方法论角度掌握和熟练应用现代竞技训练方法，有助于科学认识和深入理解现代竞技训练理论；从认识论角度全面和科学地认识现代竞技训练理论，有助于科学掌握和灵活应用现代竞技训练方法。

2. 竞技训练方法的构成要素

竞技训练方法主要包括控制训练方法和具体训练方法两大类，前者应用于年度、大周期、中周期、小周期等阶段性的训练过程，后者应用于训练课的具体实施操作之中；前者的控制实施为后者指明方向，后者的具体操作是对前者的有机积累。因此，应用过程中，必须整合具体训练方法和控制训练方法，落实某一训练课的具体任务和一段训练过程的控制任务。

控制训练方法的构成要素包括控制依据、检查手段、评定标准和训练手段。其中，控制依据是阶段性训练过程的训练目标，用以引导训练的发展方向；检查手段是查验训练效果的工具，意在检测训练效果的程度；评定标准是现实效果与既定目标的鉴别工具，其功能主要是客观鉴别训练目标与现实结果的差异；训练手段是纠正运动员训练偏态的训练处方，是化解训练目标和现实结果差异的手段。

具体训练方法的构成要素包括练习动作及其组合方式、运动负荷及其变化方式、过程安排及其变化方式、信息媒体及其传递方式、外部条件及其变化方式等。其中，练习动作及其组合方式指为完成具体训练任务而进行的身体练习及其组合方式；运动负荷及其变化方式指各种身体练习所施加的刺激及其变化方式；过程安排及其变化方式指训练课中的安排及其变化方式；信息媒体及其传递方式指指导信息的载体及其信息传出方式；外部条件及其变化方式指各种训练工具、环境因素及其变化。实践中，这些因素的不同组合及其变化，可以形成多种具有不同功能的运动训练具体方法。

（二）竞技训练方法的分类

竞技训练方法可依据不同的分类标准，建立不同功能、不同作用的若干分类体系。依据练习动作及其组合方式，可将其分为分解训练法、完整训练法等；依据运动负荷及其变化方式，可将其分为持续训练法、间歇训练法、重复训练法等；依据过程安排及其变化方式，可将其分为循环训练法、变化训练法等；依据信息媒体及其传递方式可将其分为语言训练法、示范训练法等；依据外部条件及其变化方式，可将其分为高原训练法、比赛训练法等。当然，大多数训练方法并非仅包含单一要素，也并不只发展某单一竞技子能力。例如，在循环训练法的设计过程中，通过对动作的合理分解与有效组合，以及多个循环的负荷与间歇的搭配，既需要练习动作的组合，也要求过程安排的变化，既能发展运动员的一般与专项体能，又能在各练习战中顺序性地提高专项技能。

二、竞技训练手段及其分类

（一）竞技训练手段定义与构成要素

1. 竞技训练手段的定义

竞技训练手段是指在竞技训练过程中，为提高某一竞技能力、完成某一具体的竞技任务所采用身体练习的办法。竞技训练手段是竞技训练实践的动作行为，是竞技训练方法的动作载体，同时也是构成竞技训练方法的基本要素。

在竞技训练实践中，教练员、运动员都是通过采用具体的训练手段，体现相应训练的理念，反映相关方法的功能，完成相对具体的任务，提高相应的竞技能力。竞技训练手段的不断创新和科学运用，对于提高竞技运动发展水平作用巨大，不同训练手段具有不同的功效。科学地认识不同训练手段的功效和特点，有助于科学地完成运动训练过程不同时期的具体训练任务和提高不同运动项目的相应竞技能力。

2. 竞技训练手段的构成要素

训练手段本身就是一种身体练习，因此训练手段的构成要素主要是练习动作的各个要素。由此可见，采用各种训练手段的首要条件是，必须按照相关技能动作规格、技术动作的要求，严格规范身体练习的动作。在实践中，训练手段的不断创新和科学运用，直接影响着训练方法的创新和应用。不同训练手段具有不同的功效和特点，因此对于提高竞技能力作用巨大。

训练手段的基本结构可从身体练习的动作形态、动力特征、动作结构和动作过程 4 个角度予以解析。其中，动作形态主要体现额状、垂直和矢状轴的动作形态；动力特征主要体现在力的支点、力的大小和力的方向 3 种要素；动作结构主要包含动作姿势、动作轨迹、动作时间、动作速度、动作速率、动作力量及动作节奏 7 种要素组成。动作过程可分开始、进行和结束 3 个阶段。

竞技训练手段是成千上万的，有些手段从表面上很相似，但从多方面综合深入分析就会分辨出属于何种手段了。例如，游泳训练所采用的水中划水动作与在陆地上拉橡皮带的动作，从形式上两者很相似，可是仔细分析一下，就会发现用力情况却很少相同。游泳时，最大用力实际上贯穿于划水的全过程，而在陆上做拉橡皮带练习其最大用力只表现在动作结尾时，可见准确区别练习的种类有时不是很容易的。合理辨别各种训练手段是选用训练手段的前提条件，在辨别各种训练手段时，要考虑到：动作结构特点、能量供给特点、机能影响特点以及参加工作的肌肉类型和对心理影响等多方面因素。

（二）竞技训练手段的分类

科学地认识和应用不同训练手段的功效和特点，有助于阶段性地提高专项运动的竞技能力。现代运动训练手段可依据不同分类标准，建立若干训练手段分类的体系。例如，按竞技能力的要素分类，可将训练手段分为技能训练手段、素质训练手段、技术训练手段、战术训练手段和心智训练手段；按训练手段的负荷性质分类，可将训练手段分为力量训练手段、速度训练手段、耐力训练手段、灵敏性训练手段；按训练手段的专项特点分类，可将训练手段分为一般训练手段、辅助训练手段、专项训练手段；按训练手段的作用特点分类，可将训练手段分为功能性训练手段、功效性训练手段；按训练手段的适用范畴分类，可将训练手段分为竞技训练手段、健身训练手段、康复训练手段；按训练手段的动作形态分类，可将训练手段分为跑、跳、投、滚、翻、旋、转等训练手段；按训练手段的结构特点分类，可将训练手段分为周期性、混合性、固定性和变异性等训练手段。训练手段的分类体系具体见表 5-1。

表 5-1　训练手段的分类体系（胡亦海，2014）

一级指标	二级指标	具体手段范例
单一动作结构类	周期性	跑步、游泳等徒手练习，器械练习
	混合性	各种跑＋跳＋投＋滚＋翻＋旋＋转等徒手练习，器械练习
多元动作结构类	固定性	各种跑＋跳＋投＋滚＋翻＋旋＋转等动作的固定组合、套路练习
	变异性	各种跑＋跳＋投＋滚＋翻＋旋＋转等动作的变异组合、游戏练习

由表 5-1 可见，训练手段主要分为单一动作周期性、单一动作混合性、多元动作固定性和多元动作变异性等训练手段（分别简称为周期性训练手段、混合性训练手段、固定性训练手段和变异性训练手段）。其中，周期性训练手段主要包括各种周期性的跑步、跳跃、游泳、骑车等的身体练习，同时包括各种周期性的单一肢体动作如引体向上、俯卧撑、推举杠铃、爬拉测功仪等身体练习；混合性训练手段主要包括各种周期性的跑、跳等结合的身体练习如助跑跳跃、助跑投掷、负重跑跳等身体练习；固定性训练手段主要包括各种移动步法固定组合、各种移动跳步固定组合、各种实心球投固定组合、各种滚翻动作固定组合或跑跳投动

作固定组合的各种身体练习;变异性训练手段主要包括各种移动步法变异组合、各种移动跳步变异组合、各种实心球投变异组合、各种滚翻动作变异组合或跑跳投动作变异组合的各种身体练习。显然,此种分类可以最大程度反映多样化训练手段的动作结构特点。

由于现代科学技术的不断渗透,现代的竞技训练手段日益丰富。特别是机械类、悬挂类、弹力类、绳梯类和辅助类等器材的发明和创造,极大地丰富了竞技运动、健身运动和康复运动的训练手段,并形成了以应用不同训练器材为特点的训练手段群。例如,机械类训练手段可分为杠杆式、滑轮式、链条式、气动式、液压式和震动式机械训练手段;悬挂类训练手段可分为悬臂式、悬带式和悬布式训练手段;弹力类训练手段可分为橡皮带拉伸式、弹簧条拉伸式、弹跳阻力带式和移动阻力带式等训练手段;绳梯类训练手段可分为各种移动步法、各种移动跳法、手部撑跳移动手法等训练手段。当前,国际竞技运动训练领域中的一个重要发展趋势,就是利用这些训练器材创新出更多的有效训练手段。这些训练器材的应用,使现代竞技训练手段设计和应用呈现出更广泛的实践应用功效。

第二节 整体性控制方法及其应用

现代科学理论中的控制论、系统论和信息论关注如何通过反馈来控制和调节人体系统的行为,以达到期望的目标。在控制和调节过程中,强调对人体系统整体性和综合性的理解,以及系统与环境之间的相互作用和影响,关注信息的传输效率及其可靠性和安全性。控制论、系统论和信息论存在着密切的联系和互补性,催生了模式训练和程序训练两类方法。其本质是通过信息和信息反馈实现对训练目标与训练过程的控制,及时监测和发现训练中存在的问题并及时进行调节,以保证训练结果向预定目标发展,提高竞技训练效益。

一、模式训练法

(一)模式训练法定义与功能

模式训练法是一种依靠训练信息指标从宏观上控制训练过程的方法,即根据信息理论,运用数学方法,将各种影响专项运动成绩的指标参数与不同运动成绩之间构成具有定量关系的训练模式和评定标准,并据此对训练过程实施控制的方法。模式训练法的基本功能是,便于教练员将某个训练阶段和具体发展目标,置于科学控制的状态之下;便于教练员将某一训练阶段各个训练内容置于系统控制的状态之下;便于教练员科学地诊断现状,修正目标,纠正偏态,从而可将训练过程置于反馈控制的状态之下。

(二)模式训练法基本结构

模式训练法主要由训练模式、检查手段、评定标准、训练手段组成(图 5-1)。

训练模式是训练过程目标的发展体系;检查手段是采集运动训练现实状态的信息工具;评定标准是检验现实状态与训练模式之间差异性质的依据;训练手段是根据训练模式所提出的身体练习。其中,训练模式由榜样对象、相关因素和数学模型 3 个要素组成:榜样对象由最优秀运动员组成,相关因素是指影响运动成绩提高的主项因素,数学模型是以数

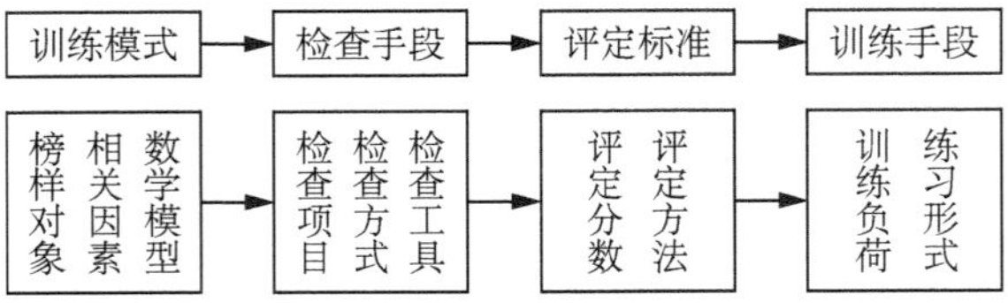

图 5-1 模式训练法的基本结构

学的方式表述相关因素与运动成绩之间的一种定量关系。

检查手段由检查项目、检查方式、检查工具组成。三者的高度结合形成了被称为检查手段的信息采集工具。实践中，无论采取何种检查手段，务必注意检查的指标应该真实地反映运动员的最高水平，为此一定要在接近比赛的环境下进行检查。否则所检查的信息可能是一种真实的伪标。这种伪标对于科学训练百害无利。

第五章
拓展阅读 1

评定标准由评定分数和评定方法两个要素组成：评定分数是采用数理统计方法或其他数学方法将训练模式标准化，以便了解运动员现实状况所达到的水平；评定分数和评定方法共同甄别运动员现实状态与训练模式间的差异程度。其主要的功能是提供训练监控和客观评价的重要依据。实践中，通过检查手段采集到运动员相应信息后，将信息指标转化评定分数进行比较，可知现有训练水平的发展程度。随后，将所测指标转化成的评定分数，带入评定方法内各个公式，就可判断运动员综合、均衡发展的水平。

训练手段是指身体练习，包括训练负荷与练习形式。当检查手段与训练手段高度一致时，检查手段就是训练手段。通常，教练员往往将最能反映项目特征的训练手段作为模式训练法的检查手段，目的是便于发现问题和解决问题。这是运动训练长期实践总结的经验。如果检查手段与训练手段不一致时，教练员希望研究者提供诊断清单和训练处方。实践中优秀教练员十分明白这里所指的训练手段，实际上是“训练处方”中的代表性手段。毋庸置疑，教练员希望模式训练法中的检查手段能够与训练手段高度一致，这样易于发现问题和解决问题。

（三）模式训练法基本特点

模式训练法的基本特点有三：一是信息化特点。模式训练法是以训练模式为控制依据、以检查手段为检查工具、以评定标准为监督依据、以训练手段为处理依据，将整个训练过程置于信息控制之下。二是定量化特点。模式训练法所依据的训练模式与评定标准均具有定量特点，将整个训练过程置于数字控制之下。三是循环性特点。模式训练法实际上是将设计、实施、监控 3 个过程合并并重复循环于整个训练过程之中，模式训练法与运动训练工程的实施特征具有相似性，因此该法的应用具有训练工程实施的特点。

（四）模式训练法应用方式

模式训练法的应用过程实际上是一种闭环式过程。其应用过程如图 5-2 所示。模式训练法应用的精髓之处是，教练员通过正向控制通道，运用训练模式、训练手段控制运动员竞技能力的发展方向；通过反馈控制通道，运用评定标准、评定结果了解运动员现实情况，以便修正教练员的指导方案或根据训练模式目标提出新的训练方案。经过如此多次闭环式的控制过程，使训练结果科学地、逐渐地逼近训练模式指示的预定目标。本例是模式训练法应用范例，已通过实践研究检验证明训练效果很好。

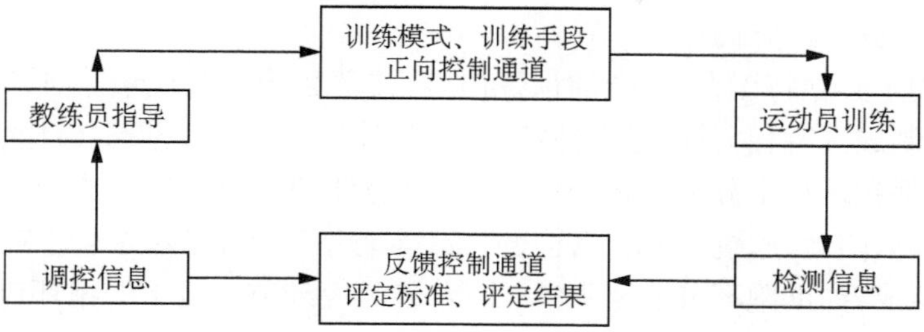

图 5-2　模式训练法应用过程(胡亦海,2014)

弹跳力发展的数学模型采用逐步回归方程(预测数学模型)公式(5-1)如下(胡亦海，2014)：

$$助跑弹跳(Y)=18.411\,35+2.093\,3X_1+60.255\,14X_2+0.413\,351\,8X_3+0.368\,894\,3X_4 \tag{5-1}$$

式中，Y 表示助跑弹跳高度；X_1 表示负重深蹲系数，X_2 表示半蹲快起系数，X_3 表示连续纵跳高度，X_4 表示原地弹跳高度。

二、程序训练法

(一) 程序训练法定义与功能

程序训练法是一种依靠训练内容系统和一定的、严格的逻辑顺序控制运动训练过程的控制性方法。这是教练员根据系统理论和逻辑方法，按照训练过程的时序性和训练内容的系统性特点，将训练内容分层地、有序地、逻辑地编制成为训练程序，并制成相应的评定标准；随后，在实践中根据训练程序和评定标准对训练过程实施控制的方法。程序训练法的基本功能是便于教练员将训练过程置于科学控制的状态之下、系统控制的状态之下以及反馈控制的状态之下。

(二) 程序训练法基本结构

程序训练法主要是由训练程序、检查手段、评定标准、训练手段组成(图 5-3)。其中，每一个构件又由不同的要素组成。程序训练法类似模式训练法。但是，模式训练法是以训练模式为控制依据，程序训练法则以训练程序为控制依据。程序训练法的训练程序是重要构件。

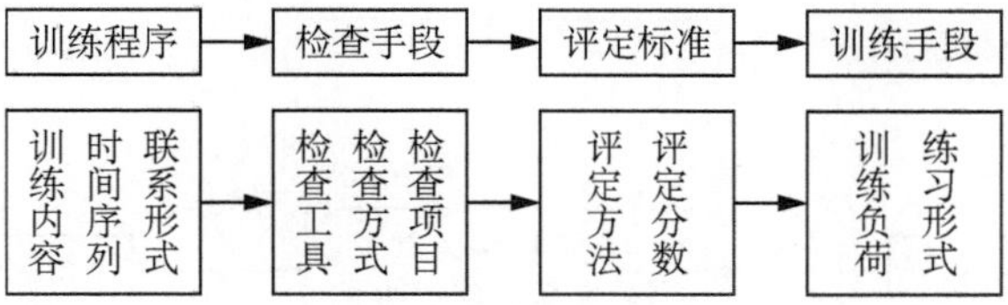

图 5-3　程序训练法的基本结构

训练程序由训练内容、时间序列、联系形式三大要素组成。其中，训练内容指运动训练的机能训练、素质训练、技术训练、战术训练、心理训练、智力训练等六大系统训练内容。这是编制训练程序的内容基础。

训练程序要求必须将庞大、复杂的训练内容，按照系统分解成最小训练内容或内容因子，然后将其编制成具有相关性、逻辑性特点的内容体系。例如，排球扣球技术程序训练的前提，就是必须把扣球技术分解成最小因子，以作为训练内容的最小成分。扣球技术的环节是由准备、助跑、踏地、起跳、腾空、后仰、挥臂、落地等 7 个环节组成，其中，任何一个环节都由若干细节组成，如助跑环节涉及步幅、步点、步频等细节。至于助跑环节的基础要素更多，如重心、轨迹、角度、速度等。可见，构建内容体系至关重要。

训练程序中的时间序列通常是指将训练过程与训练内容有机排序与衔接。训练程序要求必须将整个训练过程分解成有机相连的时间段落，以便将特定的最小训练内容单元(步子)置于特定的时空之中，使不同的训练内容通过时间序列有机相连；联系形式通常指在特定的时间范畴内不同训练内容衔接的方式，或者不同时间范畴内不同训练内容的衔接方式。这种方式分直线和网络两类联系方式。显然，训练程序强调训练过程中任何一个时空域值内都有若干不同的训练内容与之对应，以便程序性地推进训练进程。

（三）程序训练法基本特点

程序训练法的基本特点有三：一是系统化特点。程序训练法实施的整个过程是以训练程序为控制依据，以评定标准为监督和检查工具。并将训练过程置于系统控制的状态之下。二是定性化特点。程序训练法所依据的训练程序具有鲜明的定性化特点，以便教练员能够抓住训练过程中的主要矛盾或矛盾的主要方面。三是程序化特点。训练内容规划在训练程序的过程之中，因此训练过程中的任何训练内容的确定或变更，实质上是在严格检查、监督和评定之下进行。显然，这种特点将有助于科学地控制整个训练过程。

（四）程序训练法应用方式

程序训练法的应用过程类似于模式训练法，实际上也是一种闭环式的控制过程。两者不同的是，模式训练法的控制依据是训练模式，程序训练法的控制依据则是训练程序。程序训练法的应用过程如图 5-4 所示。程序训练法应用的精髓之处是，教练员通过正向控制通道，控制运动员竞技能力的发展方向；通过反馈控制通道，了解运动员的现实情况，进而不断完善指导方案或训练程序。然后再次进入程序训练使训练结果不断逼近训练程序指示的预定目标。

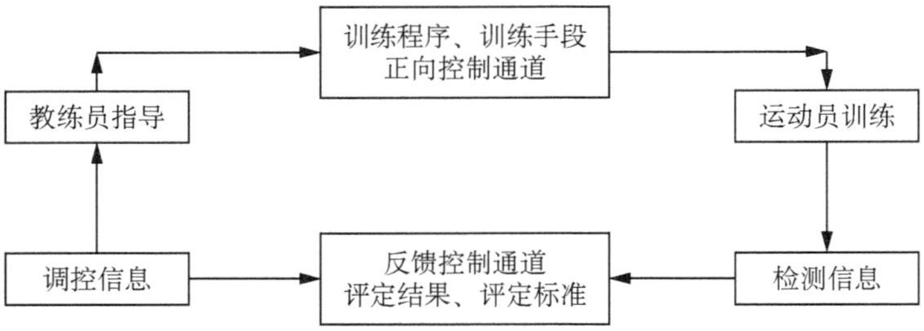

图 5-4　程序训练法应用过程(胡亦海,2014)

第三节 具体性操作方法与竞技子能力训练方法的主要类型及其应用

现代竞技训练方法建立在包括运动生理学、运动解剖学、生物力学、运动心理学、计算机技术、人工智能等多学科知识交叉融合的科学基础上，是集科学化、系统化、多元化、个性化、专项化于一体的系统。

一、具体性操作方法的主要类型及其应用

（一）重复训练法

重复训练法是指多次重复同一练习，两次（组）练习之间安排相对充分休息的练习方法。通过同一动作或同组动作的多次重复，有利于运动员掌握和巩固技术动作，有利于运动员发展和提高身体素质。构成重复训练法的主要因素有单次（组）练习的负荷量、负荷强度及每两次（组）练习之间的休息时间。重复训练法分为短时间、中时间和长时间重复训练方法 3 种类型（表 5-2），这 3 种类型具有不同的功能。选择和采用重复训练方法时，应根据专项运动特征、训练课目的任务而定。

表 5-2 重复训练法基本类型及其特点（余银 等，2019）

基本类型	短时间重复训练	中时间重复训练	长时间重复训练
负荷时间	<6 秒	6～30 秒	30 秒～2 分钟
负荷强度	最大	次大	较大
间歇时间	相对充分	相对充分	相对充分
间歇方式	走步、按摩	抖动四肢、按摩、深呼吸	抖动四肢、按摩、深呼吸
供能形式	以 ATP-CP 代谢系统为主的供能	以 ATP-CP 代谢系统和快速糖酵解代谢系统为主的混合代谢供能	以慢速糖酵解代谢系统为主的混合代谢供能

短时间重复训练法普遍适用于 ATP-CP 代谢系统供能条件下爆发力强、速度快的运动的训练。例如，排球单个扣球技术动作的练习，足球单个射门技术动作或者接与传、接与投、掷（踢）技术动作的组合练习，拳击各种直拳、勾拳的练习或组合练习等。一组练习负荷时间短（约在 6 秒内）、负荷强度大、ATP-CP 代谢系统为主的供能是其最鲜明的特点，此法可有效提高负荷强度很高的单个技术关键动作的质量；可有效提高运动员 ATP-CP 代谢系统的供能能力和有关肌群的收缩速度和爆发力。

中时间重复训练普遍适用于 ATP-CP 代谢系统和快速糖酵解代谢系统供能条件下的运动技术、战术和素质的训练。例如，多种技术、战术的串联练习；单个技术动作的变异组合练习；成套动作的固定组合练习等。一次（组）练习的持续负荷训练时间通常为 6～30

秒；体内乳酸含量会随着负荷时间和负荷强度增加而增加，负荷强度与负荷时间呈现负相关性。此训练方法可有效提高 ATP-CP 代谢系统和快速糖酵解代谢系统供能条件下速度素质、速度耐力和力量耐力、耐酸能力以及疲劳状况下的技术稳定性。

长时间重复训练主要适用于以慢速糖酵解代谢系统供能为主条件下的运动技术、战术、素质的训练。例如，技能主导类运动项群多种技术、战术的串联练习，一次（组）负荷持续时间为 30 秒～2 分钟的各种运动素质的练习等。此训练方法的应用特点如表 5-3 所示。此训练方法可有效提高运动员以慢速糖酵解代谢系统供能为主的混合代谢能力，可有效提高慢速糖酵解混合代谢供能状态下速度耐力和机体耐酸能力以及技术、战术应用的熟练性和稳定性。实践中，此训练方法若与间歇训练法、持续训练法有机结合效果更好。

（二）间歇训练法

间歇训练法是指对练习过程组间间歇时间做出严格规定，使机体处于不完全恢复状态下，反复进行训练的练习方法。通过严格的间歇训练过程，运动员的心脏功能可以得到明显增强；机体糖酵解代谢系统与 ATP-CP 代谢系统混合供能能力，或糖酵解代谢系统与有氧氧化代谢系统混合代谢供能能力可以得以有效发展和提高；运动员在激烈对抗和复杂困难的比赛环境中能够稳定和巩固技术动作；从而可以确保运动员在保持较高强度的情况下具有持续运动的能力。间歇训练法的基本类型主要分为 3 种（表 5-3），即高强性间歇训练、强化性间歇训练、发展性间歇训练。

表 5-3　间歇训练法基本类型及其特点（余银 等，2019）

基本类型	高强性间歇训练	强化性间歇训练		发展性间歇训练
		A 型	B 型	
负荷时间	＜40 秒	40～90 秒	90～180 秒	＞5 分钟
负荷强度	大	大	大	中
运动中心率指标	190 次/分	180 次/分	170 次/分	160 次/分左右
间歇时间	不充分	不充分	不充分	不充分
间歇方式	走、轻跑或其他	走、轻跑或其他	走、轻跑或其他	走、轻跑或其他
下且练习开始心率	120 次	120 次	120 次	110 次
供能形式	以 ATP-CP 代谢系统和快速糖酵解代谢系统为主的混合代谢供能	以 ATP-CP 代谢系统和慢速糖酵解代谢系统为主的混合代谢供能	以慢速糖酵解代谢系统和有氧氧化代谢系统为主的混合代谢供能	以有氧氧化代谢系统为主的混合代谢供能

高强性间歇训练是发展 ATP-CP 代谢系统与快速糖酵解代谢系统混合代谢供能能力和心脏功能的一种重要训练方法。此方法适用于体能类速度耐力性或力量耐力性项群的素质、技术训练，同时适用于技能类对抗性运动项群中的素质训练和技战术训练。一次（组）练习负荷时间＜40 秒；负荷强度心率指标多在 190 次/分左右；心率降至 120 次/分左右时开始下次（组）练习；此方法可有效提高此类供能条件下的速度耐力、力量耐力、耐

酸能力和竞技能力。

强化性间歇训练是发展ATP-CP代谢系统与慢速糖酵解代谢系统或慢速糖酵解代谢系统与有氧氧化代谢系统混合代谢供能能力和心脏功能的一种重要训练方法。此方法适用于如篮球、足球各种技术串联的练习，羽毛球、网球各种衔接技术的练习，摔跤、拳击各种技术打法的练习等。体能类中短跑、中短距离游泳项目中此方法运用得更加广泛。此方法可分A、B两型。A型方法有利于提高ATP-CP代谢系统与慢速糖酵解代谢系统混合代谢供能下的速度耐力、力量耐力素质和技战术应用能力；B型方法有利于提高慢速糖酵解代谢系统与有氧氧化代谢系统混合代谢供能下的速度耐力、力量耐力素质和竞技能力。

发展性间歇训练是发展以有氧氧化代谢系统为主的供能能力、一般有氧代谢能力和心脏功能的一种重要训练方法。发展性间歇训练适用于需要较高耐力素质的运动项目。类似赛艇、皮划艇、游泳、速度滑冰、中长跑等需要较高有氧代谢能力的运动项目，往往借助此方法提高有氧负荷强度和有氧代谢强度，甚至比赛成绩约为1分钟的体能类周期性项目也常用此方法。此外，技能主导类对抗性运动项群中也常常采用此方法，如篮球、五人制足球的“三对三”攻防转换训练、格斗项群中的“一对二”格斗训练、球类运动多球训练等。

（三）持续训练法

持续训练法是指负荷强度较低、负荷时间较长、无间断连续进行训练的练习方法。练习时，平均心率应在每分钟150～170次。持续训练法主要用于发展一般耐力素质或强度不高但动作细腻的技术动作的训练；可使机体运动功能在较长时间的负荷刺激下产生稳定的适应，内脏器官产生适应性变化；可提高有氧代谢系统的供能能力以及该供能状态下的有氧运动的强度；可进一步提高无氧代谢能力及为无氧工作强度奠定坚实的基础。持续训练法可分3种基本类型（表5-4）：短时间持续训练、中时间持续训练和长时间持续训练。

表5-4　持续训练法基本类型及其特点（余银 等，2019）

基本类型	短时间持续训练	中时间持续训练	长时间持续训练
负荷时间	5～10分钟	10～30分钟	>30分钟
心率强度	170次左右	160次左右	150次左右
间歇时间	没有	没有	没有
动作结构	基本稳定	基本稳定	基本稳定
有氧强度	最大	次大	适中
供能形式	有氧氧化代谢系统为主混合代谢供能	有氧氧化代谢系统为主混合代谢供能	有氧氧化代谢系统供能

短时间持续训练可广泛应用于体能主导类项目的素质训练，也适用于技能主导类运动项群中动作强度适中的素质、技术和战术训练工作。例如，排球中传球、防守等组合技术练习；篮球、足球中接球、运球、传球、投篮（射门）等攻防技战术的练习；此方法可有效提高运

动员以有氧氧化代谢系统为主的供能能力和该供能状态下所表现出来的速度耐力和力量耐力，可有效提高攻防战术的转换性、攻防技术的衔接性和强度变换的节奏性。此方法与间歇训练法结合可提高有氧氧化代谢系统供能为主的运动强度。

中时间持续训练普遍适用于技能主导类运动项群各个项目中多种技术的串联、攻防技术的局部对抗、整体配合战术或技术编排成套的技术或战术训练，以及体能主导类耐力性运动项群的素质训练。中时间持续训练具有两种典型练习形式：其中，匀速持续训练是一种主要发展有氧氧化代谢系统供能能力的形式，变速持续训练是一种主要发展混合代谢供能能力的形式。相对而言，后者的负荷强度与变化均强于前者。此方法的应用特点是一次练习的持续负荷时间至少应为10～30分钟，平均心率160次左右，运动过程不得中断。

长时间持续训练对于耐力性运动项群具有直接价值。实践中，长时间持续训练具有3种典型的变化形式，即匀速、变速和法特莱克训练。其中，匀速、变速持续训练与中时间持续训练的主要不同之处是，负荷强度相对更低，负荷时间相对更长；法特莱克训练是一种在自然环境下利用不同地形，以发展有氧氧化代谢系统为主、适当发展有氧氧化代谢与无氧代谢系统混合代谢供能能力为目的的耐力训练方法。此法的应用特点是，运动路线不固定，负荷时间较长；运动速度快慢变化不具有明显的节奏性，心里的感受相对轻松。

（四）变换训练法

第五章
拓展阅读2

变换训练法是指一种对运动负荷、练习内容、练习形式实施变换，以提高运动员积极性、趣味性、适应性和应变性的重要训练方法。变换训练法是根据对抗性项群激烈程度的对抗性、运动技术的变异性、运动战术的变化性、运动能力的多样性等特性提出的。此方法可使机体产生与有关运动项目相匹配的适应性变化；可使运动员不同运动素质、运动技术和运动战术得到系统的发展；有助于提高运动战术的应变能力、技术串联和衔接能力。变换训练法可分3种基本类型（表5-5），即负荷变换训练、内容变换训练和形式变换训练。

表5-5　变换训练法基本类型及其特点（余银 等，2019）

基本类型	负荷变换训练	内容变换训练	形式变换训练
负荷强度	变化最大	可变可不变	可变可不变
动作结构	相对固定	变换	固定或变换
供能形式	多种代谢系统互相变换	以某种代谢系统供能为主	以某种代谢系统供能为主

负荷变换训练是一种功能独特的重要训练方法，不仅适用于体能训练，而且适用于技术、战术训练。负荷量与负荷强度的变化具有多种不同组合形式（图5-5），因此负荷变换的训练方式也是多种多样的。此方法的应用特点是，降低负荷强度，可利于学习和掌握运动技术；提高负荷强度及密度，可使机体适应比赛的需要。此方法可通过变换动作的负荷强度、练习次数与时间、练习质量、间歇时间、间歇方式和练习组数等变量方式，使机体适应比赛强度的变化，获得与比赛相符的运动适应以及与之相配的运动能力。

内容变换训练是技能主导类项群中广泛应用的一种重要训练方法。此方法主要适用于对抗性项群各种技术串联和衔接技术的练习。此方法的应用特点是，练习内容的动作结

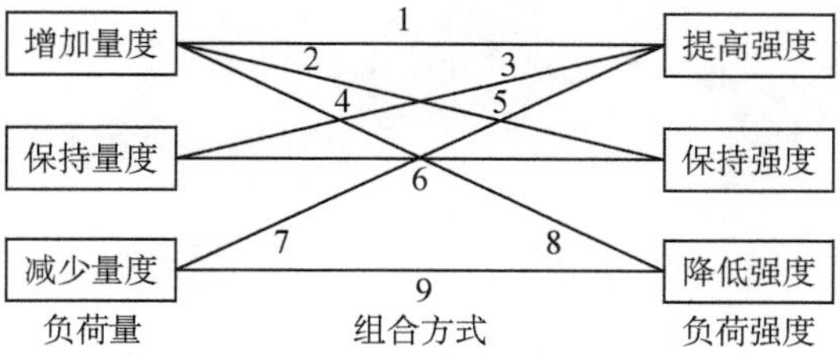

图 5-5　负荷量与负荷强度变化的几种组合形式(余银 等,2019)

构可为变异组合或固定组合;技术串联或衔接技术的训练负荷性质多以无氧代谢系统为主;练习动作的用力程度符合专项要求;采用此方法可使训练内容符合专项运动的实战需要;可使训练内容的变化种类适合技术、战术应用的要求;可使练习内容之间的变换符合实际比赛变化的需要,进而提高运动员比赛的应变能力。此方法若与间歇训练法结合效果更好。

形式变换训练是技能主导类项群中更为广泛应用的一种重要方法。通常用于球类运动的场地、线路、落点和方位的变换上。例如,隔网类运动项群中的发球练习,通常要求发出各种不同直线、斜线、前排、后排的球;同场类运动项群中的各种交叉换位,通常可以形成"掩护"或"反掩护"的不同战术形式。当然,经常变换不同训练场所往往会促使运动员尽快适应不同环境的比赛场地。此方法的应用特点是,通过变换训练环境、训练气氛、训练路径、训练时间、训练内容和练习形式等因素,各种技术可以更好地串联和衔接起来,运动员可以产生新的刺激,激发较高的训练情绪和产生强烈的表现欲望。

(五)循环训练法

循环训练法是指根据训练的具体任务,将若干练习手段设置为相应的若干个练习站(点),运动员按照既定顺序和路线,依次完成每站(点)练习任务的训练方法。循环训练法可有效激发运动员训练情绪、累积负荷"痕迹"、刺激不同体位。循环训练法的基本类型可分 3 种(表 5-6、图 5-6):循环重复训练、循环间歇训练和循环持续训练。循环训练法结构因素有每站练习内容、每站运动负荷、练习站安排顺序、练习站之间间歇、每遍循环的间歇、练习站数与循环组数。实践中所说的"站"指练习手段。

表 5-6　循环训练法基本类型及其特点(余银 等,2019)

基本类型	循环重复训练	循环间歇训练	循环持续训练
循环过程	间歇充分	间歇不充分	基本无间歇
负荷强度	最大	次大	较小
负荷性质	速度、爆发力	速度耐力、力量耐力	耐力
供能形式	以 ATP-CP 代谢系统供能为主	以糖酵解代谢系统供能为主	以有氧氧化代谢系统供能为主

循环训练法中的一个循环内,若各个练习站是以一种无间歇方式衔接,那么这几个练习站的集合则称为练习段。循环训练法的组织形式可以分为 3 类:流水式、轮换式和分配式。其中,流水式做法是,建立若干练习站后,运动员按一定的顺序,周而复始地进行循环

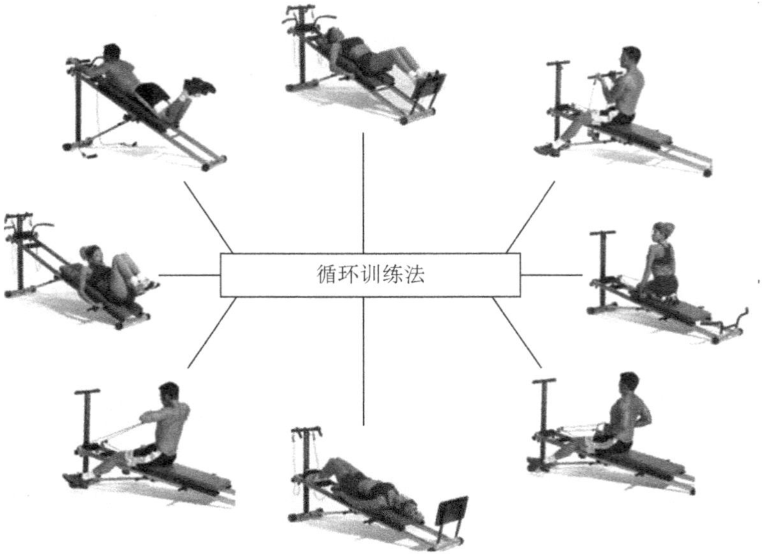

图 5-6　循环训练法的应用示意图

练习。轮换式做法是，将运动员分成若干组后，各组同时间在各自练习站中练习，然后，按规定轮换练习站。分配式做法是，设立较多的练习站，教练员可据实情指定每名运动员在特定若干练习站内进行训练。可见，循环训练法的关键是组织安排。

循环重复训练指按照重复训练法的要求，对各站之间和各组循环之间的间歇时间不进行特殊规定，以使机体得以基本恢复，并全力进行每站或每组循环练习的方法。此方法可用于运动素质、运动技术的训练。此方法的应用特点是，可熟练规范练习动作，练习顺序符合比赛特点，间歇时间较为充分，便于训练组织与安排。对于提高运动技术、速度素质、力量素质等竞技能力颇有意义。

循环间歇训练是指按照间歇训练法的要求，对各站和各组之间的间歇时间进行特殊规定，以使机体处于不完全恢复状态下进行练习的方法。此方法的应用特点是，将各种练习设置为“站”，各站的负荷强度较大，一站或一段的负荷时间至少 20 秒，间歇时间较不充分。其应用目的是，提高糖酵解代谢系统的供能能力，催化竞技能力尽快形成适宜的竞技状态。

循环持续训练是指按照持续训练法的要求，各站和各组之间不安排间歇时间，用较长时间进行连续练习的方法。此方法的应用特点是，各站构建成“段”，负荷强度相对较低，持续时间 5 分钟以上，可采用流水式或轮换式以便提高有氧氧化代谢系统的供能能力。

（六）比赛训练法

比赛训练法是指在近似、模拟或真实的比赛条件下，按照比赛的规则和方式，以提高训练质量为目的的训练方法。比赛训练法源于游戏训练法。比赛训练法分为 4 种基本类型（表 5-7）：教学性比赛训练、检查性比赛训练、模拟性比赛训练和适应性比赛训练。比赛训练法的应用目的，是激发运动员的心理能量，从而提高训练的质量。比赛训练法是根据人

第五章
拓展阅读 3

类先天的竞争和表现意识、竞技能力形成过程的基本规律和适应原理、现代竞技运动的比赛规则等因素而提出的一种训练方法。比赛训练法有助于形成竞技能力和竞技状态，有助于保持竞技状态和适度的赛事应激状态。

表 5-7　比赛训练法基本类型及其特点（石磊 等，2023）

基本类型	教学性比赛训练	检查性比赛训练	模拟性比赛训练	适应性比赛训练
比赛规则	正式或自定规则	正式或自定规则	正式规则	正式规则
比赛环境	相对封闭	封闭或开放	封闭或开放	开放
比赛过程	可人为中断	不可人为中断	不可人为中断	不可人为中断
比赛对手	队友或对手	对手	队友或对手	对手
比赛裁判	临时指定	正式指定	临时或正式指定	正式指定

教学性比赛训练指在训练条件下，根据专项比赛基本规则或部分规则，进行专项练习的训练方法。例如，运动队内部之间的对抗性教学比赛，不同训练程度运动员之间的让先性教学比赛等，都可视为此方法的应用。此方法的应用特点是，可采用部分比赛规则进行局部配合的训练；比赛环境相对封闭，便于集中精力训练；比赛过程可以人为中断以便指导训练；可激发运动员训练激情和负荷强度；可提高技术串联和衔接技术的熟练程度；可强化局部或整体配合的密切程度；可激励运动员产生强烈竞争意识和综合运动能力。

检查性比赛训练指在模拟或真实的比赛条件下，严格按照比赛规则，对赛前训练过程的训练质量进行检验的训练方法。检查性比赛训练适用的范围很广，包括检查专项运动成绩、主要影响因素、运动负荷能力、运动技术质量及训练水平等。检查性比赛训练是在比赛或类似比赛的条件下进行训练质量的检查，因此重大赛事之前便于发现问题和解决问题。有经验的教练员经常采用此方法检验训练效果。此方法主要应用于检验训练质量，寻找薄弱环节，分析失利因素，提出解决方案，提供改进训练工作反馈信息。

模拟性比赛训练指在训练的条件下，模拟真实比赛的环境和对手，并严格按照比赛规则进行比赛的训练方法。模拟比赛环境中的不良因素对于提高运动员的竞技能力是至关重要的。比赛环境中的不良因素，诸如比赛噪声、观众起哄、裁判偏袒、对手干扰、组织紊乱、赛程变更、气候变化等，都可能影响运动员运动水平的正常发挥。因此，有意识地在训练过程中采用此方法，可以为重大比赛中运动员运动水平的正常发挥奠定心理基础，可以增强运动员心理抗压能力，可以加强训练的针对性和比赛的预见性，可以更深地挖掘运动潜力。

适应性比赛训练指在真实比赛条件下，力求尽快适应重大比赛环境的训练方法。适应性比赛训练的应用形式较多，如邀请赛、访问赛、对抗赛及表演赛等，都是适应性比赛训练的运用形式。一般地说，适应性比赛前应有一套赛前准备、赛中实施及赛间调整的方案。此方法的应用特点是，通过真实比赛环境，与真实的对手或类似真实的对手进行比赛，可以提前发现影响重大赛事成绩的关键问题，可以促进各项竞技能力因素实现高质量匹配，可以促使运动员产生旺盛的竞争欲望和形成赛前竞技状态。

(七) 模拟训练法

模拟训练法是指在获得准确情报信息的基础上,通过与模仿重大比赛中主要对手(运动员或运动队)的主要特征的陪练人员的对练,及通过在与比赛条件相似的环境中的练习,使运动员获得特殊战术能力的一种针对性极强的训练方法。模拟系统可分为2类,依据被模拟系统的边界,可将其分为比赛对手的模拟训练、比赛动作的模拟训练和比赛环境的模拟训练;依据被模拟系统的状态,可将其分为静态模拟训练和动态模拟训练。

模拟训练由3个因素构成:一是被模拟系统,二是同态系统,三是主练系统。模拟训练法应用的一般程序为,明确被模拟对象→确定被模拟系统的边界→设置同态系统并进行相似分析→主练系统与同态系统一起练习。

被模拟对象既包括对手也包括比赛环境。不同运动项目的比赛规则、场地规格、观赛规范等存在较大差异,被模拟对象的确立应该在项目特征基础上。其中,比赛对手既可以是对方团队,也可以是重点运动员;既可以是对手的样貌、着装、行为,也可以是技术特征、战术打法。比赛环境涉及开展和进行比赛的地理条件、设备条件、社会条件,地理条件包括气候、海拔、温度、湿度等,设备条件包括场馆、器材、广告牌、风向、水流等,社会条件既包括赛场观众的声音、颜色或物体干扰,也包括裁判员判罚的标准与尺度。

"相似"是被模拟系统和同态系统之间应当具备的最基本的关系。两个系统是否相似或相似程度如何,是模拟训练是否有效或有效程度如何的首要前提。

对上述相似关系的分析,可以主要从以下几个方面来认识。一是几何相似,即两个系统在空间几何学上的相似,如训练场馆和比赛场馆尺度的相似、主要比赛对手外表和穿着的相似。二是物理相似,即两个系统中发生的物理过程相似,如排球运动员的扣球力量以及乒乓球运动员的球速、旋转、落点等的相似。三是数学相似,即两个系统中存在着相似的数学形式,如美国著名运动生物力学专家艾里尔博士就是通过电子计算机建立了中国女排比赛时战术特点的数学方程。当然,被模拟系统和同态系统在几何学、物理学乃至数学方面的相似较为容易,但追求两个系统在心理上、作风上的相似则相对困难。

二、 竞技子能力训练方法的主要类型及其应用

(一) 体能训练方法的主要类型及其应用

1. 力量训练方法的主要类型及其应用

(1) 重复力量训练法

重复力量训练法是指通过重复进行同一练习,练习间保持充分恢复的力量训练方法。此法主要是通过极限的强度,获得神经适应(运动单位的募集、神经冲动发放频率、肌肉内及肌肉间协调),而非肌肥大导致的肌肉适应。

负荷强度和重复次数参照表5-8,作为最大力量和爆发力训练的重要方法,采用非力竭式训练设计,强调每次练习的动作速度和质量。疲劳和代谢物的积累不是最大力量增加的关键刺激。

表 5-8　负荷强度与重复次数对应表

1RM 百分比(%)	重复次数	1RM 百分比(%)	重复次数
55～65	3～6	80～90	2～4
70～80	3～6	≥90	1～2

注:1RM 表示一次最大强度随意收缩。

间歇时间:2～5 分钟,强调恢复充分,保持每次练习的高功率输出,如果通过增加间歇时间无法完成既定练习,那么应该停止训练。

组数:2～6 组,保障每组练习的质量。此法称为有效组数训练法,其在举重运动中得到广泛运用。例如,苏联举重运动员阿列克谢耶夫、里格尔特、瓦尔达尼扬等经常采用此法进行训练。平时的训练中,很少有试举最大重量,只要完成有效组数的必要的重复次数,就能成功地在比赛中举起最大重量。

(2) 极限次数法

极限次数法是指在某一个训练强度下,采用最大练习重复次数的力量训练方法。此法属于力竭式训练设计,是发展力量耐力和肌肥大的传统力量训练模式,在力量耐力运动员和健身健美力量训练中较为常见,而最大力量和爆发力训练中较少采用。极限次数法有 2 种主要负荷设计。67%～83%最大力量的强度有助于发展肌肥大;65%及低于 65%最大力量的强度有助于发展力量耐力(表 5-9)。

表 5-9　力量训练目标与负荷强度、最大重复次数的对应关系

训练目标	最大力量(%)	最大重复次数
最大力量	100	1
	95	2
	93	3
	90	4
	87	5
	85	6
肌肥大	83	7
	80	8
	77	9
	75	10
	70	11
	67	12
力量耐力	≤65	≥15

间歇时间:发展肌肥大时,组间间歇时间控制在 30 秒至 1.5 分钟。机体在不完全恢复的情况下,强化练习的密度,对肌肉的刺激深刻,生长激素分泌增强。发展力量耐力的间歇时间小于 30 秒,机体的不完全恢复有助于肌肉持续用力能力的提升。

当力量训练目标是同时改善神经肌肉协调和促进肌肥大时,也可采用极限次数法,获得肌肉和神经的双重适应。此时的训练强度会高于 85%最大力量,例如,采用 85%的强

度，重复次数为 6 次，间歇 3～5 分钟的训练安排，在力量训练实践中也会被采用。

（3）金字塔训练法

金字塔训练法指从一定负荷强度开始，逐渐递增强度，直到最大强度的训练方法。此法通过发展肌肉的协调和提高肌肉横截面积来提高最大力量，在开始的强度设定一般不低于 65％，然后逐步提高强度，减少重复次数，直至 100％最大强度，重复 3～6 组。金字塔训练法指标与具体内容的对应关系见表 5-10。此法训练强度极高，对机体的刺激深刻，仅适用于高水平运动员。此外，负荷强度增加的时机和机体适应时间的把握较为重要，练习大都为结构性练习，需要注意腰部的保护。

表 5-10　金字塔训练法指标与具体内容的对应关系

指标	具体内容			
负荷强度	70％	80％	90％	100％
每组重复次数	9	7	3	1
练习组数	1	2	3	4
间歇时间	3～5 分钟			

注：练习组数是此法的一个重要变量。低强度练习的组数多，更有利于横截面积增加，改善肌肉适应机制；高强度练习的组数多则有利于发展肌肉协调，改善神经适应机制。

（4）超等长训练法

超等长训练法指肌肉被快速拉长（离心阶段），然后积极收缩（向心阶段），利用肌腱弹性、肌肉收缩性和牵张反射来发展力量的训练形式。训练目的是通过脊髓反射改善神经系统的适应性来增强肌肉力量，提高支撑力、弹跳反应力、鞭打力等。常用的训练器材包括自身体重、跳箱、栏架、负重背心、阻力带和杠铃等工具。

下肢超等长训练的种类：双脚落地跳、单脚跳、冲击式跨步跳和垫步跳等形式。上肢超等长训练主要是俯卧撑击掌以及快速推抛实心球训练。

训练强度：超等长训练的强度范围很大，立定跳的强度相对较低，而跳深训练的强度则很高。跳深的高度是有限制的。1.2 米的高度能够使肌肉获得超负荷的刺激，但对大多数运动员来说，高度太高，不易掌握正确的技术，增加了受伤的风险，超等长过渡期的延长不利于利用牵张反射。跳深高度不应该超过 1.1 米。训练强度的设计还应考虑到练习接触点的多少、动作速度、训练高度和体重等因素（表 5-11）。

表 5-11　影响下肢超等长训练强度的因素

因素	效应
接触点的多少	在单腿跳训练中，接触点少，地面的反作用力的刺激大于双脚跳训练
动作速度	速度越快，训练的强度越大
训练高度	身体重心越高，落地的冲力就越大
体重	运动员体重越大，强度越大。增加外加负荷（如沙袋、沙背心）以提高强度

训练量：超等长训练的量也要根据不同运动员、不同训练水平来调整。下肢训练中，通

常以每次课中脚触地的次数(单脚触地或双脚触地都算一次触地),或距离(跨步跳训练)来衡量。上身训练量以每次课抛接的次数及触地的次数来衡量。超等长训练的训练量还应考虑到运动员的训练经验水平(表 5-12)。

表 5-12　超等长训练训练量的建议

运动员的训练经验水平	开始训练时的量(次)
初级(初学)	80～100
中级(有一定经验)	100～120
高级(很有经验)	120～140

训练频率:超等长训练安排主要依据运动项目、所处的周期阶段及运动员的状态,通常为 1～3 次。超等长训练的课间恢复一定要充分,避免过度训练。另外,不要连续两天都安排针对同一部位的超等长训练。有研究认为,超等长训练课间必需的恢复时间是 48～72 小时,因此,每周可以安排 2～4 次训练。另外,如 NBA 赛季中的篮球运动员最好不要超过 1 次训练,准备期可以安排在 2～3 次。

间歇时间:超等长训练在训练的次与次之间、组与组之间、课与课之间,都要充分恢复。在跳深训练中,次与次之间的恢复时间应为 5～10 秒,组与组之间的恢复时间应为 3～5 分钟。同时组间间歇时间由练习-休息比(1∶5～1∶10)来确定,练习-休息比应因专项特征、练习方式及强度的高低进一步明确。

(5) 复合训练法

复合训练法是以发展最大力量的抗阻训练和发展爆发性用力超等长训练相结合的旨在发展快速力量的方法。此法是将抗阻训练和超等长训练结合的训练方法,遵循先进行最大力量训练,后进行超等长训练的顺序。

例如,提高弹跳力的复合训练法。首先采用杠铃背蹲练习;负荷强度:90%最大力量;重复次数:4 次;组数:3 组;然后采用立定跳远练习;强度:最大远度;重复次数 6 次;组数 3 组。

另外,复合训练法也可以加入快速完成的抗阻训练,以实现自身的训练目的。例如,苏联著名投掷专家波里斯·扎托立克对一位大学生链球运动员赛前快速力量训练的安排(表 5-13)。

表 5-13　复合式训练加快速抗阻训练内容安排

指标名称	具体内容
深蹲	75%最大力量×3 次+80%最大力量×3 次+85%最大力量×3 次+90%最大力量×3 次
连续快蹲	10 秒×2,40%最大力量+10 秒×2,20%最大力量
连续蹲跳	10 秒×2
卧推	80%最大力量×3 次+85%最大力量×3 次+90%最大力量×3 次+95%最大力量×3 次

（续表）

指标名称	具体内容
连续快推	10 秒×2,40%最大力量+10 秒×2,20%最大力量
胸前连续快速传接实心球	10 秒×2

（6）等动力量训练法

等动力量训练法又称等速训练法，是指在动作速度基本不变的情况下，肌肉始终能发挥出较大力量的训练方法。等动训练器提供的阻力能够与动作角度的变化匹配并保持恒定的速度，能够保证在整个动作过程中最大用力，相较于传统抗阻训练在力量的发展方面更具优势。专门为游泳运动员设计的等动练习器与游泳运动具有相似的发力特征，对于运动员专项力量训练和专项耐力训练有着积极的意义。此外，由于等动训练器的独特机制，其在康复领域有着非常广泛的应用。

（7）电刺激训练法

电刺激训练法是以脉冲电流代替大脑发出的中枢神经冲动，使肌肉收缩，借以提高肌肉力量的训练方法。其训练目的在于不增加肌肉体积的情况下，提高肌肉力量，亦可用于可加强薄弱环节肌群的力量。随着电刺激训练法的深入了解，越来越多的运动队采用该方法提升运动员的肌肉力量和运动表现。

将电刺激训练法与自主力量训练（如超等长训练）结合起来后，能够有效改善高水平的神经肌肉协调能力并提升运动表现。此外，对于那些运动表现已经趋于稳定的运动员来说，电刺激训练法是一种新的刺激形式，仅可以作为传统力量训练的辅助，而非替代。

训练时利用脉冲电流仪，通过两个趋肤电极传输到肌肉，使肌肉产生收缩，此为间接刺激法。若两电极固定于肌肉末端，则为直接刺激法。采用中频电流可达到刺激深层肌肉收缩的目的。刺激时间为 10 秒，间歇为 50 秒，反复做 10 次为一训练单元，每周安排 2～3 次。

2. 速度训练方法的主要类型及其应用

（1）反应速度的训练方法

1）信号刺激法

信号刺激法指利用突然发出的信号提高运动员对信号的反应能力的方法，它要求运动员能对各种信号迅速做出反应，如通过教练员的口令、鸣哨和鸣枪等信号，提高起跑、入水和起滑的反应能力。刺激信号一般包括以下 6 种类型。

第一，固定信号源单一信号练习。例如，发令起跑，发令入水，发令起滑；乒乓球、羽毛球、排球等单一技术的多球训练；足球固定套路进攻，训练中防守者见到进攻者起动亦立即起动等。

第二，固定信号源多元信号练习。采用突然变化的应答性动作进行训练。例如，让运动员根据突然变化的视觉或听觉信号改变动作的方式。

第三，固定信号源选择信号的练习。例如，乒乓球多球训练中，教练员发出转或不转的球，运动员做出瞬间反应，并打出相应的回球。

第四，移动信号源单一信号的练习。例如，持球篮球运动员听到不同方位传来的要球信号，立即将球传出。

第五，移动信号源多元信号练习。本练习与固定信号源多元信号练习的区别是练习过程中视觉或听觉信号是移动的。

第六，移动信号源选择信号练习。例如，利用神经反射练习板，从不同方位发出不同的信号，运动员迅速做出选择性回应。

2）运动感觉训练法

运动感觉训练法指通过提高运动员本体感受及对时间空间的感知能力，来提高反应能力的方法。运用运动感觉反应练习的具体步骤：第一步，对信号快速做出应答后，由教练员告知反应时间；第二步，对信号快速做出应答后，教练员要求运动员自己报告估计的时间；第三步，教练员再告诉准确时间；第四步，要求运动员按事先确定的时间完成动作。

3）移动目标训练法

移动目标训练法指对移动目标（如球、对手或教练员）的变化做出反应的练习方法。此法适合球类项目的防守以及击剑、乒乓、排球、羽毛球、冰球等项目的反应速度训练。具体步骤：第一步，看和听移动目标的信号；第二步，判断移动目标运动的方向和速度；第三步，确定对移动目标信号做出反应的应答方案；第四步，做出应答反应动作。其中，判断目标的移动方位、速度的快慢和准确性会直接影响所选择应答方案的准确性。训练中可逐渐提高难度，如做第二步时，可缩短与目标的距离或提高目标移动的速度。

（2）动作速度的训练方法

1）助力训练法

助力训练法指训练中给运动员以助力，帮助其快速完成动作的训练方法。例如，体操运动员在教练员帮助下快速完成摆腿振浪练习。此外，还有如投掷运动员用轻器械投掷，以体会更快的动作速度感觉。

2）预先加难训练法

预先加难训练法指加大难度、加大阻力进行练习后，突然将阻力或将难度恢复到正常水平，利用前面练习对神经肌肉系统形成后续作用（痕迹作用），来有效提高动作速度。例如，跳高运动员先进行腿缚沙袋摆腿练习，然后去除沙袋做摆腿练习，以提高起跳瞬间摆动腿的速度。

3）速度控制训练法

速度控制训练法指通过主动地对动作速度的有效控制练习来提高运动员动作速度的感知能力，进而提高运动员的动作速度。例如，在技能主导类表现难美性项群的练习中，单个或几个最高速度的动作与整套动作之间适合速度比例的训练，要求既要发挥某个或某几个动作的最高速度，又要重视动作与整体的速度配合节奏。

4）信号刺激训练法

信号刺激训练法指借助信号刺激提高动作速度的方法。例如，利用同步声音的伴奏，使运动员伴随着声音信号的快节奏而做出协调一致的快速动作。

(3) 移动速度的训练方法

移动速度受到加速能力、步长、步频和速度耐力等因素影响，因此，提高以上医素是发展移动速度的基本途径，具体见表 5-14。

表 5-14 提高移动速度的因素及基本训练

因素	基本训练
加速能力	专项的起动训练、超等长训练、抗阻力量训练、冲刺能力训练、助力速度训练、阻力速度训练
步长	抗阻力量训练、超等长训练、冲刺能力训练、助力速度训练、阻力速度训练、技术训练、柔韧性训练
步频	助力速度训练、肌肉平衡训练、放松能力训练
速度耐力	技术训练、速度耐力训练、冲刺能力训练、一般耐力训练

助力速度训练法也称超最大速度训练，指利用器材或场地的情况，进行超最大速度的练习，有利于突破已有的速度上限。例如，短跑的下坡跑、自行车的摩托车牵引等练习。在助力速度跑中，步频加快，收缩肌肉的肌电加强，蹬地反作用力加大，肌肉紧张度加大，肌肉内储存的弹性能增加，而且肌肉收缩的效率以及跑的技术都得到改善。

若采用下坡跑训练，理想的场地要求：一是连接 15 米冲刺的下坡，坡的倾斜角度在 3°～7°，实现比正常条件下更大的步长、更高的步频和更快的速度；二是最后连接 15 米以上冲刺的平地，使运动员在没有助力的情况下，保持最大速度的冲刺。

若采用助力牵引训练，可采用阻力带、滑轮装置以及汽车、摩托车等牵引手段。首先，将 6～7 米的弹力带系到运动员的腰部，另一边系到同伴或固定物上，运动员后退将弹力带拉长，产生弹力；其次，在熟练调整和能够掌握平衡后才能进行高速练习；最后，运动员通过增加牵引距离和重复次数全力完成牵引练习（表 5-15）。

表 5-15 弹力带助力速度训练设计

星期	重复次数	距离	休息时间（分钟）	进级
星期一	3～5	10～15 米	2	3/4 速度适应
星期二	3～5	10～15 米	2	最大速度
星期三	5～7	15～20 米	3	最大速度
星期四	7～9	20～25 米	3	最大速度
星期五	7～9	20～25 米	3	最大速度
星期六	7～9	25～30 米	3～5	穿负重背心最大逗度

阻力速度训练法：通过加大跑动的阻力以提高下肢力量训练形式。它包括上坡跑、拖重物跑（轮胎、降落伞）、沙地跑、水中跑等方法。

为了使加速跑阶段和高速跑阶段的水平速度达到最大限度，阻力训练的目标必须放在加大伸髋肌群的力量上面。阻力训练的另一个目标是减小每次脚着地时身体重心下降的幅度。短跑中脚着地阶段，身体重心不应下降过多。下肢各关节伸肌的力量越大，支撑阶段中身体重心下降的幅度越小。下肢关节的弯曲度越小，引起的伸肌牵张反射越强烈，从而使每一步后蹬阶段的力量越大。其中，上坡跑中坡的倾斜角度为 3°～7°，练习速度不要低于最大跑速的 90%，跑动距离 10～30 米，且跑动时必须保持正确的身体姿势和技术动作。拖雪橇、轮胎跑绳子的长度一般不低于 10 米，因为较短的绳子会影响被拖物平稳性。沙地和水中跑对于加大步长(伸髋肌的利用)方面的作用有限，水中跑速度训练时，水深一般不高于腰，水中跑耐力训练一般水比较深，水中跑与陆上跑的肌肉运动方式及运动范围相似，有助于保持最大摄氧量水平。负重背心跑的负重背心一般有 3 种：基础力量背心重量范围是 0.5～10 千克，主要是发展运动员力量耐力；速度耐力背心重量范围是 0.5～8 千克，主要是发展运动员速度耐力；速度背心重量范围是 0.5～4 千克，主要是发展运动员灵敏性、速度和爆发力。背心的重量根据运动员的个体特征，一般建议为 1～5 千克。负重背心跑时，跑动速度下降不能超过最大速度的 10%，否则应当降低重量。

3. *耐力训练方法的主要类型及其应用*

(1) 长时间、慢速度的长距离训练法

长时间、慢速度的长距离训练的强度相当于 70% VO_{2max}(或大约 80% HR_{max})，训练的距离超过比赛距离，或者训练时间至少持续 30 分钟～2 小时。此法的强度和持续时间是典型的“聊天式训练”，运动员可以边聊天边进行训练，而没有呼吸急促的感觉。

长距离训练的生理学效应在于能够提高心血管与体温调节的功能、改善线粒体产生能量与骨骼肌的氧化能力，提高脂肪供能的利用率、促进肌肉代谢特征的适应性变化，以及肌纤维比例由Ⅱ型纤维向Ⅰ型纤维的转换。这些适应性变化可能会通过提高机体清除乳酸的能力来改善乳酸阈强度。但是，长期采用长距离训练会引起运动肌肉代谢性质的变化，并且由于强度低于比赛，没有刺激到肌纤维在比赛时的神经模式，训练所产生的适应性结果无法在比赛中发挥作用。

超长距离训练法其强度非常小，适用于 10 千米跑和马拉松运动员，为 65%～84%乳酸阈、55%～65% VO_{2max}，或 60%～70% HR_{max}。通常运用于恢复性训练。此外，此法也适用于 800～5 000 米的中长跑运动员，通常以 2～5 倍的比赛距离进行练习。

(2) 法特莱克训练法

长期以来，法特莱克训练是耐力训练的一个主要方法，此法组织形式比较宽松，通常是进行越野跑。运动方式在有一定强度的快跑和恢复性慢跑之间交替进行，包括多个在斜坡上的轻松跑(70% VO_{2max})和短时间快速冲刺(85%～90% VO_{2max})。例如，先以慢跑的方式爬小山，然后全速奔跑，慢跑减速，以比赛的速度跑几分钟等。法特莱克训练法也可用于自行车和游泳项目。

法特莱克法的训练效益在于提高 VO_{2max} 和乳酸阈，改善运动经济性和能量的利用率。而且它不会让运动员感到在田径场绕圈跑的枯燥无味，也可以避免在硬场地训练进行大强度训练会出现损伤的危险性。此外，越野跑时路面凹凸不平，因此能够以运动专项的方式发展跑步所需的踝关节和胫骨部位承受应力的能力。

法特莱克训练法也有一定的弊端，它难以规定训练时的具体心率和(或)运动强度，组织形式过于松散，运动员是以“凭感觉和个人喜好”的方式进行训练。因此，法特莱克训练法的内容应该根据运动专项的特点进行设计。

(3) 配速/节奏训练法

配速/节奏训练法是指采用接近比赛速度的速度,并按照固定的跑步节奏进行的训练方法,其中,配速亦称速度分配,指跑每千米所需要的时间。此法的重点和难点是如何确定配速,通常情况下,配速节奏训练法采用的强度是乳酸阈速度,乳酸阈速度可以根据比赛速度来推断。例如,以比 10 千米或 5 千米比赛速度稍慢(每千米慢 10～15 秒)的配速或者 15 千米～半程跑的配速进行训练。

配速节奏训练法有两种训练形式。其一是稳定配速节奏训练法,是以乳酸阈的强度持续进行 20～30 分钟的运动,目的在于以专项的强度进行训练,提升节奏感和改善有氧和无氧代谢的能力。其二是间歇性配速节奏训练法,训练强度和稳定配速节奏训练法相同,差别是在训练中安排有短时间的间歇,并非持续完成,目的提升节奏感和长时间特定配速下机体的代谢能力。值得注意的是,虽然有安排间歇,但训练中的强度不能超过预先设定的强度,若运动员感觉训练强度不大,容易完成,应该增加训练的距离,而不要去增加强度。

(二) 技术能力和战术能力训练方法的主要类型及其应用

1. 分解训练法与完整训练法

分解训练法是指将完整技术动作或战术配合过程合理地分成若干个环节或部分,然后按环节或部分分别进行训练的方法。分解训练法有助于强化技术动作的关键环节、主要细节和局部战术的训练。分解训练法的应用前提是细化技术动作的各个环节、细节和基础要素或者战术构成要素,这样才能通过分解方式逐一进行针对性的训练。分解训练沄的基本类型共有 4 种,即单纯分解训练法、递进分解训练法、顺进分解训练法和逆进分解训练法(图 5-7)。

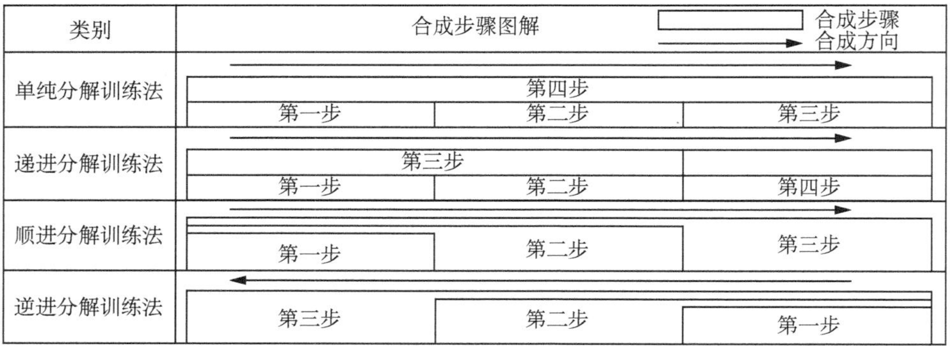

图 5-7　分解训练方法基本类型及其特点(余银 等,2019)

应用分解训练法需要首先把技术动作或战术过程分解。

若应用单纯分解训练法,分解的技术动作和战术配合相对复杂,分解后的各步可以独立训练,练习的顺序不必特别要求。

若应用递进分解训练法,应先练第一步;掌握后再练第二步;掌握后,将一、二两步合成起来训练;掌握两步后,再练第三步;待掌握后,将三步合成起来训练,直至完整地掌握技术或战术。此法对相邻环节的衔接部分高度重视。

应用顺进分解训练法，需要把训练内容分成若干步，按照动作出现先后顺序，先练第一步；掌握后，在第一步基础上再练第二步；掌握后，再在前两步基础上练第三步。如此步步推进，直至完整地掌握技术或战术。

逆进分解训练法与顺进分解训练法相反，应用时把训练内容可以分成若干步，先训练最后一步，逐次训练到最前步，如此进行直至掌握完整的技术或战术。

完整训练法是指从技术动作或战术配合的开始到结束，不分步和环节，完整地进行练习的训练方法。运用完整训练法便于完整掌握技术动作和战术配合，保持技术动作各个部分和战术配合完整结构的内在联系。完整训练法可用于单一动作、多元动作、个人成套和战术配合的训练。单一动作的训练时要注意各个环节的紧密联系；多元动作的训练时要注意动作之间的衔接。个人成套动作的训练时要注意全套动作的节奏性和流畅性；集体配合或团队战术的训练时要注意多人多种技术的有机串联和个人多种技术的有机衔接。

2. 想象训练法与表象训练法

想象训练法是指在练习前，通过对技术要领的想象，在大脑皮层中留下技术动作或战术配合的“痕迹”，然后在练习中激活这些“痕迹”，使练习过程更为顺利和正确的训练方法。想象训练法在优秀运动员中运用得更为普遍，在运用过程中，要在头脑中对技术动作想象的同时，同步地与各种感觉（肌肉用力感、空间感、方向感、平衡感和速度感等）结合起来，把头脑中的想象变成运动器官的操作性活动。

表象训练法又称念动训练法，是指运动员在头脑中对过去完成的正确技术动作、战术表象的回忆与再现、唤起临场感觉的训练方法。通过多次动作表象，提高运动员的表象再现及表象记忆能力，可以使运动员的注意力集中于正确的技战术要求，有利于提高心理稳定性，从而促进技战术的掌握和运用。

3. 直观训练法与语言训练法

直观训练法是指在技术训练中，借助运动员的各种感觉器官，使运动员建立起对练习的表象，获得感性认识，帮助运动员正确思维、掌握和提高运动技术水平的一种常用的训练方法。运用直观训练法时应注意：

（1）根据具体条件和可能，广泛利用各种直观手段。

1）提高多感官的综合分析能力。运动员综合利用感觉器官的能力越强，越能较快地感知和掌握技术动作。

2）各种感觉器官的作用往往具有阶段性。例如，开始学习技术动作时，视觉作用较大；但在提高过程中，就应更多地通过肌肉本体感觉改进和完善技术。

（2）把运用直观训练法和启发运动员的积极思维结合起来。感性认识必须通过积极思维向理性认识过渡，才能形成正确的动作概念，从而掌握动作。

（3）对于运动水平较低、年龄较小的运动员应更多使用影视、录像和示范等直观手段。

语言训练法是指在技术训练中，运用语言指导运动员学习和掌握技术动作的训练方法。其主要作用在于帮助运动员借助语言明确技术动作概念，纠正错误动作，提高技术水平。

语言训练法以“讲解”为主要手段。讲解时，应力求目的明确、通俗易懂、精简扼要、富于启发性，并要注意讲解的时机。对高水平优秀运动员可适当多使用语言训练法。

4. 减难训练法与加难训练法

减难训练法是指以低于专项要求的难度进行训练的方法。这种方法既可以在技术学习的初级阶段采用，如在跳远训练的踏跳训练中，以弹簧板代替踏跳板；也可以在新的战术学习初级阶段使用，如在集体球类项目训练中，最初在无防守或消极防守条件下完成战术练习，待运动员掌握战术基本环节后，再逐渐提高防守强度以达到比赛的要求；还可以在速度训练中，通过给予运动员以助力，帮助其快速完成动作，突破已有的速度上限，也被称为助力训练法，如短跑的下坡跑，投掷运动员用轻器械投掷，以体会更快的动作速度感觉。

加难训练法是指以高于专项要求的难度进行训练的方法。运用这种方法既可以使运动员获得高难技术，如在排球扣球训练中加高隔网以增加训练难度；也可以在战术训练中提高运动员在复杂困难情况下运用战术的能力，如女子排球运动员与男子运动员（队）陪练进行比赛对抗；还可以在速度训练中，加大难度、加大阻力练习后，将阻力或难度突然降低，利用前面练习对神经肌肉系统形成的"痕迹"作用，来有效提高肌肉力量或动作速度。例如，跳高运动员先进行腿缚沙袋摆腿练习，然后去除沙袋做摆腿练习，以提高起跳瞬间摆动腿的速度。

（三）心智能力训练方法的主要类型及其应用

1. 竞技心理能力训练方法的主要类型及其应用

（1）想象技能训练法

想象技能是指运动员利用头脑中已形成的运动表象进行训练的一种技能。在体育运动中，想象的作用主要表现在以下 3 个方面：帮助运动员获得和练习复杂的动作技能，演练某些特殊的比赛技术和战术，以及获得其他的心理技能。

想象的刺激和感觉与真实的刺激在我们有意识的心理活动中具有相同的性质。在正常情况下，我们是通过各种感觉从外部环境中接收信息，在大脑进行加工。同样，我们也能从自己的记忆中产生信息，也就是在内部创造我们自己的环境，我们的大脑也能用处理实际经验的同样方法来处理这种内部环境。因此，想象训练也称为念动训练或意念训练。

提高运动员的想象技能，一般要经过以下 3 个阶段。

第一阶段：感觉意识。运动员在体育运动中运用的想象是从他们的经验中形成的。运动员的目标就是采用这些储存在记忆中的经验，来创造出自己能够组织和控制的形象。

第二阶段：鲜明生动性。鲜明生动性是指所有感觉的鲜明生动的形象。如果运动员的想象技能非常差，可以从一些简单的练习开始。此后，可以努力寻找练习中的变化（多样化），使它们与运动员的运动项目联系起来，同时鼓励自己设计鲜明生动的练习，自己负责自己的心理训练。

第三阶段：控制性。控制性练习主要是学习操纵想象的形象，以产生所需要的结果。例如，让运动员先做一些非体育运动的练习，如体会一只脚放在盛满冰水的桶里的感觉。然后，指导运动员自己设计与自己的运动项目有关的控制性练习。例如，篮球运动员可以想象运球、做各种投篮动作或改进特殊的防守技能。

(2) 放松训练

1) 想象放松法

这种放松训练就是想象自己身处某种觉得非常放松和舒适的外部环境或场所之中,即虽然不能改变实际的外部环境,但可以在自己的心理上改变当前的外部环境。例如,想象自己躺在沙滩上,沐浴着温暖的阳光,凉爽的海风不时拂面而过,海浪有节奏地、像脉搏般地一起一伏。想象的地方应该与自己曾经体验的舒适或放松的感觉之间具有某种稳定的联系。

2) 逐渐放松法

逐渐放松法的基本原理就是先学习、体会肌肉中的紧张,然后学习如何逐渐消除这种紧张;其程序是从身体的某一个局部开始,逐渐达到全身放松。例如,用我们的优势手,收缩前臂肌肉,将手举到优势手同边的肩部,尽可能地让前臂和肱二头肌紧张。将这种紧张保持大约5秒,使注意力完全集中在体会这种紧张的感觉上。现在放下前臂,迅速将这些肌肉完全放松,将注意高度集中在放松的感觉上。

逐渐放松训练就是基于这种神经-肌肉放松的原理。首先是学会如何让身体各个部位不同的肌肉群产生紧张,然后逐渐使它们达到深度放松。通过练习,再学会把这些肌肉群整合起来,开始时可以合成为7个肌肉群,然后合成4个,最后,一次将整个身体整合在一起。在一般的情况下,如果每周练习3～4次,需要花4～6周的时间学会逐渐放松技能。

3) 自我引导放松法

自我引导放松的目的就是要逐渐减少使整个身体完全放松所需的时间。在开始的时候,运动员可能需要10分钟来执行这些指令,经过练习之后,所需的时间会越来越少,而放松的程度则会越来越高。在放松每一个肌群时,运动员应该用较少的自我引导语,要把有些肌群联合起来,这样实际上就只需要几秒钟的时间就能使身体完全放松。这个程序是逐渐放松训练的一种简化形式,也很容易运用。在进行这种练习时,一边缓慢地、轻松地呼吸,一边通过自我引导在视觉上展现紧张流出体外的形象,逐渐放松身体的各个肌群。

(3) 集中注意力训练

注意力是指人的心理活动对一定对象的指向和集中,是成功地完成技能动作和体验竞赛乐趣的另一个至关重要的心理技能。

1) 注意力指向性的训练

注意力的核心技能之一就是选择适宜的刺激或线索的能力,运动员应该将自己的注意力从数不胜数的无关刺激和对抗性的刺激中指向适宜的刺激或线索。例如,足球的中场运动员能够从后卫得球后,迅速观察到对方形成的堵截,确定预先计划的空当是否已打开,看到对方所有的阻挡队员,始终将球处在自己的保护之下,运用所有正确的策略"冲出重围",就是注意选择技能中一个非常突出的技巧。

2) 注意力集中的训练

注意力的集中一直被定义为"注意范围的缩小,使注意力固定在某些刺激上""使注意力维持在所选择的刺激上"。为了改进我们在描述注意技能的语言的精确性,注意力的集中应该被限制在后面的一种意义上,即在一定的时间内将注意力维持在所选择的刺激上能力,我们通常称之为注意力的持续时间。

注意力的集中需要使心理活动平静下来或像泊车一样停靠在一定的场所。聪明的运动员可能会提出这样一个问题："应该将心理活动'停泊'在什么地方呢?"这是一个很好的问题。心理活动应该"停泊"于何处呢？它应该"停泊"于当前，这样不管运动员在何处，总是有一个当前。运动员应该将注意力的集中正好"停伯"在当前的任务上而不是任何其他的事物。

不同运动员注意力集中的能力存在差别，并且注意力集中需要心理上的努力，当运动员还没有意识到这种技能时，他们集中注意力的练习还仅仅局限于某一些竞赛的环节。需要明确的是，注意力集中的技能并不通过咬咬牙、使某些部位的肌肉产生紧张和迫使自己的心理活动指向于当前的任务就能得到练习的。正确的做法是，进入情绪饱满自如的状态和促进情绪饱满自如状态，会帮助运动员提高注意力集中的技能。

(4) 意志品质训练

意志品质就是能使我们去完成那些几乎不愿意做的任务，甚至可能是讨厌的任务的一种品质。例如，在运动训练或竞赛过程中，当我们疲劳或者承受乳酸堆积引起的疼痛时，仍然坚持到底，这就是意志品质的作用。运动竞赛首先需要的是毅力，其次是进取心和拼搏精神。

比赛中的表现实际上是平时训练的反映。因此，在训练中，运动员首先要学习永不放弃的精神。运动员意志品质训练是一种对负荷的适应。苏联运动心理家鲁吉克设计过一些关于如何培养意志品质的建议，主要有以下几点。

第一，从小问题着手。即使是琐碎的问题，在意志品质训练中也有重要意义。

第二，自己本身必须有解决问题的渴望。

第三，学会运用积极思维使自己进入进攻状态。当面临比较困难的任务时，首先要有克服困难的勇气。

第四，将训练当作比赛，始终处于进攻状态，所有培养意志品质的练习都必须全力以赴。慢慢腾腾、敷衍了事只会产生消极的作用。

第五，要将全部的注意力集中指向于当前的任务。

第六，对毅力这种意志品质的训练并不需要进行得过于频繁。但是，这种训练应该使运动员提高在较长时间内承受心理负荷的能力。

第七，培养意志品质的练习和任务必须在心理上有一个明确的目标。一种意志品质的努力如果没有导致某个目标的实现，常常会带来消极影响。既要不怕失败，同时又要力争取胜！要学会运用积极思维使自己进入进攻状态；要把训练当作比赛，始终处于进攻状态。

2. 竞技智能训练方法的主要类型及其应用

(1) 观察力训练

观察是受思维影响的有目的的知觉活动。观察力的基础是感觉，是运动员应具备的主要智力因素。运动场上的信息多是转瞬即逝的，培养运动员的观察力最基本方法就是在比赛、训练时经常布置观察任务、传授观察方法、培养观察习惯。初次布置观察任务时，应做好准备，列出计划，明确任务，指明观察重点、程序及写观察报告等。运动员掌握了观察方法之后，应及时布置观察任务，提出更高的观察要求。

(2) 记忆力训练

记忆是以识记、保持、再认和回忆的方式对经验的反映。记忆力是运动员重要的智力因素。人的记忆分为形象记忆、情绪记忆、逻辑记忆、运动记忆。无论哪种记忆都是由感知记忆开始，经短时记忆的强化转化为长时记忆的。

记忆力训练就是发展记忆敏捷性、持久性和迅速正确再现等品质。发展记忆力的做法有：①经常布置记忆任务，如记一般比赛成绩、一场比赛情景、一组连续动作形象；②复述、回忆记忆材料；③及时把感觉记忆转化为短时、长期记忆；④学习记忆方法，掌握记忆术；⑤注意有助于增强记忆力的记忆。例如，比赛前，布置记忆任务、经常提问会引起运动员注意，调动运动员的积极性，从而增强记忆力。

(3) 思维、想象力训练

思维训练的任务就是掌握思维规律，学会熟练运用思维，提高思维能力。人的思维有逻辑思维、形象思维和灵感思维 3 种活动方式。可通过对比赛进行分析预测，对赛场信息进行加工综合，对运动技术进行评述等方法发展运动员的逻辑思维能力。此外，由于很多运动项目是在高速运动中进行的，在激烈的竞争中思维速度慢，便意味着失去时间、失去战机、失去取胜的机会。加强思维速度训练的基本方法是限时完成思维任务，学会简化思维步骤，开拓思路，养成注意力集中的习惯。

(4) 获得各类知识的方法

不同类型知识的获取途径不同。一般文化知识、运动通用知识和运动专项知识各有其获得途径。

获得一般文化知识的方法，一般是学习和分享前人的理论知识成果，经常采用的形式与方法有：①教师讲解辅导；②小组讨论；③完成作业；④专题研究；⑤阅读自学，如阅读教科书、参考资料、期刊、专利文献、视听媒体、软件和数据库等方式。学习者文化层次高低的不同，使其在学习的组织形式与采用的方法上会各有侧重。

掌握运动生理学、运动解剖学、运动心理学、体育社会学、体育美学等体育科学学科的通识运动知识，可以在课程和日渐发达的媒体中学习。主要途径包括以下几种。

1) 关注体育运动科研人员的成果应用。通过学术会议、专业网站、自媒体可以了解到体育运动科研人员的研究结果或观点。

2) 关注新技术的使用。例如，科研人员采用 DV coach 和 Dartfish 视频反馈系统软件，对体操运动员的训练比赛的视频资料进行编辑处理及整理，为运动员和教练员提供现场反馈，以便他们进行反复观摩，分析发现训练比赛中问题及时改正以促进运动技术的改进。

3) 分析训练和生活环境中的其他因素。运动员在生活环境中，有意无意地会接触到大量信息，从中获得一些经验。其中不乏社会环境对运动员心理发展有较大影响。

掌握运动专项知识要结合训练实践，特别是自己的训练实践来进行。①从运动实践中学习专项动作。学会动作就获得了动作模式、实际经验，即动作的隐性知识或程序性知识，其他还包括获得诸如疲劳、伤病与恢复、训练方法、参赛准备、体能分配、战术运用、心态调整等方面的实际经验。②从文字直接获得专项运动知识。可从书籍、各种媒体直接获得。③将自身隐形运动知识转化为显性运动知识。为此，运动员要注意认真理解训练计划，认真记好训练日记，认真进行训练总结。运动员在结合自己的训练实践学习理论知识的同时，还应注意观察和研究自己的同伴、对手、国内外优秀运动员的训练实践，并且对其进行科学比较，从中发现和理解训练成功的规律。

(5) 提高运用知识水平的方法

竞技体育中，周而复始的训练和比赛过程就是一个学习、实践、再学习、再实践的过程。在这个过程中，运动员不断将所获得的经验、知识运用到训练和比赛中去。

将学到的知识运用到运动实践中。例如，有些运动员准备活动做得不够充分，导致正式训练的前半部分仍然处于准备活动的状态，影响了训练效果。那么，学习和运用相关的运动生理学知识，就会加深对准备活动的理解，从而改善准备活动。

认真做好专题总结、吸取经验教训。对将专业理论知识运用于训练实践的情况应及时地进行深入的专题总结，可以使运动员对理论的认识更加深刻，对于实践的解析更加准确，从而把认识提高到新的层次、新的水平。例如，很多运动员队都有赛后要求运动员比赛总结的传统，运动员回视自己的过去经验，分析其积极或消极的作用，并据此对未来提出设想。

夯实认知基础、提高认知能力。认知能力是后天习得、慢慢丰富起来的，受到原生家庭、学校、社会、文化等因素的影响。人与人的差别，通常不在于智力，也不在于能力，而在于认知能力的差别。例如，看待事物的视角多少、眼光长短、视野宽窄、思维深浅、格局大小、站位高低，以及情绪控制和表达适当与否、兴趣多寡、理想远近。

第四节　竞技训练手段及其应用

竞技训练目的是竞技训练的出发点和归宿，决定了竞技训练手段的选择和运用。因此，在竞技训练手段的形成过程中，教练员必须根据竞技训练目的的需要，选择适合的手段来实施竞技训练活动。运动员个体差异、训练环境条件等也影响竞技训练手段的选择和运用。

一、竞技训练手段选择的基本要求

工欲善其事，必先利其器。现代竞技运动训练目标，最终依托适宜的训练方法方可实现。由此可见，深刻理解运动训练具体方法、训练手段的应用方式及其他们之间的辩证关系显得尤为重要。具体方法的合理掌握和选用，有助于提高训练课的质量；控制方法的科学掌握和选用，有助于提高训练质量；训练手段的有效掌握和选用，有助于提高训练动作质量。总之，实践中提高训练效益和质量的有效通则就是需要根据训练实际，科学选用那些因地制宜、功效对症、功力显著、功能多样的训练方法和手段。

基本要求之一：分析所选训练手段的基本特征。必须深刻认识跑、跳、投、爬、滚、翻、转等 7 种运动元素的意义。这些运动元素及其变化的动作质量，可以有效地奠定技术基础，极大地丰富技能储量，并及时地转为技巧表现，能动地产生创新技术。因此，准确掌握这些运动元素的规范动作及其变化，具有极高的价值。

基本要求之二：分析所选训练手段的结构特征。剖析各个训练手段的动作要素、构成环节、整体结构及其变化形式，以便掌握和规范这些训练手段的动作形态、运动过程和变化方式。以跑步为例，跑的练习手段有基本的动作结构和相应的变化形态，诸如小步跑、高抬腿跑、前踢腿跑、后踢腿跑、交叉步跑、后蹬腿跑和后退跑等。这些练习手段，既有一般基本跑步练习手段的结构与形态，亦有各种独特跑步的结构与形式。因此，必须形成并选择那些具有规范形态的练习手段方有意义。

基本要求之三：分析所选训练手段的功效特征。功能、功效是两个重要的物理学概念。不顾词源或语境会很容易混淆二者。基于康复训练理论的功能训练与运动训练理论的功效训练的目的完全不同。前者强调功能性训练，目的是对受伤部位进行功能性的恢复训练，以使受伤运动员尽快复原能力。后者强调功效性训练，目的是对运动能力进行增效性的提升训练，以使运动员尽快提高能力。当然，随着功能性手段在运动训练领域的应用，人们发现此类手段亦有预防运动损伤的作用。因此，亦应高度重视。

基本要求之四：分析所选训练手段的专项特征。换言之，必须掌握相关手段的动作姿势、轨迹、时间、速度、速率、力量与节奏等要素的参数，以便所选手段，能在运动结构上符合专项运动技术的环节或细节需要，如鞭甩乒乓球练习符合排球快球的技术训练需求；或者能在运动技能上符合专项运动技能的收缩或供能需要，如长距离的滑雪练习符合赛艇运动的机能训练需求；或者能在运动技能上符合专项运动技巧的形成与发展需要，如鱼跃前滚翻练习符合足球门前的鱼跃头顶球的技巧训练需求。

基本要求之五：分析所选训练手段的阶段特征。根据长期发展模型的阶段划分，启蒙训练阶段的手段应该促使运动员产生训练兴趣；基础训练阶段的手段应该引导运动员掌握多元技能；学习训练阶段的手段应该引导运动员掌握专项能力；学会训练阶段的手段应该引导运动员掌握专项技能；学会竞争阶段的手段应该引导运动员掌握专项竞技能力；学会取胜阶段的手段应该引导运动员形成参赛竞技状态；保持佳绩阶段的手段应该引导运动员保持参赛竞技能力。总之，不同训练阶段中的手段选择与要求，应该因时而异。

基本要求之六：分析所选训练手段的监控特征。实践中，许多专项运动的身体练习都有负荷刺激的效力，亦有检测监控的功力。因此，旨在围绕检查和监控运动训练效果的目的，就必须科学选择能够反映专项素质、机能、技能、战术水平的训练手段作为训练监控的检测手段。早在 20 世纪 80 年代，我国各个运动项目就构建了专项素质测试水平的检查性测试手段体系。这些测试手段就是典型的专项身体练习。由此可见，各个运动项目的体能测试手段的遴选，必须具有专项检测特征的身体练习。

二、 不同类型竞技训练手段的应用

（一）周期性训练手段

单一动作周期性训练手段是指运动训练中采用单一动作结构的动作进行周期性训练的身体练习。各种周期性的跑步、跳跃、游泳、骑车或各种周期性的单一肢体动作如引体向上、俯卧撑、推举杠铃等身体练习都属此类训练手段。此类练习动作相对简单、动作环节相对较少，因此可使练习者较易学习、熟练掌握。此类练习的动作方式较易设计，因此可以作为体能主导类速度性、耐力性运动项群的主要练习手段和其他项群的基本练习手段。单一动作周期性训练手段可分为全身周期性和局部周期性练习：全身周期性练习是指全身各部位处于周期性运动状态特点的练习；局部周期性练习是指身体某部位处于周期性运动状态特点的练习。全身周期性练习当中的各种步法练习是各项竞技运动项目的重要练习内容。对于球类项目而言，全身周期性的各种步法既是一种衔接技术练习，亦是一种体能素质训练，两者高度的紧密结合可以取得事半功倍的效果。

全身周期性练习举例如下：

一是各种跑跳练习，如不同距离或时间的跑或跳的练习。跑步步法可为向前跑、后退跑、并步跑、垫步跑、前交叉步跑、后交叉步跑、后蹬步跑等身体练习。要求：在动作正确情况下，强调步法的规范性、连贯性和节奏性，强化速度素质的训练。

二是跳推杠铃练习，方法是立姿，两脚自然开立，与肩同宽。两手反握轻重量杠铃放置胸前。全身用力时，两脚交叉步或并步跳起，同时，两手上推杠铃到头顶至两臂伸直，连续练习若干次、若干组。要求：在动作正确情况下，重点发展无氧供能条件下的力量耐力、爆发力和协调性素质。

三是拉测功仪练习，方法是坐在测功仪上，按划船动作，做全身性拉浆练习。练习时上下肢配合，全力做 6～10 分钟若干组。要求：无氧与有氧混合供能的条件下积极发展速度耐力和力量耐力。显然，动作规格、动作细节、动作要点、动作质量和负荷性质，是全身周期性练习应该高度重视的重点内容。

局部周期性练习举例如下：

一是快速挥臂练习，方法是原地站立，头上方悬吊重沙袋，做扣排球动作，连续挥臂拍击沙袋若干次，练习若干组。要求：在动作正确情况下，强调挥臂和鞭打速度。

二是卧推杠铃练习，仰卧于卧推凳上，两手与肩同宽握杠，由胸前向上推杠铃至两臂伸直，连续上推若干次、若干组。要求：在动作正确情况下，提高胸、臂部位肌群的最大力量与速度力量。

三是拉橡皮带练习，方法是立式，上体前俯或俯卧式，两手由前向后做体侧拉橡皮带练习，反复多次做 3～10 分钟，练习若干组。要求：在动作正确情况下，提高胸、臂部位的力量耐力。

局部周期性练习对于许多运动专项的体能训练、技术训练的意义至关重要。许多局部周期性练习的动作往往与运动专项的技术动作十分相似，或者就是某些技术动作关键环节的身体练习，或者负荷性质十分接近专项运动技术的负荷特点。因此，必须高度重视局部周期性练习的动作质量和负荷要求。

（二）混合性训练手段

单一动作混合性训练手段是指运动训练中采用二三个单一动作结构的动作进行混合性训练的身体练习。相对单一动作周期性训练手段而言，此类练习动作相对较为复杂、动作环节相对较多，动作形态相对多样，因此有利于形成复杂动作的神经联系、提高技能的储备量，有利于学习和掌握相对较为复杂的技术动作；此类练习动作是以非周期的方式表现于练习的整个过程，因此有利于提高运动的协调性素质和时空感知能力，有利于提高运动员的整个运动能力；此类练习涉及的动作环节较多，通常涉及两个或两个以上的关键动作环节，因此需要高度重视整个动作过程的练习；此类训练手段的动作特点与体能主导类力量性、速度性或速度力量性项群的技术动作特点多为相似，因此单一动作混合性训练手段可作为这些项群体能训练或技术训练的主要练习手段。单一动作混合性训练手段可分为全身混合性练习和局部混合性练习两种类型。

全身混合性练习：动作特点是整个身体练习属于全身性的动作结构，动作过程属于非周期性的运动方式，动作过程至少具有 2～3 个关键环节。全身混合性练习举例如下：

一是跑跳结合的全身混合性练习，如跑跳结合的连续跑跳，每跑 3 步跨步跳 1 次，如此连续跨跳 10～15 次。如果进行固定距离的跑跳练习，可以采用计时训练。每组练习 3～5 次，练习 5～8 组。要求：跑跳节奏明快，速度始终如一，双臂摆动有力，跨跳幅度要大，爆发用力明显。

二是跑投结合的全身混合性练习，如跑动掷球练习或跑动掷枪练习。要求：助跑过程快速，步法变步清晰，跑动制动有力，躯干伸展充分、上肢挥臂快速，投物出手利索。

三是跑跳投结合的全身混合性练习，如助跑起跳腾空掷球、助跑起跳腾空扣球、助跑起跳腾空灌球、助跑起跳腾空摸高等练习。要求：助跑节奏清晰明快，起跳环节快速有力，跃起滞空时间较长，时空判断及时准确。

局部混合性练习：局部混合性练习的动作特点是整个身体练习的动作结构可能部分属于全身性的，也有可能部分属于局部性的，动作过程属于非周期性动作结构，动作过程主要包含一个关键环节。局部混合性练习的重点应该是局部动作的关键环节。局部混合性练习举例如下：

一是助跑起跳的局部混合性练习，如助跑 10 米的跳跃练习，5、7、9 步助跑单或双脚起跳手指摸高练习，连续进行的助跑换步起跳练习等。通常这种身体练习的重点是，跑动中的起跳关键的强度训练和质量训练。要求：助跑与起跳环节衔接连贯，跑动起跳转换快速。

二是起跳收腹的局部混合性练习，如原地连续起跳后收腹训练。要求：起跳爆发用力、腾空收腹抱腿、落地快速跃起。这种练习关键环节是空中收腹环节。

三是悬挂收腹训练的局部混合性练习，方法是双踝悬挂悬带，身体水平俯卧，双手撑地收腹。要求：双踝腾空悬挂、双手垂直撑地、躯干连续收腹，收腹动作应协调。

（三）多元动作固定性训练手段

多元动作固定性练习手段亦称多元动作固定组合练习手段，是指在多元动作的结构下，将多种练习手段依固定形式组合起来的身体练习。通过各种多元动作的固定组合，可将多元动作形成成套动作练习。此类身体练习较易学习、掌握和巩固具有固定组合特征的成套动作，使之关键动作重点突出，动作衔接环节连贯，动作技能逐渐形成技巧；此类身体练习较易获得与技术动作相匹配的运动功能和运动节奏，进而有利于提高运动能力；此类身体练习较易形成复杂动作的暂时性神经联系、提高技能的储备量；此类身体练习较易获得运动的协调性素质和时空感知力。此类练习动作特点与表现性项群技术动作的特点类似，因此，此类练习手段是上述项群的主要练习手段。此类练习属于固定组合，因此可以作为变异组合技术的引导性练习手段，或者可以作为技能主导类对抗性项群的组合练习手段。固定性练习手段多种多样。核心要素是各种练习组合的衔接过程。

固定性组合练习手段范例：一是有氧健身操练习，按编排动作进行包括各种跳跃、滚翻及换步跑动动作在内的成套动作的组合动作进行练习。要求：动作正确情况下，持续练习

10分钟以上并达到提高有氧代谢能力的目的。二是各种自选拳练习，根据武术规则将各种拳法、腿法及身法动作编排为成套的自选组合动作进行练习。要求：在动作正确情况下，按规定时间和技法完成练习并达到提高无氧代谢能力的目的。三是各种协调性练习，将各种脚步动作、跳跃动作和滚翻动作有机地编排成为各种成套的组合动作练习。要求：提高各个基本动作之间的衔接能力和动作的协调性。四是彩带操的螺形练习，将不同方向、部位的水平螺形与垂直螺形变换的组合练习。要求：手臂伸直，手腕转动规范。总之，固定性组合练习手段所涉及的多元动作，必须动作规范、姿态正确、过程协调、节奏清晰和衔接流畅。这是设计和采用任何固定性的组合练习手段的基本要求。

（四）多元动作变异性训练手段

多元动作变异性练习手段亦称多元动作变异组合练习手段，是指在多元动作结构下，将多种练习手段依变异形式组合进行的身体练习。各种多元动作的变异组合，可将多元动作形成变异动作。实践中，各种变异组合的身体练习，可以有效地提高运动员的应变能力，可以有效提高运动员对复杂环境的预见能力，可以提高实战中运动员对各种战术的应用能力，可以提高运动技术匹配竞技战术的能力，可以提高运动员在比赛中面对突发事件的复杂反应能力，可以提高运动员变异性运动技能的储备量和掌握较为复杂的技术动作，可以有效提高运动员的灵敏性素质和时空感知能力。此类身体练习的动作特点与技能主导类对抗性项群技、战术动作的特点类似，因此此类身体训练手段是上述项群的主要练习手段。应该说，多元动作变异性训练手段是战术合成训练和技术串联训练的主要手段。运用多元动作变异性训练手段的主要目的是提高动作变换、技术串联和战术意识水平。

多元动作变异性训练手段范例：一是各种格斗性对抗练习，如摔跤、散打、拳击等格斗性项目的半场或全场实战练习。要求：战术动作选择快、攻防格斗动作快、脚步移动变换快。二是各种同场性对抗练习。要求：集体战术配合快、攻防技术转换快、个人战术应变快。三是各种隔网性对抗练习，如排球、网球、羽毛球等项目半场或全场实战练习。要求：临场变化反应快、应变技术准狠快、衔接技术灵巧。四是进攻战术配合练习，在设置防守对手的情况下，专门进行少人或多人的进攻战术配合练习。要求：选择适宜的进攻战术形式，并能合理地形成战术配合。五是防守战术配合练习，在设置进攻对手的情况下，专门进行少人或多人的某几种防守战术配合应用的练习。要求：在对手进攻方式的变换下，能及时选择适宜防守阵型并能形成防守战术配合。总之，变异性组合的身体练习手段十分强调多元动作的动作规范，变异过程的应变能力和变异动作的正确选择。

第五章习题　　第五章参考文献

第六章

竞技启蒙及基础训练阶段的训练计划与组织

【本章导语】

竞技启蒙与基础训练阶段是运动员参训的开始。本章内容包括该阶段多年训练的计划与组织、年度训练的计划与组织、小周期训练的计划与组织、训练课的计划与组织。多年训练的计划与组织讲述了儿童青少年生长发育的规律,年龄与持续时间特征,该阶段的训练目标与任务、训练要素的特征、项群特征与差异、多年训练的结构变化等训练学要点。年度训练的计划与组织依照儿童青少年运动能力发展规律和学制特点,设计了年度训练的周期类型和阶段划分,进而讲述了年度训练过程中的比赛系列等内容。小周期训练的计划与组织介绍了小周期训练的基本类型以及不同类型小周期的设计与运用。训练课的计划与组织讲述了训练课的类型与要求以及训练课计划的结构与负荷。

【学习目标】

明确儿童青少年生长发育的基本规律,运动员早期训练的年龄特征;掌握多年训练、年度训练、小周期训练、训练课的类型划分,以及包含内容、负荷、方法等要素的训练计划与组织方式,并可以辨析上述要素的项群差异;能够提炼出所从事专项的竞技启蒙和基础训练阶段训练儿童青少年的训练计划与组织要点,尝试在训练实践中应用。

【思维导图】

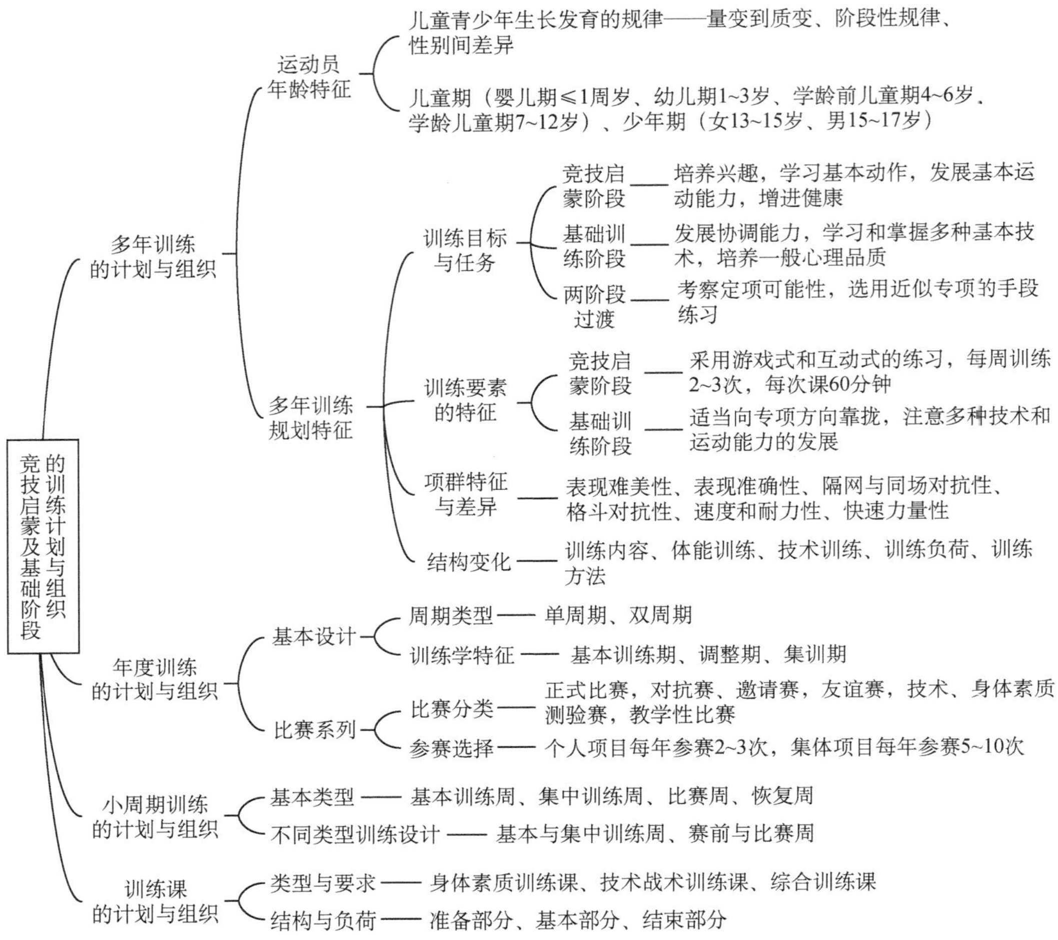

启蒙训练是对儿童青少年所进行的最初始的基础训练，基础训练则是依据专项需要发展一般能力的训练，由两者共同构成的竞技启蒙及基础训练阶段，既是运动员从事竞技活动的时间起点，也为日后步入专项训练奠定基础。为了达成该阶段的多年训练目标，此时无论是年度训练与参赛规划，还是具体实施的小周期训练与训练课，都应该符合儿童青少年生长发育的生物学和心理学特点，并兼顾完成学业和从事竞技活动两方面的共同要求。

第一节　多年训练的计划与组织

运动员启蒙及基础训练阶段一般有 3～5 年时间。这一阶段的训练可以开启他们未来可能从事专业或职业竞技运动的大门。本阶段的训练计划与组织旨在为运动员打下坚实的运动基础，并培养他们对体育、竞技的兴趣与热爱。

一、 运动员年龄特征

(一) 儿童青少年生长发育的规律

生长是指身体各器官、系统的体积和形态的变化，发育是指细胞、组织和器官的分化完善与功能上的成熟。随着年龄的增长，运动员的身体形态以及机体的结构与功能都会相应改变，并呈现出如下规律。

第一，量变到质变的规律。进入青春期后，除体积自然增大外，身体机能也逐渐分化与成熟。例如，骨骼肌质量比例由出生时的25%提高至青春期的40%～45%甚至更多，促使力量素质显著提升。

第二，阶段性规律。人的生长发育并非匀速直线上升，而是按波浪序列式进行，通常来说，神经系统发育最早，大肌群比小肌群发育快，骨骼先于肌肉生长。

第三，性别之间具有差异性。与男子相比，女子青春期早于男子，各发育指标的增长值和增长率出现高峰早1～2年，青春期结束早2～3年。

人体生长发育的各阶段中，不同器官、系统以及由此决定的人体运动能力，其发展速度高峰期所处的年龄阶段不同，处于发展敏感期的竞技子能力，即使未经过专门训练也可以明显提高，如果施加了适宜的负荷则提高的速度显著加快，并最终呈现出更高的能力水平。从骨骼、肌肉和形态上看，先远端后近端，先四肢后躯干，先下肢后上肢；从身体素质上看，大致按照协调性、柔韧性、灵敏性→有氧耐力、反应速度→最大速度、快速力量→最大力量、无氧耐力、力量耐力的顺序发展；从性别上看，青春期前男女生长发育速度相似，但进入青春期后，女孩的敏感期通常早于男孩1～2年(表6-1)。

表6-1　不同身体素质的发展敏感期

身体素质	性别	年龄阶段(岁)									
		7～8	8～9	9～10	10～11	11～12	12～13	13～14	14～15	15～16	16～17
速度	男	***	**	***	***						
	女	***	***	***	***		**		**	**	
快速力量	男		**	**	**			***	***		
	女	**	**	*	***	**					
力量	男		*	*	***			***	**	**	***
	女		*	*	***	*					**
协调性	男	*	*	***	**	*			**		
	女	***	***	**		**	**				
灵敏性	男	*	*	***			*	*		**	
	女	**	*	*		*	*	*	**		**
耐力	男					*	**		**	***	*
	女				**	**					

注：*** 表示高发育敏感期；** 表示中等发育敏感期；* 表示低发育敏感期。

依照主要子能力发展的敏感期，人体从出生到 18 岁的增长值和增长率呈现出“双波段”的规律，即 10 岁之前的第一阶段和 10～18 岁的第二阶段。从速度变化来看，虽然 10～14 岁是生长发育的急增期（图 6-1），此时的训练效果较好，也是全面打好基础最重要的阶段。

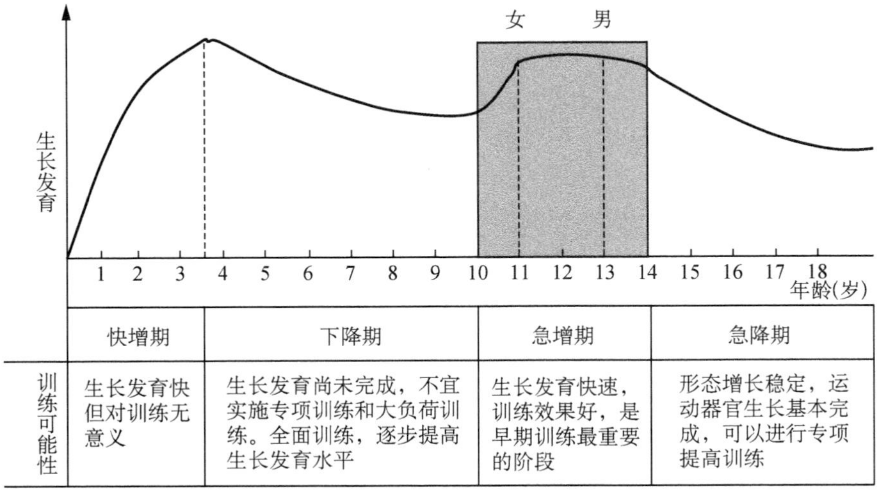

图 6-1　儿童少年生长发育的双波段规律及训练特点(徐本力,2001)

（二）年龄与持续时间特征

儿童的年龄阶段、学龄阶段、生长发育阶段和多年训练阶段是相对应的。早期的启蒙训练是对儿童所进行的最初始的训练阶段，这一阶段儿童的生长发育已度过幼儿期，年龄为 4～6 岁，学龄处于幼儿园小班、中班、大班的学龄前儿童期。与幼儿期器官系统的快速生长不同，启蒙阶段儿童的生长发育已显现出了官能、行为、性格的改变，具备了多器官感知，完成指定任务，参与集体活动的能力。儿童期和少年期生长发育多年训练阶段划分的对应关系见表 6-2。

表 6-2　儿童和青少年生长发育多年训练阶段划分的对应关系

生长发育		学龄	年龄	发育特征	训练阶段	训练任务
儿童期	婴儿期	—	≤1 周岁	器官快速发育	—	—
	幼儿期	—	1～3 岁		—	—
	学龄前儿童期	幼儿园	4～6 岁	出现官能、行为、性格的改变	启蒙训练	培养兴趣、促进全面生长发育
	学龄儿童期	小学	7～12 岁	某些器官功能变得更高效，发育缓慢而均衡	早期一般性训练	全面、一般基础训练

（续表）

生长发育	学龄	年龄	发育特征	训练阶段	训练任务
少年期	中学	13～15 岁（女性）	快速生长发育，兴趣和行为变化	早期专项化训练	一般、专项基础训练
		15～17 岁（男性）	缓慢、均衡、成比例地发育，官能性成熟	专项提高训练	向专项训练过渡

4～6 岁开始竞技启蒙训练符合儿童的生理与心理特点。一方面，此时的先天遗传效果还留有痕迹，柔韧性、灵敏性、协调性等素质开始发育，能够进行复杂性单一动作或简单性动作组合，可以为将来的选材提供更大的发展空间。另一方面，由于神经系统的发育，多进行大肌群动作训练有助于提高儿童认知功能，整合多感觉通道，可为后续精细动作的掌握提供条件。

若启蒙训练的时间推后，会导致动作学习与身体素质发展同步，技术性训练的占比降低，为日后掌握难度动作带来困难；若时间提前，幼儿肌肉组织中水分含量高，蛋白质、糖、无机物含量少，肌肉能量储备差，神经对肌肉的支配能力弱，难以准确完成动作。

第六章
拓展阅读 1

经过竞技启蒙阶段技术动作的学习，儿童进入了兼有发展一般性和初级专项性技术动作和身体能力的基础训练阶段。儿童开始基础训练的年龄存在较大的项目差异，其中，体操、跳水、花样游泳等项目对柔韧性、灵敏性、协调性素质以及空间感知觉有很高的要求，而水感、球感等介质感知觉对游泳、高山滑雪、网球、乒乓球等项目日后的技术学习极为重要，因此这些项目的运动员从小学低年级便已进入基础训练阶段，甚至将启蒙训练和基础训练融为一体。与之相比，短距离竞速类项目，田径中竞高、竞远类项目，专项化的集体球类项目训练，宜从小学中、高年级开始；而快速力量性、无氧糖酵解供能占比较高项目的训练的开始时间更晚，通常在初中阶段才展开。不同项目基础训练阶段的年龄特征与持续时间见表 6-3。

表 6-3　不同项目基础训练阶段的年龄特征与持续时间

项目		开始基础训练年龄（岁）	基础训练阶段时间（年）	项目	开始基础训练年龄（岁）	基础训练阶段时间（年）
田径	短跑	10～12	2～4	手球	10～12	2～4
	中长跑	13～14	2～3	曲棍球	11～13	2～3
	长跑	14～16	2～3	垒球	10～12	3～4
	竞高	12～14	2～3	橄榄球	12～14	2～4
	竞远	12～14	3～4	水球	10～12	4～6
	投掷	14～15	2～4	冰球	6～8	5～6
足球		10～12	3～5	射击	12～15	2～3
篮球		10～12	2～4	射箭	12～14	2～3
排球		10～12	3～5	击剑	10～12	2～4

（续表）

项目	开始基础训练年龄（岁）	基础训练阶段时间（年）	项目	开始基础训练年龄（岁）	基础训练阶段时间（年）
公路自行车	12～15	1～3	体操（女）	6～8	2～3
现代五项	11～13	1～3	跳水（男）	8～10	2～3
马术	10～12	2～4	跳水（女）	6～8	2～3
羽毛球	10～12	3～4	花样游泳	6～8	4～5
乒乓球	8～9	4～5	拳击	13～15	2～3
网球（男）	7～8	4～5	柔道	8～10	5～6
网球（女）	7～8	3～5	摔跤	11～13	4～6
壁球	10～12	3～5	举重	14～15	2～4
帆船	10～12	2～4	速度滑冰	10～12	3～5
皮划艇	12～14	2～3	花样滑冰	7～9	2～4
赛艇	11～14	2～3	越野滑雪	12～14	3～5
游泳（男）	7～8	5～6	冬季两项	10～13	3～5
游泳（女）	7～9	2～4	高山滑雪	7～8	4～6
体操（男）	8～9	2～3	跳台滑雪	11～13	2～3

基础训练的开始和持续又受到竞技启蒙阶段开展状况的影响，如果在基础训练开始之前便较好地进行多项目、多形式的早期启蒙，具备了相应的基础，那么即便开始初级专项化训练的时间较晚，也可以较快地达到预期的水平，并且适当缩短基础训练阶段的持续时间。

二、多年训练规划特征

（一）训练目标与任务

1. 竞技启蒙阶段的训练目标与任务

竞技启蒙阶段的训练具有明显的启蒙性和全面性特点，主要目标是培养儿童对体育运动的兴趣，学习体操、田径、球类等项目的基本动作而非技术，全面发展他们的基本运动能力和增进健康，保证其正常生长发育，并从中发现有培养前途的后备人才。具体任务包括以下几项。

第六章
拓展阅读2

（1）挑选适宜的儿童进行观察性训练，了解其能力及天赋。由于训练对象相对广泛，初级检测评价条件有限，主要根据教练员的经验，结合基本动作或素质的测试，在有较强训练意向的儿童中进行。

（2）培养儿童的运动意识、兴趣和习惯。通过多样性、游戏性和趣味性的组织形式，提高儿童的练习兴趣以及对动作的认知和思维能力。

第六章
拓展阅读3

（3）发展儿童的协调性、灵敏性、柔韧性等运动素质，培养其时空感知能力。儿童6岁时大脑的分化能力开始增强，动作协调性增强，是发展上述运动素质的有利时期，此时适当的训练关注可为后续的多素质发展及多技术学习打下基础。

(4) 注重基本动作和姿态的培养。儿童时期的基本功扎实与否，对日后掌握高难度动作尤为重要。例如，将倒立作为基本功，建立正确的技术概念，可作为基本动作、专项素质、身体姿态控制能力训练的重要手段。

(5) 获得参与竞技所需的基本心理技能。这一阶段心理培养的重点包括放松、想象、设定目标、保持专注、关注动机、练习良好的沟通能力等。需要明确的是，当孩子不能正确地展现技能时，可能是因为他们在认知上还没有做好准备。

2. 基础训练阶段的训练目标与任务

基础训练阶段的主要目标是发展运动员的协调能力，学习和掌握多种运动项目的基本技术，以及可能从事项目的一般和分解技术，通过练习和初级比赛，培养运动员的一般心理品质。具体任务包括以下几项。

(1) 全面发展青少年的多种运动能力。在当代运动训练的理论与实践中，日益重视协调性、灵敏性、平衡能力的作用，并将其看作发展运动员技能和战术能力的基础。鉴于体能主导类项目的基础训练阶段开始较晚，因此可逐渐增加力量、耐力等素质训练的比重。

(2) 培养青少年的专项竞技兴趣。基础训练阶段的运动员自控能力较差，神经系统易疲劳，但具有强烈的好奇心和求胜欲，因此在训练和比赛中要培养他们良好的竞技动机，展现出对所从事项目的执着与热爱。

(3) 在之前基础上建立更多的专项技术。适当地开展若干专项练习，既能使他们形成快速掌握适合形态机能的技术能力，又能保证在今后根据比赛的具体条件做出技术应对。例如，自行车运动员掌握脱把骑行，不用眼睛做专门注视的骑行，变换行进路线的骑行等。又如，游泳运动员掌握多种泳姿、出发、转身、呼吸技术以及手、腿和呼吸的配合等。

(4) 逐步确立青少年的专项竞技方向。正确判定儿童竞技天赋，需要在促进全面发展的过程中，通过多轮次全面、系统的竞技能力诊断，全面收集运动员的发展信息，逐渐确定专项训练的可能方向。

3. 竞技参与的适宜性考察

儿童最初的运动参与往往具有随意性，随着参与时间的延长和身体的生长发育，适宜性考察也应递进式分步骤进行。

(1) 组织尽可能多的、有运动意愿的儿童参与初步训练。这一阶段挑选的标准主要包括身体、体重、形态、体格、性格特征，同时还需要考虑家长对儿童参与竞技的态度，儿童参训的时间与距离等支持条件。在此过程中，需要进行专项本身或专项竞技能力核心要素的测试，测试的目的并非仅关注儿童运动员目前所达到的水平，更应该关注今后取得成就的可能性，即在完成训练任务、发挥创造性以及动作控制方面的能力发展得如何。

(2) 在一个大周期的时间里，通过对运动员训练、比赛、测试过程的观察，获得他们各项指标的实际水平，并考量在此过程中的动态变化，由此把握儿童的竞技潜力。在此过程中，要把身体素质发展的速度和动作技能形成的速度，即运动的可塑性作为观测的主要指标。

(3) 明确少年运动员的个人能力与潜力是否能适应专项提高阶段的训练要求，是否能进行深化训练以达到优异运动成绩。这一阶段的持续时间为 1.5～2 年，方式包括观察、控制性测试和青少年比赛，并适当结合医学、生物学和心理学检测。观测指标包括：第一，对中枢神经系统要求较高，后天训练改善难度较大，且处于发展敏感期的运动素质，如相对力量、动作与反应速度、灵敏性、平衡性、协调性等。第二，特别注意发展儿童的独立性、果断性和目的性，调动他们在比赛中发挥最大努力的能力；失误时迅速做出反应，发挥积极的拼搏精神的能力；机体疲劳状态下的心理耐受能力等。

4. 启蒙与基础训练向专项训练的过渡

儿童时期的训练重在启蒙性、基础性和功能性，淡化竞技性和专项性，但又要为日后的专项训练打好基础，因此基础训练阶段的后期要特别注意向成年期的专项化训练过渡。完成过渡应具备以下条件。

(1) 具备为创造专项优异运动成绩的基础因素，并已初步表现出来。

(2) 能够表现出一定水平的专项运动成绩。

(3) 对所从事的专项有了一定的兴趣和志向。

需要明确的是，专项训练是采用专项运动本身，或与专项在动作结构上、能量供给上、对机体作用上相似的手段所进行的训练，而早期专项化训练是在启蒙训练后进行的，在少年运动员没有确定专项运动时便开展的早期全面化的正规训练活动，是运动员在没有进入专项提高阶段之前进行的专项训练活动。儿童青少年在没有做好生理准备之前，过早进行专项化训练，生理上会导致单侧肌群和器官功能的发育受限，身体发育和生物平衡紊乱，整体肌力失衡，关节功能紊乱；心理上会出现运动兴趣和内部动机消失，产生心理倦怠；训练上除易对儿童造成运动损伤外，还会引起机体的过早适应，以至于后期对专项刺激和手段的作用反应减弱，甚至对以往有效的较低负荷强度不产生反应。少儿早期专项化训练和早期多样化训练的区别见表 6-4。

表 6-4　少儿早期专项化和早期多样化训练的区别

早期专项化训练	早期多样化训练
运动表现快速提升	运动表现提升较为缓慢
由于可以较快适应，竞技巅峰出现在 15～16 岁	竞技巅峰出现在 18 岁以后
无法持续在比赛中保持高水平运动表现	能够持续在比赛中保持高水平运动表现
容易出现过度训练，在 18 岁左右时可能退役	较长的运动生涯
由于适应的被迫性，容易出现运动损伤	较低的损伤发病率

运动训练具有多层次、多阶段的特点，各个阶段训练的最终目标都是使运动员在高水平竞技阶段创造优异的专项运动成绩。作为运动员竞技生涯的开端，基础训练阶段处于运动员生长发育的关键时期，因而要特别强调其起始性意义和基石作用，注意同后续阶段训练目标的系统协调关系，保证运动员多年训练过程的有序与连续。

(二) 训练要素的特征

1. 竞技启蒙阶段的训练学特征

学龄期前儿童生长发育速率稳定，主要运动素质和身体机能表现为，大肌群比小肌群优先发展；心肺系统和相对有氧能力可以胜任绝大多数的运动；无氧能力较差，乳酸耐受能力有限；韧带逐渐坚韧但骨骼末端未完全钙化；注意力持续时间较短，行为自控能力较差。

在训练内容及组织方面，动作掌握和熟练多采用游戏式和互动式的练习。①内容设计强调通过多种多样的技术性练习，融入跑步、跳跃、投球、接球、击球、平衡、滚动等动作实现全面发展。②既要调动儿童的主动参与，又应为每名儿童提供足够和相对均等的练习机会。③赋予儿童自行设计练习、游戏以及活动的机会，鼓励他们发挥创造力和想象力，促进体验式练习。④若选用某一专项作为训练手段，应简化或修改规则，降低难度便于理解和完成。⑤若选用比赛作为练习手段，应保证儿童初步具备个人基本技能，同时在比赛的过程中向其讲解应对不同状况的策略，并强调团队协作、场上位置、公平竞争的重要性。

竞技启蒙阶段的训练量较小，通常每周 2～3 次，每次课 60 分钟，年训练时间 100～150 小时。年训练量很大程度上取决于这一阶段训练时间的长短，并主要与训练开始的时间有关。例如，如果儿童启蒙训练年龄 6～7 岁，那么这一阶段可持续 3 年，每年的训练用时可采用 80 小时、100 小时、120 小时逐年递增的方式；如果始训年龄偏大，在 9～10 岁，那么启蒙阶段的便会缩短至 1.5～2 年，鉴于生长发育以及学校体育效应，年训练时间可延长至 100～250 小时。

在训练强度的设定方面：①训练设备和环境应符合儿童的生长发育水平，如篮球运动选择较小的轻质篮球，适当降低篮筐的高度。②多选用动态的、克服自身体重的练习发展柔韧性、协调性、平衡能力。③在低强度的环境下发展不同的运动能力。例如，通过游泳发展心肺系统，以便减小对关节、韧带和结缔组织的压力。④技术动作训练应设置合理的重复次数，既要保证正确地完成每次动作，又要避免过多的重复引起厌烦情绪。⑤心理负荷的设定，通过鼓励提高他们的心理韧性，设定某些增强注意力控制的练习，帮助他们在进入专项深化阶段后，可以直面更高的训练和比赛要求。

2. 基础训练阶段的训练学特征

进入基础训练阶段后，儿童心肺系统继续发育，对乳酸的耐受能力逐渐增强。投掷、举重等项目的少年运动员此时可能会经历生长发育高峰，而身体发育的差异会导致个体运动能力的不同，对于发育偏晚的青少年，参加某些高度专项化的练习易遭遇损伤。因此，基础训练阶段应当继续注重多种技术能力和运动能力的发展，而不是关注专项运动成绩的提高。

训练内容方面，在多样性和全面性的训练理念下，可适当向专项方向靠拢，以便考察青少年日后从事专项的可能性，为定项后的训练和比赛做好准备。①进一步扩大参与专项以及不同运动项目的各类练习，全面提高基本运动能力和发展多项基本技术。②继续发展灵敏性、协调性和平衡能力，尝试有目的地发展有氧能力、一般力量和相对力量。③改进之前掌握的基本动作使之成为本体反应，并在此基础上学习一些更为复杂的动作和动作组合。④对于日后选择对抗性项目的青少年来说，练习设计要帮助他们理解基本战术和策略，同时在战术运用中提高已具备基础动作技术的稳定性。⑤在运用竞争性的练习提高挑战性的同时，要强调比赛道德与公平竞争，注重个人能力的发展。

在训练负荷方面：①较之竞技启蒙阶段可逐步增加负荷量度，但必须严格遵循循序渐进的原则，避免进行作用部位过于集中的高强度练习。②在发展一般力量和相对力量时，应采用克服自身负重和轻器械练习，着重发展身体的核心部位，尤其是髋关节、下背部、腹部及四肢的肌群。③当具备一定有氧能力时，可尝试少量的无氧练习，但不应参加那些对无氧乳酸供能系统要求较高的项目。④为提高注意能力，可采用变换式的复杂训练，鼓励他们自我调节和策略选择，引入正规化的心理训练。

在训练方法和手段方面：①注重基础性，高专项性和强对抗性方法可初步涉及但不作为重点。②鉴于有氧能力较早进入敏感期，宜选用持续时间较长、强度相对较低的训练方法。③多选择提高动作技能的教学性方法，当具备一定身体能力时逐步转向以培养竞技能力为主的专项化训练方法。④技术训练宜采用直观法、分解法、纠错法，体能训练多采用持续法、变换法、游戏法，少采用高强度的重复法、间歇法、比赛法。

在竞技启蒙及基础训练阶段，每堂训练课中都应该安排10～15分钟的运动神经技能训练。其中，竞技启蒙阶段主要注重简单的平衡能力、节奏性、反应能力、空间定向能力、本体感知觉，以及为技能学习进行的基本动作和有球动作练习。随着协调性的提升和年龄的增长，基础训练阶段的协调性和平衡性练习难度也应相应增加，练习方法的选择可依据个人的运动能力和天赋而定。竞技启蒙与基础训练阶段协调性训练的形式与训练手段见表6-5。

表6-5　竞技启蒙与基础训练阶段协调性训练的形式与训练手段

阶段	训练形式	训练手段
竞技启蒙阶段	技能学习准备训练	翻滚、脚踢、投掷、运球、抓接
	简单平衡能力训练	狭窄路径行走，跳上或跳下低矮物体
	简单节奏性和反应能力训练	抓接
	简单空间定向能力和身体感觉训练	爬行、翻滚、投掷、抓接
	简单手眼协调训练	运球、投掷、抓接
	技能提升训练	有球练习：击球、扔球、接球、运球、接力赛
基础训练阶段	高级平衡能力训练	剪刀踢倒立、后滚翻、侧手翻、靠墙倒立
	高级手眼协调训练	扔球、击球、接反弹球
	四肢协调训练	跳绳、扔球、接球
	高级空间定位训练	跳绳、后滚翻、侧手翻、剪刀踢倒立
	反应能力训练	双手倒立、同伴间有球练习、变信号游戏、接力赛

（三）项群特征与差异

1. 技能主导类表现难美性项群

该项群运动员需要掌握丰富而复杂的运动技能，运动员始训年龄早、成才时间长。体能训练早期以协调性、灵敏性、柔韧性为主，后期侧重动作速度和相对力量。运动员早期体能训练既要采用非专项的练习促进健康和发展一般素质，如跑、游、球类活动，又要采用与体操技术结构近似的基本动作和重复性、持续性基础专项动作发展专项素质。技术训练以基本动作为主，贯穿于年度训练的各个时期，既要强调基础技术的先进性、合理性与正确性，又要熟练关键性串联动作。心理训练重在培养自信心、抗干扰能力、专注度。此外，体操、艺术体操、花样游泳等项目还要进行艺术表现力的训练，以舞蹈为主培养儿童运用身体表现形体美和情感的能力。

2. 技心能主导类表现准确性项群

该项群运动员始训年龄和成才年龄较晚，通常直接进入基础训练阶段。体能训练采用中小负荷抗阻训练发展静力耐力，采用徒手、多器械体操练习、球类运动发展平衡能力和动作协调性。技术训练重点掌握稳定功、击发/撒放功、运枪/举开功等基本功，利用空发技术练习改善本体感觉的精准分析能力，建立正确的动作表象，提高动作的稳定性。心理训练培养意志品质、心理调节、自控能力，特别是通过念动训练使正确的表象清晰而准确，提高其再现能力。

3. 技战能主导类隔网对抗性和同场对抗性项群

该项群运动员既需要掌握复杂多样的开放式技术，又需要具备相对均衡的身体素质，始训年龄较小但成才年龄适中。体能训练采用多种多样的一般性练习全面发展运动素质，并在相应的敏感期着重发展反应速度、动作速度和心肺功能。技术训练以个人基本技术为主，着重学习和掌握简单的技术单元，要建立正确的技术动作概念，强调动作的动力性，提高运动和干扰条件下的技术运用。适当安排一些缩小比赛场地或简化比赛规则的教学比赛，从小培养运动员的战术意识，提高他们独立思考、随机应变地解决临场问题的能力。

4. 技战能主导类格斗对抗性项群

除击剑外，该项群运动员大多从其他项目中转项而来，因此直接进入基础训练阶段，一般专项的始训年龄和成才年龄均相对较大。体能训练主要发展心血管系统和呼吸系统能力，并结合专项技术重点发展反应速度、动作速度、移动速度。技术训练非常重视各项基本动作，尤其是防守性动作的学习。由于已具备了一定的运动经历，心理训练重在培养青少年的敢斗性、坚毅性、分析判断能力。

5. 体能主导类速度性和耐力性项群

除需要较强介质感知觉的游泳、滑冰等项目外，该项群运动员始训年龄较大。体能训练既要全面发展运动员的身体素质，又要对日后可能从事的专项运动进行特殊准备，如速度性项目发展动作速率和爆发力，耐力性项目发展心肺功能、多种竞速能力。技术训练强调身体素质与关键技术的紧密结合，重视关键技术环节的运动经济性与实效性，重视完整技术和动作结构的连贯。心理训练培养青少年的心理调节能力和心理耐受能力，以及速度感、节奏感和注意能力。

6. 体能主导类快速力量性项群

该项群运动员基础训练年龄晚于速度性和耐力性项目运动员，除适当发展专项所需的最大力量、相对力量、快速力量外，还需要掌握相似运动的技术动作，以便提高动作的力量作用效果。例如，对于投掷项目，训练的多样化表现为同时学习铅球、铁饼、标枪 3 个项目的技术，即便确定主项后，其他两个项目仍可以作为副项继续训练，以便增强不同肌群力量，尤其是拮抗肌和小肌群力量，增强完成不同技术动作时全身发力的感觉。

（四）多年训练的结构变化

幼儿早期生长发育快增期结束后，各器官系统的机能逐步呈现不均衡的发展态势。其中，协调能力、本体感知能力、空间定向能力等步入敏感期，5～12 岁的儿童少年若将上述能力的发展与技术训练相结合，掌握相当数量的动作，会对日后掌握高难技术的精细部分至关重要。训练学要素的变化趋势为：

训练内容方面，早期技术训练的占比更大，训练组织过程中要更加注重技术教学方法的运用，使运动员逐步形成合理的身体姿态和掌握正确的动作结构，中后期应逐步增加体能训练以及对抗或一定强度状态下的技术训练占比，但仍要同时学习新技术、改进已有技术、提高技术运用效果。

体能训练方面，年度训练每个阶段的柔韧性和协调性的比例结构保持稳定；耐力训练随着年龄的增大比例逐步减小；力量性和速度性训练显现出先增高后降低的节奏。

技术训练方面，重点在各种专项技术的基本组成环节，训练的专项技术面应宽一些，可包括走、跑、跳、攀、爬、投等动作以及球类、体操等项目。切忌使所学的技术动作“固定”下来，甚至达到去创造好成绩的动力定型。

训练负荷方面，早期的训练负荷一般在小或中之间波动，之后的训练负荷可以在此基础上适当提高，后期虽然可以在个别训练日实施大负荷训练，但在安排上要特别慎重，避免连续高强度刺激。

训练方法方面，整体相对广泛，但随着年龄增大，游戏性的练习减少，分解与完整相结合的技术训练以及以持续、重复、短时间歇为主的体能训练逐步增多，并适当可穿插进行一定数量的专项性练习。

表 6-6、表 6-7 和表 6-8 为少儿田径、篮球、足球运动员的训练情况。无论是体能还是技术训练，整体上均表现为依据人体自然生长发育规律，由基础性向专项需要性的逐渐推进。

表 6-6　少儿田径运动员训练内容的结构比例

		第 1 年	第 2 年	第 3 年	第 4 年	第 5 年
技术与素质比例(%)	技术	60～70	60～70	60	50	40～50
	素质	30～40	30～40	40	50	50～60
各类练习性质比例(%)	柔韧性	10	10	10	5	5
	协调性	15	15	15	10	10
	速度	20	20	25	30	30
	力量	20	20	20	25	30
	耐力	5	5	5	10	10
	游戏性	30	30	30	20	15

表 6-7　少儿篮球运动员训练内容的结构比例及训练与比赛特征(全国体育院校教材编委会，2000)

阶段		竞技启蒙阶段	基础训练阶段		专项深化阶段
年龄(岁)		6～8	9～10	11～12	13～15
训练内容比例(%)	理论	5	5	5	5
	身体	50	45	40	35
	技术	45	45	40	40
	战术	0	5	15	20
每周训练	次数(次)	3	4	4	7～9
	时间(小时)	4.5～5	6～6.5	8～8.5	16～20

(续表)

阶段	竞技启蒙阶段	基础训练阶段		专项深化阶段
比赛形式	单项比赛 游戏性比赛 半场3对3 半场4对4	单项比赛 游戏性比赛 半场3对3 半场4对4	单项比赛 半场3对3 全场5对5 —	半场3对3 全场5对5 省、地、市比赛 全国少年比赛

表6-8　少儿足球运动员训练时数及训练内容的比例结构

年龄	持续时间(年)	课时			训练内容比例(%)					
		周课次(次)	课用时(分钟)	年用时(小时)	技术、战术训练			体能训练		
					技术	战术+比赛	合计	一般	专项	合计
7～8	2	4～6	60～90	160～360	100	—	60～70	70	30	30～40
9～10	2	4～6	90～120	240～480	90	10	60～70	60	40	30～40
11～12	2	4～6	90～120	240～480	80	20	60～70	50	50	30～40
13～15	2	4～6	120～150	320～600	70	30	60～70	40	60	30～40

注:每年按40周计算,其中12周停止训练,进行学生复习、考试、节假日活动和其他活动。

第二节　年度训练的计划与组织

竞技启蒙及基础训练阶段的年度训练既要符合儿童青少年生长发育的现实,满足运动能力提高的需要,又要与他们所处的学龄阶段相适应,因此应依据年度参赛和学业考试的具体时间,分阶段制订训练计划并组织实施,以便完成年度的学习任务、训练任务和参赛任务。

一、年度训练的基本设计

(一)年度训练的周期类型

为了更好地落实全年训练,并及时发现问题总结经验,可将年度训练分为一个或多个周期,进而又把每个周期划分为若干阶段,将年度训练的任务具体安排到每个周期和阶段的实践中去。具体要点包括以下几个。

(1) 各训练阶段的连贯性与节奏性。注意保持年度大周期、中周期、小周期、日训练、训练课的内在联系和自然有序的衔接与过渡,保持训练的系统性和阶段性的统一。

(2) 充分考虑客观周期性变化规律。既要考虑学校学习、考试、假期等因素的影响,又要把握身体、心理、认知等能力先天遗传性与后天获得性之间的关系。

(3) 训练安排保持相对稳定性和灵活性。各周期和阶段的教学训练内容安排,须做到前后连贯、紧密衔接、重点明确,既要保证训练的全面性,又要对处于敏感期子能力予以特别关注。

(4) 淡化年度参赛的竞技性准备。少年儿童会参加形式多样、数量较少、内容广泛的年度比赛，由于这些比赛并非以获胜为主要目标，因而赛前准备不需要过多考虑运动员的竞技状态调控，更多地将其作为一种训练手段或者增加比赛阅历的机会。

竞技启蒙及基础训练阶段的年度训练，主要采用单周期或双周期的组织安排。其中，单周期设计多采用两种阶段划分形式(表 6-9)，一是依照竞赛周期，从每年的 11 月冬季开始，历经 5 个阶段至翌年 10 月底结束，便于学生冬训的开展以及年度所有比赛结束后的整体性恢复；二是依照校历，从每年 9 月的第一学期开始，历经 5 个阶段至翌年 8 月结束，有利于学生在整个小学阶段训练的完整性，为升入初中奠定基础。

表 6-9　我国基础训练阶段的年度单周期训练阶段划分

	第一阶段	第二阶段	第三阶段	第四阶段	第五阶段
依照竞赛周期	11 月～翌年 1 月	2 月～4 月上旬	4 月中旬～6 月中旬	7 月～8 月	9 月～10 月
依照校历	9 月～10 月	11 月～翌年 1 月	1 月～4 月上旬	4 月中旬～6 月中旬	7 月～8 月

若采用双周期的设计，可以校历为划分标准，第一周期历经 9 月～12 月较长的基本训练期，1 月的短暂调整期，2 月寒假期间的冬季集训期；第二周期包括 3 月～6 月初的基本训练期，6 月底～7 月初的调整期，7 月中下旬～8 月较长的集训竞赛期(表 6-10)。

表 6-10　我国基础训练阶段的年度双周期训练阶段划分

周期	第一周期			第二周期		
阶段	基本训练期	调整期	冬季集训期	基本训练期	调整期	集训竞赛期
月	9 月～12 月	翌年 1 月	2 月	3 月～6 月初	6 月底～7 月初	7 月中下旬～8 月

无论采用年度单周期还是双周期，依据竞赛周期还是校历的多阶段划分，均呈现出 1 月底和 6 月底的学期期末复习考试期间训练时间明显减少，之后的寒假(2 月)和暑假(7～8 月)训练时间明显增多，其余月兼顾训练和学校学习，训练用时相对适中的特点(图 6-2)。

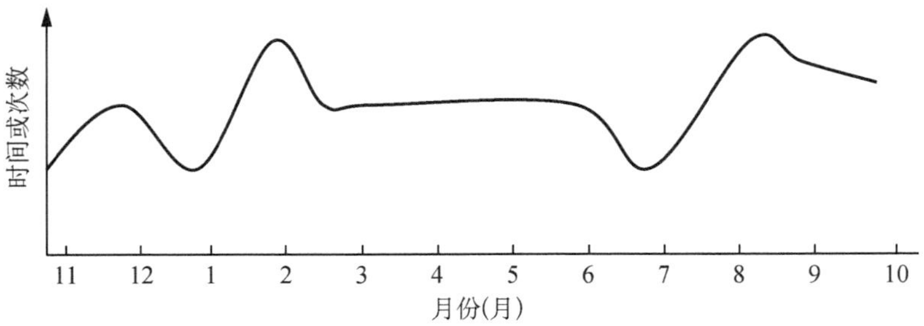

图 6-2　竞技启蒙和基础训练阶段全度训练时间安排变化曲线示意图

集体球类项目的比赛相对较多，大多从基本训练期延伸至集训期和竞赛期，训练时期应根据儿童的学习情况、节假日安排，以及气候、竞赛日程等进行综合设计，通常采用每年一个大周期的形式。如果竞赛期在夏季，可以把秋、冬、春 3 个季度作为准备期，准备期和竞赛期通常没有明显的区分，训练期内也有若干检测性、教学性比赛，竞赛期内也有针对本方既定安排开展的日常训练，训练与比赛相互结合促进。

（二）年度训练的周期划分

基本训练期的主要任务是，抓好基本技术和体能训练，提高技术动作的熟练程度和准确性，并结合适当的比赛提高技术的运用能力。其中，运动素质训练开始以柔韧性、灵敏性、速度为主，适当安排一般性的力量和耐力训练，随着基本训练期的延伸，可适当增加力量和耐力的比例，并在打好全面体能基础的同时，进行简单的专项身体素质练习。技术训练依照项目不同存在较大差别，对抗性项目以动作和技术训练为主，同时学习简单的战术配合并结合教学性比赛检验效果；体能主导类项目从动作和分解技术开始，逐步过渡到动作组合、技术衔接和动力性技术；技能主导类项目在巩固原有动作和技术基础上，继续学习同类别更高难度的技术，尝试整合出成套动作，为参加少年儿童比赛提供条件。

调整期与复习备考阶段相对应，主要任务是使运动员的身体和心理得到调整，为即将开始的冬季集训期和集训竞赛期做准备。此时的训练时间适当减少，必要时可以停止训练，但为了保持体能，可布置适当的家庭作业。

集训期的主要任务是，全面抓好基本技术和运动素质，提高技术动作的熟练程度和准确性，并结合比赛提高技术的运用能力。体能训练以柔韧性、灵敏性、速度为主，经过一段时间的训练适应后，适当加大速度和耐力训练比例。技术训练依据基本训练期的掌握情况继续完善，并逐渐强调在动态环境中完成技术衔接，同时通过简化技术动作完成比赛过程，培养儿童的基本战术意识。例如，集体球类项目基础训练阶段年度训练的内容结构占比特征见表 6-11。

表 6-11　集体球类项目基础训练阶段年度训练的内容结构占比特征

周期		第一周期			第二周期		
阶段		基本训练期	调整期	冬季集训期	基本训练期	调整期	集训竞赛期
体能训练	整体	30%	50%	35%	30%	40%	20%
	一般	70%		50%	60%		40%
	专项	30%		50%	40%		50%
技战术训练	整体	70%	50%	65%	70%	60%	80%
	技术	65%		70%	60%		40%
	战术	20%		20%	20%		30%
	比赛	15%		10%	20%		30%

二、年度训练过程中的比赛系列

（一）年度比赛的分类及安排

比赛是训练的杠杆，对于儿童青少年运动员而言，比赛具有检验阶段性训练成果、激发继续训练的热情、获得正式比赛感知、培养高尚道德品质等作用。目前，我国儿童课余训练参加的比赛，既有行政主管部门举办的比赛，也有协会、俱乐部自行安排的比赛，还有社会力量资助、家长筹措出资、教练员设置或邀请的比赛。具体包括以下几种(表 6-12)。

表 6-12 儿童比赛的类型及特征

比赛类型	主办单位	赛事时间	参赛目标	组织形式
正式比赛	行政部门、协会	固定	排名、选拔	正式规则
对抗、邀请赛	行政部门、协会、俱乐部	寒暑假	检验成绩、相互交流	正式规则
友谊赛	协会、俱乐部	周末、节假日	学习交流、增进友谊	正式或非正式规则
技术、身体素质测验赛	协会、俱乐部	定期或不定期	检查身体素质或技术发展水平	非正式规则
教学性比赛	俱乐部	日常训练	提高训练兴趣、增加训练负荷、检验阶段性训练效果	非正式规则

1. 正式比赛

由行政部门、协会主办，时间固定。参赛队按照竞赛规程进行排名并选拔升入高一级别运动队。

2. 对抗、邀请赛

由行政部门、协会、俱乐部主办，为了检验成绩和相互交流进行的对抗性赛事，一般多利用假期进行。

3. 友谊赛

为了学习交流、增进友谊，可根据教学训练计划在周末、节假日组织。

4. 技术、身体素质测验赛

以测验项目为内容的比赛，一是协会、俱乐部内部举行的定期或不定期比赛。二是多个俱乐部之间自行组织的测验赛。参赛人数可多可少，主要目的是检查训练效果或推动技术和身体素质水平的提高。

5. 教学性比赛

在教学计划中有计划安排的练习性比赛，意在提高训练兴趣、增加训练负荷、检验阶段性训练效果，尤其是技战术运用能力。

(二) 比赛设计与参赛选择

对于比赛的内容与形式，应以着重考察基础能力为主，竞赛项目的设置要充分考虑儿童生理和心理发育的特点，并做到每 1 年或 2 年一个年龄段的细分，同时，一方面要重点考察运动员的灵敏性、协调性、有氧能力和速度等多种运动能力；另一方面要符合动作技能习得的规律，以减小阻力、降低动作规格等方式既体现技术动作的核心要素，又便于儿童学习掌握。

例如，跳水基础训练阶段的比赛内容与规则中(表 6-13)，既包括降低比赛难度的 1 米板和 5 米台比赛，也包括促进个人技术全面发展的双人跳台和男女混合全能，还通过陆上专项和陆上体能考察儿童的一般体能和专项体能发展水平。游泳比赛的竞赛内容以短距离为主，利用器材的辅助，重在考察儿童多种泳姿、腿部动作、上下肢协调等一般和专项能力（表 6-14）。

表 6-13　基础训练阶段（≤7 岁）的儿童跳水竞赛规则（柴建中 等，2018）

单项	竞赛规则
1 米板	向前五弹脚入水 B，向后脚入水 B、101C、201C、301C、401C
5 米台	向前入水 A、B、C，向后入水 A、B、C、101C、201C、301C、401C
双人跳台	2 个规定动作：1 个向前脚入水＋1 个向后脚入水，难度系数 1.0 3 个自选动作：从 1～4 组半周中选择 3 个动作，两名运动员的动作代码、姿势必须相同
男女混合全能	包含 1 米板和 5 米台，组别不限，由男女各一名运动员，分别完成 3 个动作，每人至少完成 1 个跳板和 1 个跳台
陆上专项	网上十弹 ABC；三弹 102BC、202BC；跳板三弹 102BC、202BC；跳板五弹屈体
陆上体能	30 米计时跑，单腿跳远 10 步（左、右腿各 5 步），腹肌两头起 15 秒计数，垒木举腿标准动作 20 个，引体向上标准动作 20 个，稳倒立 10 秒

表 6-14　7～9 岁组游泳基本技术比赛项目及规定（柴建中 等，2018）

年龄组	项目	比赛距离	规定	器材
7 岁组	持板仰泳腿	25 米（50 米）	以流线型持板仰泳腿游完全程	“A”字板
	持板蛙泳腿	25 米（50 米）	以流线型持板蛙泳腿游完全程	“A”字板
	持板爬泳腿	25 米（50 米）	以流线型持板爬泳腿游完全程	“A”字板
	持板爬泳腿	100 米	以流线型持板爬泳腿游完全程	“A”字板
8 岁组	持板蝶泳腿	50 米	以流线型持板蝶泳腿游完全程	“A”字板
	持棒仰泳腿	50 米	以持棒仰泳腿游完全程	管棒
	持棒蛙泳腿	50 米	以持棒蛙泳腿游完全程	管棒
	持棒爬泳	50 米	以持棒爬泳游完全程（左、右单臂交替）	管棒
	蛙泳手＋爬泳腿	50 米	以蛙泳手＋爬泳腿游完全程，呼吸次数不限	—
	持板混合泳腿	100 米	全程持板，以蝶、仰、蛙、爬泳腿各完成 25 米	“A”字板
9 岁组	蝶泳分解	50 米	右单臂和左单臂蝶泳分别游完 25 米	脚蹼
	举棒仰泳腿	50 米	出水至 5 米处及游程中举棒，肘关节不得触碰水面，仰泳腿游至 25 米处换爬泳游完全程	管棒
	仰、爬泳交替	50 米	仰泳游至 15 米处转爬泳，25 米处再转仰泳，35 米处再转爬泳游完全程	—
	交替蛙泳手＋爬泳腿	50 米	出发后，一手前伸，一手蛙手，左右手交替＋爬泳腿游完全程，呼吸次数不限	—
	反海豚腿	50 米	反海豚腿游完全程	脚蹼
	流线型仰泳腿	100 米	流线型仰泳腿游完全程	—

对于年度参赛次数，儿童青少年竞技启蒙阶段的训练内容广泛，即便是参加了以体操、游泳、球类为基本形式的专项练习，但由于他们的专项能力无法驾驭比赛需要，因而几乎不参加正式比赛，即便参赛也仅仅是为了娱乐。在基础训练阶段后期完成定项后，儿童青少年掌握了一定的专项技术，具备了完成比赛的条件，可以参加一些非正式比赛，但比赛次数因项目差异而有较大的差别，但共性规律是参赛次数不应过多，强度不宜过大，个人项目每年参加 2～3 次，集体项目每年参加 5～10 次即可。

对于年度参赛的选择，以暑假期间举办的正式比赛为核心，训练内容与负荷的设置与搭配应以完成此项赛事为目标；自行举办的对抗赛、邀请赛、友谊赛可主要在正式比赛前安排，但要注意比赛密度和强度不能太高；在学期期间举办的测验赛、教学赛可以作为变化训练内容，检查技术掌握程度及身体素质发展情况的重要训练手段，要注意淡化胜负，避免因成绩不佳导致训练消极和参赛恐惧。

第三节　小周期训练的计划与组织

小周期训练是训练组织活动的基本单位，与年度训练的基本训练期、集训竞赛期、调整期相对应，基本训练周、集中训练周、比赛周和恢复周主要在向相应的时期组织与实施，并表现出训练任务、内容、负荷、方法的训练学特征与差异。

一、 小周期训练的基本类型

基本训练周是在基本训练期内实施训练的，主要任务是发展一般运动能力，全面、渐进地提高身体素质和增进健康水平，初步学习和掌握多种运动项目或专项的基本技术，为选材定项和技能专项化奠定基础。竞技启蒙阶段的儿童没有明确的运动项目，基本训练周更加注重内容的全面性和基础性，即便开始了某一项目的初级训练，仍要以坚持全面发展和夯实基础为指导思想，所以内容上要考虑多个项群内容的选择与搭配。基础训练阶段有着相对明确的发展目标，周训练的内容应满足基本训练期目标的实现，以及不同负荷后机体的反应与恢复，此外还应该在训练与学习的结合中综合发展个人的文化知识、个性心理、道德品质。

集中训练周是在集训期实施的训练周，主要任务除了全面发展运动员的基本运动能力和掌握多项基本技术，还要利用假期的时间，基础训练阶段的少年运动员通过特定程序和反复练习，突击掌握和熟练新的和难度更高的技术动作，并将掌握的动作组合为专项技术、技术组合或成套动作，为即将开始的比赛做好准备。

比赛周是在参加比赛的训练周。竞技启蒙阶段基本不参加正式比赛，基础训练阶段比赛周的主要任务进行特定的准备和调整，参加比赛实现预期的目标，同时检查运动员一般和专项能力的现实状况，为下一阶段训练计划的制订提供依据。少年儿童的兴奋阈值较低，自控能力较差，因此一方面不要力求调整出最佳竞技状态，不要盲目追求比赛成绩；另一方面也要通过诱导提高运动员的比赛专注力与投入度，鼓励他们展现出最好的竞技水平。

恢复周既包括两学期期末考试期间的训练周，也包括比赛结束后要进行的专门性恢复性训练周。前者是连续基本训练周之后的一种调节，尽量采用简便易行的家庭作业形式，既能消除疲劳也能使运动能力得以保持。后者主要通过降低训练的负荷量度、采用主动的整理活动和营养补充消除运动员生理和心理疲劳，促进儿童青少年的全面健康和生长发育。

二、不同类型小周期训练的设计与运用

（一）基本训练周和集中训练周

1. 内容与方法

竞技启蒙阶段基本训练周和集中训练周的内容具有多样性，其中，耐力训练主要采用匀速的竞速类运动，如先采用 2 米/秒的速度匀速越野跑 200～400 米，再以 150 米/分的速度快走 30～50 米，如此重复交替，完成总计 2～3 千米的训练。能力提高后，可适当增大跑的距离，提高跑速，但总的运动时间保持不变。力量训练通过借助肋木和体操凳以及跳跃、倒立、支撑、背负同伴游戏等手段，发展多关节和全身肌肉力量。速度训练通过规则简单的活动性游戏、分段跑、短距离接力跑、跳跃练习提高反应能力和动作频率。协调性训练多采用简单的完整练习，简化动作中的次要环节，还可以采用一些限制物提高训练效果。技术训练通过动作本身或诱导性练习，掌握踢球、击球、抛投、原地摆臂起跳、制动起跳等多样基本动作，注重用力效果而非细节，此外还应培养水感、时空感、球感、冰感等专项感知觉。

基础训练阶段基本训练周和集中训练周训练内容的多样性进一步加强，并通过方法与手段的变化给予机体新异刺激。耐力训练采用跑步、游泳、球类、游戏等相结合，组织形式可采用变化式、循环式、间歇式和比赛式，随着年龄的增长负荷量和负荷强度有所提高，至基础训练阶段末期，可以使用长时间持续训练和强度变化较大的间歇训练。力量训练以速度力量性练习为主，将肌肉结构性手段与柔韧性和灵敏性手段相结合，此阶段末期可尝试增加一些对脊柱有训练作用的练习手段，如杠铃练习、跳深练习等，但负荷强度要循序渐进，要特别注意安全。速度训练由各种协调性、反应速度、快速力量、动作速率的专门性手段和短距离快速移动练习构成，并逐步向专项速度要求的专门性、综合性和比赛性训练手段靠近。协调训练方面，青少年抽象思维能力已经发展，可适当选择与专项技术动作相反的动作练习手段，并增加动作分解练习、缩小场地的比赛性练习等。技术训练要使其建立正确的技术概念，避免形成错误的动力定型，切忌在没有确定专项之前急功近利，忽视了全面技术、战术意识以及运动思维等核心能力的养成。

例如，儿童短跑基本训练周的训练不但保持了明显的日间负荷节奏，而且将技术训练与体能训练相结合，将发展下肢动作频率、快速力量等专项能力的专项性练习和游戏性练习相结合（表 6-15）。

表 6-15 儿童短跑基础训练阶段的周训练计划

星期	训练任务	训练内容	负荷量	负荷强度
一	1. 学习蹲踞式起跑 2. 提高协调能力	1. 半蹲踞式起跑 2. 蹲踞式起跑 3. 健美操	小	小
二	1. 继续学习蹲踞式起跑 2. 发展步频 3. 发展上肢力量	1. 蹲踞式起跑 2. 下坡跑 3. 挂腿拉引练习	中	大
三	1. 发展柔韧性 2. 学习起跑后加速跑 3. 发展弹跳力	1. 腰部、下肢动态柔韧性练习 2. 半蹲踞式起跑后加速跑 3. 助跑摸高物	中小	中小
五	1. 学习起跑后加速跑技术 2. 发展腹肌力量 3. 提高速度耐力	1. 蹲踞式起跑后的加速跑 2. 斜板上仰卧起坐 3. 往返跑	中	中小
六	1. 提高反应速度 2. 发展大腿屈肌群力量 3. 发展耐力	1. 反应性游戏 2. 加阻力的屈抬腿练习 3. 游戏性耐力练习	大	中

制订基本训练周计划时，应把本阶段内各周的计划衔接起来，使计划体现出明显的系统性和整体性。某一阶段 1～2 周的训练计划与下一阶段第一周的计划之间，既要考虑内容、手段、负荷之间的变化，又要注意计划的推进及联系，切忌负荷量度的突变式增长。

2. 负荷与搭配

制订基本训练周计划时应考虑以下几方面：第一，周计划应尽可能地与学校的学习安排紧密结合起来，充分考虑每周、每天文化课学习与训练之间的相互影响，较大训练负荷安排在学校活动较少的时间进行；第二，儿童和竞技水平较低的青少年，周运动量节奏不宜起伏过于明显，技术训练也应贯穿于每次课中去；第三，内容的选择可以与学校体育课和课外体育锻炼统一起来，特别是学校体育中的跳绳、跑步、体操等练习可作为发展一般运动能力的内容之一。

训练负荷的施加意在打破机体既有的相对平衡，但儿童少年的训练负荷绝不能试图达到承受的极限，单次大负荷后会产生强烈的机体反应，如安静心率加快、血压上升、肌肉酸痛、疲劳感强等，持续过度负荷则会对少儿内脏器官及支撑运动器官造成严重损害。

对于早期启蒙阶段的儿童，每周 2～4 次训练，每次 1～1.5 小时为宜。训练课可以与学校的体育课有机结合在一起，或让体育课的内容具有一定比例的比赛性质。此阶段的全年训练时间不长，通常在 100～150 小时，全年训练时间取决于开始训练的年龄和从训时长。例如，如果 6～7 岁开始参加游泳训练，前 3 年中依次安排 80 小时、100 小时、120 小时；如果是 9～10 岁开始泳池训练，这一阶段仅持续 1 年，每周安排 3 次训练课，总用时 200～250 小时。

进入基础训练阶段后，根据我国现存的运动员培养体系和学制，少年儿童每天可利用课余时间参加一次完整的训练。基本训练周每周训练 4～5 次，集中训练周每周训练 5～6 次，每次 1.5～2 小时为宜；基础训练阶段后期，尤其是定项之后普遍采用周一至周五下午训练，周六全天，周日上午训练的安排，达到每周 7～8 次课，每次训练时间保持在 1.5～2 小时。

曾培养出大批精英级优秀艺术体操运动员的保加利亚教练员，为儿童艺术体操制定的负荷要求，明显地表现出有节制的和循序渐进的特点（表 6-16）。

表 6-16　保加利亚儿童艺术体操训练的负荷特点

年龄(岁)	周训练时间		不同训练内容比例(%)			
	课次	每课时长(分钟)	一般体能训练	技巧、舞蹈	徒手、器械	理论
5～6	3	45	30	29	39	2
6～7	4	90	27	29	42	2
7～8	5	90	26	26	46	2
8～9	6	150	25	24	50	1
9～10	6	150	23	22	54	1

对于开始基础训练阶段较晚的项目来说，在进行专项技术学习的同时，可以采用非专项化的手段发展儿童青少年的一般体能。例如，在竞走运动员基础训练阶段的周训练安排中（表 6-17），随着训练年限的增长，除了同样表现为周训练课次和课内负荷量的增加外，力量训练、有氧速度训练也相应提高，为后期步入专项化提供能力储备。

表 6-17　竞走运动员基础训练阶段的周训练变化

	9 岁	10 岁	11 岁	12 岁
周一	2～3 千米竞走或 1.5～2 千米跑；球类活动(10 分钟)；一般力量训练	4～5 千米竞走或 3～4 千米跑；球类活动(15 分钟)；一般力量训练	5～6 千米竞走或 4～5 千米跑	4～5 千米加速跑或(4～5)×400 米；球类活动(15～20 分钟；一般力量训练)
周二	休息	短距离快速竞走 5×60 米＋3×200 米；一般力量训练	短距离快速竞走 4×60 米＋(3～4)×200 米；球类活动(20～30 分钟)；一般力量训练	8～10 千米竞走；球类活动(15～20 分钟)；一般力量训练
周三	短距离快速竞走 3×60 米＋3×100 米	休息	休息	5～6 千米跑；球类活动(20～30 分钟)；一般力量训练
周四	休息	(2～3)×1 000 米竞走；球类活动(15 分钟)；一般力量训练	3～5 千米竞走；球类活动(15～20 分钟)；一般力量训练	休息

（续表）

	9岁	10岁	11岁	12岁
周五	4～6千米慢走；球类活动(10分钟)，一般力量训练	6～8千米慢走；球类活动(20分钟)；一般力量训练	8～10千米慢走；球类活动(20～30分钟)，一般力量训练	(4～5)×1 000米竞走或2～3千米竞走；球类活动(15～20分钟)；一般力量训练
周六	休息	休息	休息	10～12千米慢走；球类活动(20～30分钟)；一般力量训练

儿童周训练的负荷变化并不十分明显，有时为了掌握某一动作或动作组合，可以采取两周为一个小阶段的组织方式。如果采用这种方式，那么下一周的练习手段、负荷强度、负荷量可以适当提高要求，以便产生刺激、巩固训练效果和提高运用能力。

（二）赛前训练周和比赛训练周

1. 内容与方法

与基本训练周相比，赛前训练周和比赛训练周具有相对的专项化的训练特征，但相对高强度的专项化内容需要降低负荷量并增加恢复性的课次。技术训练方面，分解练习的比例减小，完整练习的比例增加，并以技术动作的稳定性、成功率为衡量标准，一般不进行新技术的学习。战术训练方面，根据项目的战术形式，掌握若干简单的小组和集体战术配合，注重战术使用的实效性，鼓励运动员根据比赛情景创新战术使用方式，以达到培养战术意识的目的。心理训练方面，结合参赛目标加强比赛动机引导，适宜的焦虑水平也是必要的。

儿童青少年做好比赛前的准备工作是顺利完成比赛任务的重要保障。由于儿童青少年缺乏比赛经验，难免会对比赛产生恐惧或过于兴奋，比赛前的动员工作要教育运动员明确比赛的目的和意义；要认真贯彻服从裁判，“友谊第一，比赛第二”的方针；树立战术上重视困难的思想，既要鼓舞斗志，又要实事求是，使之精神振奋、斗志旺盛、态度端正地投入比赛，并在赛后询问其心得体会。

在比赛方案和组织工作方面，战术布置应该简单明了，要从实际出发提出具体的要求和做法，集体球类项目要讲清主要的配合方式，使全队统一认识。此外，赛前要通过观察或谈话了解运动员的思想情绪和健康状况，对于不能承担比赛任务的不应勉强。在参加规模较大的比赛之前，必须进行身体检查，不适宜参加比赛的要做好思想工作，让他们愉快地参观学习。

2. 负荷与搭配

运动项目竞赛的赛制赛程存在很大差异，有些项目2～3天参加多个单项的多场次比赛，如游泳、体操、田径，有些项目则可能每天1场比赛并持续1周，如集体球类项目。对于赛程密集度较高的项目，因为比赛中的负荷较高，所以比赛周不再安排赛间训练，只是根据上场比赛中的表现进行讲解，培养儿童青少年运动员独立思考的能力。对于赛程密度较低项目，比赛周的赛前和赛间训练主要围绕着比赛进行安排，要以调动参赛情绪，完善技术细节，熟练和改进战术配合为重点。

基础训练阶段前期，教练员可以尝试使儿童青少年运动员形成竞技状态，着重打好体能、技能、心智能的基础，后期可以尝试初步形成较高的竞技状态，并在重要比赛取得优异成绩。但需要明确的是，一方面，由于儿童青少年运动员身体和技能有限，不能也不应该促使其形成最佳竞技状态和获得最高运动成绩；另一方面，与成年高水平运动员的最佳竞技状态可以保持7～10天不同，儿童青少年运动员较高的竞技状态水平一般只能保持3～5天。

第四节　训练课的计划与组织

训练课是竞技训练活动最基本的组织单位，训练效果的取得正是在每节课的积累中实现的。依据不同的目标，训练课可分为体能训练课、技术战术训练课和综合训练课，从竞技启蒙阶段到基础训练阶段，训练课内容会表现出周内密度增大和负荷逐步提高的趋势。

一、训练课的类型与要求

（一）体能训练课

体能训练课依照儿童青少年的年龄以及所处的身体素质发展敏感期而定，竞技启蒙阶段主要进行全面体能训练课，基础训练阶段在继续设立全面体能训练课的同时，还应依据专项需要逐步加入专项体能训练课。

竞技启蒙阶段的体能训练课主要采用多种多样的诱导式内容，以小负荷强度的游戏式或循环式组织形式，去培养儿童青少年对运动的了解和爱好，激发他们的运动热情。此外，由于启蒙阶段是一个训练与选材并行的过程，教练员在全面体能训练课中选用的方法，应能够考察儿童在不同项目中的特点与可能天赋，为之后阶段的体能训练做准备。基础训练阶段的体能训练课以一般素质和专项素质结合为主，课的负荷比其他课略大，选用方法多以动力性和克服自身体重的力量训练，较长时间的持续性有氧运动，某些专项技术的持续练习为主。

（二）技术战术训练课

基础训练阶段除少数“儿童”项目外，技术战术训练的重点是一般或基本技术和一般战术的训练，更确切地说是一系列辅助性训练，这一阶段技术战术训练课的基本任务是让儿童掌握完成动作的序列结构，进而逐步提升技术规格、战术形式与运用技法。

技术战术训练课要注意安排好内容的程序，以及选择有效的练习手段。首先，教学过程大量使用技术分解后的动作重复练习，但选用的动作不能破坏技术的合理结构。其次，儿童青少年基本掌握动作组合或完整的技术练习后，可通过设置障碍，或无防守、消极防守等比赛游戏等方式提高其技术使用的流畅性。再次，比赛策略和战术意识的培养可以先行，通过逐步放开技术使用条件，促进技术能力与战术能力的同步发展。

（三）综合训练课

综合训练课是体能训练课和技术战术训练课的一种有机结合，在基本训练周、集训周、赛前训练周中均应该占有一定比重，这一方面是儿童青少年多种运动能力综合、全面培养的需要，另一方面也为适应他们身心发展特点，保持其训练注意力，对训练进行调节，提高训练效益的需要。

在训练内容的安排上，由于儿童青少年训练课的整体负荷不高，体能训练与技术战术训练穿插进行，15～30分钟休息一次，这样既避免了负荷的过度集中，又可将素质练习作为即将进行的技术战术练习的准备活动。其中，体能训练应注意不同能力和身体部位的协调搭配，通常先协调性训练，再速度训练和力量训练，再耐力训练；先下肢训练，再上肢训练。技术战术训练内容要同时兼顾基本动作和专项技术的练习，大致沿着复习—熟练—学习的顺序进行，既巩固了技术基础又符合儿童动作技能发展的一般规律。篮球竞技启蒙阶段（4～6岁）综合训练课安排见表6-18。

表6-18　篮球竞技启蒙阶段（4～6岁）综合训练课安排

时间	内容	形式	要求
10分钟	热身	移动：背向折线移动；熊爬行；防守滑行；“之”字形跑	
		跳跃：立定跳远、单脚跳	上肢肘部向外，模仿持球动作
5分钟	传球	传球“做披萨”游戏	
5分钟	休息		
15分钟	运球	固定运球：先左手，后右手，再左右手交替	鼓励运球时眼睛向上
		运球并接住	指定运球次数
		运球绕过父母	父母站成一排
		“红绿灯”游戏	绿灯向前运球，红灯原地运球
15分钟	投篮	投篮动作复习	无球、动作规范
		投篮和篮板	自投自抢
5分钟	休息		
5分钟	传球	“猴子在中间”传球游戏	
10分钟	比赛	混战	可限定运球次数

二、训练课计划的结构与负荷

训练课的结构，一般分为准备部分、基本部分和结束部分。对于竞技启蒙阶段的儿童青少年来说，在气温较高的情况下，准备部分、基本部分和结束部分的划分并不明显，很多准备部分的游戏性活动本身就具有基本部分的属性，基本部分的小负荷练习也可直接作为结束部分。准备部分时间的长短主要由以下因素决定。一是基本部分联系内容的强度，如果基本部分开始内容的练习强度较大，那么其用时较长、效果较充分；二是气温，如果气温较低，那么准备活动需要更加充分；三是儿童青少年运动员训练水平越高，准备活动内容越多，时间越长。

竞技启蒙和基础训练阶段训练课以中等或小负荷为主，除非在基础训练阶段后期达到一定负荷适应能力时，几乎不采用大量和高强度的负荷安排。每堂训练课的负荷设计时，应保证训练形式的多样性和作用部位的全面性，单次练习距离或用时不宜过长，重复次数和组数不宜过多，使儿童青少年接受相对广泛的负荷刺激，避免因负荷集中于特定部位或系统而使疲劳加深。

随着自然生长发育和训练经历的增加，儿童青少年的运动能力与负荷承受能力均有所增强，训练课的负荷量度可相应循序渐进地加大（表 6-19）。在负荷量和负荷强度同步增长的前提下，早期训练的负荷量不应超过 50%，此后优先增加负荷量，尤其是训练课的时长，至基础训练阶段后期，负荷量可达到 60%～70%并保持相对稳定，转而重点提高训练课的负荷强度。

表 6-19　竞技启蒙及基础训练阶段训练负荷安排模式

	每周课次（次）	每次课时间（小时）	每周总时间（小时）	年训练总时间（小时）
竞技启蒙阶段	2～4	0.5～1.5	3～6	100～120
基础训练阶段	3～6	1～2	4～8	120～150

对于基础训练阶段儿童的日常训练的评估和医务监督，通常是依靠一线教练员、体育教师与医生紧密配合进行的。儿童负荷评定和医务监督的主要特点是采用综合的观察法，通过儿童机体的整体表现状态，判定机体承受负荷程度的能力（表 6-20）。

表 6-20　儿童训练疲劳主观评价标准

	一般	中等	过度疲劳
面部	面部微红，略微出汗	面部很红，出汗较多	面部涨红、变白或变紫，大量出汗，皮肤出现盐渍
呼吸	呼吸稍快但均匀	呼吸明显加快，有时深呼吸	呼吸急剧加快，短促不规律
动作	准确执行命令	动作不协调	动作严重失调
个人感受	完成动作无怨言	肌肉疼痛，心跳加速，抱怨疲劳	四肢颤抖，出现头晕、耳鸣、恶心、呕吐，反应迟缓

第六章习题　　第六章参考文献

第七章

专项深化及提高阶段的训练计划与组织

【本章导语】

专项深化及提高阶段是运动员竞技生涯的开始。本章内容包括该阶段多年训练的计划与组织、年度训练的计划与组织、中周期与小周期训练的计划与组织、训练课的计划与组织。多年训练的计划与组织讲述了该阶段运动员的年龄与持续时间特征，训练目标与任务，以及训练内容、训练负荷等训练要素特征。年度训练的计划与组织讲述了年度训练的周期类型和实施特征，进而以大周期的时间确定为起点，论述了准备期、比赛期和恢复期的主要任务和实施方案，以及年度训练过程的比赛系列。中周期与小周期训练的计划与组织介绍了中周期的基本类型和中周期内的小周期搭配，小周期的基本类型、内容与负荷交替安排的要点以及不同类型小周期训练的设计与应用。训练课的计划与组织讲述了体能训练课，技术战术训练课，综合训练课，以及测验、检查和比赛课的组织要点，还介绍了训练课计划的结构与负荷设定。

【学习目标】

明确专项深化及提高阶段运动员同项成才和专项成才的年龄特征；掌握多年训练、年度训练、中周期与小周期训练、训练课的类型划分，以及包含内容、负荷、方法等要素的训练计划与组织方式，并可以辨析上述要素的项群差异；把握运动员竞技状态变化规律，掌握赛前最佳竞技状态诱导的训练学方案；能够提炼出专项青年运动员的训练计划与组织要点，尝试在训练实践中应用。

【思维导图】

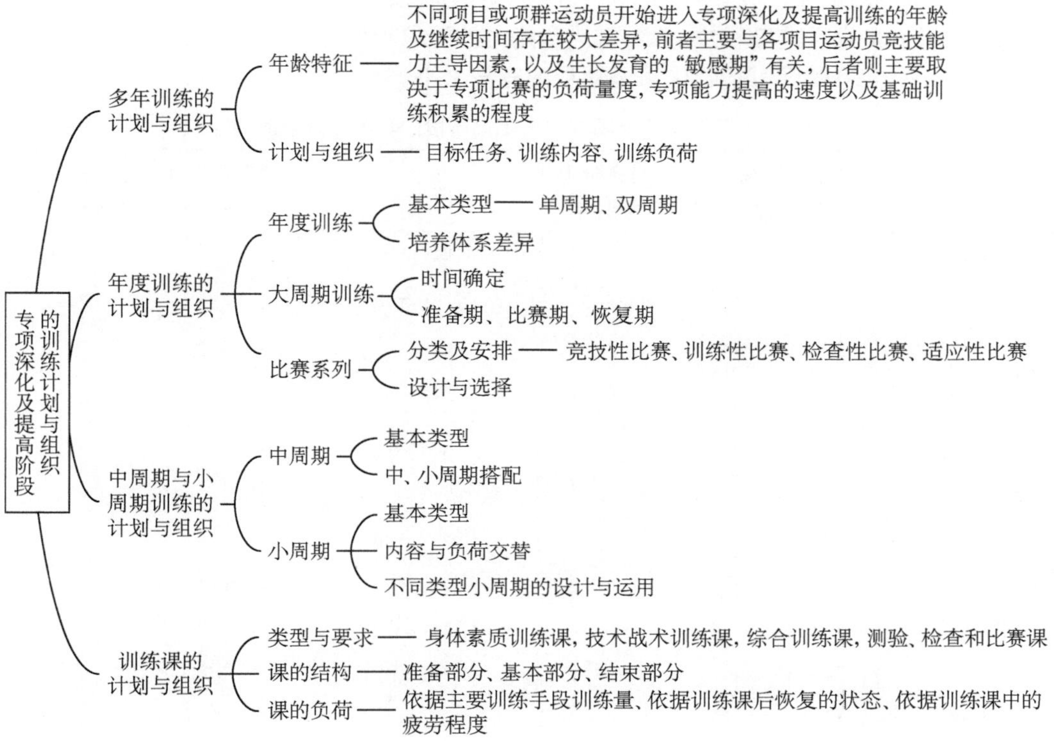

竞技启蒙与基础训练阶段的发展为青少年运动员步入更高水平的专项训练做好了身体和心理准备。专项深化及提高阶段的训练内容、方法、负荷表现出更高的专项化发展趋向，专项成绩也将大幅提升。专项深化及提高阶段既是基础训练阶段的延续，也是能否成为高水平运动员的关键时期，为了保证训练的系统性，需要正确认识运动训练过程的基本结构，对训练活动进行科学设计并有序组织，以确保运动员竞技能力的定向发展。

第一节　多年训练的计划与组织

经过竞技启蒙及基础训练阶段的积累，运动员基本确立了专项方向，教练员需要依据运动员的现实可能，对运动员开展系统的专项化训练，由此进入以发展专项能力和提高专项成绩为目标的专项深化及提高阶段，正式步入了专业或职业运动员生涯。

一、运动员年龄与持续时间特征

不同项目运动员开始进入专项深化及提高阶段训练的年龄与持续时间存在较大差异（表 7-1），前者主要与各项目运动员竞技能力主导因素及生长发育的敏感期有关，后者则

第七章
拓展阅读1

第七章
拓展阅读2

主要取决于专项比赛的负荷量度、专项能力提高的速度及基础训练积累的程度。例如，体操运动员所需的节奏、柔韧、平衡、空间定向等能力的训练适宜年龄区间多在12岁之前，故完成基础训练阶段的年龄在10岁左右。进入专项化阶段后，体操运动所需的动作速度、速度力量、相对力量发展速度较快，并对氧代谢能力的要求较低，故经过4～5年的训练，女子运动员在14～18岁时即可达到优秀运动员的竞技水平。

表7-1　不同项目专项深化及提高阶段的年龄及持续时间

项目		开始专项提高阶段年龄(岁)	专项提高阶段持续时间(年)	项目	开始专项提高阶段年龄(岁)	专项提高阶段持续时间(年)
田径	短跑	14～16	6～8	网球(男)	12～14	8～10
	中长跑	16～17	5～6	网球(女)	11～13	5～7
	长跑	17～19	6～8	壁球	15～17	6～8
	竞高	16～18	4～6	帆船	14～16	6～8
	竞远	17～19	4～6	皮划艇	15～17	5～7
	投掷	17～19	4～6	赛艇	16～18	4～6
足球		14～16	6～8	游泳(男)	13～15	5～7
篮球		14～16	6～8	游泳(女)	11～13	5～7
排球		15～16	6～7	体操(男)	11～12	7～8
手球		14～16	6～8	体操(女)	9～10	4～5
曲棍球		14～16	4～6	跳水(男)	11～13	5～7
垒球		15～16	6～7	跳水(女)	9～11	3～5
橄榄球		16～17	6～7	花样游泳	12～14	5～7
水球		16～17	6～7	拳击	16～17	5～6
冰球		13～14	8～9	柔道	15～16	6～7
射击		17～18	6～7	摔跤	17～19	5～7
射箭		16～18	5～7	举重	17～18	5～6
击剑		14～16	4～6	速度滑冰	15～16	6～7
公路自行车		16～18	4～6	花样滑冰	11～13	5～7
现代五项		14～16	5～7	越野滑雪	17～18	4～5
马术		14～16	6～8	冬季两项	16～17	6～7
羽毛球		14～16	6～8	高山滑雪	12～14	4～6
乒乓球		13～14	7～8	跳台滑雪	14～15	7～8

体操、跳水、艺术体操等项目开始专项训练的年龄在青春期之前，转项成才较多的艺术体操、花样游泳、蹦床等项目，以及对水感和全身运动经济性要求较高的游泳开始专项训练的年龄在步入青春期前后。在20岁左右甚至更早步入职业生涯巅峰。

足球、篮球、排球等集体球类项目，以及羽毛球、乒乓球、网球等持拍隔网对抗性项目，不但对运动员的球感和意识要求很高，并且专项比赛对运动素质有综合性要求，运动员的专项训练多始于青春期开始后，持续时间为 6～8 年。

体能主导类速度性、快速力量性，技战能主导类格斗对抗性，以及大部分水上运动项目，或对最大力量、力量耐力和无氧能力要求较为集中，或转项成才现象的比例较高，运动员开始专项化训练的年龄多为青春期末期，持续时间为 4～6 年。

长距离竞速项目中的田径长距离走和跑、越野滑雪、公路自行车等项目，要求运动员具备很高的有氧和无氧耐力，技心能主导类的射击、射箭项目，对运动员的动作自控能力和心理稳定性提出了很高的要求，上述项目运动员开始专项化训练的年龄可推后至青春期结束，历经 5～7 年的艰苦训练后进入精英运动员行列。

当前，运动员的步入专项化训练的时间都有普遍提前的趋势。然而，训练年龄的提前并未导致运动员参加国内、国际大赛的年龄明显变小。一方面，基础性和专项化训练阶段时间的延长，更加符合当前注重基本功、延长竞技生命的主题；另一方面，国际单项体育协会对运动员的参赛年龄普遍做出下限规定，从制度层面避免了因早期训练导致的青少年生长发育损害。

对于何时结束专项深化及提高阶段，可以综合参照运动员的专项成绩、竞技能力及训练负荷承受能力，若发现逐渐增加的训练负荷已接近机体承受的极限，且负荷增加难以明显转化为专项成绩的提高和竞技能力的突破，表明运动员已基本步入竞技生涯巅峰。多年训练阶段专项成绩的变化趋势见图 7-1。

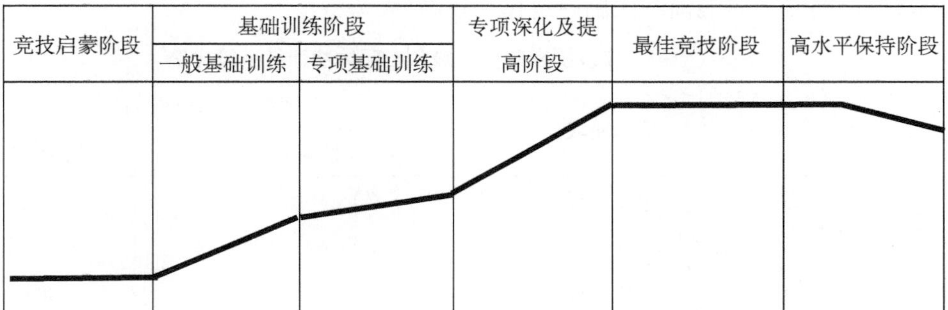

图 7-1　多年训练阶段专项成绩的变化趋势图

二、多年训练规划特征

（一）训练目标与任务

运动员在专项深化及提高阶段的训练任务及其序列既有共性，又存在明显的项群特征。首先，努力发展决定专项竞技能力的主导因素。对于体能主导类项群，首要发展专项运动素质，同时要不断完善专项运动技术、战术；对于技能、技战能主导类项群，首要发展技术、战术水平，同时要协调增进运动素质；对于技心能主导类项群，不断强化专项技术的同时，还应加强专项心理品质的培养。其次，运动员除日常训练之外，还要加强训练理论的学习，以便提高其训练的自觉性，便于日后积极参与教练员训练计划的制订。不同项目专项深化及提高阶段训练的重点及顺序见表 7-2。

表 7-2　不同项目专项深化及提高阶段训练的重点及顺序

训练重点顺序	体能主导类项目	技能、技战能主导类项目	技心能主导类项目
1	专项运动素质	专项技战术	专项技战术
2	专项技战术	专项运动素质	专项心理品质
3	专项心理品质	专项心理品质	专项运动素质
4	训练理论知识	训练理论知识	训练理论知识

需要明确的是，尽管此阶段专项训练的比例明显增高，但并不意味着直接确定子项。例如，游泳运动员可同时进行多距离、多泳姿的训练，同时参加地区和国家青少年比赛，培养专项比赛所必需的心理品质。

（二）训练要素的特征

1. 训练内容的特征

体能训练方面，竞技专项化和体能训练全面化并不对立，通常来说，专项深化阶段绝大多数项目一般体能训练比例达到 70%左右，发展至专项提高阶段后，专项体能训练占据主导。体操、跳水等表现难美性项目由于较早确立了专项竞技方向，且专项本身就具有体能训练的属性，因而专项体能训练比例始终相对较高（表 7-3）。

表 7-3　专项深化及提高阶段一般和专项体能训练手段比例

项目类别	训练阶段	训练手段比例(%)	
		一般体能训练	专项体能训练
长距离竞速类项目	深化阶段	70～80	20～30
	提高阶段	30～40	60～70
爆发类项目	深化阶段	70～75	25～30
	提高阶段	45～60	40～55
集体球类项目	深化阶段	65～75	25～35
	提高阶段	30～40	60～70
格斗与隔网对抗性类项目	深化阶段	60～75	25～40
	提高阶段	40～45	55～60
表现难美性项目	深化阶段	30～40	60～70
	提高阶段	20～30	70～80

技能训练方面，尽管这一阶段的专项训练较为集中，但是处于青春期阶段的运动员还应该继续进行各种技能的练习，参加多元化的活动，注重协调性、柔韧性、平衡性的持续提

升,运动神经技能训练的比例应达到20%,这对日后完善运动员的专项技能至关重要。专项深化阶段运动神经技能训练的形式与手段见表7-4。

表7-4　专项深化阶段运动神经技能训练的形式与手段

训练形式	训练手段
技能完善训练	前后翻及侧滚翻、扔球和接球游戏、接力赛
复杂空间定位训练	跳跃后变向、游戏、跳过障碍、翻滚后跳起
平衡、身体控制和身体意识训练	翻滚后变向、跳过障碍后变向、各种身体平衡练习、游戏、接力赛
预测能力改善训练	翻滚后变向、同伴间接抛球、平衡练习、游戏
分析和定位训练	翻滚后180°～360°变向、翻滚、扔球和接球、游戏接力赛

体操运动员的多年训练以不断掌握和完善技术动作,特别是高难技术动作为主要目标。李月久从获得世界中学生运动会冠军至成为世界冠军的过程中,在比赛中使用技术和库存技术之间保持了很好的联系,体现了多年训练专项能力发展的延续性(表7-5)。

表7-5　李月久自由体操自选动作历年发展表

年份	出场动作	第二串跟头	结束动作	库存动作	比赛成绩
1974	团身后空翻两周	前空翻接后空翻	直体后空翻720°	屈体后空翻两周	世界中学生运动会第一名
1975	屈体后空翻两周	↓	↓	团身后空翻360°旋	亚洲青年锦标赛第二名
1976	团身后空翻360°旋	↓	↓	屈体后空翻360°旋	—
1977	屈体后空翻360°旋	屈体前空翻一周半接前滚翻	直体后空翻1 080°	直体后空翻两周	世界大学生运动会第二名
1978	直体后空翻两周	↓	团身后空翻两周	直体后空翻一周半转体540°前滚翻	亚运会第一名
1979	直体后空翻540°接向前一周半前滚翻	直体后空翻两周	↓	团身后空翻720°旋	世锦赛第六名
1980	团身后空翻720°旋	屈体侧空翻一周半转体90°前滚翻	↓	团身后空翻360°旋(结束)	世界杯第二名
1981	↓	↓	团身后空翻360°旋	↓	世锦赛第一名

注:↓表示该动作延续至下一年。

田径全能运动需要在不断发展运动员最大力量、速度力量、速度耐力、有氧耐力等一般身体素质的基础上，将一般体能向专项方向转化。各子项技术掌握过程中，呈现出短跑—跳跃—投掷—中长跑的比例顺序结构，并在进入专项提高阶段后期达到相对平衡(表 7-6)。

表 7-6　青少年田径全能运动员多年各项技术训练的比例

性别	阶段	年龄(岁)	100/200 米	跳远	铅球	跳高	400 米	100/110 米栏	铁饼	撑竿跳高	标枪	1 500/800 米
男	专项深化阶段	13	20%	10%	10%	10%	5%	10%	10%	10%	10%	5%
		14～15	10%	15%	5%	15%	5%	15%	5%	10%	15%	5%
	专项提高阶段	16～17	10%	10%	5%	9%	7%	15%	15%	10%	9%	10%
		18～19	10%	10%	5%	9%	7%	15%	15%	10%	9%	10%
女	专项深化阶段	13	10%	20%	10%	20%	—	20%	—	—	10%	10%
		14～15	10%	20%	10%	25%	—	15%	—	—	15%	5%
	专项提高阶段	16～17	10%	20%	10%	25%	—	15%	—	—	15%	5%
		18～19	15%	15%	15%	15%	—	20%	—	—	10%	10%

2. 训练负荷的特征

专项化训练的负荷安排必须与青少年运动员的生长发育特点紧密关联。由于自主神经中枢功能较强，呼吸系统、心血管系统、神经系统功能不足，青少年运动员的能量代谢、最大摄氧量、氧脉搏、利用氧的能力相对较低，因此小中等负荷训练后，他们的恢复较成年人快，而在大负荷训练后，恢复较成人慢。为此，若安排连续大负荷训练时，必须认真考虑课次之间的间歇时间与方式，以免造成过度训练，以及心理层面的焦虑上升、情绪烦躁、训练厌恶、注意力不集中等特征。

运动员的竞技水平差异会导致不同的即刻与长期训练效果。若使用单一条件下的大负荷训练，青少年运动员虽然可以承受与专项高水平运动员相当的相对负荷量度，但即刻机体反应相对较低，恢复与超量恢复用时却相对延长(图 7-2)。

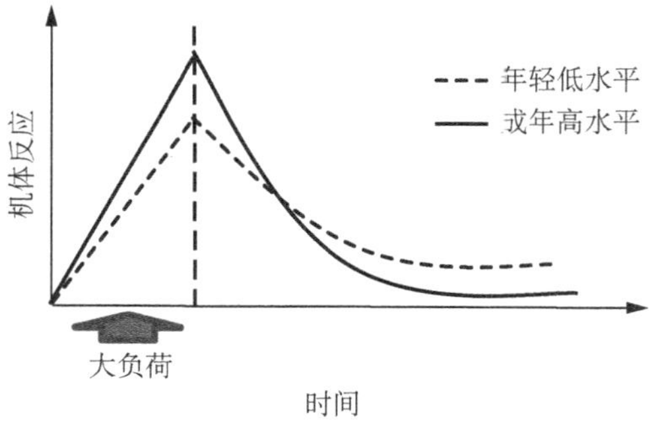

图 7-2　年轻低水平和成年高水平运动员大负荷训练后的机体变化差异示意图

在专项提高阶段需要明显增大训练负荷，有些可以逐年提高，有些可以波浪式发展，直至逼近个人负荷承受的极限。与负荷强度相比，负荷量的增加表现得更为明显，负荷量的提高从增加训练日数开始，起初每周 6 天，每天 1 次训练课，而后将一周中的某些训练日次数增为 2 次，使周训练课次达到 8～10 次，至专项提高阶段结束时基本上做到每天 2 练，即每周 10～12 次训练课。

例如，青少年举重运动员在开始专项化训练后，虽然负荷强度保持稳定，但负荷量稳定增长，年训练日数和次数由早期(13～16 岁)的每周训练 3～4 天，每天 1 次训练课，逐步增加至后期(16～18 岁)的每周训练 5～6 天，每天 1～2 次训练课。13～18 岁男子举重运动员的年度训练负荷具体见表 7-7。

表 7-7 13～18 岁男子举重运动员的年度训练负荷

年龄(岁)	年训练日数(日)	年训练次数(次)	年训练负荷量(吨)	训练负荷强度(%)	年比赛次数(次)
13～14	200	200	10 000	70～75	3～4
14～15	244	260	11 000	70～75	4
15～16	272	324	12 000	70～75	5
16～17	272	366	13 000	70～75	5
17～18	277	391	14 000～15 000	70～77	6～8

再如，我国制定的游泳青少年训练教学大纲显示，在 11～14 岁的专项深化阶段，年游量每年递增，前期以增加课游量为主，后期以增加训练课次为主；进入专项提高阶段后，负荷量、负荷强度、课次安排、陆上训练均已达到成年运动员水平(表 7-8)。

表 7-8 游泳项目专项深化及提高阶段训练目标与要点(国家体育总局青少年体育司，国家体育总局游泳运动管理中心，2018)

		专项深化阶段				专项提高阶段
		11 岁	12 岁	13 岁	14 岁	15～17 岁
训练目标		1. 全面掌握规范的竞技游泳技术 2. 提高技术质量，形成动作节奏 3. 发展一般身体素质 4. 突出有氧耐力和速度，开始无氧训练，发展专项柔韧性、协调性、水中平衡能力及速度力量 5. 早发育女运动员安排更大负荷		1. 全面掌握规范游泳技术 2. 提高技术实效性和经济性，形成个人技术风格 3. 继续提高专项素质 4. 在提高有氧能力基础上发展无氧能力		1. 完善个人技术，形成最佳划频和划幅组合，提高比赛技战术稳定性 2. 有氧能力达到较高水平，发展无氧能力和专项力量 3. 保持柔韧性和协调性 4. 女运动员注意控制体指率
训练要点	年游量(米)	≥60 万	≥80 万	≥100 万	≥150 万	200 万～250 万
	周课次(次)	6～9	6～9	6～12	6～12	6～12
	课时长(分钟)	120	120	120～150	150	150～180
	课游量(米)	3 000～5 000	4 000～6 000	5 000～7 000	6 000～7 000	6 000～8 000
	陆上水中训练比例	7∶3(每次陆上30～45 分钟)		7∶3(每次陆上45～60 分钟)		7∶3(每次陆上45～60 分钟)

技能主导类项目的训练课主要由一次次的动作练习组成，课的密度相对稳定，训练负荷量增加的途径差别不甚明显。例如，跳水运动员从专项深化到专项提高的过程中，周训练课次、周训练时间、年训练时间的增长相对一致(表 7-9)。

表 7-9 跳水运动员专项深化及提高阶段的训练负荷(唐玉成，周继红，刘大庆，等，2011)

训练阶段	年龄段(岁)	年训练周数(周)	周训练次数(次)	周训练时间(小时)	年训练时间(小时)	陆上水中训练比例
专项深化阶段	9～10	46	6～7	12～14(业余) 24～28(体校)	≥650(业余) ≥1 000(体校)	6∶4
专项提高阶段	11～12	46	6～8	24～28(体校) 30～35(专业)	≥1 000(体校) ≥1 500(专业)	5∶5

运动员专项成绩的提高与训练负荷的显著增加有关，负荷的增加充分调动了机体潜力，也为在更高水平上形成训练适应提供了条件。但是，具体的增长方式并没有统一模式，既可以相对匀速地增加负荷，也可以在运动员能力积累至较高水平后突变式增长。例如，马拉松运动员从青春期末期至 20 岁的几年内，每年会增加 8%～10%的负荷量。再如，澳大利亚男子运动员约翰·佩金斯在 14 岁时将年游量由 2 000 千米提升至近 3 000 千米，1 500 米专项成绩大幅提高了约 70 秒；与之相比，俄罗斯女运动员萨利尼科娃(Сальникова)则采用了循序渐进的负荷递增方式同样取得了成功(图 7-3)。

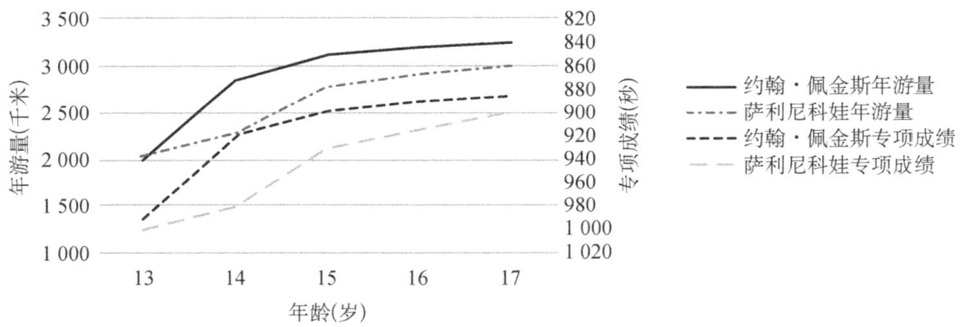

图 7-3 约翰·佩金斯和萨利尼科娃年游量与 1 500 米成绩的变化图

第二节 年度训练的计划与组织

经过基础训练阶段的初级专项化积累，青少年运动员训练的专项化程度进一步提高，继而步入以提高专项运动成绩为目标的专项提高阶段。此时，运动员已经具备了参加高水平青年比赛的资格，因而年度训练也应围绕着参加的重要赛事而计划与组织。

一、 年度训练的基本设计

(一) 年度训练的基本周期类型

专项深化及提高阶段的青少年运动员，需要代表俱乐部、地区甚至国家参加不同层级的比赛，因此他们的年度训练应综合考量训练学和参赛学因素，具体包括以下几点。

(1) 竞技状态形成与发展的时相变化规律。

(2) 气候、季节及人体机能具有周期性变化规律。

(3) 竞赛日程的安排，兼顾重大比赛和其他中小型比赛，应进行统一设计。

现代年度训练有着多种模式和结构，青少年运动员多采用经典的单周期或双周期模式(图 7-4)，这种安排方式，一方面，渐进式的训练内容与负荷变化更利于产生机体适应，有利于各项竞技子能力的稳步发展；另一方面，有利于满足青少年比赛数量少且日程安排集中的赛事体系。

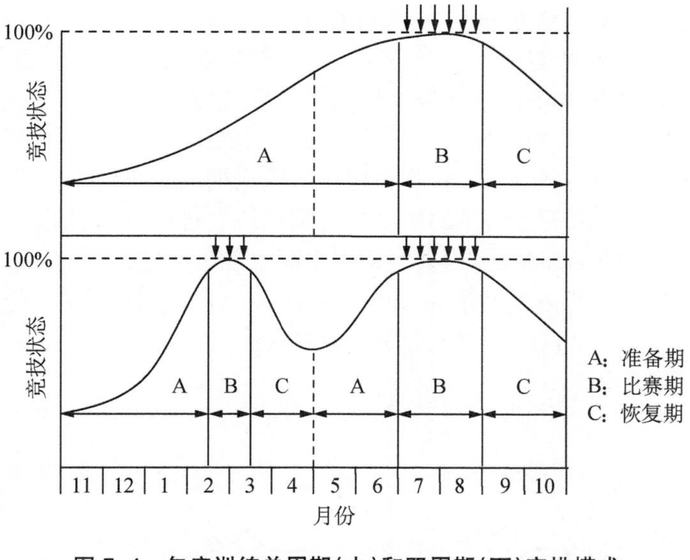

图 7-4 年度训练单周期(上)和双周期(下)安排模式

1. 单周期

全年训练按照一个完整的大周期组织实施，称为单周期，即全年训练由 1 个准备期、1 个比赛期和 1 个恢复期组成(图 7-4)。有些需要长达半年左右才能做好准备的项目，比赛期相对较长且连续的项目，受气候条件限制的项目，运动员的准备期长达 6 个月甚至更长，使一般竞技能力和专项竞技能力依次提升，并在 4 个月左右的时间里参加一系列比赛，逐步诱导出最佳竞技状态，实现年度重要赛事的参赛目标，继而再加上 1.5 个月左右的恢复期，消除全年持续训练和比赛产生的疲劳。

在单周期的年度训练过程中，准备期和比赛期延续时间较长，容易出现生理负荷和心理负荷过度积累，导致青少年的训练积极性降低，训练效益下降，所以在训练实践中，人们常把每个时期分成几个阶段，并在比赛期的中间加一个短时间的调整时期，这种安排被称为单周期双高峰安排。

2. 双周期

现代竞赛体系安排中，有些项目在一个年度里会安排两次重要的比赛或者两个重要的比赛阶段，运动员的训练也相应地按照两个大周期来设计和实施，称为双周期，它包含2个准备期、2个比赛期和2个恢复期(图7-4)。通常来说，中等时间的竞速类的项目(运动时间在8分钟以下的耐力性项目)，以及许多技能、技心能主导类项目，技战能主导类单/双人项目的优秀运动员多采用双周期安排。

双周期的训练安排可以保证竞技能力的定向发展与紧密衔接，许多项目的运动员可用2～3个月的时间做准备，使总体竞技能力或竞技能力的某一方面发生明显的改变；并在1.5～2个月的时间，参加一系列比赛，把所获得的竞技能力集中到专项需要的方向中去，逐步从心理、生理以及技能、体能等方面培养最佳的竞技状态，在适宜的主客观条件下，把已具有的竞技能力充分地表现出来；再加上0.5～1个月的恢复期，总共需要5～7个月时间来完成一个大周期的训练过程。

(二) 不同培养体系下的年度训练计划差异

少体校和专业运动队的青少年年度训练，计划与组织突出关注运动员竞技能力的提高，长距离竞速项目、受气候条件限制较大的冰雪项目，以及需要较长时间去创编新动作和套路的项目多采用单周期安排。体能主导类速度性、快速力量性以及中距离竞速类项目，以及技能、技心能、技战能主导类项目，多采用年度双周期的训练组织安排。

例如，在青少年越野滑雪运动员的年度单周期训练安排中，准备期的前5个月，包括整个春季、夏季及秋季的前半部分，因为训练条件限制仅能进行陆地训练，仅有11月和12月才能进行专项滑雪训练，所以虽然准备期跨度长达7个月，但必须做好充分的一般性和专门性准备，才能为连续4个月的赛季比赛奠定基础(图7-5)。

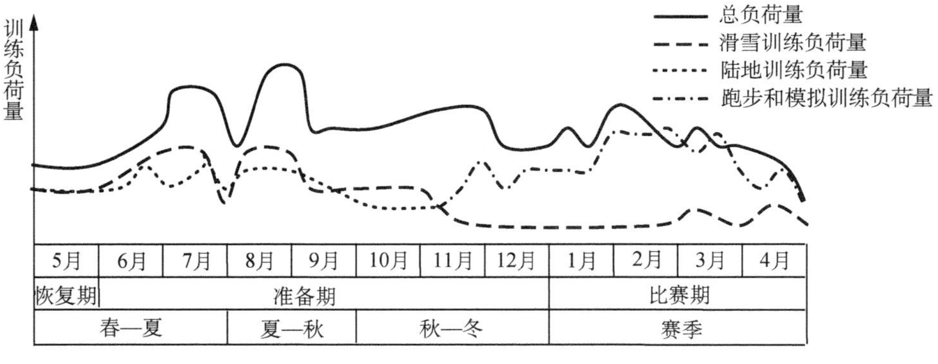

图7-5　青少年越野滑雪运动员年度单周期训练安排

体教融合的政策背景下，校内运动员培养成为我国竞技体育后备人才培养的途径之一。与体校和专业运动队相比，业余训练学生负荷承受能力相对有限，同时还必须妥善处理好训练与文化学习之间的关系，要把训练、学制、赛制协调安排起来。在校中小学生夏季项目的年度训练分期见图7-6。

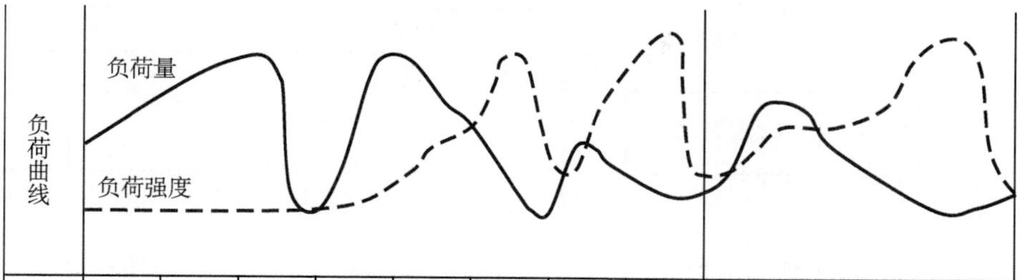

月份	11	12	1	2	3	4	5	6	7	8	9	10
周期	第一大周期								第二大周期			
时期	准备期			比赛期				恢复期	准备期	比赛期		恢复期
阶段	冬训	调整	春训	春赛	调整	夏赛		调整	夏训	秋赛		调整
时间	2.5个月	20天	1~1.5个月	1个月	10/25天	1.5个月		15/20天	1.5个月	1~1.5个月		20天
学制	学期	期末	寒假	学期	期中	学期		期末	暑假	学期		期中

图 7-6　在校中小学生夏季项目的年度训练分期(田麦久,2000)

在校生的年度训练安排具有如下特点。

(1) 双周期以第一大周期为主。第一大周期自秋冬学期的期中考试后起,至春夏学期的期末考试后结束(11 月至翌年 7 月初),共持续 8 个月。第二大周期自暑假开始,至秋冬学期期中考试结束(7 月中至 10 月),共持续 3 个半月。

(2) 全年最重要的比赛在春季和秋季,春季赛事安排在 4 月底至 5 月初以及 8 月底至 9 月初,便于运动员准备和参加期中和期末考试。

(3) 将寒假和暑假设计为大周期的准备期,冬训、调整阶段为较大负荷量、小负荷强度,暑假为中负荷量大负荷强度。

(4) 全年的 2 次期末考试前 2～3 周安排为调整训练阶段。若可以组织集中训练,训练内容与手段以游戏性和一般性训练为主,若无法组织集中训练,可安排学生运动员完成少量的训练作业,如轻快的越野跑、球类运动等,不但有利于训练恢复,又为复习迎考起到调节作用。

二、 大周期训练的实施特征

(一) 训练大周期时间的确定

训练大周期是以成功参加 1～2 次(组)重大比赛为目标而设计的,其时间的确定通常采用体现目标控制思想的"倒数时"充填式方法,以主要比赛日期为标定点,向回程方向依次确定比赛阶段和比赛时期,以及完整的训练周期(图 7-7)。这里,我们以总计 14～32 周的常规大周期为例,简述确定训练大周期日程的工作步骤。

(1) 确定主要比赛日期

这是由竞赛日程确定的。重大国际比赛如奥运会常常在比赛前一年就确定了竞赛日程,以便于运动员有计划地组织训练过程。

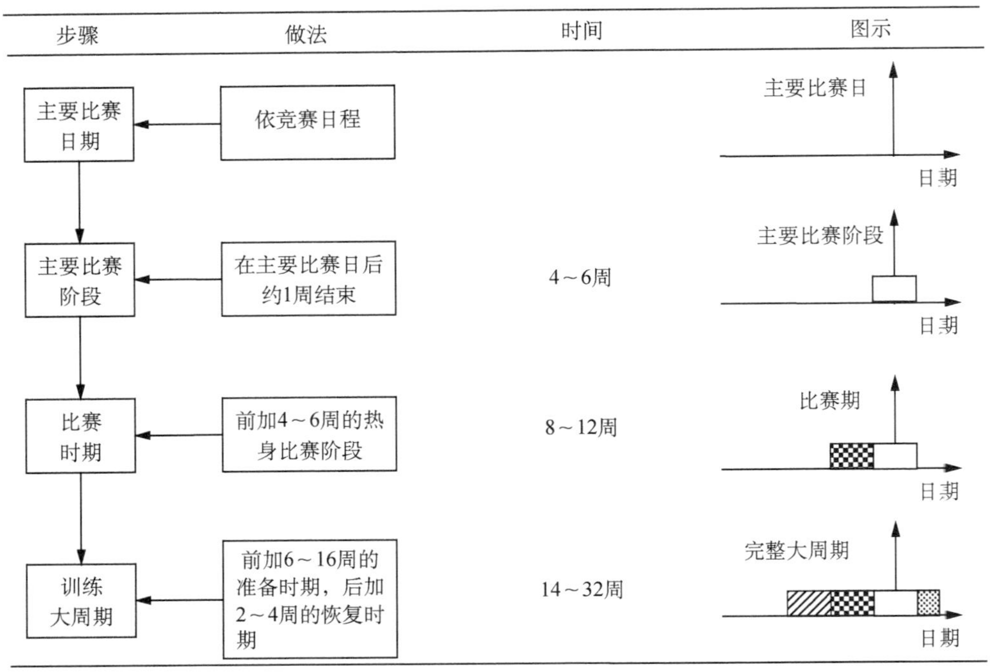

图 7-7　确定训练大周期日程的“倒数时”充填式工作程序(田麦久,2000)

□表示主要比赛阶段；▩表示热身比赛阶段；▨表示准备期；▒表示恢复期

(2) 确定主要比赛阶段

围绕着主要比赛日确定主要比赛阶段。在常规大周期中，主要比赛阶段持续 4～6 周，在主要比赛日后约一周结束。将主要比赛日安排在主要比赛阶段的结尾是不正确的，这是因为训练控制稍有不慎，极易出现参加主要比赛时，运动员的最佳竞技状态已然过去的现象。

(3) 确定比赛时期

在主要比赛阶段前加上一个历时 4～6 周的热身比赛阶段，两个阶段合起来就组成了比赛时期，总时间 8～12 周，其间要注意安排必要的热身赛。

(4) 确定整个训练大周期

在比赛时期前面加上 6～16 周的准备时期，后面加上 2～4 周的恢复时期，即构成了一个总时间 14～32 周，亦即 3.5～7.5 个月的完整训练大周期。

(二) 大周期各阶段的主要任务

由第三章第二节“(二)竞技状态发展规律”可知，运动员的竞技状态始终处于变化之中，并经历发展与提高、优化与保持、减退与下降 3 个阶段，与之相对应，在对运动员的周期训练进行规划时，就要相应地组织准备期、比赛期和恢复期的训练(表 3-8)。

准备期的训练任务是提高运动员的竞技能力，并促进竞技状态的形成。运动员竞技能力的发展和提高必须由低到高、由一般到专项、由局部到整体逐步实现，因此在准备期应着重发展运动员的基础性能力。体能方面，要努力增进运动员健康水平，发展运动素质，增强身体机能整体水平；技能方面，可以有重点地对运动员技术动作进行较大的“改造”，改进基本技术结构，提高核心技术水平；集体球类项目首先应该着眼于熟练掌握新战术配合所需的技术基础，然后由个人技术过渡到小组配合，再逐步过渡到全队的整体战术训练。

比赛期的训练任务包括发展运动员稳定的竞技状态和使运动员在比赛中充分表现自己已具有的竞技能力以创造好成绩这两个方面。首先，各项目的运动员此时应把对自己竞技能力影响最大、表现最集中的方面置于训练的首位，如中长跑运动员的无氧耐力、集体球类项目的集体战术配合、乒乓球运动员的特长技术等。其次，就是要做好充分的准备参加比赛，最大限度地发挥自己已有的水平，创造优异的运动成绩，达到全年预定的训练目标。为了准备重大比赛，在训练安排上要注意做到以下几点。

(1) 安排好负荷的节奏，使运动员的体能变化在比赛时处于超量恢复阶段。

(2) 技术、战术的掌握达到高度熟练和自动化，但又不因过多的专项技术、战术练习导致中枢神经系统对专项技术动作的超限抑制和重复泛化。

(3) 通过适当的热身赛和其他适应性比赛，激发运动员强烈的竞赛欲望，而又不因过多的比赛引起运动员的厌烦，甚至对比赛的恐惧。

(4) 采取各种措施(包括训练的、社会的、宣传的等)激励运动员的进取动机，但又不能造成过高的激活状态。应使运动员保持适宜的兴奋性水平，以求最大限度地动员机体的潜力，使运动员既可以高水平参加比赛，又能保持高度的自控能力，有效排除内外消极因素的干扰。

运动员经过几个月的训练和比赛，高度动员的心理和生理状态必须经过休整和调节，才能开展下一阶段的训练过程。恢复期除了采用多样化的手段促进积极恢复，消除生理与心理疲劳之外，还包括总结全年训练的经验和教训，并制订下一年度的训练计划。

(三) 大周期各阶段的训练要点

尽管运动员在大周期不同阶段的训练计划有着鲜明的项目和个体差异，但总体上看又都具有许多共性特征。在此，以双周期训练安排中的一个半年训练大周期为例，展示了一个完整大周期中的比赛、负荷、方法与手段、恢复及检查评定的要点。历时半年的训练大周期中各时期阶段的训练学特征见表 7-10。

表 7-10　历时半年的训练大周期中各时期阶段的训练学特征(田麦久,1988)

	准备期		比赛期		恢复期
阶段	一般准备	专门准备	赛前训练	集中比赛	—
时间	3 个月		2～2.5 个月		0.5～1 个月
	1.5～2 个月	1～1.5 个月			
任务	增进健康，发展素质，学习或改进基本技术，掌握新战术，增强意志品质		发展专门素质，熟练完成技术，提高战术技巧，发展稳定的竞技状态、创造好成绩		积极恢复，消除生理和心理疲劳；总结经验、制订新计划
	提高一般训练水平，改进技术环节，提高个人战术能力	提高专项技术，逐步过渡到完整技术，改进多人或全队战术配合	发展专项素质，发展竞技状态，参加热身比赛	保持最佳竞技状态，参加重要比赛，创造优异成绩	

（续表）

		准备期		比赛期		恢复期
比赛		没有或少	少	中	多	—
负荷	量	中→	最大或大→	中→	中或小→	小或中
	强度	小→	小或中→	中或大→	大或最大→	最小
方法	体能训练	以持续法、间歇法为主	以间歇法、重复法为主	以重复法、间歇法为主	以比赛法、重复法为主	以游戏法、持续法、变换法为主
	改进技术	以分解法为主	分解法、完整法	以完整法为主	以完整法为主	—
手段		在进行专项练习的同时，辅以多样的一般练习	以专项身体练习为主，练习手段相对集中	以专项相近的练习为主，保持一定的身体练习	比赛，一般性积极恢复性练习	改变环境及练习形式，增加一般身体练习比重
恢复		注意负荷节奏，采用各种积极、自然的恢复措施		注重负荷节奏，采用各种积极、自然的恢复措施		减少负荷，变换负荷的形式、地点与组合
检查评定		负荷及机体的适应情况		负荷及机体的适应情况；技、战术水平		心理及生理恢复状况

1. 训练方法与手段

准备期的体能训练，以持续法、间歇法和重复法为主，这对于重点发展耐力类素质，特别是有氧代谢能力特别有益。准备期的改进技术训练，主要以分解法、完整法为主。因为拥有较充裕的时间，在破坏了旧的技术动力定型之后，还有时间重新建立起新的技术动力定型，所以允许运动员对自己的技术动作进行较大的“改造”。运动员首先应着力于改进或完善技术中主要存在的问题，然后在这一基础上逐步向完善的技术过渡。战术训练中，为了掌握和发展新的战术配合，运动员要安排时间进行个人技术训练，以便为配合战术训练做好准备。

比赛期的体能训练主要采用重复法、间歇法、比赛法；发展技术主要采用完整法，并较多地采用比赛法，以便综合地发展与竞赛密切相关的专项竞技能力。当然，有时仍要根据需要适当地运用间歇训练法即分解训练法。对于某些多轮次竞赛的项目，运动员每天或隔天参加比赛，因此要特别注意组织好赛间训练，此时既要采用低强度的持续性练习作为积极性恢复，又要针对下一场比赛对手的特点进行有针对性的技术与战术分解或模拟性练习。

为了达到恢复的目的，恢复期宜多采用游戏法、持续法、变换法进行训练，这些练习能大大提高运动员的兴奋。运动员在新的环境以新的组织形式完成新的内容和练习，可以激发运动员的练习兴趣，中枢神经系统会得到良好的调节，同时又能保持一定的体能水平。

2. 训练内容与负荷

为满足改善身体机能，改进技术环节，提高个人战术能力的需要，准备期的一般准备阶段采用中等程度的负荷量和较小的负荷强度。至准备期的专门准备阶段，为了进一步提高专项技术水平，强化完整技术的使用能力，改进多人或全队战术配合，需要将负荷量逐步上升至整个训练大周期的最大值，同时将负荷强度略微提升至中等强度。训练大周期负荷量及强度等变化曲线见图 7-8。

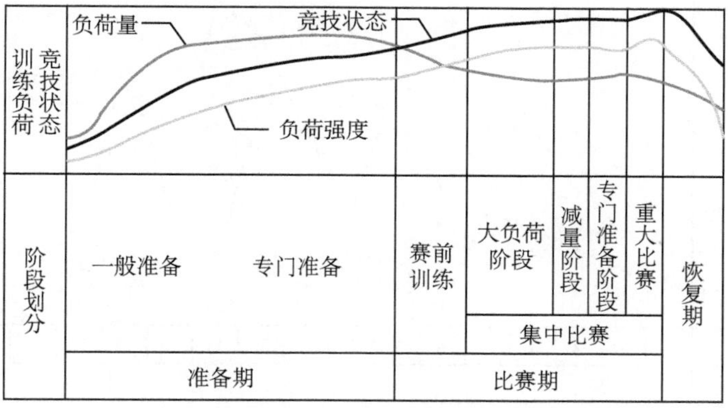

图 7-8　训练大周期负荷量及强度等变化曲线

任何竞技性比赛都要表现出最高的专项强度，因此从进一步发展专项素质以及培养竞技状态的目的出发，进入比赛期后，赛前训练的负荷强度要进一步增至中等或较大，负荷量降至中等水平。不同项群的负荷及内容变化表现如下：

对于体能主导类项群，训练的速度、高度、远度、重量增加，而重复次数、训练的时间则明显减少。对于技能主导类表现难美性项群，成套练习的比例增加，而单个动作的练习数量则大大减少。对于单人参加的技战能主导类格斗对抗和隔网对抗性项群，一对一的实战练习比例增加，而无对手的个人练习比例减少。对于集体对抗类项目，小组配合训练，全队配合训练和实战训练的比重增加，个人技术的练习比重减少。对于技心能主导类表现准确性项群，实射的比例增加，对运动员造成巨大心理负荷的训练和比赛增多，而各种空枪预习、白靶射击则大大减少。

进入集中比赛阶段后，在比赛的初始赛次之前，必须采用 2～3 周的时间来显著降低负荷量，同时采取保持和充实已有训练水平的负荷强度。重大比赛前的专门准备过程一般由一个中周期构成，其中前半部分总的负荷较大，后半部分要保证充分的恢复，大幅降低负荷量并保持达到最高的负荷强度，使运动员机体适应达到最佳条件，起到诱导最佳竞技状态的目的。

第七章
拓展阅读 3

恢复期训练负荷的突出特点是要降低训练强度，可以根据运动员的具体情况保持一定的量。为此，在训练中多采用持续训练法，如慢速越野跑、较长时间的球类运动、自行车远行及划船等。

例如，青少年短跑运动员年度大周期的训练安排(图 7-9)，在历时 3 个月的准备期中，一般体能训练的抗阻训练和立定跳远的训练量、中速跑和次极限速度跑的量和比例基本呈下降趋势，极限速度跑和专项跑的量和比例则基本呈上升趋势。进入 3 月的比赛期后，训练内容和负荷进一步向专项化方向靠拢，少量的抗阻训练和中速跑意在保持肌肉质量和消除高强负荷后的疲劳。

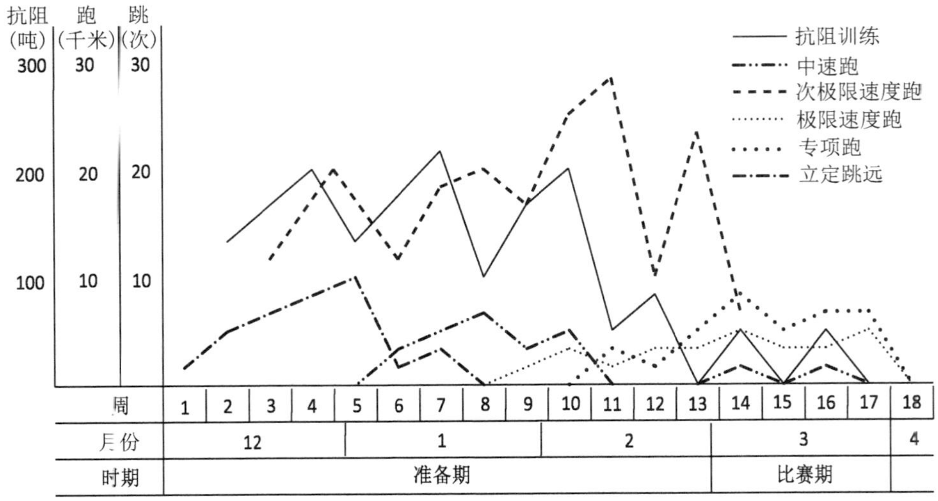

图 7-9　青少年短跑运动员年度大周期训练设计

三、 年度训练过程的比赛系列

(一) 年度比赛的分类及安排

比赛是训练的杠杆,只有通过比赛,运动训练的成果才能得到社会的公认。比赛对运动员的竞技状态有着特定的要求,比赛的选择对训练活动的组织有着重要的影响,因此在年度训练中必须高度重视比赛系列的安排。在划分好训练阶段并确定各阶段训练任务后,就应该着手安排比赛(包括测验)的次数、时间和主次,以此为训练内容侧重规划、训练方法选择、训练负荷变化提供重要的依据。

按主要目的将比赛分为竞技性比赛、训练性比赛、检查性比赛和适应性比赛 4 种基本类型(表 7-11)。

表 7-11　比赛的分类及其训练学特征

类别	主要任务	安排
竞技性比赛	创造理想的成绩,实现训练目标	每个大周期 1～2 次主要比赛
训练性比赛	在比赛条件下,培养和发展运动员专项所需要的某种能力或综合能力	多用于准备时期后期及比赛时期前期
检查性比赛	检查技术掌握的熟练程度与稳定性水平,专项素质发展情况,阵容安排的适宜度,战术设计的价值和配合的熟练程度	多用于重大比赛前
适应性比赛	提高运动员对重要比赛的场地、气候、对手、观众及裁判等各方面条件的适应能力	多用于重大比赛前

1. 竞技性比赛

这是全年训练最重要的比赛活动，一般全年以 2～4 次为宜。在一个训练大周期内，安排主要比赛最多两次，时间以相对集中为好，以便合理设计训练计划，使运动员在预定的一段时间内处于理想的竞技状态，能连续参加一系列比赛，创造优异成绩。

2. 训练性比赛

有经验的教练员常常将某些比赛作为一种基本手段进行实战训练，以便在比赛条件下培养运动员专项所需的综合能力或提高训练强度，这些比赛通常称为训练性比赛。训练性比赛在准备时期就可适当安排，并随着训练阶段的推移，训练强度逐步提高，训练性比赛的次数可以增加。

3. 检查性比赛

检查性比赛：①检查运动技术掌握的熟练程度和稳定性水平，如艺术体操运动员在掌握全套动作之后进行的检查性测验。②检查特定运动素质的发展情况，如 1 500 米跑运动员在冬训第一阶段后参加 10 千米越野赛，检查一般耐力的发展情况。③检查战术设计的应用价值和战术配合的熟练程度。④检查阵容安排的适宜度。例如，集体球类项目运动队在进行调整、组织新的阵容之后，通常要在一些特定比赛中对阵容组成的各种方案加以评定和比较，以选择最佳的主力阵容，并对不同情况下的后备阵容进行演练。

4. 适应性比赛

为了能使运动员对重大比赛做好准备，常在主要的比赛之前安排一系列适应性比赛，这些比赛亦称热身赛。这些比赛可以提高运动员对未来参赛的场地、气候、对手、观众及裁判等各方面条件的适应能力。需要指出的是，适应性比赛距离竞技性比赛之间至少间隔 1 周，在此期间，一方面解决连续适应性比赛中出现的问题，尤其是阵容安排和战术设计问题；另一方面组织赛前训练，在赛前诱导出运动员最佳竞技状态。

（二）比赛设计与参赛选择

青少年比赛应兼顾考察专项成绩、专项体能和专项技术，这将有利于青少年长远训练目标的实现，也就是说，可根据项目发展规律和青少年发育特点组织特定内容的竞赛形式，评价维度相对广泛。例如，游泳项目竞赛中加入蹼泳比赛，足球竞赛中采用小场地比赛，跳水竞赛强调对动作类别全面性的考察等。专项深化阶段（⩽10 岁）与提高阶段（⩽13 岁）的青少年跳水竞赛规则见表 7-12。

表 7-12 专项深化阶段（⩽10 岁）与提高阶段（⩽13 岁）的青少年跳水竞赛规则

年龄组	单项	竞赛规则
⩽10 岁	3 米板	8 个动作（1～4 组抱膝或屈体半周抽签决定+4 个自选动作）。自选动作 5 个组别任选 4 个，难度不限
	跳台	男子：8 个动作（1～4 组抱膝或屈体半周抽签决定+4 个自选动作）。自选动作必跳 5 组和 6 组动作，1 组和 4 组、2 组和 3 组中任选 1 个动作，难度不限 女子：7 个动作（1～4 组抱膝或屈体半周抽签决定+3 个自选动作）。自选动作在 1 组和 4 组、2 组和 3 组、5 组和 6 组中任选 1 个动作，难度不限
	个人全能	9 个动作：1 米板、3 米板、跳台各 3 个，难度不限

（续表）

年龄组	单项	竞赛规则
≤13 岁	3 米板	完成 6 个组别（男子）和 5 个组别（女子）无难度限制动作
	跳台	完成 6 个组别（男子）和 5 个组别（女子）无难度限制动作
	男女混合全能	1. 包括 3 米板和跳台两个项目 2. 男女各一名运动员，每人完成 3 个动作，且每人至少完成 1 个跳板和 1 个跳台 3. 应包括 6 个动作且 6 个动作在不同组别（2 个动作难度系数 2.0，另外 4 个动作难度不限）

与基础训练阶段几乎不参加正式比赛或参加非正式比赛相比，开始专项化训练后，青少年运动员的参赛数量显著增多。竞赛形式方面，早期可以参加以达到身体、技术、技巧上特定目标为目的的有组织比赛，当具备一定专项水平后开始参加正式比赛。参赛数量方面，集体项目以每年递增 5 次的幅度增加，个人项目早期维持在 8 次左右，后期可增加至成年运动员水平，青少年运动员参加比赛类型及数量见表 7-13。

表 7-13　青少年运动员参加比赛类型及数量

年龄（岁）	比赛类型	每年参加有组织的比赛的次数
8～11	非正式比赛，强调技术形式而不是输赢，参与其他项目，仅仅是为了娱乐	集体项目：5～10 次
12～13	参加不以输赢为目的，而是以达到身体、技术、技巧上特定目标为目的的有组织的比赛	集体项目：10～15 次；个人项目：5～8 次
14～16	参加正式比赛	集体项目：15～20 次；个人项目：8～10 次
17～19	参加初级竞赛来取得参加省内或国内比赛的机会，为在高水平比赛中达到最佳竞技状态做准备	集体项目：20～35 次；个人项目：15～30 次； 短时间项目：20～30 次；长时间项目：6～8 次

运动员进入专项深化阶段后，尽管可以参加正式比赛，但无须投入过多的赛前准备，而是将其视为训练的一个主要内容，以此提高青少年训练的指向性。进入专项提高阶段后，通常以准备和参加一次或一组重大比赛为单位规划和组织实施训练计划。此时，主要参加国内、外青年比赛，参赛既可以是主项本身，也可以是若干副项，以便全面检验阶段性训练效果。高水平竞技阶段的运动员主要参加全国运动会和国际成人比赛，虽然也会偶尔参加副项角逐，但不应影响主项比赛的发挥。

美国优秀投掷运动员瑞安·克劳瑟是男子铅球世界纪录保持者，并连续获得里约奥运会、东京奥运会和巴黎奥运会冠军。他在 16～20 岁的赛季参赛数量逐步增多，并同时参加近 1/2 比例的铁饼比赛，当进入高水平竞技阶段后，他的单赛季参赛数量保持稳定，并逐渐减少参加室内铅球比赛的次数，将全部的精力聚焦于专项本身（表 7-14）。

表 7-14　美国投掷运动员瑞安·克劳瑟职业生涯参赛分布

多年训练阶段	年份（年）	年龄（岁）	室外铅球参赛次数（次）	室内铅球参赛次数（次）	铅球参赛总次数（次）	室外铁饼参赛次数（次）	年度参赛总次数（次）
专项深化及提高阶段	2009	16	—	3	3	3	6
	2011	18	2	1	3	2	5
	2012	19	4	5	9	7	16
	2013	20	6	—	6	7	13
最佳竞技与保持阶段	2014	21	5	4	9	6	15
	2015	22	4	5	9	6	15
	2016	23	11	5	16	2	18
	2017	24	15	—	15	—	15
	2018	25	13	—	13	—	13
	2019	26	12	2	14	—	14
	2020	27	8	3	11	—	11
	2021	28	13	3	16	—	16
	2022	29	10	3	13	—	13
	2023	30	11	3	14	—	14

第三节　中周期与小周期训练的计划与组织

专项深化及提高阶段需要以中周期的形式阶段性地解决特定问题，其类型的选择应满足竞技能力发展和竞技状态调控的需要，并通过中周期与小周期的搭配予以落实。小周期作为中周期的组成单位，应充分考虑不同性质训练内容的代谢特点，并依据专项需要选择适宜的搭配方式。

一、 中周期训练的设计与运用

年度训练中周期是为保证实现年度训练大周期目标所安排的时间较短的训练过程。中周期是处于各种训练计划中间层次的训练过程，它起到承上（多年、全年训练）启下（周训练、日训练、训练课）的作用。与上一层次的训练设计相比，虽然中周期一般随着年度大周期一起预先设计，但却比大周期具有更大的灵活性和可调性，从而沟通和保证了大周期和小周期之间的联系，使各层级的训练计划成为一个完整的整体。

（一）中周期训练的基本类型

中周期训练由多个周训练（小周期训练）构成，每个小周期训练都有着特定的训练功能，若干小周期训练则构成了反映某方面重点功能的中周期训练。实践表明，单一的训练课难以产生稳定的训练适应，至少应经历 3～6 周的训练才能使运动员的身体机能得到明显增长。由于中周期训练意在解决某一具体的训练任务，虽然时间不能过短，但过长也会影响年度训练的整体安排。通常情况下，力量训练中周期为 3 周，技术训练中周期为 4～6 周，检查性训练中周期为 2～3 周。

从所处阶段和所需解决的具体任务来看，中周期可分为导入中周期、基础中周期、测验准备中周期、赛前中周期和比赛中周期 5 种。对应于完整的训练大周期、导入中周期和基础中周期在准备期使用；测验准备中周期、赛前中周期和比赛中周期在比赛期使用。每种类型的中周期训练均有着明确的训练任务与要点，并通过负荷量度的搭配和方法与手段的实施予以达成（表 7-15）。

表 7-15　中周期训练的类型、任务及要点

类型	训练任务	训练要点
导入中周期	逐渐引导运动员有效完成专项训练	采用一定数量的专项练习形成专项竞技能力，确保专项训练阶段的效果
基础中周期	提高运动员机体主要系统的机能水平	训练方法与手段多样化，广泛采用大负荷量度的训练课
测验准备中周期	整合运动员在以前中周期获得的能力	广泛采用接近比赛动作的专项练习和比赛动作本身以及战术训练
赛前中周期	消除训练过程中表现出的某些缺点，提高技术运用能力	安排适合进一步提高专项训练水平的低负荷量、恢复型小周期
比赛中周期	做好比赛间调控，以最佳竞技状态完成比赛任务	依据比赛负荷及时间间隔，进行恢复性、发展性、针对性训练的部分或全部内容

我国优秀男子蝶泳运动员余贺新在 14～15 岁专项提高阶段，年度训练按照 7 个中周期进行设计，其中，从游泳短距离项目的专项需要出发，将基础中周期分为两部分，分别用以发展神经肌肉系统和能量代谢系统，为之后的专项训练奠定了基础（表 7-16）。

表 7-16　游泳运动员余贺新 2010～2011 年全年训练框架（何新中，2017）

中周期	主要训练任务	持续时间
导入中周期	恢复正常训练，使运动员机体和心理状态逐渐进入正规训练轨道，提高运动员所承受的训练负荷，使之产生适应性反应，做好训练准备	2～6 周
基础中周期Ⅰ	发展一般身体素质、技术动作，以及恢复和发展对运动员专项训练有重要影响的移动速度、最大力量	2～4 周
基础中周期Ⅱ	改善有氧代谢能力	3～5 周
测验准备中周期	在能量代谢基础上发展肌肉耐力和快速力量，优化专项技术，培养战术	2～5 周

（续表）

中周期	主要训练任务	持续时间
赛前中周期	发展整体竞技能力，逐步诱导竞技状态	1～4周
比赛中周期	通过细致调节，顺利参加比赛，完成大周期比赛任务	1周
恢复中周期	从训练和比赛中恢复过来，为下一大周期的训练做好准备	1～4周

（二）中周期内的小周期搭配

从中周期的任务出发，运动训练实践中可以小周期作为基本单位的组成方式，从而实现促进持续紧张的训练，提高训练过程中的个别方面，实施整合训练，创造恢复条件等目标。中周期的小周期负荷搭配方式在多年训练不同阶段有着很大区别，青少年与高水平运动员的训练相比，同样功能的中周期不但负荷量度较低、训练内容较少，而且组合形式更加灵活多样，以达到激发兴趣的目的。多年训练不同阶段中周期内小周期的负荷累积和组合见表7-17。

表7-17　多年训练不同阶段中周期内小周期的负荷累积和组合（弗拉基米尔·尼古拉耶维奇·普拉托诺夫，2014）

多年训练阶段	小周期类型的负荷累积			
	Ⅰ	Ⅱ	Ⅲ	Ⅳ
基础训练阶段	诱导型中等负荷（无大负荷课）	强化型大负荷（2次大负荷课）	强化型较大负荷（1次大负荷课）	恢复型小负荷
专项深化阶段	诱导型中等负荷（1次大负荷课）	强化型大负荷（3次大负荷课）	强化型较大负荷（2次大负荷课）	恢复型小负荷
专项提高和最佳竞技阶段	强化型大负荷（4次大负荷课）	强化型大负荷（3次大负荷课）	强化型大负荷（6次大负荷课）	恢复型小负荷

在基础训练阶段，不宜采用连续累加负荷的小周期组合方式，而是不同负荷小周期交替进行，大负荷或次大负荷的小周期应该在运动员体能充分恢复的情况下进行。当运动员具备一定的训练基础后，小周期的组合方式仍并未发生明显改变，但小周期内的大负荷训练课次有所增加。与之相比，进入专项提高阶段的运动员可以在实现特殊需要时采用小周期逐次积累的安排方式，以便于某种基础能力的阶段性快速发展。对于不同类型的中周期而言，内部小周期的类型，总体负荷搭配依据预期目标有着较大不同。青少年训练需要依据他们的生理年龄、训练年龄、竞技水平、年度训练目标来组建中周期，变化形式可以多一些，这样既可利用他们的恢复过程优势，又可以降低心理压力，从而进一步提高训练效益。

进入专项提高阶段后，运动员在年度训练各时期，尤其是赛前中周期进行大负荷量度训练是必要的，但必须建立在运动员具备较高的负荷适应能力以及前期训练积累的一般能力基础之上，并且教练员应具备系统监控运动员负荷反应变化的意识和调控能力。若忽视运动员基础能力的训练与储备，赛前训练阶段负荷量度过大且恢复性训练比例较低，并一味地追求专项比赛成绩，进行过于频繁而长期的大负荷专项训练，会使青少年运动员机体长时间处于生物适应的上限，他们的专项身体素质、专项技术水平、临场预判与反应也会出现不同程度下降，心肺功能及血清睾酮/皮质醇也很难达到较高水平，甚至存在过度训练的风险。

二、小周期训练的计划与组织

小周期训练是指以一周中的一系列训练课为基本单位安排的训练。小周期训练受中周期训练计划的制约，并要保证阶段性中周期训练目标的实现，但同时，小周期训练又成为每天、每次课确定基本训练方向和训练安排的依据。小周期训练属于临时性短期安排，具有极强的操作性，因而受到教练员的重视，尤其是在现代恢复手段加强、训练手段更新、赛事安排密集的情况下，小周期训练安排的科学性具有重要的意义。

（一）小周期训练的基本类型

基本训练周是运动训练过程中最基本的训练周型，运动员竞技能力的提高主要得益于这个阶段的训练，其主要任务在于通过大量反复的练习，有效提高运动员专项体能与技战术水平，通过训练负荷的深刻刺激全面改善身体的能力状态，以期实现竞技能力的全面提高。决定基本训练周训练内容的因素，主要包括特定训练阶段的竞技发展目标、实际训练条件、项目专项特征以及运动员自身特点等。基本训练周要全面发展运动员的竞技能力，因此会安排多项训练内容，通过比重有所不同、方式各有变化的各种内容搭配，有效刺激运动员的体能的全面发展。

赛前训练周直接针对运动员参加重大比赛而展开，主要任务在于完善专项竞技能力的核心要素，为形成良好的竞技状态奠定基础。其特点是训练内容更集中、专项特点更突出，通过集中训练的定向整合，重点发展专项竞技能力中具有决定意义的关键能力。

比赛周的训练直接为完成比赛、争取好成绩服务，核心要点是培养最佳竞技状态并参赛制胜。组织过程中，在前期竞技能力发展与状态调整的基础上，通过训练进一步整合竞技能力结构，使运动员在比赛日达到竞技状态的峰值，充分地表现出已具有的竞技水平。

赛间训练周主要是为比赛与比赛之间 3～10 天时间间隔而做专门准备的训练，其任务是消除前一次比赛后的身心疲劳，促进机体恢复，进行针对性的技术、战术训练，迎接下一次比赛。也就是说，恢复与准备是赛间训练周需要着重关注的要点。

高强度的训练和比赛结束后，运动员的身体能量消耗较大，身体处于疲劳的状态。恢复周通过负荷水平较低的训练适度刺激运动员机体，保持机体的适度活性，以便更快、更好地消除运动员身心疲劳，结合专项特征及个人特点，集中精力促进全面恢复。

不同训练周的主要任务见表 7-18。

表 7-18　不同训练周的主要任务

类型	主要训练任务
基本训练周	通过特定的程序和反复练习使运动员掌握和熟练专项技术、战术，以及通过负荷的改变引起新的生物适应现象，提高运动员的多种竞技能力
赛前训练周	使运动员的机体适应比赛的要求和条件，把各种竞技能力集中到专项竞技中去

（续表）

类型	主要训练任务
比赛周	为运动员在各方面培养理想的竞技状态做直接的准备和最后的调整，并参加比赛，力求实现预期的目标
赛间训练周	消除前一次比赛后的身心疲劳，促进机体恢复，针对下一次比赛进行针对性布置与训练
恢复周	消除运动员的身心疲劳，促进超量恢复的出现，激发强烈的训练动机，准备投入新的训练

（二）小周期训练内容与负荷交替安排的要点

决定周训练负荷与内容的主要依据是，实现训练目标的需要和不同负荷后机体的反应及恢复状况，前者决定着应该把哪些内容列入训练计划中，后者则决定着这些内容应该怎样组合在一起。完成不同内容和负荷的训练课之后机体产生疲劳的程度和恢复过程不同，因此课次之间的搭配是决定单次课效果以及后续训练课计划的关键。通常情况下，单次大负荷课之后需要 2～3 天才能获得充分恢复；次大负荷的恢复期缩短 24～36 小时；中等负荷的恢复过程一般不超过 10～12 小时；而小负荷课后，机体能力的下降仅为几十分钟或几个小时。为此，不同类型单次或多次大负荷课后机体的恢复程度，将是决定周训练内容与负荷交替安排的关键（图 7-10）。

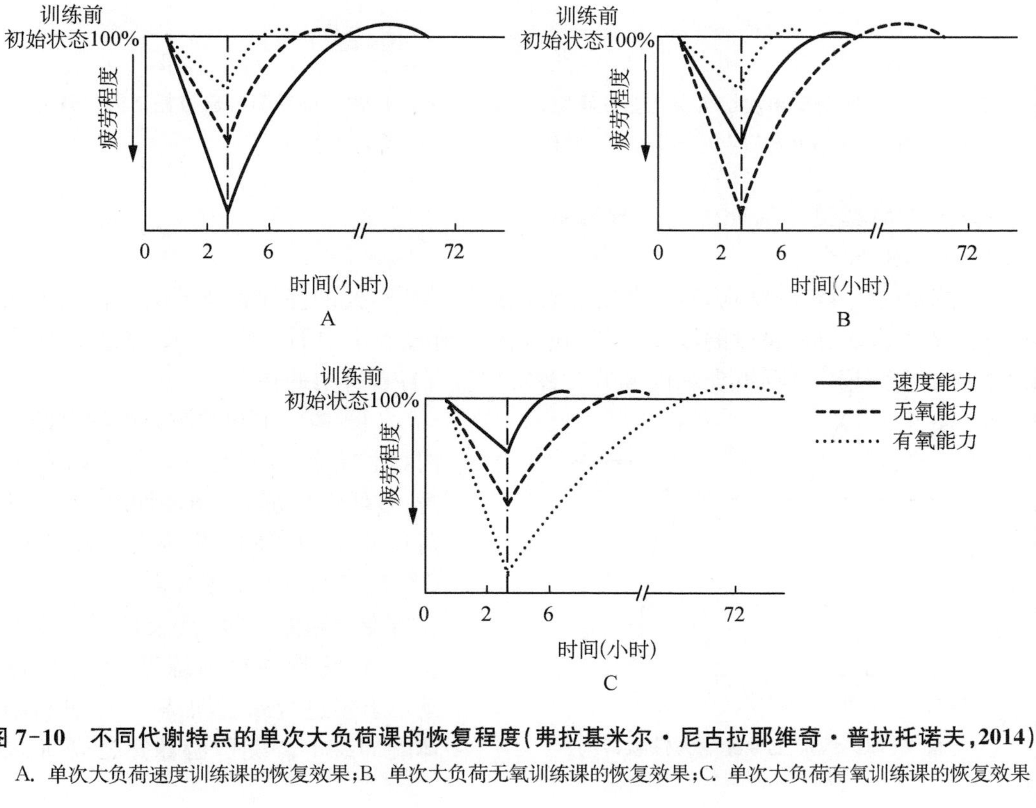

图 7-10　不同代谢特点的单次大负荷课的恢复程度（弗拉基米尔·尼古拉耶维奇·普拉托诺夫，2014）

A. 单次大负荷速度训练课的恢复效果；B. 单次大负荷无氧训练课的恢复效果；C. 单次大负荷有氧训练课的恢复效果

运动员参与不同类型的大负荷训练课之后，机体的恢复的过程是非同步的，其中，与负荷主要性质相应的运动能力刺激最为深刻，疲劳产生最明显，恢复得也最慢，与此同时，其他运动能力的恢复时间则要相对短得多。如图 7-10 所示，如果某次大负荷课仅为单一的负荷内容，那么速度、无氧、有氧负荷后，对应能力分别需要在 48 小时、48～72 小时、72 小时后进入超量恢复阶段，此时可以再次安排同一性质的负荷，与之相对，其他性质的负荷课可以提前进行。例如，单次速度性大负荷之后的 6～12 小时安排有氧为主的负荷，24 小时之后安排无氧糖酵解供能为主的负荷。

综合训练课时，如果每种工作完成最高负荷的 30%～35%，那么第二天仅有速度能力产生超量恢复；如果每种工作完成最高负荷的 40%～45%，则会产生相当于大负荷的疲劳，并且疲劳具有整体性和深入性，24 小时后进行任何训练，机体都难以表现出高度工作能力状态(图 7-11)。

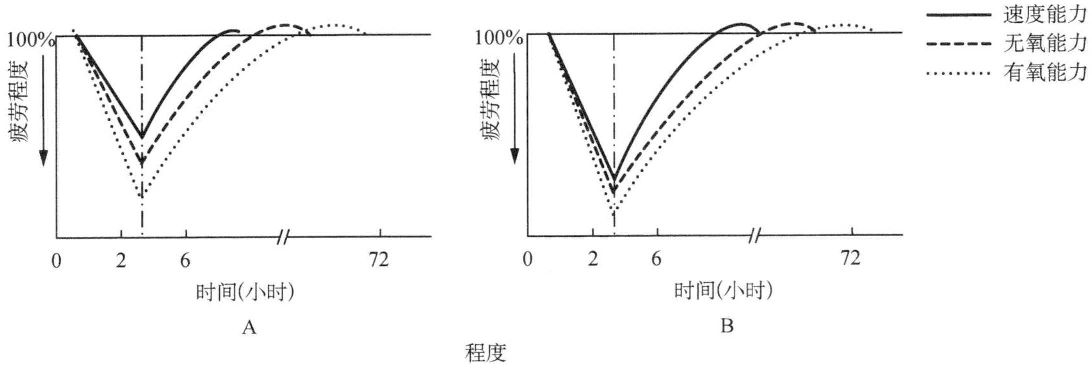

图 7-11　不同负荷单次综合课的恢复程度(弗拉基米尔·尼古拉耶维奇·普拉托诺夫，2014)

A. 每种工作完成最高负荷的 30%～35%；B. 每种工作完成最高负荷的 40%～45%

(三) 不同类型小周期的设计与运用

1. 基本训练周

基本训练周内容的结构安排，既要能够使运动员所需要的各种竞技子能力得到全面综合发展，又要体现负荷量度的波动起伏，避免因负荷过于集中而导致过度训练。由于竞技能力主导因素不同，各项群训练内容的交替安排有着各自鲜明的特点。

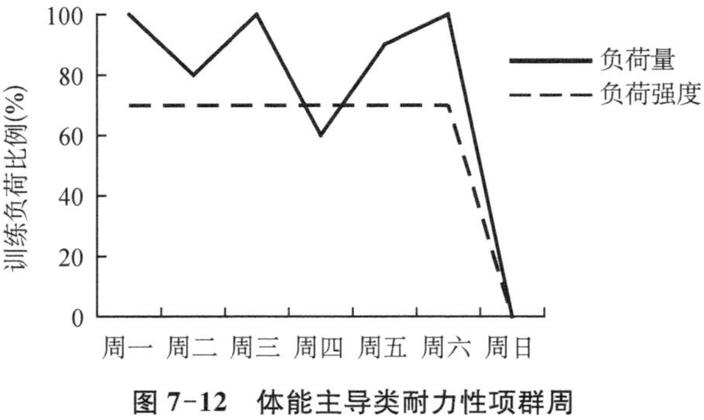

图 7-12　体能主导类耐力性项群周训练负荷变化

(1) 体能主导类耐力性项群的训练内容和方法相对单一，主要以专项本身、替代性训练、辅助性训练为主，其负荷特点是中等负荷强度、大负荷量(图 7-12)。例如，长跑项目周一、三、六安排专项跑的训练，其余训练日安排力量训练、法特莱克训练等；速度滑冰运动员上午进行冰上训练，下午进行陆上体能训练等。美国游泳运动员菲尔普斯在专项提高阶段的训练，采用了每周 3 次大负荷量的安排，其他训练日则主要以专项素质和技术训练为主（表 7-19）。

表 7-19　菲尔普斯 14～15 岁专项提高阶段基本训练周计划安排

	周一	周二	周三	周四	周五	周六	周日
内容	仰泳	蛙泳	长距离自由泳	混合泳自由泳	技术	主项	技术
性质	大负荷量技术训练	打腿、划手（带蝶泳腿）	大负荷量小负荷强度	大负荷量增加强度	低强度、接力、打腿	注重技术分解练习	有氧训练

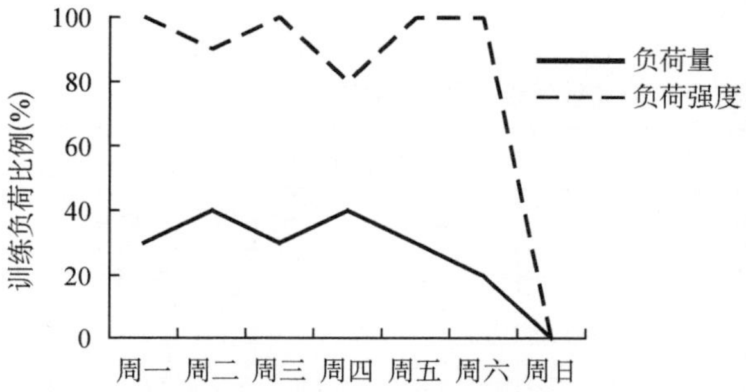

图 7-13　技能主导类表现性项群周训练负荷变化

（2）技能主导类表现性项群运动员的训练中，几乎每天都要安排技术训练，这时要注意根据项目的特点，使技术训练与身体素质练习交替安排，如跳台运动员除了安排陆上和台上的技术训练外，每周还会安排 3～4 次悬垂举腿、推倒立等专项素质练习。体能主导类速度性和耐力性项目周训练内容的交替安排，主要体现在各种运动素质和技术训练的安排上，如投掷项目周一、三、五安排一般或专项力量训练，周二、四、六安排分解或整体技术训练。上述项目的训练负荷特点是，不论技术训练还是体能训练负荷强度均为次大、大或极限，同时为保证训练质量，负荷量仅为中或小，技能主导类表现性项群周训练负荷变化见图 7-13。

（3）体战能主导类对抗性项群的训练安排中，对运动员的体能、技能、战术能力都给予高度的重视。一周的训练中，每天都安排体能与技战术训练，但每次训练课的内容却在不断地变化。为了使青少年运动员既能够以高机能状态保证训练质量，又可以使他们的生理和心理都能在紧张训练中得到必要的调节和恢复，可采用上、下半周负荷交替的方式，如周一、二、三主要安排小负荷量、大负荷强度的技战术训练和力量训练，周四、五、六安排大负荷量、中等负荷强度的教学性或训练性比赛，以及一般或专项耐力训练。体战能主导类对抗性项群周训练负荷变化见图 7-14。

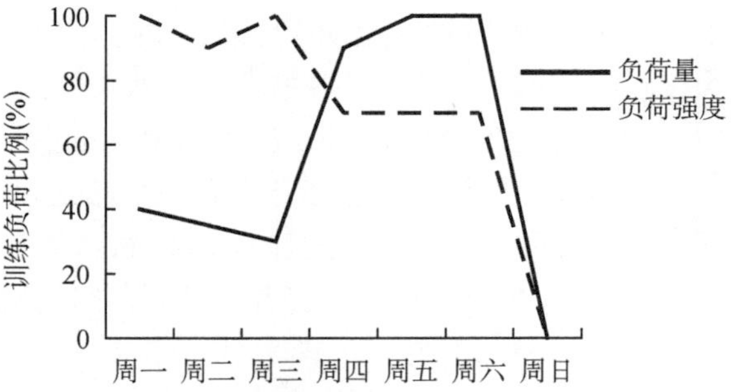

图 7-14　体战能主导类对抗性项群周训练负荷变化

由于单次大负荷训练后超量恢复都需要 24～72 小时，所以在训练实践中，有经验的教练员通常把一周的训练分为两半，上半周的训练之后，在一周的中间安排较小的负荷或其他形式的积极性休息以作为调整，下半周的训练从负荷的内容及程度上，与上半周的某些方面类似。这样一种结构，被称为周训练计划的两段结构，其中，体能主导类项目的分段主要体现为负荷量或负荷强度的下降调整；技能、技战能主导类项群则主要表现为身体素质练习和技战术练习的转换。

如前所述，进入专项深化及提高阶段后，运动员从每天1次训练，逐步增加至隔日2次训练，最后达到每天2次训练。如果某天安排2次训练，其中一次为基本训练课，主要安排提高专项所需的竞技能力训练，且训练内容通常比较稳定，或为专项体能训练，或为核心技术和战术训练，训练负荷较大，持续时间较长；另一次为补充训练课，根据专项特点安排补充性的、比较广泛的训练内容，目的在于弥补运动员竞技能力的不足，训练负荷相对较小（表7-20）。当然，在训练实践中，由于项目特点、阶段性训练目标、训练负荷方向的不同，有时根据需要也会一天之内安排两次基本训练课，或在前一天大负荷的基本训练课之后，安排两次补充训练课。

表 7-20　一天中基本训练课和补充训练课的组合结构

基本训练课		补充训练课	
目标	负荷	目标	负荷
提高速度能力，改善速度技术	大或较大	提高无氧能力	中或较大
提高无氧能力或专项中、短距离耐力	大或较大	提高有氧能力	中或小
提高有氧能力或专项长距离耐力	大或较大	提高速度能力，改善速度技术	较大、中或小
综合连续完成速度、无氧和有氧能力	大或较大	综合提高有氧能力	中或小
综合提高无氧和有氧能力	大或较大	提高速度能力、改善专项技术	中或小
综合提高速度和无氧能力	大或较大	提高有氧能力	较大、中或小

2. 赛前训练周

赛前训练周训练内容的交替安排中，训练的内容更加专项化且更加接近于专项比赛。在运动素质训练方面，一般运动素质的比例减小，而专项素质的比例增加。技术训练方面，分解练习比例减小，结合特长技术的完整练习比例增加，并努力提高练习的成功率和稳定性，一般不再学习新动作或改变运动原已形成和巩固了的动力定型。战术训练应以如何发挥自己优势为核心，个人项目以完成特殊战术为主，常规战术比例减小；集体项目以小组战术、全队战术为主，个人战术比例减小；另外，应针对比赛时的主要对手、竞赛环境、赛程等采用模拟训练。

赛前训练的核心训练任务是有效刺激运动员的机体，实现专项竞技能力的定向发展，并形成良好的竞技状态。此阶段训练的总体负荷水平保持在较高的层次，以强度刺激为主，并适当安排适应性的热身赛，不断强化机体能力的转化，逐渐形成预期的临赛状态。

3. 比赛周

由于不同内容、不同负荷的训练后，运动员机体主要能力达到超量恢复所需的时间不同，又为了在比赛中表现出高度的竞技水平而要求运动员竞技能力水平处于最佳状态，所以，就必须通过科学的设计，使各方面负荷后的超量恢复阶段都在同一时间内出现。一般来说，根据不同训练负荷后完全恢复所需时间的不同，可以把高强度的无氧代谢训练、速度训练、力量训练、高强度专项训练等安排在赛前3～5天进行，把有氧代谢训练等中低强度的一般训练安排在赛前 1～3 天进行。在比赛日，运动员竞技能力的各个要素都处于最佳的水平，从而可以形成良好的竞技状态(图 7-15)。

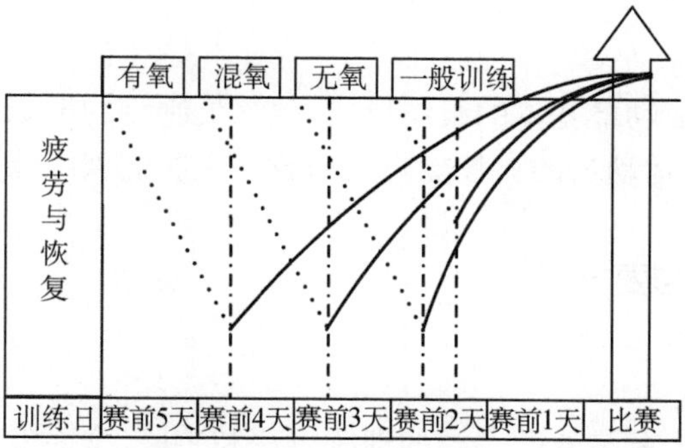

图 7-15　超量恢复集合安排模式

4. 赛间训练周

赛间训练周训练内容与负荷的安排应综合考虑比赛的特点和赛间时间的长短。基本要求是，安排好负荷的节奏，避免负荷强度与负荷量同步增加，恢复性小负荷的课次增加至 1/2，同时加强恢复措施，以保证运动员在下次比赛中表现出最佳体能水平。

如果整个赛事的持续时间较短，且两次比赛的间隔时间很短，如短于 3 天时，训练的内容应避免单调，负荷要小、练习次数要少，尤其是力量训练和供能系统训练的强度和量都要小，以便运动员可以从上一场比赛的疲劳状态中快速恢复过来。

5. 恢复周

恢复周主要在年度大周期的恢复期中使用，虽保持一定的节奏变化，但大幅地降低负荷强度和负荷量。如果比赛周的负荷量很小，也可以在恢复周中适当地增加负荷量。对于专项提高阶段后期的运动员而言，恢复周也可以在基本训练周间穿插进行，如进行两个大负荷训练周之后，安排一个恢复周的负荷节奏形式，即"练二调一"模式。为了实现恢复周训练的主要目标，要求其训练内容广泛而灵活，应多选择以下两种内容，一是，一般性的身体练习。如非专项的球类活动、游泳、各种非竞技性的健身体操等；二是，带有游戏性的练习。恢复型小周期的双峰型负荷安排具体见图 7-16。

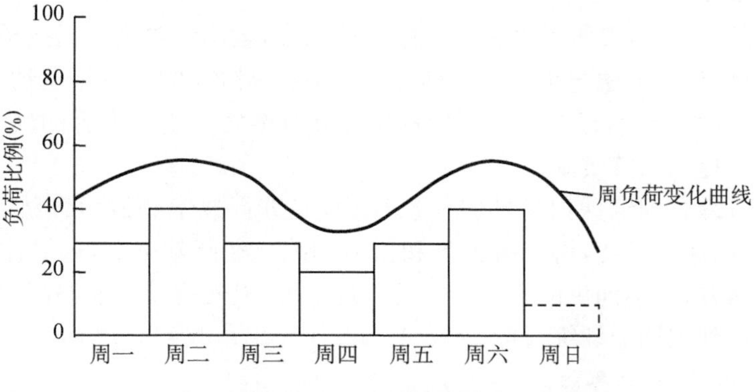

图 7-16　恢复型小周期的双峰型负荷安排

第四节　训练课的计划与组织

训练课是运动训练活动最基本的组织形式，教练员制订的训练计划都需要通过一次次的训练课组织予以实施，运动员的竞技能力也需要一次次的训练课实现训练效益。

一、训练课的类型与要求

（一）体能训练课

体能训练课的主要任务是通过多样的训练方法和手段，全面发展运动员力量、速度、耐力等的各种一般和专项运动素质。这类课大多安排在大周期的准备期第一阶段，其他时期主要用于巩固运动员身体机能水平，以及作为调节负荷节奏来使用。

在运动素质训练课中，经常在一次课中安排两种或者两种以上素质的练习。练习需要的身体条件不同，因此需要把握各种素质间的有机联系，合理安排练习的次序，结构性依次完成。运动素质训练课的练习较多、负荷较大，要特别注意训练的间歇，重点把握训练负荷的变化节奏。

（二）技术战术训练课

技术战术训练课主要进行各类技术与战术训练，以及为专项技术战术训练服务的辅助性练习，其基本任务是学习、掌握和熟练地运用专项技术和战术，提高技术战术能力和运用质量，及时纠正技术战术使用错误，多人及集体项目通过战术配合训练提高团队竞技能力。

技术战术训练课要注意安排好技术战术训练的程序，选择有效的练习手段。首先，技术战术教学与训练大都将分解法与完整法结合起来，在进行分解教学与训练时，要注意科学地安排练习的程序。其次，技术战术练习手段众多，经验丰富的青少年运动员对于常规练习手段会产生适应，因此应依据效果明显、组织方便、激发兴趣等原则，选择适用于运动员个体的训练手段。再次，要紧密结合专项特点与实战要求，根据运动员技术战术能力的优势与短板，从专项竞技需要的角度选择训练手段。

（三）综合训练课

综合训练课通常安排 2 种及 2 种以上的训练内容，运用包含多种竞技子能力紧密结合实战需要的综合性训练方法与手段进行训练。专项提高阶段的青少年运动员，具备了短时间内承受多种负荷的能力，可在训练课中利用交互刺激安排不同内容的训练，以保证充分地利用训练时间，提高训练效率。

一般情况下，综合训练课内容的安排次序为，先进行技术和战术训练，后安排体能训练；先进行灵敏性、速度训练，再安排力量和耐力训练。在此基础上，还要注意不同身体部位、不同肌肉收缩方式、不同供能方式练习的合理分配，以便运动员能够高水平地完成各项训练内容，保证达到预期的训练目标。

（四）测验、检查和比赛课

测验、检查和比赛课的任务是对运动员的训练效果进行检查。课的内容、测试的手段根据训练计划中的要求予以安排，负荷量可能不大，但负荷强度较大或很大，在某些时候，这种负荷对运动员机体的刺激相当强烈。

测验、检查和比赛课既可以在阶段性训练任务完成后进行，也可以在重要赛事备战阶段进行，前者需要采用符合计划要求的方法与手段，以便准确、客观地反映训练目标和训练状态，后者的组织应根据专项竞赛规则和规程进行安排，程序化组织实施，以起到赛前调整、模拟与适应的作用。

二、 训练课的结构

运动员有机体机能活动变化的 3 个阶段规律与训练课的训练活动相对应，可将一堂训练课分为准备部分、基本部分、结束部分，并通过教学训练过程的 3 个部分对运动员机体活动性变化进行控制。

（一）准备部分

准备部分的任务是使运动员调整心理状态、调动各种生理功能，准备承受基本部分训练负荷及完成所安排的训练内容，以获得理想的训练效益。从一般性的肌肉活动开始，运动员的体温开始升高，有机体各种调节系统、植物性系统和执行系统所固有的活动逐渐积极地动员起来，身体各系统逐步进入动员与运动状态。不同系统动员的速度是不同的，一些指标（心率、呼吸量）达到稳定水平较快，而另一些指标（每分钟血液循环量、需氧量）达到稳定水平则比较慢。准备活动用时依照运动员个人特点与竞技水平而定，一般而言，优秀运动员的准备活动可以较快地完成机体动员过程。

准备活动可分为一般性准备活动和专门性的准备活动两部分。一般性准备活动的主要任务是全面调动有机体的各种器官、系统，并提高其活动性。通常从有氧活动开始，逐步提高工作强度，使心率达到 130～140 次/分，准备活动时间因人、因基本部分内容而异，练习手段多样，可采用慢跑和徒手操，或其他强度不高的练习。专门性准备活动的任务是直接为基本部分的内容服务，使机体适应特定的训练要求，并从技术上做好必要的准备。专门性准备活动的内容既可结合基本部分设计，也可采用专项基本练习，工作强度有时可接近于基本部分的要求，以便取得理想的训练效果。

（二）基本部分

基本部分安排训练课的主要内容，它的结构和持续时间依运动项目和训练阶段不同而异。造成这种现象的主要原因在于，每次训练课都必须被纳入总体的训练计划，必须使每次课的训练效果能承上启下，使前次课的效果得以延续，本次课的效果得到积累，课的内容、练习手段和负荷等各项指标必须符合训练过程的发展趋势，这就必须根据运动员训练水平发展的需要，决定本次课基本部分的训练安排。

1. 单一内容训练课的基本部分

单一内容训练课基本部分的特点是，内容单一、任务明确、时间集中，适合完成需时较多的训练任务，如基本技术训练、各种运动素质的训练等，也可以施加较大的训练负荷，以促进运动员有机体产生深刻的生物学改造。这类课在耐力性项目的训练安排中较为常见。例如，公路自行车的训练课常采用单一的长时间骑行。

身体素质训练课的结构顺序通常为，速度练习、快速力量练习、灵敏性练习等安排在训练课的前半部分，以保证练习的质量，取得理想的效果；在训练课的后半部分运动员身体出现疲劳时，主要安排以发展耐力素质或力量耐力为主的练习。技术战术训练课若采用单一的训练内容，常常会出现身体的局部疲劳，影响运动员神经系统的兴奋性，因此可采用多种形式、不同练习密度和间歇的形式。例如，足球技术战术训练课中，依次进行一对一技术练习、不同规格小场地练习、全场练习攻防等。

2. 综合训练课的基本部分

（1）训练内容之间的搭配

第七章
拓展阅读 4

综合训练课的任务是根据专项的需要，全面发展运动员所需的各项竞技子能力，通常在一堂课中安排两种以上的训练内容。综合课采用适宜的训练手段完成相关联的若干任务，从练习所需的能力、方向、负荷的组合来看，主要包括以下 3 种方式：发展速度能力、无氧耐力和有氧耐力；发展速度能力和有氧耐力；发展无氧耐力和有氧耐力。若结合不同训练内容的能力与负荷特征，结合专项能力发展需要，则有着更为细致的组合方案。综合训练课中常见的训练内容搭配见表 7-21。

表 7-21　综合训练课中常见的训练内容搭配

搭配方案	搭配内容
1	运动技术训练＋有氧耐力训练
2	爆发力训练＋速度训练＋无氧耐力训练
3	柔韧性训练＋最大力量训练＋力量耐力训练
4	速度训练＋技术、战术训练＋柔韧性训练
5	无氧耐力训练＋有氧耐力训练
6	最大力量训练＋有氧耐力训练
7	运动技术训练＋速度力量训练
8	运动技术训练＋柔韧性训练＋耐力训练
9	力量耐力训练＋柔韧性训练
10	有氧耐力训练＋柔韧性训练

（2）各种练习之间的顺序

各种练习内容对运动员所产生的刺激，会在运动员的机体留下有利或不利的痕迹。一般来说，应将要求神经系统较为兴奋、能量供应充沛的练习安排在课的前面，将容易产生疲劳或需要在疲劳状态下进行的练习安排在后面；将技术性强的练习安排在前面，素质练习安排在后面；将对其他练习产生良好影响的练习放在前面，不产生影响或有不良影响的练习安排在后面。例如，学习新的技术动作和战术配合，应当安排在准备活动之后；如果需要在对抗情况下完成已掌握的技术动作和战术配合，那么就应该安排在课的后半段；精细动作的稳定性和准确性练习应该安排在课的末尾，在完成其他训练且机体疲劳逐渐加深时进行。

(3) 改变练习内容时必须做适应性的专项准备活动

若在综合内容的练习课基本部分中安排相互联系不紧密的内容，应在更换内容时做一些专项性的准备活动。例如，体操运动员吊环练习结束后换跳马训练，那就应在跳马练习前活动下肢关节和腕关节，并进行跑跳和推手练习，然后再进入正式的跳马练习。

(4) 注意不同训练内容负荷的累积效应

有些训练内容虽练习形式不同但负荷性质近似，若连续施加负荷会因积累效应产生较为深刻的刺激。例如，篮球训练课中，先安排双人快速跑动传接球 40 次，再安排 25 米×20 次冲刺的练习，这些练习都有无氧系统的参与。因此，在对负荷性质进行判别的基础上，应考虑练习作用于机体的何种功能系统，应尽量安排不同的功能系统交替进行工作。对于青少年运动员而言，内容的搭配还应考虑对其心理的影响，游戏性、竞争性、放松性的练习既可作为积极休息的手段，也可以起到加速训练后恢复的作用。

(5) 安排作用于同一功能系统的练习时，负荷应呈波浪形的变化

如果在基本部分安排作用于同一功能系统的练习，为使该系统得到适时休整，就应采用间歇、改变练习的密度等方式，使负荷产生波浪形的变化。综合课的负荷曲线根据内容的多少可能出现几次高峰，在换项的间隙中处于波谷。例如，图 7-17 是一次 100 分钟的青少年女子体操运动员训练课中工作能力的变化，这种类型的综合课在技能主导类、技战能主导类、田径全能项目的运动员的训练中被广泛应用。

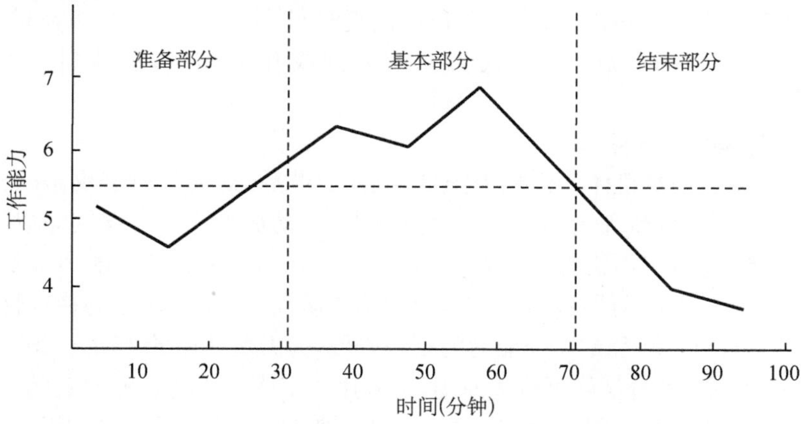

图 7-17　青少年女子体操运动员训练课中工作能力的变化

在一般准备期的综合课中，提高有氧耐力的训练往往占显著地位。而后，随着训练时期向着比赛期靠近，提高速度能力和专项耐力的比例有所提高。在准备部分结束之后，如果短距离爆发性练习安排在课的前半部分，那么训练量为总量的 20%～30%，如果安排在基本部分的结尾，那么短距离练习的训练量不能超过训练的 5%～10%。

(三) 结束部分

训练课结束部分的任务主要是消除训练课基本部分所造成的心理、生理上的紧张状态。现代运动训练把恢复作为训练的组成成分。当然，作为训练课的结束部分并不可能完全消除因紧张训练工作所带来的疲劳，训练课的结束也就意味着运动员机体全面恢复过程的开始。因此，有组织地进行训练课的结束部分对恢复过程的积极进行有着重要的作用。

三、训练课的负荷

不同负荷等级给予运动员机体的刺激程度不同。若要使运动员表现出更高的状态水平，就需要通过较大负荷课甚至大负荷课来打破机体的固有状态；与之相比，中负荷课只能使运动员保持已达到的水平，并完成各个局部的训练任务；而小负荷课只能加快前几次负荷课后的恢复过程。对于不同负荷课等级的划分，可以通过以下方式予以判定。

1. 依据主要训练手段训练量

在一次预定时间界限的训练课中，完成主要训练手段的最大训练量可作为大负荷课的判定标准，运动员所能承受最大负荷的80%以上为大负荷，50%～80%为中等负荷，50%以下为小负荷。例如，假设在两小时的训练课中，运动员用极限强度跑100米，即保证出于ATP-CP供能范围内的100米跑，最大可能只能跑20次，那么16～20次就是该运动员一堂课中发展速度能力的大负荷，与其相应的10～16次为中负荷，10次及以下为小负荷。

2. 依据训练课后恢复的状态

有机体在负荷刺激下产生疲劳，负荷越大，疲劳越深，需要恢复的时间也就越长。比较同一时间长度的训练课结束后，机体疲劳恢复至原来水平时间的长短，即可判断训练课负荷的大、小等级。其中，大负荷课恢复时间为2～3天；较大负荷课恢复时间为1～1.5天，负荷量为大负荷课的70%～85%；中等负荷课恢复时间为10～12小时，负荷量为大负荷课的50%～70%；小负荷课恢复时间仅为几十分钟或几个小时，负荷量为大负荷课的20%～25%。

3. 依据训练课中的疲劳程度

训练负荷能使运动员机体工作能力降低，机体疲劳后，运动员所表现出的机体工作能力，可以作为外在判断负荷等级的标准。大负荷课：运动员没有能力继续完成设定的训练任务；较大负荷课：稳定工作状态下达到的训练量，并且不会引起工作能力降低，为大负荷课的60%～75%；中等负荷课：稳定工作能力的第二阶段，可保持动作的稳定性，为大负荷课的40%～60%；小负荷：稳定工作能力的第一阶段，为大负荷课的15%～20%。

现实训练过程中，本着简便可行的原则，可采用心率作为负荷强度判定的客观标准（表7-22）。其中，强度Ⅰ级的低强度负荷主要用于恢复性训练；强度Ⅱ级是在无氧阈以下的训练，耗氧量为最大摄氧量的50%～70%，主要用于发展有氧耐力以及技战术的掌握与熟练；强度Ⅲ级的耗氧量达到70%～80%，可用以提高心肺功能和有氧代谢能力；强调Ⅳ级为80%以上最大摄氧量，主要用于发展无氧耐力、速度耐力，以及高强对抗下的技战术应用能力。

表7-22 青少年运动员训练负荷强度的等级划分

强度分级	强度分类	心率指标（次/分）		练习所属性质
		男	女	
Ⅰ	低强度负荷	130及以下	135及以下	有氧，低强度恢复性训练
Ⅱ	中强度负荷	131～155	136～160	有氧，心率指标上限达无氧阈

（续表）

强度分级	强度分类	心率指标(次/分)		练习所属性质
		男	女	
Ⅲ	大强度负荷	156～175	161～180	有氧-无氧混合，70%～80% VO_{2max}
Ⅳ	高强度负荷	176 及以上	181 及以上	有氧-无氧混合，90%～100% VO_{2max}
Ⅴ	极限强度负荷	185～200 甚至 200 以上		无氧，练习时间 20 秒为 ATP-CP 系统供能，提高速度能力；2.5 分钟以内为糖酵解供能，提高速度耐力

此外，采用观察运动员外表、言语、行为表现的方式，简便易行，并同样可以主观有效地判定青少年训练的负荷适宜程度（表 7-23）。

表 7-23　青少年运动员各类负荷后有机体的反应（迪特里希·哈雷，1985）

判别标志	中等负荷	大负荷	过度负荷	过度负荷后的恢复
肤色	轻度发红	重度发红	很红或过度苍白	几天内都苍白
动作	有信心完成	错误增加，准确性下降，出现信心不足	协调性被严重破坏，动作迟钝，出现明显错误	动作被破坏，下次课无精打采
注意力	正常，可完成矫正性指示，能充分听讲，专心看动作示范	讲解时不注意听讲，技术、战术训练时分化能力下降，专项感觉下降	注意力大幅下降，产生神经过敏，漫不经心，反应明显变慢	注意力不能集中，休息 24 小时或 48 小时后仍没有能力纠正动作，不能集中注意力思考问题
自我感觉	没有任何抱怨情绪，可以完成所有的任务	肌肉力量变弱，呼吸较困难，乏力，工作能力明显下降	感觉肌肉很沉重，头晕、恶心	多梦，难以入睡，肌肉、关节疼痛，体力和思维能力变弱，休息 24 小时后心率仍快
对成绩信心	有信心，愿意继续训练	训练积极性变差，希望有较长的时间间歇，继续工作的决心下降	渴望充分的安静和停止训练	第二天不希望训练，态度冷淡，对教练员的要求抵触
情绪	良好、高兴、生机勃勃	情绪略低下，若成绩符合期待，仍期待训练	对训练的价值和意义产生怀疑，害怕新的训练	意志消沉，怀疑训练价值，寻找借口逃避训练

此外，在日常训练和比赛中，教练员与运动员的关系是“教与学”的重要载体，直接影响着青少年运动员的训练效果和临场表现，在优异运动成绩取得和训练负荷递增的过程中扮演重要角色。如果能与运动员建立和谐、融洽的“师徒关系”，教练员就可能获得更多的尊

重与支持，运动员会感知更多的自主权和控制感。在教练员和运动员相互信任和促进的过程中，运动员会更加积极地参与训练和比赛，进而维持运动员的积极心理态势，达到预防或缓解心理疲劳的目的。

第七章习题　　第七章参考文献

第八章

最佳竞技及高水平保持阶段的训练计划与组织

【导　　读】

最佳竞技及高水平保持阶段是运动员多年训练的核心。本章内容包括该阶段多年训练、年度与大周期训练、中周期与小周期训练的计划与组织以及重大赛事的赛前集中备赛四部分内容。其中,多年训练的计划与组织讲述了该阶段运动员的年龄特征,训练目标与任务以及训练内容、训练负荷等训练学特征要点。年度与大周期训练的计划与组织讲述了年度训练的基本类型,并结合不同运动项目的竞赛体系,讲述了赛会制和联赛制年度训练准备期、比赛期和恢复期的训练学要点。中周期与小周期训练的计划与组织讲述了赛会制和联赛制赛事体系下,基础、赛前、比赛中周期和小周期的训练安排,另外还介绍了训练课的计划与组织。重大赛事的赛前集中备赛讲述了高水平运动员为准备重大赛事优化竞技能力和诱导竞技状态的操作性方案。

【学习目标】

明确最佳竞技及高水平保持阶段运动员的年龄特征和多年训练组织要求;依据当代不同项目高水平运动员参加的赛会制和联赛制赛事体系,掌握年度训练、中周期与小周期训练的内容、负荷、方法等要素的计划与组织方式;把握运动员竞技状态变化规律,掌握重大赛事前运动员最佳竞技状态诱导的训练学方案。

【思维导图】

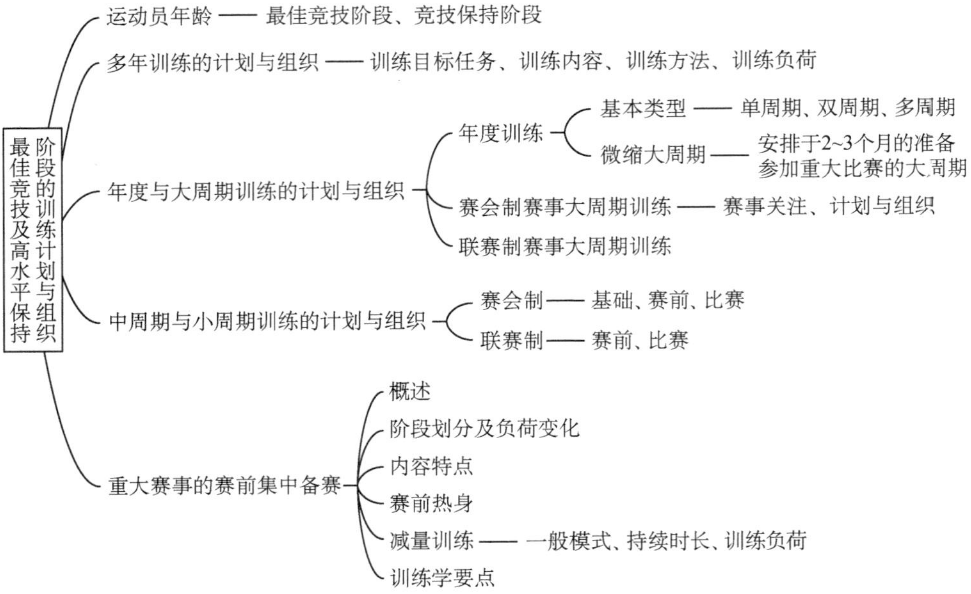

最佳竞技阶段是运动员运动竞技生涯的核心，高水平保持阶段则是他们竞技生涯的延续。当代高水平运动员除了在国际大赛中肩负着为国争光的重任，还要参加俱乐部职业联赛、国际单项体育协会主办的世界杯分站赛。漫长的赛季和繁重的比赛任务，要求团队为其制定更为精细的年度训练与参赛方案，采用多种促使新异刺激的训练方法与负荷搭配，运用综合的恢复手段促进疲劳恢复，并通过系统的科学评估对竞技训练过程进行全面的控制。

第一节　多年训练的计划与组织

最佳竞技阶段运动员所表现出的竞技水平高低，可以看作对运动员多年训练成果的主要评价；之前的竞技启蒙及基础训练阶段、专项深化及提高阶段的整个安排与要求，都必须服从最佳竞技阶段的训练任务的完成，而之后的高水平保持阶段则需要适时调整以保证高水平运动员的训练效益。

一、运动员年龄特征

根据运动员现实状态的专项成绩、竞技能力及训练负荷承受能力，若发现对运动员循序渐进施加的训练负荷难以使运动员明显达到竞技能力的突破和专项成绩的提高，表明负荷已接近机体承受的极限，可以认为运动员已步入最佳竞技阶段。

运动员进入最佳竞技阶段的年龄因不同项目和个体差异而表现出很大的区别。一般来说，运动员到达最佳竞技阶段的年龄可以用他逼近个人最高专项竞技水平的年龄来反映，这一年龄范围跨度较大，通常为 18～30 岁（表 8-1）。

表 8-1　不同项目专项达到最佳竞技及高水平保持阶段的年龄

项目		进入最佳竞技及高水平保持阶段年龄（岁）	项目	进入最佳竞技及高水平保持阶段年龄（岁）
田径	短跑	22～26	网球（男）	22～27
	中长跑	22～26	网球（女）	20～25
	长跑	25～28	壁球	23～27
	竞高	22～25	帆船	22～30
	竞远	23～26	皮划艇	22～26
	投掷	23～27	赛艇	22～25
足球		22～26	游泳（男）	20～24
篮球		22～28	游泳（女）	18～22
排球		22～26	体操（男）	22～25
手球		22～26	体操（女）	14～18
曲棍球		20～25	跳水（男）	18～22
垒球		22～28	跳水（女）	14～18
橄榄球		23～27	花样游泳	19～23
水球		23～26	拳击	22～26
冰球		22～28	柔道	22～26
射击		24～30	摔跤	24～27
射箭		23～30	举重	23～27
击剑		20～25	速度滑冰	22～26
公路自行车		22～28	花样滑冰	18～25
现代五项		21～25	越野滑雪	24～28
马术		22～28	冬季两项	23～26
羽毛球		20～25	高山滑雪	18～25
乒乓球		22～25	跳台滑雪	22～26

依据运动员竞技能力发展规律（详见第三章第二节），体能、技能、心智能均处于较高水平的 20～30 岁是运动员最佳竞技阶段的主要时期，其中，对技能水平要求较高项目的运动员成才偏早，对心智能要求较高项目的运动员成才偏晚。

技能主导类表现难美性项群运动员，尤其是女性运动员较早步入高水平运动员行列。例如，我国跳水运动员伏明霞未满 14 岁便获得了 1992 年巴塞罗那奥运会女子 10 米跳台金牌。与之相比，体能主导类项目需要运动员的体能发展到一定水平，技战能主导类项目需要运动员同时具备较强的体能、技能和战术能力，因而运动员的专项能力应在全面发育成熟期后才能表现出来。技心能主导类的射击、射箭项目要求运动员在比赛中表现出高度的心理稳定性，进入最佳竞技阶段的年龄较大，国际范围内经常出现大器晚成的优秀运动员。

我们把那些在少年时期即有可能表现出世界级竞技水平的项目称为"少年"运动项目，而将其他仍然由成人占据优势地位的项目称为"成人"运动项目。当前，不少项目优秀运动员的最佳竞技年龄呈现下降的趋势，但统计显示，游泳、跳水、体操、艺术体操、乒乓球等项目属于典型的"少年"运动项目，田径、射击、拳击等项目仍属于"成人"运动项目。

当然，运动员的竞技能力水平也受到身体发育、技能习得、训练负荷和比赛经验等因素的影响。因此，在确定运动员的最佳竞技年龄时，需要考虑这些因素的综合作用。例如，对于转项成才运动员来说，虽然转项前已具备了较强的一般能力和部分专项能力，但由于专项转化的原因，成才年龄普遍相对较晚。

在度过最佳竞技阶段后，其自然发育过程中会逐步出现体能下降的趋向，长时间的紧张训练和激烈比赛，也会使运动员产生心理上的饱和与疲劳，对连续参加竞技、创造优异成绩及获得荣誉的激情下降，甚至产生冷漠感，加之年轻队友和对手的出现，训练伤病的积累，长期从事竞技运动之后产生的对安逸生活的渴求，以及某些社会因素的影响，会使运动员产生退出竞技舞台的愿望。而实际上，这个时期运动员的竞技水平仍然保持着相当高的水平，仍然能够继续在比赛中取得好的成绩，继续为其国家或地区争得荣誉，激发和帮助年轻运动员尽快地成长。

高水平保持阶段的训练时长因项目的专项特点、运动员原有个人基础、训练和社会条件等综合决定，没有固定的时限。通常对灵敏性、协调性、速度、爆发力要求较高，且技术复杂度高的项目（如体操等），运动员随年龄的增长专项能力下降更为明显，该阶段的时间相对较短；而对耐力、力量、心理能力、技术稳定性要求较高的项目（如射箭、射击、高尔夫、长跑等），竞技能力保持时间相对较长。

二、 多年训练规划特征

（一）训练目标与任务

运动员在最佳竞技阶段的训练内容及顺序与专项提高阶段相同，即首要发展决定专项竞技能力的主导因素，不断培养其专项心理品质，并在日常训练之外加强训练理论的学习，积极参与教练员训练计划的制订。进入高水平保持阶段后，不论何种项目和项群，均首先要努力保持和提高运动员的心理稳定性，激励他们继续参加训练、比赛和力求创造优异成绩的进取动机；其次根据专项竞技的需要，将各项群运动员竞技能力的主导因素放在训练的主要位置，或是专项体能，或是专项技术、战术；最后要继续加强训练理论学习，充分利用自己丰富的实践经验和所学理论知识，有效地参加运动训练和竞赛，延长自己的竞技生涯。不同项群最佳竞技和高水平保持阶段的训练的重点及顺序具体见表 8-2。

表 8-2　不同项群最佳竞技和高水平保持阶段的训练的重点及顺序

训练阶段	体能主导类项目	技能、技战能主导类项目	技心能主导类项目
最佳竞技阶段	1. 专项运动素质 2. 专项技战术 3. 专项心理品质 4. 训练理论知识	1. 专项技战术 2. 专项运动素质 3. 专项心理品质 4. 训练理论知识	1. 专项技战术 2. 专项心理品质 3. 专项运动素质 4. 训练理论知识
高水平保持阶段	1. 心理稳定性 2. 专项运动素质 3. 专项技战术 4. 训练理论知识	1. 心理稳定性 2. 专项技战术 3. 专项运动素质 4. 训练理论知识	1. 心理稳定性 2. 专项技术 3. 专项运动素质 4. 训练理论知识

当然，对于高水平保持阶段的运动员来说，因自然生长发育导致的体能的下降不可避免，此时训练的目标可进一步明确为：①维持已达到的各器官系统的功能，尽量减缓衰退的速度；②保持专项运动素质水平；③熟练已牢固形成的专项技术、战术，防止由于机能和专项运动素质衰退而产生的动力定型不稳定性，改进可改进的专项技术细节；④保持训练热情以及训练和比赛的心理稳定性。

因为高水平运动员的训练通常是以准备和参加重要比赛来规划和实施，这些重大赛事，尤其是奥运会、亚运会、全运会等大型综合性运动会多以 4 年为一个举办周期，所以最佳竞技及高水平保持阶段训练也常以 4 年为基本单位，进而又分成若干个年度训练目标与任务。雅典奥运会女子摔跤 72 公斤级冠军王旭，备战奥运会的 4 年训练设定为“基础年—积累年—提高年—突破年”，体现了训练目标和任务“循序渐进，稳步推进”的特点（表 8-3）。

表 8-3　王旭备战雅典奥运会的训练阶段与训练任务表（王旭，2009）

年度	阶段划分		主要任务
	冬训	夏训	
基础年	2000 年 11 月～2001 年 3 月	2001 年 5 月～2001 年 10 月	加强基本功练习，提高技术动作稳定性，提高基础素质水平
积累年	2001 年 11 月～2002 年 4 月	2002 年 5 月～2002 年 9 月	加强身体素质练习，提高身体机能水平，提高综合实力
提高年	2002 年 10 月～2003 年 5 月	2003 年 6 月～2003 年 9 月	加强专项辅助练习，进一步提高技术水平，加强实战能力
突破年	2003 年 10 月～2004 年 5 月	2004 年 6 月～2004 年 8 月	加强针对性训练，提高综合实力，强化实战能力，提高抗干扰和应变能力，做好奥运会参赛准备

（二）训练要素的特征

1. 训练内容的特征

与运动员早期注重一般训练和辅助训练不同，至专项提高阶段后，专项训练的比例已达到或超过 60%，占据训练内容的主导地位。与之相比，高水平保持阶段专项训练的比例有所降低，同时适当增加辅助训练和一般训练的比例，以达到维持素质和机能水平以及促进恢复的目的。此外，高水平保持阶段专项训练的组织形式也更为灵活多样，主要特点为：①尽可能采用运动员感兴趣的和习惯了的方法和手段，使用新的方法与手段时要慎重；②方式方法可多样化一些，激发运动员训练的热情；③注重运动员的个人选择，加强训练的个别对待。多年训练过程训练内容与负荷的变化具体见图 8-1。

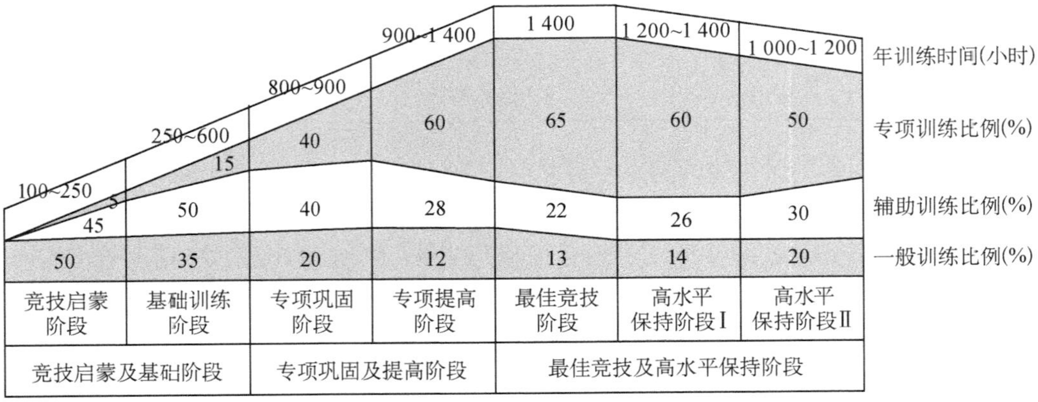

图 8-1　多年训练过程训练内容与负荷的变化(弗拉基米尔·尼古拉耶维奇·普拉托诺夫，2014)

例如，在短距离场地自行车项目的比赛中，运动员的骑行速度是决定运动成绩的最重要因素，也是各个阶段主要的训练任务之一。与专项提高阶段相比，我国优秀女子场地自行车运动员江永华在最佳竞技阶段更加注重训练质量，以多人配合、男队员对抗，增加难度、制造比赛环境，提高训练强度，更接近比赛的要求，而高水平保持阶段的训练内容进一步强调了训练强度和质量，并更多采用了功率车的辅助性练习。场地自行车运动员多年训练专项速度训练手段及特征具体见表 8-4。

表 8-4　场地自行车运动员多年训练专项速度训练手段及特征(江永华，2008)

阶段	专项速度训练手段	特征
专项提高阶段	场地：高频率骑行、小传动比骑行，骑行俯冲 100 米、125 米、166 米、200 米、250 米加速，摩托车牵引 200 米、250 米骑行，比赛时的传动比骑行，加速跑 60 米、100 米 公路：快频率冲下坡 200 米、小坡小传动比骑行 200 米、俯冲 100 米、166 米，小传动比骑行	以借助外力减小阻力为主，提高蹬踏频率；增加传动比，提高使用较大传动比的能力
最佳竞技阶段	场地：男女 100～500 米对抗，场地多人配合 125～250 米俯冲，高速对抗 250～500 米，尾随男队员；摩托车牵引 200 米、100～500 米、125～375 米骑行；单人俯冲 60 米、100 米、200 米，小传动比骑行，俯冲 60 米、100 米，比赛时的传动比骑行 公路：摩托车高速牵引，小传动比骑行，冲下坡	多人配合、男队员对抗，增加难度、制造比赛环境，发展比赛所需要的骑行速度，更接近比赛的要求

（续表）

阶段	专项速度训练手段	特征
高水平保持阶段	场地：摩托车牵引 250～500 米，加速 100 米、200 米、300 米，男女 100 米、200 米、500 米冲刺，短距离俯冲 100 米、200 米、250 米；250 米比赛，尾随男队员 200 米 功率车：加阻 30 秒、40 秒、60 秒的间歇训练	通过场地、功率车等多样化的训练手段，保持专项手段

在赛事周期的训练设计方面，4 年的训练内容同样需要精细化安排。其基本特点是，随着时间的推移，一般训练的比例降低，专项训练的比例增高；年度大周期的设计更加精细，更加注重年度参赛成绩的取得；训练课次增多，单次课时间减少，更为注重训练效益。例如，格斗对抗性项目奥运周期的训练内容呈现出一般训练、专项训练、周训练和参赛数随年度“基础恢复年（1 年）、专项提高年（2～3 年）、竞技突破年（4 年）”3 个时期的比例变化。格斗对抗性项目 4 年奥运周期的训练变化特征见表 8-5。

表 8-5　格斗对抗性项目 4 年奥运周期的训练变化特征

年度（年）	训练阶段	持续时间（月）	一般训练比例（%）	专项训练比例（%）	周训练（次）	参赛数（次）
1	准备期	5.0	80	20	5～6	3
	比赛期	5.5	40	60	5～7	7
	恢复期	1.5	90	10	3～4	—
2	准备期	5.0	70	30	6～8	3
	比赛期	5.5	35	65	7～9	8
	恢复期	1.5	90	10	4～5	—
3	准备期Ⅰ	2.5	60	40	7～9	2
	比赛期Ⅰ	2.5	30	70	8～9	4
	恢复期Ⅰ	0.5	95	5	4～5	—
	准备期Ⅱ	0.7	55	45	7～9	1
	比赛期Ⅱ	3.5	25	75	8～10	5
	恢复期Ⅱ	1.5	90	10	4～5	—
4	准备期Ⅰ	2.5	60	40	7～10	2
	比赛期Ⅰ	3.0	25	75	7～10	5
	恢复期Ⅰ	0.5	95	5	5～6	—
	准备期Ⅱ	1.5	50	50	8～10	1
	比赛期Ⅱ	3.5	20	80	8～11	2
	恢复期Ⅱ	1.0	95	5	5～9	—

2. 训练负荷的特征

世界竞技百年历程中，高水平运动员的专项成绩大幅提高的重要原因之一是训练负荷的显著性增加。例如，与 20 世纪 70 年代相比，21 世纪职业足球运动员的年训练时间由 460 小时增至 600 小时甚至 600 小时以上，女子赛艇运动员的年训练距离由 4 500 千米增至近 7 000 千米。整体上，运动员进入最佳竞技阶段之后，年训练时间也达到了职业生涯最高，由于需要投入大量精力从事专项训练，年训练时间最高可达到 1 400 小时。然而，即便是同一项群的不同项目，由于运动方式和运动介质的不同仍存在很大差别，例如，自行车和游泳克服自身体重做功较小，运动中对支撑关节的冲击小，年训练时间可超过 1 000 小时；皮划艇和赛艇运动中腰部需要反复屈伸或旋转，年训练时间为 800～1 000 小时；越野滑雪需要以站姿支撑自身体重，膝和踝关节需要承受冲击，年训练时间约 800 小时；长跑运动过程中重心起伏大，下肢关节承受冲击力较大，年训练时间仅为 600 小时。

运动员进入最佳竞技阶段后，由于多年承受高强度负荷与参加高水平激烈竞赛的影响，常常出现伤病的问题，运动员的机能水平开始下降，训练负荷的安排更要根据运动员的个体状况来设计，训练的强度可以保持很高的水平，但是总体的负荷量通常要明显地减少。负荷量通常呈波浪形，有张有弛，保持明显的节奏。

运动员步入高水平保持阶段后，整体负荷特点是保持一定的负荷强度，逐步降低负荷量，具体表现为：①以保持运动员的负荷承受能力为前提，不应企求增加负荷；②负荷量相对减小，每次训练时间不宜拖得太长，而强度要相对稳定一些，不宜突击加强度；③特别注意负荷的调整节奏和加大负荷后的恢复；④随着年龄的增长，虽然运动员承担与过去相同甚至较低的负荷，但恢复所需时间也会延长。

在一个完整的奥运周期中，奥运会结束后的恢复年负荷量与负荷强度均要明显降低；第 2 年负荷量有所增高并保持第 1 年的较低强度；从第 3 年的后半段开始在稳定负荷量的同时逐步提高负荷强度，使得负荷量和负荷强度均达到较高水平；第 4 年的奥运年降低负荷量继续提高负荷强度(甚至超过前一年的最高负荷强度)，逐步在奥运会时诱导出最佳竞技状态，奥运周期训练负荷的变化趋势具体见表 8-6。

表 8-6　奥运周期训练负荷的变化趋势(徐本力，2007)

奥运周期	第 1 年	第 2 年	第 3 年	第 4 年
年度训练目标	调整、基础训练年	专项提高训练年	专项强化训练年	奥运会比赛年
竞技状态	低	中	较高	高
训练负荷	量小、强度小	加量、保持强度	量大、强度大	加量、加强度

第二节　年度与大周期训练的计划与组织

现代竞技体育赛事的增多对高水平运动员的年度训练提出了极大挑战，遍布整个赛季的分站赛或联赛与重大赛事相融合，要求运动员必须兼顾参赛数量与质量。这就需要从运动项目的专项特征和赛事特征出发，对运动员的年度训练进行阶段划分，并规划好各阶段的训练学要素，以保证年度参赛目标的实现。

一、 年度训练的设计

(一) 年度训练的基本类型

高水平运动员的年度参赛以赛季为基本单位,有些赛事的数量和时间在各赛季中保持稳定,如职业联赛、世界杯分站赛、游泳世锦赛等,有些则仅在特定年份举办,如奥运会、亚运会、田径世锦赛等。为此,最佳竞技及高水平保持阶段的年度训练设计,既要考虑运动项目的专项特征,还要符合项目不同赛季的参赛需要。

1. 单周期

全年训练由一个准备期、一个比赛期和一个恢复期组成。采用单周期训练安排的情况主要包括如下几种。

(1) 单次比赛消耗很大,专项能力提高难度较大,需要长达 4～6 个月的时间才能做好充分准备或取得良好训练效应的项目,如马拉松跑、十项全能、公路自行车等。

(2) 受气候条件的限制,每年只能在集中的几个月参加比赛的项目。例如,雪上项目的比赛主要在户外进行,高水平运动员的准备期由非雪上训练的一般准备期(5～9 月)和雪上训练的专项准备期(10～11 月)构成,比赛期从每年的 12 月跨度到翌年 3 月,赛季结束后的 4 月为年度训练的恢复期(图 8-2)。

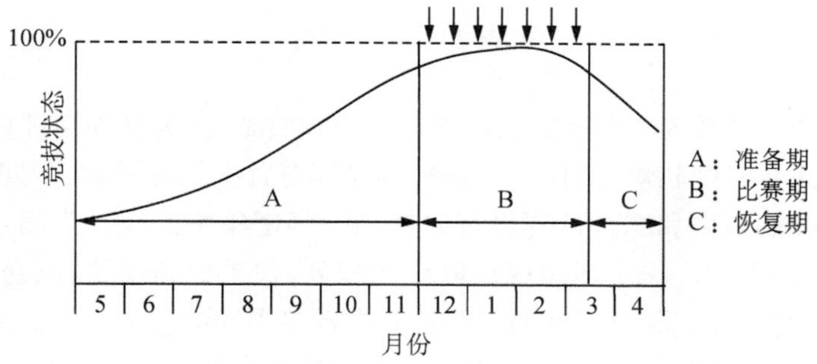

图 8-2　雪上项目运动员的年度训练的单周期安排

(3) 比赛期持续 8～10 个月的足球、篮球、橄榄球等职业联赛类项目。以欧洲职业足球球队为例,赛季从上一年度的 8 月中旬开始直至翌年 5 月中下旬结束,仅在西方圣诞节前后设置 2 周左右的冬歇期。赛季结束后,运动员有大概 1 个月的时间进行休息调整,继而进入下个赛季前仅有 1.5～2 个月的准备期(图 8-3)。

2. 双周期

年度训练按照两个大周期来设计和实施,即包含 2 个准备期、2 个比赛期和 2 个恢复期。采用双周期的运动项目多从上一年度的 12 月进入 2～3 个月的冬训期,并在 1.5～2 个月的时间内,参加上半年赛季一系列的比赛,再加上约 0.5 个月的恢复期完成第一大周期的训练。第二大周期从夏训开始,经过约 2 个月的准备期后参加下半年赛季的比赛完成年度参赛目标(图 8-4)。

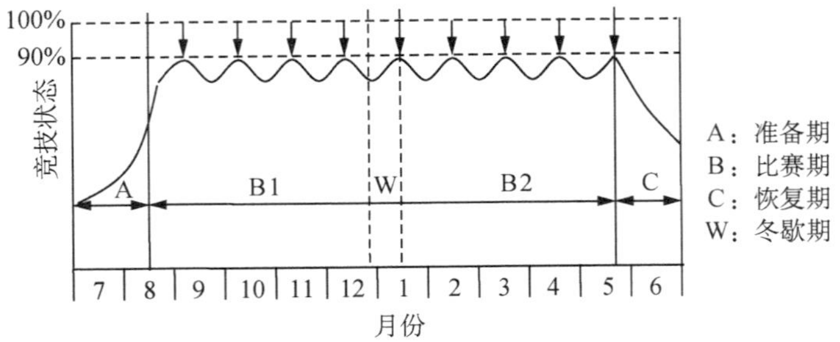

图 8-3　欧洲职业足球球队年度训练单周期安排

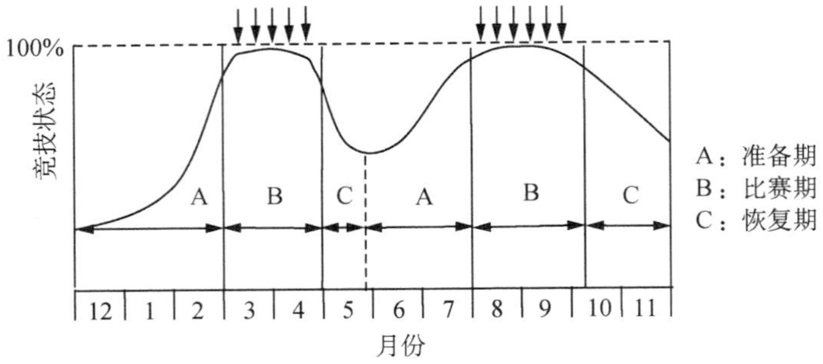

图 8-4　高水平运动员年度双周期设计

3. 多周期

年度训练按照 3 个及 3 个以上的大周期来组织和实施，称为多周期训练安排(图 8-5)。某些项目的单次比赛时间较短、消耗不大、强度较高，赛后恢复时间较短，同时，国际、洲际、国内体育组织主办的单项和综合性赛事有时在同一年度集中出现。为满足在重大赛事中取得优异成绩，同时出于广泛参赛实现获取单项积分、积累比赛经验、以赛带练、诱导竞技状态等的目的，需要结合实际对年度的训练过程进行多周期的整体设计。实施多周期安排的基本条件是，运动员能在 3～4 个月的时间有效地提高竞技能力，并在比赛中把提高的竞技能力转化为运动成绩，这就要求有更为科学的训练方法，更为有效的恢复手段以及更为理想的比赛条件(图 8-5)。

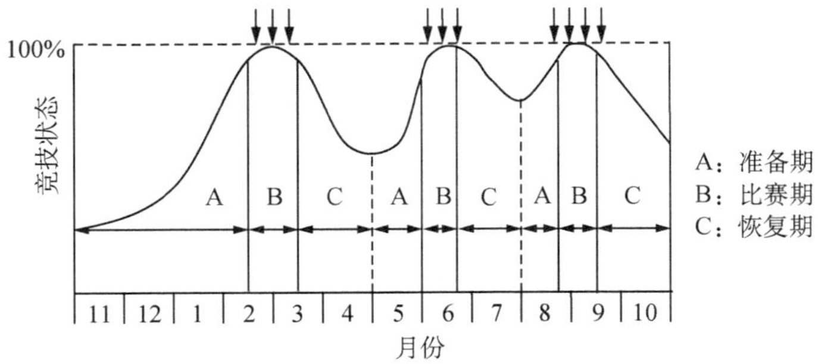

图 8-5　年度训练 3 周期安排模式

(二) 常规大周期和微缩大周期训练

常规大周期和微缩大周期是两种不同的训练大周期,前者持续不短于 14 周的时间,要求运动员分别提高不同的竞技能力,并可以将其整合起来,表现出高水平的专项竞技能力;后者通常安排于 2～3 个月的准备(即参加重大比赛的训练)中,在较短的时间内,运动员集中精力恢复或提高综合的竞技能力。微缩大周期包含了构成一个训练大周期的基本要素,但各个阶段的训练都不充分,难以使运动员在短时间内实现体能的明显提高和技术的实质改进。

现代竞赛制度的发展要求将两种大周期有机地结合起来,根据重要比赛的时间,安排好常规大周期和微缩大周期的合理组合。表 8-7 给出了 4 种常规大周期和微缩大周期的组合方案。

表 8-7　4 种大周期的多种组合方案(田麦久,2000)

方案	常规大周期		微缩大周期		总周数(周)
	数量	周数(周)	数量	周数(周)	
A	1 个	16～24	2 个	12,12	40～48
B	1 个	16～20	3 个	10,10,10	46～50
C	2 个	16～20,16～20	1 个	10	42～50
D	2 个	16,16	2 个	10,10	52

二、 赛会制及联赛制赛事大周期训练的设计

运动员最佳竞技及高水平保持阶段年度训练大周期确定时间用的“倒数时”方案以及准备期、比赛期、恢复期的主要任务与训练要点,与专项提高与深化阶段类似,此处不再赘述,详见第七章第二节。本章着重论述不同项群和不同赛事体系下大周期训练的实施特征。

(一) 大周期训练实施的赛事关注

1. 年度赛事分布

由不同地域范围、不同层级、不同性质体育组织主办的竞技体育赛事,已经形成了纵横交错、形式丰富的赛事网络体系。赛事数量大幅增加给运动员创造了大量的展现机会和舞台,但不可否认,奥运会、世锦赛等国际重大综合性赛事仍具有广泛的影响力和社会意义。

从部分项目中国运动员参加国内外重要赛事的时间分布来看,不同赛季的赛事分布时间呈现出较大差异(表 8-8)。例如,世界游泳联合会(World Aquatics, WAQU)每年都会举办的世界游泳锦标赛(简称世锦赛),为了不影响奥运会比赛,世锦赛在奥运赛季时通常在 2 月举行,而非奥运赛季则通常在 7 月举办。因此,在奥运赛季,运动员需要处理好第一大周期的世锦赛和第二大周期奥运会的关系;在非奥运赛季,世锦赛和亚运会、全运会间隔时间较短,这对运动员竞技状态的调控提出了挑战。

表 8-8　奥运周期部分运动项目中国运动员参加的年度主要赛事

	奥运会年	奥运会后 1 年	奥运会后 2 年	奥运会后 3 年
田径	奥运会(7～8 月)	世锦赛(约 8 月) 全运会(9～11 月)	亚运会(9～10 月)	世锦赛(约 8 月)
游泳	世锦赛(约 2 月) 奥运会(7～8 月)	世锦赛(约 7 月) 全运会(9～11 月)	世锦赛(约 7 月) 亚运会(9～10 月)	世锦赛(约 7 月)
体操	奥运会(7～8 月)	世界杯(约 3 月) 世锦赛(10 月) 全运会(9～11 月)	亚运会(9～10 月) 世锦赛(约 10 月)	世界杯(约 3 月) 世锦赛(约 10 月)
乒乓球	奥运会(7～8 月) 世界杯(约 11 月)	全运会(9～11 月) 世界杯(约 11 月) 世乒赛(约 11 月)	亚运会(9～10 月) 世界杯(约 11 月)	世界杯(约 11 月) 世乒赛(约 11 月)
羽毛球	亚锦赛(约 4 月) 汤尤杯(4～5 月) 奥运会(7～8 月)	苏迪曼杯(约 5 月) 世锦赛(7～8 月) 全运会(9～11 月)	亚锦赛(约 4 月) 汤尤杯(4～5 月) 亚运会(9～10 月)	苏迪曼杯(约 5 月) 世锦赛(7～8 月)
击剑	奥运会(7～8 月) 世锦赛(7～8 月)	世锦赛(7～8 月) 全运会(9～11 月)	世锦赛(7～8 月) 亚运会(9～10 月)	世锦赛(7～8 月)

注:汤尤杯指汤姆斯杯和尤伯杯。

仅就赛会制赛事遍布全年的分站赛而言,有些以国家或俱乐部为参赛单位,有些以国际排名确定个人参赛资格;就参赛效果而言,运动员参加这些比赛,既可以为国家争得荣耀,也能为自己带来经济收入和世界排名积分。

例如,现代网球运动已形成以"四大网球赛"为核心的赛事体系,依据赛事所在大洲和赛场质地,整个赛季被分为了 7 个阶段。瑞士网球运动员费德勒在 2006 年共参加了 97 场比赛,并以 92 胜 5 负创造历史纪录。职业网球主要的国际赛事时间分布具体见表 8-9。

表 8-9　职业网球主要的国际赛事时间分布

	1～2 月	3 月	4 月至 6 月上旬	6 月中旬至 7 月上旬	7 月下旬至 9 月上旬	9 月中旬至 10 月中旬	10 月中旬至 11 月中旬
阶段	澳大利亚硬地阶段	北美洲硬地阶段	欧洲土地阶段	欧洲草地阶段	北美洲硬地阶段	亚洲硬地阶段	欧洲室内阶段
核心赛事	澳大利亚网球公开赛	印第安纳维尔斯网球公开赛、迈阿密网球公开赛	法国网球公开赛	温布尔登网球锦标赛	美国网球公开赛	上海网球大师赛、中国网球公开赛	巴黎网球大师赛、克里姆林杯
女子赛事	11H	4H	10CL＋1H	5G	8H＋4CL	10H	4H
男子赛事	4CL＋14H	4H	13CL	7G	7H＋5CL	6H	7H

注:H 表示硬地赛事;CL 表示土地赛事;G 表示草地赛事。

又如，国际羽毛球赛事体系有着详细的赛事等级划分与积分规则，高水平运动员除了参加奥运会、世锦赛外，还要参加世界羽毛球联合会（Badminton World Federation，BWF）主办的 13 项超级系列赛，各项赛事跨度 9 个月，整体上又分为 3～6 月的第 1 竞赛阶段和 8～12 月的第 2 竞赛阶段。羽毛球国际赛事的等级与时间分布具体见表 8-10。

表 8-10　羽毛球国际赛事的等级与时间分布

赛事等级	第 1 竞赛阶段				第 2 竞赛阶段				
	3 月	4 月	5 月	6 月	8 月	9 月	10 月	11 月	12 月
顶级赛			世锦赛		奥运会				
首要超级赛	全英羽毛球公开赛	马来西亚羽毛球公开赛				丹麦羽毛球公开赛	印尼羽毛球公开赛	中国羽毛球公开赛	羽毛球公开赛总决赛
超级赛		印度/新加坡羽毛球公开赛		澳大利亚羽毛球公开赛		法国羽毛球公开赛	日本/韩国羽毛球公开赛	中国香港羽毛球公开赛	

再如，国际滑冰联盟（International Skating Union，ISU）与国际滑雪和单板滑雪联合会（International Ski and Snowboard Federation，FIS）每个赛季都会举办世界锦标赛和世界杯分站赛。在 2021～2022 年的北京冬奥赛季中，短道速滑在 7 个月内，越野滑雪在 4 个月内均设立了 11 项赛事（表 8-11），这些赛事的时间分布并不平均，而是呈现出明显的阶段性特征。2021～2022 年赛季短道速滑和越野滑雪的国际赛事时间分布具体见表 8-11。

表 8-11　2021～2022 年赛季短道速滑和越野滑雪的国际赛事时间分布

阶段	短道速滑		越野滑雪	
	比赛时间	赛事名称	比赛时间	赛事名称
Ⅰ	2021 年 09 月 04 日	国际邀请赛	2021 年 11 月 26 日	越野滑雪世界杯鲁卡站
	2021 年 09 月 17 日	奥林匹克希望赛	2021 年 12 月 03 日	越野滑雪世界杯利勒哈默尔站
	2021 年 10 月 01 日	KNSB 国际邀请杯	2021 年 12 月 11 日	越野滑雪世界杯达沃斯站
Ⅱ	2022 年 10 月 21 日	短道速滑世界杯北京站	2021 年 12 月 28 日	越野滑雪世纪杯巡回赛
	2021 年 10 月 28 日	短道速滑世界杯名古屋站	2021 年 12 月 31 日	越野滑雪世界杯奥伯斯多夫站
	2021 年 11 月 18 日	短道速滑世界杯德布勒森站	2022 年 01 月 03 日	越野滑雪世界杯费耶美山谷站
	2021 年 11 月 25 日	短道速滑世界杯多德雷赫特		
Ⅲ	2022 年 01 月 15 日	KNSB 国际邀请杯	2022 年 02 月 02 日	北京冬奥会
	2022 年 02 月 04 日	北京冬奥会		

（续表）

阶段	短道速滑		越野滑雪	
	比赛时间	赛事名称	比赛时间	赛事名称
Ⅳ	2022 年 03 月 26 日	2022 国际短道速滑大师赛	2022 年 02 月 26 日	越野滑雪世界杯拉赫蒂站
	2022 年 04 月 16 日	短道速滑复活节杯	2022 年 03 月 03 日	越野滑雪世界杯德拉门站
			2022 年 03 月 05 日	越野滑雪世界奥斯陆站
			2022 年 03 月 18 日	越野滑雪世界杯法兰站

2. 比赛的分类及安排

最佳竞技及高水平保持阶段运动员的比赛类型与专项提高阶段相似，均包括竞技性比赛、训练性比赛、检查性比赛和适应性比赛 4 种基本类型。各比赛类型的主要任务和安排特征详见第七章第二节。

3. 年度参赛选择

国际高水平运动员由原本主要关注年度重要赛事，转为需要同时兼顾职业和商业比赛。虽然必要数量的比赛是运动员充分表现其竞技水平、创造优异成绩必不可少的重要条件，但过多的比赛也会导致运动员心理上和生理上过于疲劳。优秀运动员在参赛选择时应有所取舍，不仅要保证必要的比赛次数，更要确保在重大比赛中处于最佳的竞技状态。例如，中国乒乓球协会颁布的《乒乓球项目 2024 巴黎奥运会参赛选拔办法》规定，男女单打运动员的参赛资格，由国际乒联最新世界排名积分和有效期内国际大赛奖励积分共同计算，意味着运动员需要在广泛参赛、保证训练、保持状态之间寻求平衡。

在赛会制赛事体系下，运动员每个年度训练都有重要的参赛内容，非重要的比赛则被当作发现训练问题、检查训练效果、模拟比赛环境的重要途径，实现引导、带领、促进训练，以及提高参赛能力、激发训练热情、诱导竞技状态的目标。例如，牙买加田径短跑运动员博尔特 2012 年共参加了 10 项赛事（表 8-12），其中的重点是 6 月底 7 月初的牙买加国内选拔赛和 8 月初的奥运会，其他比赛则是起到“以赛带练”的作用。

表 8-12　2012 年牙买加田径短跑运动员博尔特的年度参赛

比赛地点	赛事名称	比赛时间	成绩（秒）（单项）
牙买加，金斯顿	金斯顿 UTech 邀请赛	2012.04.14	37.82（4×100 米接力）
牙买加，金斯顿	牙买加国际邀请赛	2012.05.05	9.82（100 米）
捷克，俄斯特拉发	钻石联赛俄斯特拉发站	2012.05.25	10.04（100 米）
意大利，罗马	钻石联赛罗马站	2012.05.31	9.76（100 米）
挪威，奥斯陆	钻石联赛奥斯陆站	2012.06.07	9.79（100 米）
牙买加，金斯顿	牙买加锦标赛	2012.06.29 2012.07.01	9.86（100 米） 19.83（200 米）

（续表）

比赛地点	赛事名称	比赛时间	成绩(秒)(单项)
英国，伦敦	第 30 届奥运会	2012.08.05 2012.08.09 2012.08.11	9.63(100 米) 19.32(200 米) 36.84(4×100 米接力)
瑞士，洛桑	钻石联赛洛桑站	2012.08.23	19.58(200 米)
瑞士，苏黎世	钻石联赛苏黎世站	2012.08.30	19.66(200 米)
荷兰，布鲁塞尔	钻石联赛布鲁塞尔站	2012.09.07	9.66(100 米)

在赛事密度不断增加的背景下，一方面需要依照经典大周期模式进行精细化调整，另一方面必须调整好主动参赛和保证训练之间的关系。例如，中国乒乓球队奇数年的年度训练采用单高峰的多周期年度安排模式，包括一个完整的常规大周期、一个双周小循环联赛期和一个多赛小周期组合的赛事密集期。在参赛选择的策略上，以世界、洲际重大比赛为必要参赛项目，围绕铂金级巡回赛为主要参赛项目，适当放弃一些其他国际赛事；在训练实践中，以微缩大周期备战重大比赛，以不同时长的小周期组合调节公开赛，取得了参赛数量与质量的平衡。2019 年中国国家队主力运动员参赛选择具体见表 8-13。

表 8-13　2019 年中国国家队主力运动员参赛选择（赵霞，李亮，2019）

序号	国内外重要赛事	日期	参赛	训练安排
1	匈牙利公开赛	1 月 15 日～1 月 20 日	是	2 月 26 日～4 月 6 日封闭训练 （微弱大周期）
2	卡塔尔公开赛	3 月 26 日～3 月 31 日	是	
3	亚洲杯	4 月 5 日～4 月 7 日	是	
4	单项世界锦标赛	4 月 21 日～4 月 28 日	是	4 月 9 日～4 月 17 日赛前小周期 （赛前适应性训练）
5	中国公开赛	5 月 28 日～6 月 2 日	是	
6	中国香港公开赛	6 月 4 日～6 月 9 日	是	赛间小周期训练
7	日本公开赛	6 月 12 日～6 月 16 日	是	
8	韩国公开赛	7 月 2 日～7 月 7 日	是	
9	澳大利亚公开赛	7 月 9 日～7 月 14 日	是	
10	全国锦标赛	7 月 23 日～8 月 2 日	是	
11	保加利亚公开赛	8 月 13 日～8 月 18 日	否	封闭训练 （微缩大周期）
12	捷克公开赛	8 月 20 日～8 月 25 日	否	
13	亚洲锦标赛	9 月 15 日～9 月 22 日	是	
14	瑞典公开赛	10 月 1 日～10 月 6 日	是	赛间小周期训练
15	德国公开赛	10 月 8 日～10 月 13 日	是	
16	女子世界杯	10 月 18 日～10 月 20 日	是	
17	男子世界杯	10 月 25 日～10 月 27 日	是	
18	世界杯团体赛	11 月 6 日～11 月 19 日	是	
19	奥地利公开赛	11 月 12 日～11 月 17 日	否	
20	世界巡回赛年终总决赛	12 月 12 日～12 月 15 日	是	

（二）赛会制大周期训练的计划与组织

在赛事增多背景下，各项目的赛事体系仍存在很大差异，有些项目的准备期长，比赛期短，运动员参赛准备较充分；有些准备期和比赛期均较长，需要划分参赛序列并做好赛间训练；有些准备期短，比赛期长，可将比赛纳入运动员竞技能力的发展过程。

1. 训练学要素特征

最佳竞技及高水平保持阶段运动员以获得优异比赛成绩作为训练和参赛目标，大周期训练需要兼顾发展竞技能力和诱导竞技状态。年度大周期的确立，以及大周期内的训练任务、比赛数量、负荷量度、方法与手段等训练学特征详见第七章第二节。

若大周期的历时较长，尤其是年度单周期的训练设计，可以把准备期和比赛期进一步划分为两个甚至更多的阶段，通常的做法是，将准备期分为一般准备期和特殊准备期，将比赛期分为若干阶段，如比赛期前期和比赛期后期。训练学要素的基本特点为，越接近准备期结束，训练的专项化程度越高，训练的整体性也就越强。

（1）一般准备期重在提高一般训练水平，改进技术环节，发展个人战术；主要以持续法和间歇法发展最大力量和一般耐力；以分解法掌握新的技术动作和战术配合；负荷量较大，负荷强度较小。

（2）特殊准备期意在提高专项体能和技能水平，逐步过渡到完整技术和改进战术配合；主要以间歇法和持续法发展专项力量和专项耐力，以分解法和完整法进一步细化技术和提高技术、战术规格；负荷量保持稳定，负荷强度有所提高。

（3）比赛期前期诱导竞技状态，采用重复法进一步发展专项体能，采用完整法熟练专项技术、战术的应用能力；负荷量有所下降，负荷强度进一步提高。

（4）比赛期后期保持最佳竞技状态参赛，以创造优异成绩，多采用大强度的比赛法和完整法整合竞技能力并提高比赛的适应能力；负荷量快速降低，负荷强度达到或接近比赛强度。

由于一般准备期需要发展运动员的多项运动素质，为了提高精准性，可将其进一步划分为若干阶段，各阶段都有所侧重以保证递进式发展。例如，高山滑雪需要运动员综合具备快速力量、动作速度、有氧耐力和无氧耐力等多项身体素质，一般准备期被分为了 5 月、6～7 月、8 月中 3 个阶段，各阶段有着力量、速度、耐力训练内容比例和负荷量度配置的特定组合（图 8-6）。

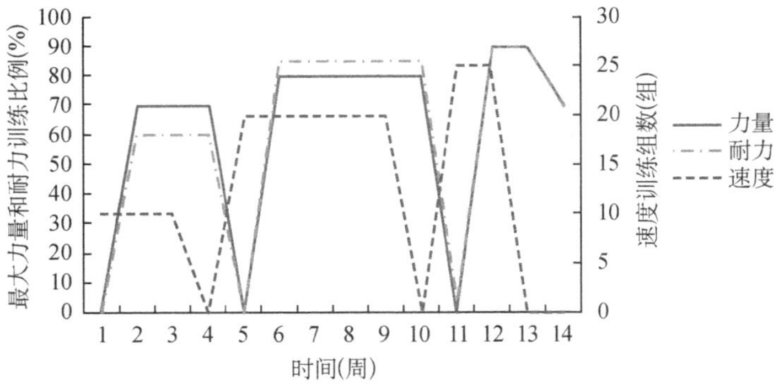

图 8-6 高山滑雪运动员一般准备期（5～8 月）体能训练与负荷的波动变化（Lee et al., 2013）
每月计 4 周

一般准备期的训练内容和方法，有时会采用非专项的替代性方案发展一般体能和改进技术。替代方案的选择应尽量保证与专项能量代谢和肌肉收缩的相似，着重提高运动员的心血管耐力和肌肉做功效率。例如，越野滑雪运动员在非雪季的一般准备期可采用持续性或间歇性的滚轴滑雪、不同地形跑、公路自行车发展基础有氧耐力。又如，在冰壶训练的准备时期，利用陆上进行正面和侧面的抗阻弓步练习，提高投壶动作的稳定性；利用陆上抗阻擦冰模拟练习，帮助运动员更好地找到擦冰“推”“拉”过程中背部的发力感。

若大周期的时间较短，分站赛的分布相对平均，会导致比赛期较长且准备期不足，对此，通常做法是，将准备期和比赛期进行整合，按照子能力发展的难易程度和作用方式进行排序式发展。训练学要素的基本特点为，越接近比赛期的重要赛事，训练的专项化程度越高，训练的整体性越强。

（1）准备期重在发展最大力量和一般耐力，体能训练比例较大；以分解法掌握新的技术动作和战术配合，技术、战术训练比例较小；负荷量和负荷强度适中，避免疲劳积累。

（2）比赛期前期为非重要比赛阶段，最大力量向快速力量和专项力量过渡，耐力训练强度较低，以恢复性和维持性为主；技术、战术训练比例加大，尤其要针对薄弱环节的专门性改进；统一考虑训练负荷与比赛负荷，维持一定训练负荷强度，但负荷量较小。

（3）比赛期中后期为重要比赛阶段，力量训练以快速力量和专项力量为主，继续维持一定的低强度耐力训练；技术、战术训练比例进一步增大，重点在于特长技术的加强和对手风格的模拟；做好赛间训练，负荷强度较高，但持续时间较短。

例如，在职业网球运动员的大周期安排中，从准备期到比赛期，一般体能训练得以稳定保持，神经肌肉训练从最大力量向快速力量过渡，技术训练的比例逐步增高。职业网球运动员准备期中周期竞技能力发展具体见图 8-7。

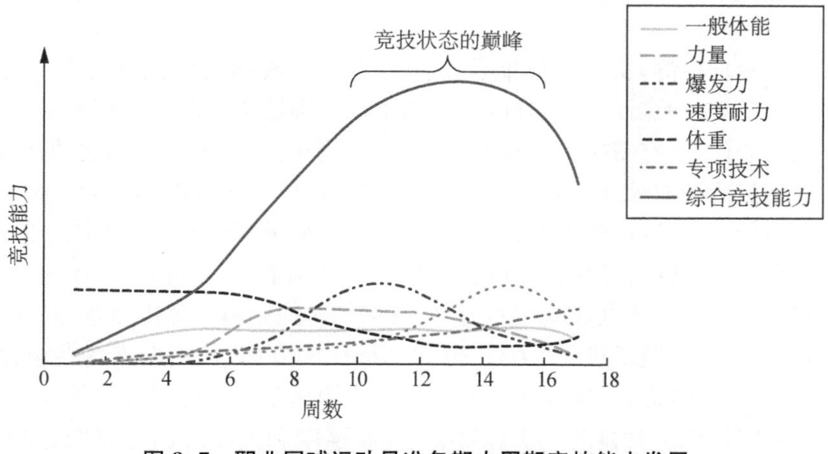

图 8-7 职业网球运动员准备期中周期竞技能力发展

2. *不同项群的训练学差异*

对于技能、技战能、技心能主导类项群，运动员整体竞技能力中技术、战术权重越大，训练安排中就越把运动员机能状态及个人或集体战术能力状态的变化放在关注的首位，安排训练负荷的量度时注重与技战术训练手段相结合。上述项目的训练计划中对各种手段的练习量常常不进行非常严格的规定，具体的负荷变化视技术或战术掌握的情况而定。

例如，在体操运动员年度训练的大周期设计中（图 8-8）。第一大周期从上一年度 12 月的冬训开始，意在准备 6～7 月的比赛；第二大周期从 7 月底的夏训开始，意在准备 9、10 月的比赛。每个大周期表现为负荷量减小和负荷强度增大，体能训练减少和技术训练增多，以确保运动员在国际重大赛事中保持最佳竞技状态。

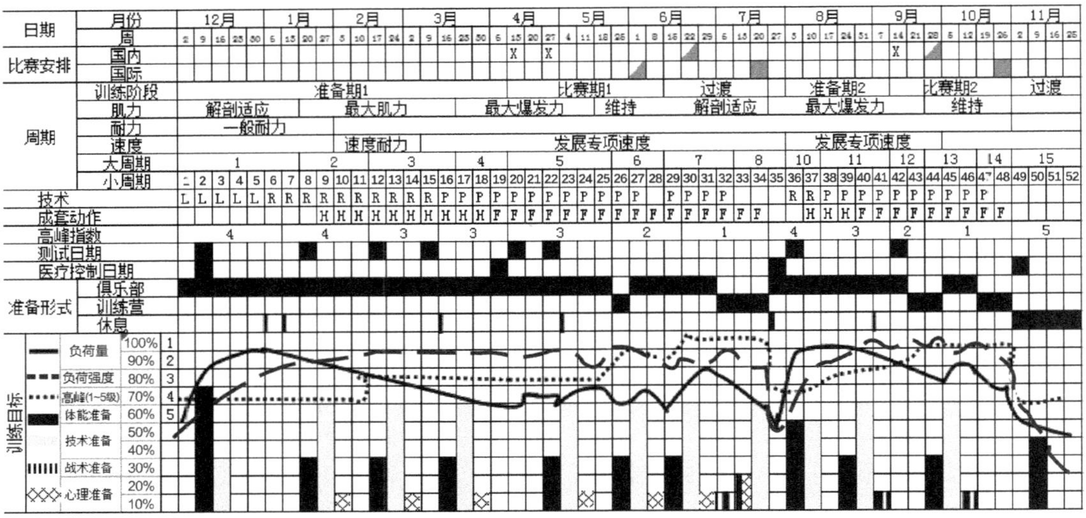

图 8-8　体操运动员年度训练的大周期设计

X 表示非重要比赛；▲表示次重要比赛；■表示大周期重要比赛；L 表示技术学习；R 表示重复为技能自动化；P 表示完善、提高；H 表示半套动作；F 表示全套动作

对于体能主导类项群，运动员体能状况的优劣对于成功参加比赛具有头等重要的意义。因此，在制订年度训练计划时，就应该特别重视安排好全年训练负荷的节奏、负荷量和强度的组合以及变化，所有安排都应服务于力求在比赛时表现出最高的运动强度。体能主导类项目的训练负荷和成绩水平具有可准确测量的特点，负荷量度的设计也可以比较具体和明确，结合主要方法和手段的选择，能够对大周期负荷量度的变化做出统一的规范。

北欧两项高水平运动员年度训练阶段不同训练内容比例见图 8-9，在训练时间方面，年度训练不同阶段的月训练次数变化不大，但月训练时间则由一般准备期、特殊准备期、比赛期依次显著性递减；在跳跃训练、力量/爆发训练比例方面，从一般准备期至比赛期依次略有增高；在耐力训练方面，一般准备期的低强度比例显著高于特殊准备期和比赛期，一般准备期的中等强度训练用时显著高于比赛期，而高强度训练在各训练时期保持相对稳定；在其他内容的交叉训练的配比方面，一般准备期更多采用了跑步、游泳、骑车等方式进行非专项耐力训练，而特殊准备期的滑雪专项训练用时多于比赛期。

对于多项组合类项群，训练需要在单项的体能和技能之间实现平衡，若为同属多项组合项目，在准备期的训练应主要发展各单项共性的技术动作和身体素质，并随着比赛的临近逐步分化；若为异属多项组合项目，可采用分别发展的策略，但各子项均符合单项训练大周期的一般规律。

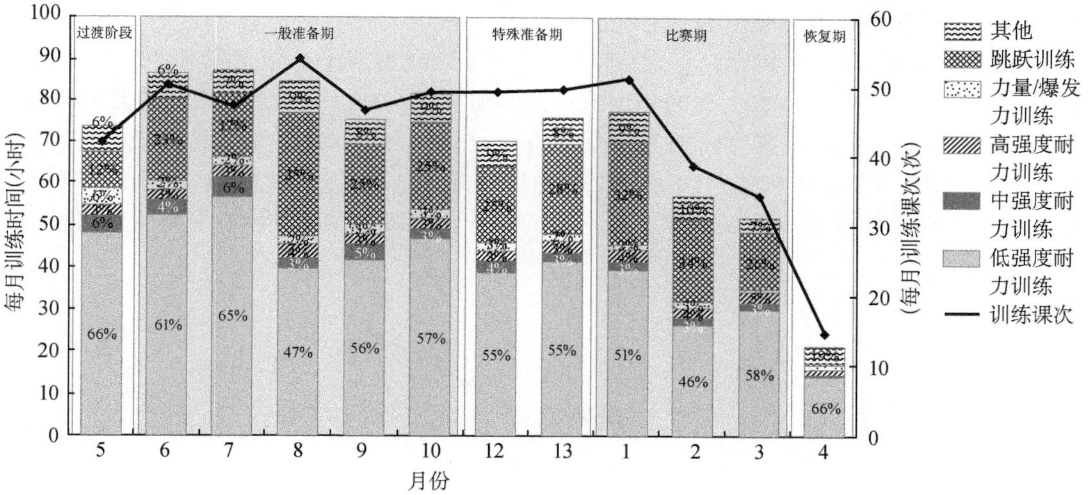

图 8-9　北欧两项高水平运动员年度训练阶段不同训练内容比例(Tønnessen et al., 2015)

例如，冬季两项由越野滑雪和射击 2 个交替进行的单项构成，运动员需要同时具备较强的有氧代谢能力以及射击精度与稳定性。在年度训练的负荷量度方面，月训练时间由一般和特殊准备期(5～11 月)的 75～85 小时，降低至比赛期(12～3 月)的 50～60 小时，低强度力量训练、耐力训练、射击练习比例较高，而临近比赛期和进入比赛期后，血乳酸浓度＞4.0 mmol/L 的高强度耐力训练、越野滑雪专项训练、高强度射击训练的比例则明显增加。国际高水平冬季两项运动员的年度训练的负荷安排见图 8-10。

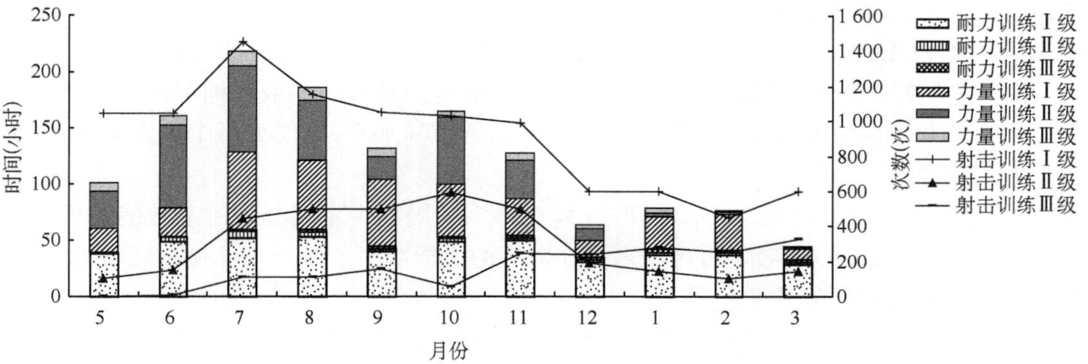

图 8-10　国际高水平冬季两项运动员的年度训练的负荷安排(Myakinchenko et al., 2020)

耐力训练等级：Ⅰ级血乳酸浓度＜2.5 mmol/L，Ⅱ级血乳酸浓度为 2.5～4.0 mmol/L，Ⅲ级血乳酸浓度＞4.0 mmol/L

力量训练等级：Ⅰ级＜70% 1RM，Ⅱ级 70%～85% 1RM，Ⅲ级＞85% 1RM

射击训练等级：Ⅰ级无计分射击，Ⅱ级低强度射击；Ⅲ级高强度射击

3. 大周期的衔接

在年度双周期和多周期的训练模式中，各周期之间并非孤立存在的，而是在各周期中形成训练学要素的递进与衔接，共同构成一个发展与提高运动员竞技能力，获得并保持竞

技状态的系统过程。具体要求包括：

(1) 通过训练计划的科学制订，把年度训练目标细化为若干个紧密联系的阶段性训练任务，在总目标的指引下，各大周期的训练目标必须实现与总目标的高度统一与紧密协调。

(2) 尽管训练内容在各大周期内部呈现波动，但从全年训练的整体来看，专项训练的比例逐步增高，一般训练和辅助训练的比例逐步降低，至年度重要比赛前，专项、辅助和一般训练的比例结构约为 75%∶15%∶10%。年度 4 周期训练内容的变化具体见图 8-11。

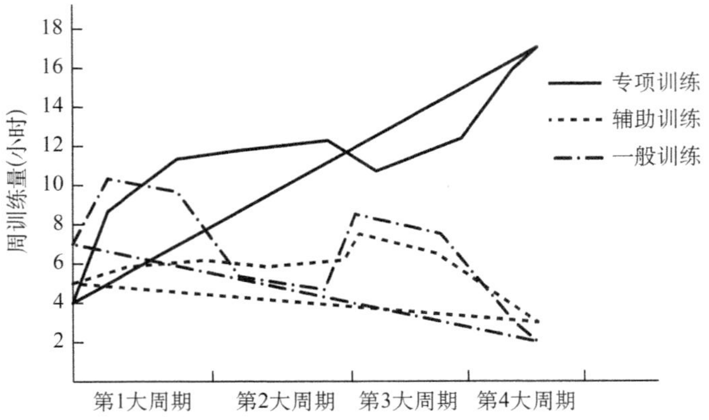

图 8-11　年度 4 周期训练内容的变化

(3) 训练负荷在每个大周期内波动起伏，但全年负荷的整体变化表现为第 1、2 大周期更注重负荷量的积累，负荷强度随着年度重要比赛的临近逐步提高逼近极限，以便通过高强度训练诱导出最佳竞技状态。

(4) 为了确保全年训练过程中的基础训练程度技能保持较高水平，而且较少出现波动，第 1 大周期不仅要具有较长的持续时间，而且要施加足够的一般训练和辅助训练的内容。第 1 大周期的主要任务是使基础训练程度达到较高水平，不仅为第 1 大周期，也为全年训练打下基础。

(5) 由于全年比赛较多，训练时间较少，在第 1 大周期中发展起来的基础能力难以在全年过程中始终保持较高水平，因此需要在随后的大周期中予以定期增强，以保证每个大周期均能保持已达到的基础水平。

现实中，在高级游泳运动员的年度 4 周期的训练安排方案中(图 8-12)，整体上表现出训练负荷与训练内容随时间推移的阶段性比例关系，并将非重要比赛视为训练的手段之一。

(三) 联赛制大周期训练的计划与组织

职业联赛已成为现代竞技体育的稳定形态。国际范围内的职业联赛主要开展于集体球类项目，在专项特征方面，这类项目的单场比赛持续时间较长，运动中多采用间歇性的高强度线性和变向跑动，并穿插着较长时间的低强度走、慢跑等恢复过程，对运动员的有氧能力和无氧能力均提出了很高的要求。例如，精英足球运动员每场比赛的总距离通常为 10～14 千米，其中，高强度跑动(>14.4 千米/小时)和极限强度跑动(>19.8 千米/小时)分别占总距离的 25%和 8%，约每 72 秒完成一次高强度跑动，且每场比赛要完成 150～250

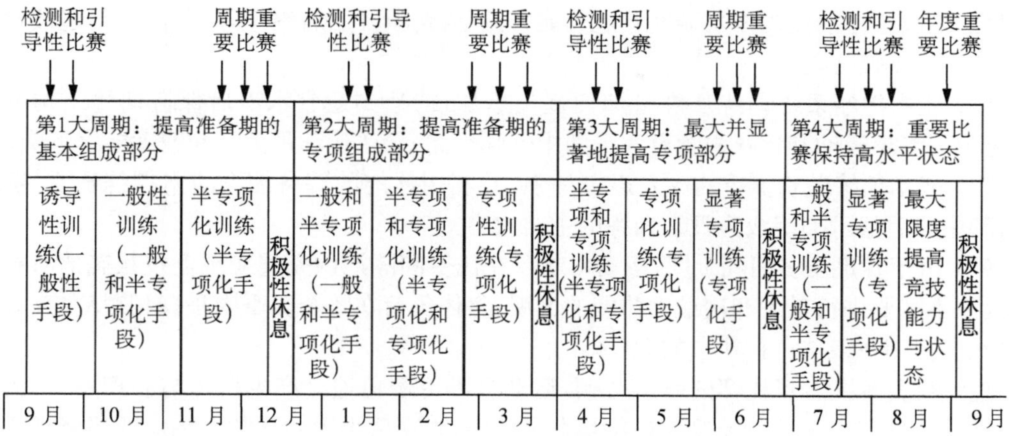

图 8-12　高水平游泳运动员年度 4 周期的训练安排

次高强度动作。

国际高水平职业联赛，如北美的 NBA、NFL、美国职棒大联盟（major league baseball，MLB）、欧洲足球五大联赛等，赛季跨度长达 8～10 个月；赛季间歇期 2～4 个月，准备期仅为 2 个月左右；依据赛制以及球队赛事资格（有些欧洲足球职业球队需要同时参加国内联赛、国内杯赛、洲际赛）的不同，每周要进行 1 场、2 场甚至 3 场比赛。因此，在联赛赛制下需要解决运动员有效准备时间不足，竞技子能力同步发展和维持困难，竞技状态难以保持与稳定系列问题。

职业联赛的年度训练采用单周期模式，基本设计方案是，一方面，依照各子能力发展的难易，将准备期与比赛期的训练与比赛相结合，分阶段依次发展运动员的多项能力。另一方面，当运动员竞技能力和运动队团队能力达到较高水平后，为使之稳定至赛季结束，需要对易于衰退的子能力展开维持性训练。职业足球选择性模型示意图具体见图 8-13。

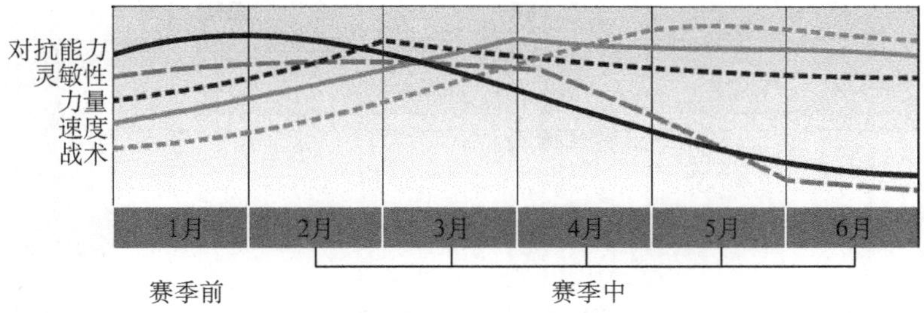

图 8-13　职业足球选择性模型示意图

职业联赛的年度训练安排具有如下特点：

（1）依照竞技子能力发展的难易与相互关联，采用了分别在赛季前准备期和赛季中比赛期依次发展的策略，将对抗能力、灵敏性、力量、速度、战术能力 5 个训练内容统一纳入训练分期中。

（2）赛季前的准备期集中发展耐力素质，特别是对抗状态下的耐力训练占据主导地位，目的是改善运动员机体功能性并进行能力储备，赛季开始后逐步降低，以免与连续比赛叠加产生过度疲劳。

（3）肌肉神经系统训练从准备期便逐步增加，待达到适宜水平后保持训练结构的稳定，避免因专项运动和比赛中含有大量的中低强度跑，导致运动员力量和速度能力下降。

（4）战术训练随着赛季的深入逐步加强，并利用体能的储备加大战术训练比重，赛季进行到中段后战术训练成为日常训练的主要内容。

（5）由于赛事至多间隔1周，运动员难以在比赛间隔期内完整实现竞技状态的时相变化，因而不需要进行最大和次最大体能的发展，整体负荷在整个赛季内呈现相对稳定，并将比赛状态控制在最佳竞技状态的90%。

连续比赛和主客场比赛的路途劳顿，运动员不可避免地会产生机体与心理疲劳，为促进运动员从疲劳中恢复以及保证竞技状态的需要，联赛后半段的日常训练应适当降低训练负荷量，并保持或提高负荷强度。

漫长赛季后运动员进入赛季间歇，然而职业联赛运动员在休赛期（即恢复期）完全停训。首先，休赛期训练的不系统、训练负荷降低将会影响运动员适应水平，导致某些训练适应部分或完全消失。其次，休赛期结束恢复训练后，要先接受额外的、高频率的以促进恢复为目的的体能训练，运动员体能水平的明显下降会影响训练的综合安排，尤其会使团队战术训练受阻。最后，赛季开始前通常要进行热身赛，体能下降增加了赛季前训练的心理和生理压力，大负荷量、大负荷强度、训练负荷快速增加的同时出现，会使运动员产生过度疲劳并诱发伤病。

为了避免运动员竞技能力，尤其是一般和专项体能的快速下降，休赛期仍应坚持常规力量练习、体操练习、低强度跑动练习和伸展练习的训练内容。表8-14给出了英格兰精英级足球运动员休赛期周训练计划，该计划每周4天的训练中包括了高强度间歇训练和抗阻训练两种内容，具有极强的典型性。

表8-14　精英级足球运动员休赛期周训练计划（Luis et al., 2019）

	周一	周二	周四	周五
辅助训练	平衡训练＋核心训练＋功能训练12个动作（20分钟）（略）	平衡训练＋核心训练6个动作（10分钟）（略）	同周一	同周二
力量训练		上、下肢循环训练3×8个动作（30分钟）；腿举8次；TRX绳索支撑俯卧撑8次；TRX绳索面拉8次；单腿哑铃硬拉6次（每条腿）；站姿哑铃摆臂30 s；跳箱6次；站姿哑铃飞鸟（站瑞士球上）8次；杠铃弓箭步分腿跳6次（每条腿）		上、下肢循环训练3×8个动作（30分钟）：深蹲8次；卧推8次；坐姿划船8次；臂弯举8次；箭步蹲8次（每侧）；侧身提肩8次（每侧）；滑轮肱三头肌屈伸8次；跳箱6次

（续表）

	周一	周二	周四	周五
耐力训练	高强度间歇训练（长间隔）：2（4 分钟）×3（800 米［4 分钟］/2 分钟）	高强度间歇训练（短间隔）：3（3 分钟）×6（98 米［20 秒］/20 秒）	高强度间歇训练（短间隔）：3（4 分钟）×6（50 米［10 秒］/10 秒）	高强度间歇训练（短间隔）：8（30 秒直线跑/3 分钟）

注：TRX 是 total resistance exercise 的缩写，即“全身抗阻力锻炼”“悬挂训练系统”，利用人体重力学和生物力学的原理，通过悬挂、身体倾斜角度等方法，将力量平均在身体的不同部位。

第三节　中周期与小周期训练的计划与组织

与专项深化及提高阶段相似，最佳竞技及高水平保持阶段的中周期包括导入中周期、基础中周期、测验准备中周期、赛前中周期、比赛中周期 5 种基本类型；小周期类型包括基本训练周、赛前训练周、比赛周、赛间训练周、恢复周 5 种基本类型。中周期和小周期的训练任务与训练要点详见第七章第三节，而最佳竞技及高水平保持阶段在导入中周期、检测准备中周期、赛间训练周、恢复周的计划与组织要点与专项深化及提高阶段类似。本章主要依据运动项目的赛制特点，简述中周期和小周期计划与组织的基本方案。

一、 赛会制赛事中周期和小周期训练的计划与组织

（一）基础中周期和基本训练周的计划与组织

进入最佳竞技阶段后，运动员便可以在实现特殊需要时采用小周期逐次积累的方式，以便于某种基础能力的阶段性快速发展。训练实践表明，中周期内紧张的训练与相应的恢复之间必须做到协调配合，同时考虑中周期的持续时间以及每一小周期的负荷量度。突击式小周期的训练负荷越高，恢复型小周期的负荷量度就应越低；紧张性工作的时间越长，恢复所需的时间也应越长。除非是刻意对运动员机体进行连续刺激，否则在一个中周期内连续安排 2～3 个强化型较大负荷的训练周，之后仅安排一个恢复型小周期对于充分恢复和能量再生是不够的。这种恢复型小周期可安排 2 次，而当运动员直接准备比赛时，甚至可安排 3 次恢复型小周期，这样，中周期的时间可能延至 5～6 周。高水平运动员不同类型中周期内小周期的负荷累积和组合具体见表 8-15。

表 8-15　高水平运动员不同类型中周期内小周期的负荷累积和组合（弗拉基米尔·尼古拉耶维奇·普拉托诺夫，2014）

中周期类型	小周期类型的负荷累积			
	第一周	第二周	第三周	第四周
导入中周期	诱导型中等负荷（无大负荷课）	诱导型中等负荷（1 次大负荷课）	强化型较大负荷（3 次大负荷课）	恢复型小负荷

（续表）

中周期类型	小周期类型的负荷累积			
	第一周	第二周	第三周	第四周
基础中周期	强化型较大负荷（4次大负荷课）	强化型较大负荷（3次大负荷课）	强化型较大负荷（5次大负荷课）	恢复型小负荷
测验准备中周期	强化型较大负荷（5次大负荷课）	恢复型小负荷	强化型较大负荷（5次大负荷课）	恢复型小负荷
赛前中周期	强化型较大负荷（4次大负荷课）	强化型较大负荷（2次大负荷课）	诱导型中等负荷（1次大负荷课）	恢复型小负荷
比赛中周期	诱导型中等负荷（1次大负荷课）	取决于比赛的水平和安排	恢复型小负荷	取决于比赛的水平和安排

对于体能主导类项目，高水平运动员的大负荷课次较青少年运动员有所增多，有时甚至采用连续进行的累加负荷打破既有平衡，以求机体能力在新的水平上实现突破。以北京奥运会男子举重62公斤级冠军张湘祥的训练为例，在1999年夏训的前6周（7月4日～8月15日）的基础中周期，主要围绕着举重专项技术展开，周一、周二、周四、周六的上午均为专项大负荷课，而下午则主要安排了技术性的中小负荷内容（表8-16）。

表8-16　北京奥运会举重62公斤级冠军张湘祥夏训基础中周期的训练安排

	上午	下午
周一	1. 抓举＋膝上抓举；2. 垫铃抓举；3. 垫铃宽拉	1. 颈后宽借力推＋支撑；2. 后蹲；3. 山羊、腹肌训练、坐推、单臂拉；4. 篮球活动
周二	1. 架上挺；2. 前蹲；3. 前半蹲	1. 垫铃下翻；2. 垫铃窄拉；3. 推壶铃、提肘拉、三头肌训练；4. 篮球活动
周三	休息	1. 高抓＋膝上高抓；2. 高翻＋半挺；3. 宽挺蹲；4. 山羊、腹肌训练、单臂拉、三头肌训练、跑步
周四	1. 后蹲；2. 半蹲；3. 架上挺	篮球活动
周五	休息	1. 悬垂抓举；2. 垫铃抓举；3. 宽拉；4. 颈后宽挺蹲；5. 跑步
周六	1. 垫铃下翻；2. 垫铃窄拉；3. 架上挺	1. 挺举；2. 窄硬拉；3. 前蹲；4. 山羊、腹肌训练、提肘拉、单臂拉、肱三头肌训练
周日	休息	

对于技能和技战能主导类项目，为了掌握新的技术动作和战术配合，基础中周期和基本训练周需要采用大量反复的练习，提高运动员的专项体能和技术水平，抓好基本技术，凸显技术优势。例如，依据李宁全能型的特点，在专门准备期的基本训练周中，除早操和课中素质练习外，每天都安排不同单项的训练，单项技术的学习和完善遵循由易到难、由分解到

完整的基本规律(表 8-17)。

表 8-17 李宁基本训练周的训练计划(蔡玉军,2025)

	早操	上午	下午
周一	1 500 米跑;200 米间歇跑;跳绳 100 个×2;靠倒立 3 分钟;控倒立 1 分钟×2;柔韧练习;吊环倒立 1 分钟;鞍马走 25 圈;负重转肩×3	单杠:1. 连续摆浪转体 180°;2. 屈伸上—反“车轮”—正“车轮”;3. “小架子”;4. 学反吊跳正和两周下 鞍马:1. 单腿动作;2. 环上—平移—环外—马头全旋;3. “小架子”;4. 改 180°下法;5. 学单环;6. 正反交叉 技巧:同周二	弹板 20 分钟 吊环:1. 悬垂摆浪;2. 前、后转肩;3. 联合动作(改进向后大回环);4. 学习向前大回环;5. 两周下 双杠:同周三 素质训练:同周四(组量稍减)
周二	800 米跑;加速跑 30 米×20;跳绳 100×2;靠倒立 3 分钟;控倒立 1 分钟×2;双杠摆浪×6;吊环倒立 60 秒;负重转肩×3	技巧:1. 挺身鱼跃前滚翻;2. 后滚翻倒立;3. 腱子串小翻;4. 小翻直;5. 720°;6. 小翻团 单杠:1. 正反“车轮”;2. 正掏下发;3. 学习反吊跳正和下发 鞍马:同周一 素质训练:腰腹肌训练×3;拉胯 40 秒	文化学习
周三	1 500 米跑;靠倒立 3 分钟;控倒立 1 分钟×2;柔韧练习;绑沙袋踢腿每方向×50	双杠:1. 摆浪;2. 大联合;3. 改前摆转体 180°手倒立;4. 学前摆 360°和后空翻倒立;5. 下法 鞍马:1. 单腿动作及正反交叉;2. 4 个不为全旋;3. 学习单环 跳马:跳高垫前手翻 20 分钟	吊环:1. 悬垂摆浪;2. 前、后转肩;3. 倒立下摆和倒立前翻辅助练习;4. 改两周下;5. 屈伸上倒立 球类活动:约 70 分钟
周四	同周一	单杠:同周一 鞍马:同周一 技巧:同周二	弹板 25 分钟 双杠:同周三 素质练习:1. 推倒立×3;2. 引体(正反握)各×2;3. 腰腹肌训练×2;4. 提倒立×40;5. 鞍马正撑中穿腿成后撑×4 6. 原地后空翻×50
周五	同周二	鞍马:同周三 吊环:同周一 跳马:1. 跳高垫前手翻×20;2. 侧翻内转×10 素质练习:同周三	文化学习
周六	同周三	单杠:同周一 技巧:同周一 鞍马:同周一	弹板 20 秒 吊环:同周一 双杠:同周三;素质练习:同周一

（续表）

	早操	上午	下午
周日	不出操	技巧：1. 腱子串小翻×10；腱子小翻团×60 单杠：1. 屈伸上反“车轮”×4；2. 腾身回环正“车轮”×3；3. 改下发×(8～10)	休息

若赛会制赛事的准备期历时较长，基础中周期也可以利用“多周单方向负荷”的板块式设计发展运动员竞技能力的主导因素，或是体能，或是技能。例如，速度耐力性项目可采用“有氧负荷—混合负荷—乳酸性无氧负荷—非乳酸性负荷”的板块结构；复杂性和速度力量性项目可采用“一般发展性工作—集中力量负荷—完善技术—力量负荷下进一步完善技术”的板块结构。

为备战2018年平昌冬奥会，38岁挪威著名女子越野滑雪运动员玛莉·比约根在准备期中，采用了每月进行一个高强度训练周的安排方式（图8-14）。一方面，在准备期中加入了6次7～11天的高强度训练板块，在此期间，几乎不进行中等强度训练并大幅减少低强度训练；另一方面，两个高强度训练板块之间的训练以低强度训练为主，负荷量增加但负荷强度降低，既消除了高强度训练导致的疲劳，又为下一次的高强度训练提供了有氧积累。

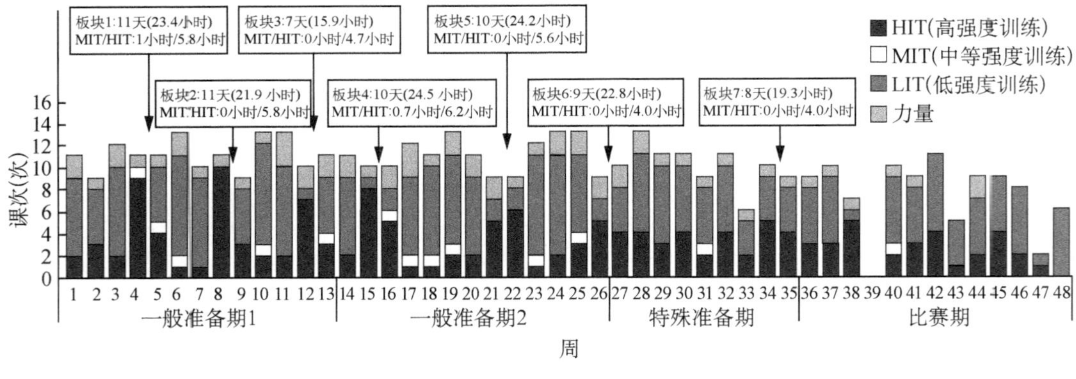

图8-14　玛莉·比约根年度训练分期的板块设计（Solli et al., 2019）

（二）赛前中周期和赛前训练周的计划与组织

赛前中周期安排应紧密围绕不同的专项竞技能力展开，把对专项影响最大、表现最突出的竞技能力置于首要位置，强调竞技能力的精细化安排。赛前训练的专项化还表现在训练内容更趋于专项比赛的需要，练习方式更接近专项运动形式，练习组织更接近专项比赛特点，心理过程更贴合专项比赛进程。

对于体能主导类项目，高强度的专项练习居于主导地位，适当的力量训练和低强度的耐力训练起到维持基础体能的作用。索契冬奥会北欧两项冠军约根·格拉巴克（Jørgen

Graabak)在冬奥会前 6 周的中周期训练具有典型性(表 8-18)。除赛前第 4 周为缓解连续 2 周比赛疲劳外,跳台滑雪、高强度的越野滑雪训练贯穿于赛前中周期且训练分布保持基本稳定,训练负荷量的降低主要由低强度耐力训练减少 25%和非耐力训练减少 8%组成。

表 8-18　索契冬奥会北欧两项冠军 Graabak 冬奥会前的 6 周训练(Rasdal et al., 2018)

赛前时间	非耐力 课次(时间)	跳台滑雪 课次(时间)	低强度耐力 课次(时间)	中强度越野滑雪 课次(时间)	高强度越野滑雪 课次(时间)	总计 课次(时间)
第 6 周	10.3 次 (6 小时)	7.3 次 (5 小时)	8.7 次 (6 小时)	0.0 次 (0 小时)	0.8 次 (2 小时)	18.9 次 (12 小时)+2 场比赛
第 5 周	10.6 次 (6 小时)	8.2 次 (5 小时)	10.2 次 (7 小时)	0.0 次 (0 小时)	1.5 次 (3 小时)	20.8 次 (13 小时)+3 场比赛
第 4 周	1.8 次 (3 小时)	0.0 次 (0 小时)	14.8 次 (8 小时)	0.8 次 (1 小时)	0.0 次 (0 小时)	16.7 次 (11 小时)
第 3 周	11.4 次 (9 小时)	6.3 次 (5 小时)	8.9 次 (5 小时)	0.0 次 (0 小时)	1.2 次 (2 小时)	20.4 次 (14 小时)
第 2 周	7.1 次 (4 小时)	3.9 次 (3 小时)	7.9 次 (5 小时)	0.0 次 (0 小时)	0.8 次 (2 小时)	15.0 次 (9 小时)
第 1 周	11.5 次 (5 小时)	6.7 次 (4 小时)	9.1 次 (7 小时)	0.7 次 (2 小时)	0.0 次 (0 小时)	20.6 次 (12 小时)

技能、技心能、技战能主导类项目的赛前中周期,应将技术运用的稳定性和实效性,战术配合的灵活性和实效性,心理过程的积极性和坚韧性作为训练的重点,而体能训练以有利于实现技术和战术效果为目标。2008 年北京奥运会备战期间,中国艺术体操队结合队伍的实际情况,有针对性地制定了赛前中周期的训练内容。根据艺术体操比赛的心理特点,从主场压力消减、突发情况应对、团队士气提高、临赛准备与调整等方面,制定了详细的心理训练方案,为保证运动员更好地完成奥运参赛任务提供了重要的心理支持。

(三) 比赛中周期和比赛周的计划与组织

赛会制赛事又可分为多种赛事组织形式,并且在大型赛事中,运动项目的赛事组织的基本要求与项群有着较强的对应性(表 8-19)。其中,淘汰赛赛制的比赛容量大,能在较短的时间内和有限的赛事场地内安排更多的选手参赛。例如,快速力量性项群的田径投掷、跳跃、举重,格斗对抗性项群的击剑、拳击等,可以在一天甚至几小时内决出冠军,赛间训练以调整性为主。采用循环赛制的项目比赛用时较长,场地占用、赛事异地、比赛轮次多,赛间间隔时间长,运动队/运动员有较充分的时间进行赛后恢复、状态调整和针对下一对手的准备,甚至可以利用负荷搭配产生超量恢复效应。

表 8-19　不同项群比赛中周期赛事组织的基本要求(胡亦海,2016)

项群	赛制和赛程	赛间训练基本要求
快速力量性	赛事集中、赛点固定、间隔很短	负荷强度偏大、负荷量较小,注意力高度集中,心理状态相对稳定
速度耐力性	单赛次持续 1～8 分钟,赛事重复、赛点固定	预赛和复赛后负荷量度均不大,以积极清除体内堆积乳酸,放松各个肌群,接力或多人项目进行配合训练
长时间耐力	单赛次持续 6～30 分钟甚至数小时,双轮次或单轮次,赛点固定	双轮次项目若间隔一天,可完全休息或做不超过 1 小时的放松性练习;若间隔两天或更长,则适当安排中小负荷强度的恢复性或诱导性练习
表现难美性	某些隔天进行,某些每天一场,某些一天 2 场,赛点固定	负荷强度较高但时间不长,复习和强化关键技术、预感比赛顺序体验,获得比赛环境时空感知等
表现准确性	射击预赛和决赛间隔较短,射箭各赛次隔天比赛	以心理训练为主,射击赛后以心理调节为主,射箭兼顾心理调整和体能训练
隔网对抗性	循环、淘汰或混合赛制,通常每天一赛,赛点基本固定	训练负荷量和强度均不大,以轻技术训练或战术应变训练为主
同场对抗性	循环、淘汰或混合赛制,赛间间隔较长,赛点有时不固定	训练时间不长但质量较高,主要以关键技术、局部战术、针对战术为主
格斗对抗性	淘汰或循环赛制,跆拳道、摔跤、柔术、击剑一天多赛,拳击每天一赛	重点是知识能力,其中,跆拳道、摔跤、柔术、击剑项目赛后即刻进行身体休息和头脑训练;拳击通过录像进行思维训练

比赛周的训练直接为完成比赛、争取好成绩服务,核心要点在于培养最佳竞技状态并成功参赛。比赛周的训练负荷量总体处于较低水平,不同竞技子能力在大负荷训练后达到超量恢复所需的时间不同,因此需要通过体能训练或不同负荷性质的技术训练,使各方面子能力在比赛时同时达到高峰。我国优秀男子体操运动员张宏涛的比赛周训练具有典型性(表 8-20),一方面降低负荷量,保持难度动作和成套动作的负荷强度;另一方面还体现了不同氧代谢运动方式的顺序式安排。

表 8-20　张宏涛比赛周训练计划

全运会比赛周训练计划			世锦赛比赛周训练计划		
时间	训练内容		时间	训练内容	
	上午	下午		上午	下午
2009 年 9 月 14 日	抵达比赛场地	一般性的身体活动、熟悉场地器材	2009 年 10 月 11 日	全面准备活动、力量练习、交叉组、马头俄式及其他单个动作	联合动作、成套动作

（续表）

全运会比赛周训练计划			世锦赛比赛周训练计划		
时间	训练内容		时间	训练内容	
	上午	下午		上午	下午
2009 年 9 月 15 日	基本动作练习、成套动作练习	游戏、基本功练习，难度动作练习	2009 年 10 月 12 日	联合动作为主，加强下法站稳	趣味游戏、成套动作练习
2009 年 9 月 16 日	素质练习、难度动作练习、联合动作练习	成套动作练习	2009 年 10 月 13 日	成套动作练习（5 套）	休息
2009 年 9 月 17 日	跑步练习、柔韧性练习	素质练习、成套动作练习	2009 年 10 月 14 日	游戏、身体素质练习	休息
2009 年 9 月 18 日	一般身体活动	成套动作（5 套）	2009 年 10 月 15 日	休息	成套动作练习（5 套）
2009 年 9 月 19 日	休息	单个动作练习、联合动作练习、成套动作	2009 年 10 月 16 日	素质练习、加强下法站稳	单个动作练习、联合动作练习、成套动作练习
2009 年 9 月 20 日	一般身体活动、准备会	休息	2009 年 10 月 17 日	准备会	一般身体活动

田径短跑、游泳、短道速滑、体操等项目的运动员经常需要在一项赛事中兼项参加多场次或多轮次的比赛，在密集的赛程中，若两场比赛之间间隔距离较长，如间隔 3 天，应将不同性质的练习在不同训练日予以分别安排；若两场比赛间隔时间很短，如第 2 天或仅间隔 1 天，则仅以恢复性练习为主。2004 年澳大利亚女子短距离自由泳运动员亨利获得 3 项奥运冠军，8 月 15 日～8 月 17 日的训练分别为恢复性、混氧大负荷、有氧低负荷的内容，而 8 月 19 日和 8 月 20 日的训练则采用了直接停训和恢复性训练（表 8-21）。

表 8-21　澳大利亚女子短距离自由泳运动员亨利在 2004 年奥运会比赛周的训练安排

	8 月 14 日	8 月 15 日	8 月 16 日	8 月 17 日	8 月 18 日	8 月 19 日	8 月 20 日	8 月 21 日
上午	4×100 米自由泳接力预赛	停训	1 800 米：3×100 米逐次加速游	停训	100 米自由泳预赛	停训	停训	赛前热身游
下午	4×100 米自由泳接力决赛	2 000 米慢游	1 500 米，与上午类似	1 000 米：25 米配速蹬边游	100 米自由泳半决赛	100 米自由泳决赛	慢游：舒缓昨日的兴奋	4×100 米混合泳接力决赛

二、联赛制赛事中周期和小周期训练的计划与组织

（一）赛前训练中周期和赛前训练周的计划与组织

与赛会制赛制截然不同，采用联赛制赛事项目的准备期仅有 1.5～2 个月，基本方案是采用前文所述不同子能力递次发展的模式，若仅就多项体能水平在赛前中周期快速提高而言，可以采用板块训练模式实现同期力量和耐力训练，具体做法是，力量训练频率每周不超过 3 次，耐力训练每次控制在 30 分钟左右，力量和耐力训练之间间隔至少大于 8 小时，可以有效避免两者同期训练中的不兼容问题。

有研究显示，在橄榄球职业联赛开始前的 7 周准备期内，每周进行 3 天的力量训练，具体方案包括 3 周大负荷量的力量耐力的积累板块，3 周中等负荷量的最大力量转化板块，1 周速度和快速力量的实现板块（表 8-22），结果显示出对运动员短距离冲刺和负重跳跃能力的有效提高。

表 8-22　橄榄球职业运动员赛季前力量训练的板块训练设计

周数	内容	组×次数(次)	相对强度(1、2、3 天)
1	力量耐力	3×10(3×5)	ML, ML, VL
2	力量耐力	3×10(3×5)	M, M, L
3	力量耐力	3×10(3×5)	H, H, L
4	最大力量	5×5(5×3)	ML, ML, VL
5	最大力量	3×5(3×5)	M, M, L
6	最大力量	3×5(3×5)	H, H, L
7	快速力量	3×3	VL, VL, VL

注：VL 表示非常低强度（65%～70%），L 表示低强度（70%～75%），ML 表示中低强度（75%～80%），M 表示中等强度（80%～85%），H 表示高强度（90%～95%）。

（二）比赛中周期和比赛周的计划与组织

联赛制项目比赛期的跨度长，既要安排结构规范的比赛中周期，也要把基础训练、检查训练、赛前训练和比赛相综合。在比赛较多的阶段，每个小周期的任务与内容都应服从于比赛，并要保证赛后的恢复。在比赛较少的阶段，中周期内各个小周期都具有复合的性质，既有对比赛的直接准备，也有赛后的恢复、解决技战术和心理训练方面的问题。通常情况下，每场比赛结束后一天进行低强度的技术或身体素质练习，而比赛前 1 或 2 天专门进行的技术和战术训练比例之和达到日训练时间的一半以上（图 8-15）。

联赛制赛事漫长的比赛期，要求运动员在赛季中持续地表现出最佳技能和体能。有研究显示，足球运动员赛季中的力量只可以保持 14～16 周，力量素质的下降源于抗阻训练不足，以及训练和比赛中能量系统训练的比例过高。因此，通过板块分期的模式将比赛期划分为若干中周期，有助于运动员在赛季中后段保持甚至超过赛季开始前的素质和机能水平。

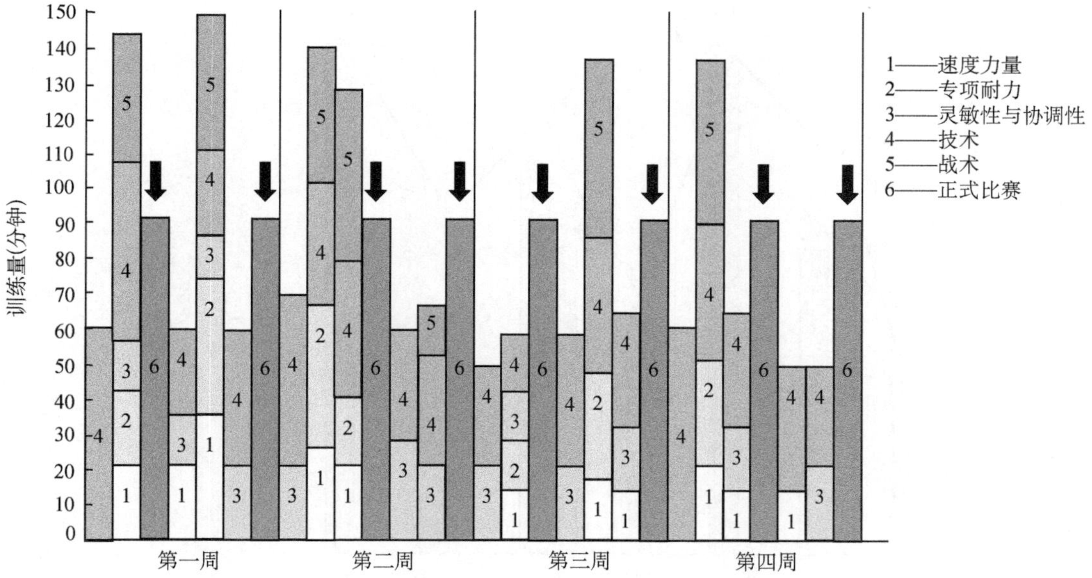

图 8-15　高水平职业足球运动员高强度比赛中周期的结构、内容与训练方向
(弗拉基米尔・尼古拉耶维奇・普拉托诺夫,2014)

西班牙足球甲级联赛某支球队赛季中的体能训练采用了板块分期的模式(表 8-23),训练将 44 周的赛季分为了 5 个阶段,每个阶段持续时间 7～8 周,积累、转化、实现板块约为 3 周、2 周、2 周。在积累模块主要采用高强度有氧训练(40 分钟/周)和抗阻训练(50 分钟/周),以提高运动员的氧代谢能力和最大力量;转化模块通过连续冲刺练习(20 分钟/周)发展速度耐力;实现板块侧重于速度训练(40 分钟/周),旨在培养最大速度能力。

第八章
拓展阅读

表 8-23　足球职业联赛的板块分期模型

阶段 1			阶段 2			阶段 3			阶段 4			阶段 5		
A	T	R	A	T	R	A	T	R	A	T	R	A	T	R
1～3 周	4～5 周	6～7 周	8～10 周	11～13 周	14～15 周	16～17 周	18～20 周	21～23 周	24～27 周	28～29 周	30～31 周	32～35 周	36～39 周	40～44 周

注:A 表示积累阶段;T 表示转化阶段;R 表示实现阶段。

对于赛季中的比赛周训练,如果两次比赛的间隔时间很短,如短于 3 天时,训练的内容应避免单调,负荷要小、练习次数要少,尤其是力量训练和供能系统训练的强度和量都要小。如果两次比赛的间隔时间为 3 天左右,内容上第 1 天应安排积极性恢复的练习;第 2 天安排一天两练的中等负荷,同时保证训练内容多样性,既包括小负荷的体能训练,还包含一般性的技术与战术练习;第 3 天则进行中等或较低负荷的针对下一场对手的技术与战术准备(图 8-16)。

如果赛制为每周一赛,那么负荷安排呈现明显的“凸”形,赛中达到最大负荷;训练内容

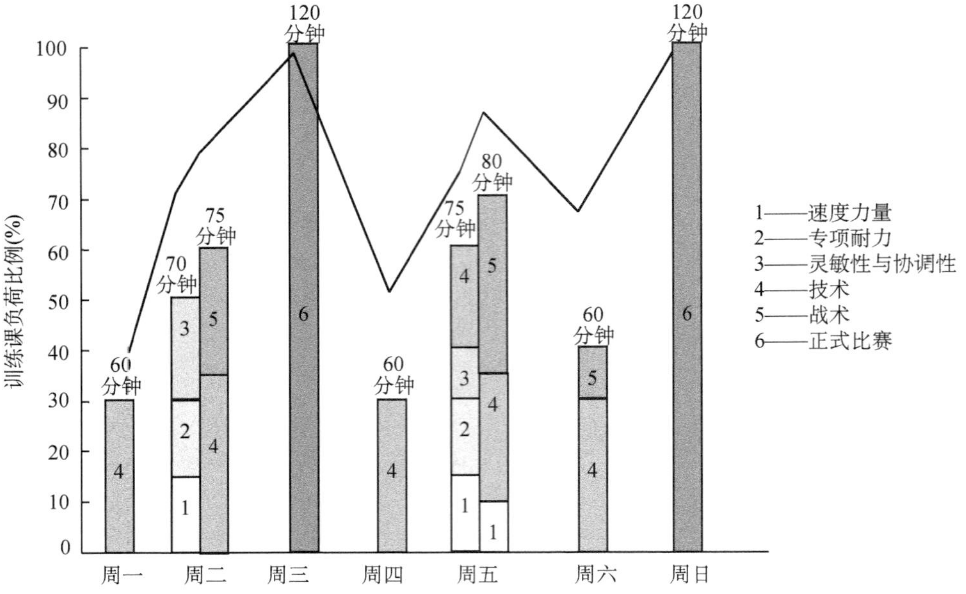

图 8-16　高水平足球队每周参加两次比赛的训练内容与负荷(弗拉基米尔・尼古拉耶维奇・普拉托诺夫,2014)

除了第 1 天和最后 1 天安排小负荷的技术训练外,周中表现为体能训练与技术、战术训练的差异化安排,即随着比赛的临近,体能训练比例降低,技术、战术比例增高(图 8-17)。

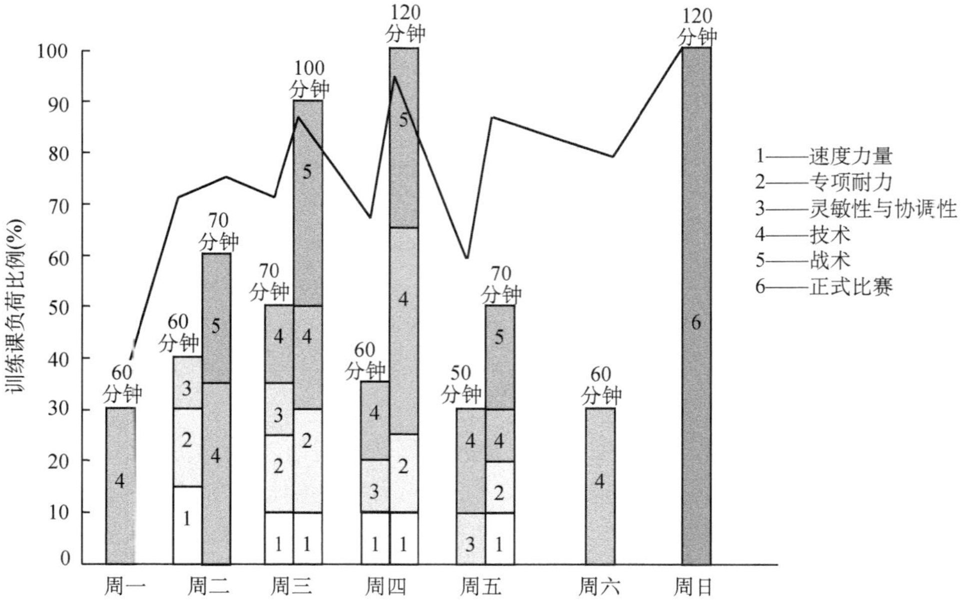

图 8-17　高水平足球队每周参加一次比赛的训练内容与负荷(弗拉基米尔・尼古拉耶维奇・普拉托诺夫,2014)

三、训练课的计划与组织

最佳竞技及高水平保持阶段训练课的类型和结构与专项深化及提高阶段类似，不同类型训练课的组织要求，以及训练课各结构的组织要求详见第七章第四节。

与专项深化及提高阶段相比，最佳竞技及高水平保持阶段训练课具有如下几个特点。

（1）训练课的密度增大，尤其是赛前训练阶段，日训练课次与赛事的轮次时间相匹配，以便运动员形成参赛节律。

（2）单次训练课的整体时间缩短，表现为课的基本部分用时减少，而课的准备部分和结束部分明显延长，这是由基本部分负荷强度增强所致。

（3）训练课准备部分的专项准备强度更高，运动形式更加接近于专项或专项的核心动作，以便运动员在基本部分尽快达到最高强度。

（4）训练课基本部分的阶段划分更为明显，不论是体能训练课、技战术训练课还是综合训练课，所包含的内容更为多样，但某一训练内容的运动强度增大，重复次数减少，间隔时间缩短，力求更为接近专项比赛的运动形式。

例如，备战 2016 年里约奥运会中国艺术体操队集体项目组，年度训练分为 3 个大周期，冬训的第一准备期担负着全面发展运动员竞技能力的基础性任务，这一阶段的训练充分体现出对技术的分解并力求全面（表 8-24）。中国乒乓球队基本训练周的技战术训练同样表现出多类型和高密度的安排特点（表 8-25）。

表 8-24　中国艺术体操队第一大周期冬训技术课基本部分的训练内容（王美荣，2016）

序号	训练内容	训练手段
1	抛接训练	5 个抛接（10 组）
2	协作训练	7 个有旋转的协作（2 组）
3	分段训练	1/4～4/4 段（3 组）；1/2～2/2 段（2 组）
4	完整成套训练	无伴奏（2 套）；伴奏（2 套）
5	重、难点片段补缺	单个抛接（10 组）；身体难度（5 组）；重点片段（5 组）

表 8-25　中国乒乓球队技战术训练课（130 分钟）（国家体育总局《乒乓长盛考》研究课题组，2002）

技战术类型	训练内容	时间×组数
攻对攻	对攻	10 分钟×1
	2/3 台走位攻	15 分钟×2
	攻防转换	15 分钟×2
	发球抢攻	15 分钟×2
	个人计划	15 分钟×2
攻对削	稳拉稳削	15 分钟×1
	拉冲吊综合	15 分钟×1
	发球抢攻	15 分钟×2

（续表）

技战术类型	训练内容	时间×组数
攻对削	削中反攻综合	15 分钟×1
	搓攻	15 分钟×1
	个人计划	15 分钟×1
削对削	对攻	10 分钟×1
	稳拉稳削	15 分钟×2
	搓攻综合	15 分钟×2
	发抢攻	15 分钟×2
	个人计划(或 12 板记时)	15 分钟×2

第四节　重大赛事的赛前集中备赛

重大赛事是体现国家或地区竞技实力的舞台，运动员为了在重大赛事中获得更好的发挥需要进行专门的赛前准备。由于具有明确的指向性，赛前集中备赛的阶段划分更为精细，训练内容、训练负荷、训练手段与方法选择的专项化程度更高，并通过赛前减量训练诱导出运动员的最佳竞技状态。

一、 赛前集中备赛概述

（一）赛前集中备赛释义

奥运会、世锦赛等重大赛事通常在每年的 7～10 月举行，在该年度的训练安排中，通常从前一年的冬训开始至该年度的 5 月完成第一个大周期，并通过一系列的大奖赛获得了大赛参赛资格。此外，某些欧美国家通常会在 5、6 月组织奥运会选拔赛用以确定运动员参赛资格；篮球、足球等高水平职业联赛大多在 5、6 月结束当赛季；网球、公路自行车等职业化项目会在 5 月底 6 月初结束上一站重要分站赛。通过第一大周期的系统训练和连续参赛，提高了运动员的竞技能力，为运动员最佳竞技状态的形成提供了条件。

从年度训练第一大周期结束至重大赛事前 2～3 个月的时间，运动员会专门安排一个训练阶段或训练大周期进行特殊准备，其目的是使运动员的体能、技能、战术能力、心智能等竞技能力，以及运动队各成员之间影响竞技能力的诸要素的总和趋于完善、平衡、协调，以求在重大赛事中表现出最佳的竞技状态，取得理想比赛成绩完成年度训练目标。

（二）赛前集中备赛的任务

1. 实现竞技子能力的完善与整合

完善专项技术和战术，不断强化个人特点的“制胜技术”，针对比赛中的主要对手熟练和提高特定的个人技术、战术以及集体项目的战术配合水平。根据运动项目的专项体能特征，合理安排和调控训练负荷量度，利用超量恢复保证运动员的身体机能水平并使其专项体能得到提高。激励运动员的参赛动机，使之既保持适宜的兴奋性水平，又具备高度的自控能力。将逐步完善的竞技子能力整合为高度发展的专项能力，为诱导最佳竞技状态提供条件。

2. 逐步诱导最佳竞技状态

运动员的竞技状态处于不断的变化之中，其发展程度可以从身体机能、身体素质、技术表现、心理过程等方面予以综合判定。为在重大赛事中达成理想的竞技表现，就需要使竞技状态的高峰准确地出现于重要赛事的特定时段。竞技状态的变化受到运动员自身及外部因素的共同影响，所以赛前状态调控需要利用训练学、社会学、心理学、营养学等多学科手段采取有效措施予以干预。

3. 针对主要对手和比赛环境进行特殊准备

赛前特殊准备的核心是适应。在参赛过程中，有熟悉和适宜的参照点时，运动员会感觉心理稳定，技术动作清晰。这就需要一方面根据比赛的参赛对手、地点环境、接待水平、赛制赛程，安排专门的适应性训练和适应性比赛，另一方面"冗余"地做到对参赛方案、参赛人员、参赛流程的备份。

二、 赛前集中备赛的训练学要点

（一）训练阶段划分及负荷变化

赛前训练的安排通常以超量恢复原理作为生物学依据，同时也要符合竞技状态的变化规律和竞技状态调控的特点。依据最佳竞技状态形成的时间学规律，赛前训练一般包括 2 个或 3 个训练阶段，即 1 个或 2 个赛前基础训练阶段和 1 个赛前减量训练阶段。

赛前基础训练阶段的主要任务是提高运动员为迎接比赛所需要的各项竞技子能力，为下一训练阶段运动员机体形成超量恢复打下良好的基础。就负荷量度而言，此阶段为"大负荷应激强化"训练阶段，专项训练的量和强度均达到很高水平，尤其是增加比赛性负荷的训练量和训练强度，而一般性训练的量和强度则应明显下降。同时，负荷安排应具有节奏性，先增加负荷量，保持一定的负荷强度，即前一半为"强化量"；再提高负荷强度，保持一定的负荷量，即后一半为"强化强度"（图 8-18）。

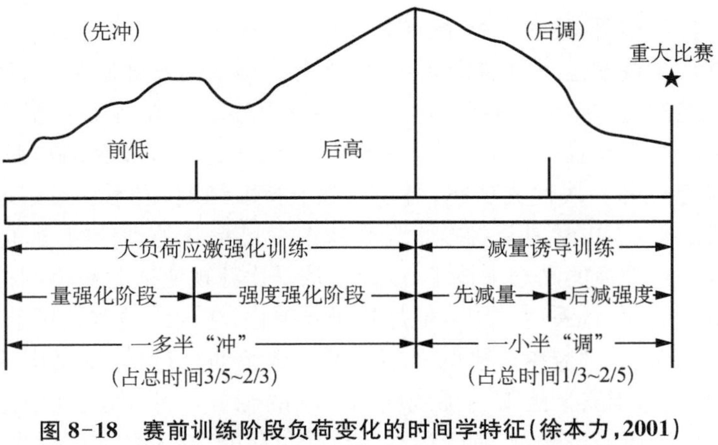

图 8-18　赛前训练阶段负荷变化的时间学特征（徐本力，2001）

篮球、足球、橄榄球等职业联赛运动员重大赛事前的集中备战始于联赛结束，整个备战过程由高度结合的恢复期和准备期构成。若国家队球员效力于同一联赛，则球队的赛前准备便于集中，若球员效力于不同联赛，球员难以同时集中，则晚归队球员仍应保证适时的恢复，以免他们的身体难以承受连续的比赛负荷。为在世界杯和洲际杯中表现出最佳的体能状态，准备期内每周需要进行3～4次、每次45～60分钟的低强度有氧练习。与之相比无氧能力退步与产生新的适应速度较快，这就需要在整合备战的中段予以特意加强（表8-26）。

表 8-26　职业足球运动员世界杯前的训练负荷变化

阶段		恢复期		准备期				
	周	1	2	3	4	5	6	7
有氧	低强度	▲▲▲▲	▲▲▲▲	▲▲	▲▲	▲▲	▲▲	▲
	高强度	▲▲	▲▲	▲▲▲	▲▲▲▲	▲▲▲▲	▲▲▲▲	▲▲▲▲
无氧	速度耐力	▲	▲	▲▲	▲▲▲	▲▲▲▲	▲▲	▲
	速度	▲	▲▲	▲▲▲	▲▲▲▲	▲▲▲▲	▲▲▲	▲▲▲

（二）训练内容特点

赛前集中备赛训练内容的选择应紧密围绕不同的专项竞技能力展开，依照一切要从实战出发的指导思想，把对专项影响最大、表现最突出的竞技能力置于首要位置，强调竞技能力的精细化安排。其专项化还表现在：训练内容更趋于专项比赛的需要，练习方式更接近专项运动形式，练习组织更接近专项比赛特点。同时，不同项群的赛前训练内容和安排有着各自的特点。

对于集体球类项目，技术训练经常在高强度对抗或设置完成条件的情况下完成技术动作；战术训练时应熟练小组战术，加强全队战术，逐步形成默契，同时设计并熟练掌握“特殊战术”，形成球队的战术风格；体能训练在促进职业赛事疲劳恢复的基础上，加强和提高与专项体能密切相关的身体素质练习，并通过完成大量专项技术动作和战术演练，发展和提高专项力量、速度和耐力水平。

对于个人对抗类项目，无对手的个人技术练习比例减少，实战性的一对一练习大量增加，此外，应特别注重技术运用精细化练习，如提高乒乓球的发球质量、羽毛球的网前小球质量，以及个人“绝招”和“绝活”的练习，如击剑的圆六移动还击、柔道的横舍身技。

对于技能主导类表现难美性项目，以高难动作、动作组合和成套动作练习为主，注重提高动作练习的稳定性和一次性成功率，对动作细节精雕细刻，但不宜过多地进行单个动作的练习。一般情况下，不再学习新的技术动作或改变已形成的动作组合，但可以在原有成套动作中适当准备可替换的高难度技术，以便再依据比赛现实适时做出调整。

对于体能主导类项目，采用的练习更加趋于专项化，在训练内容安排上，以专项训练和比赛训练为主。然而，为了避免过多的专项练习导致运动员过早、过高出现竞技状态而产生负面效应，还应该适当安排近似专项或模拟专项的练习。另外，训练中还应注意其他负荷内容和练习手段的适当搭配，有利于运动员承受负荷能力，避免或减轻生理、心理疲劳的积累。体能主导类田径项目赛前阶段不同训练内容的比例安排具体见表 8-27。

表 8-27　体能主导类田径项目赛前阶段不同训练内容的比例安排

项目	一般训练比例(%)	专项训练比例(%)	比赛性训练比例(%)
短跑	10	55	35
跨栏跑	10	40	50
中距离跑	10	70	20
长距离跑	5	90	5
跳跃远度项目	10	55	35
跳跃高度项目	10	40	50
投掷项目	10	40	50

对于技心能主导类表现准确性项目，技术训练内容要保证专项尽可能完善的程度，一方面要巩固已掌握的技术能力，提高在不同比赛条件下发挥技术的能力；另一方面要在精细磨炼技术动作的基础上，根据个人特点进行有针对性的训练。此时的训练以发扬长处为主，力求克服薄弱环节，但又不能过分强调，以免增加心理负担。射击运动员杨凌、肖俊奥运会前的训练安排具体见表 8-28。

表 8-28　射击运动员杨凌、肖俊奥运会前的训练安排(中国国家体育总局，1999)

时间阶段	6 月 12 日～6 月 22 日	6 月 24 日～7 月 8 日	7 月 20 日～7 月 24 日	7 月 25 日～7 月 26 日
训练内容	1. 针对性技术训练 杨凌：发与发之间间隔规范化和接靶准确性 肖俊：接靶一致性，实弹不看靶训练 2. 技术训练 3 小时/天 3. 体能训练 2 小时/天 4. 预习和实弹举枪 300～350 次 5. 慢快训练：时间各半	1. 体能训练 2 小时/天 2. 预习和实弹举枪 300 次左右 3. 慢快训练：时间各半 4. 实弹训练 100 发/天	在初步方案的基础上经过比赛前训练体会，进行修改和补充，确定正式比赛方案	执行方案，参加比赛

(三) 赛前热身赛安排

热身赛是运动员或运动队参加重要比赛前所组织或参加的准备性比赛，其目的是完善比赛的技术和战术能力，这些比赛可以提高运动员对未来参赛场地、气候、对手、观众及裁判等各方面条件的适应能力，以及激发运动员强烈的竞赛欲望。热身赛安排的时间不应与主要比赛相隔过远，而且应连续进行，以求获得理想的适应效果。

一定数量的热身赛，是运动员提高竞技状态、创造优异成绩不可缺少的重要条件，但过多的比赛会导致运动员心理和生理过度疲劳，因而安排热身赛时应有所选择、有所取舍。若热身赛数量有限，可通过严格规定检查性比赛的竞赛条件，创设成为适应性和热身性比赛。对于比赛时间较短、运动员生理消耗不大的项目，如田径的田赛和短距离跑，热身赛次数可以多一些；而比赛时间较长、生理、心理负荷较大的项目，如中长距离竞速、集体球类项目，热身赛次数应相对较少。对于热身赛距离大赛的时间，应根据项目特点和运动员表现而定，对于比赛负荷较大或技战能主导类项目，间隔时间应相对较长，应不短于 15 天，以利于运动员机体恢复，同时改进战术；对于比赛负荷较小的项目，间隔时间可相对较短，10～15 天较为适宜。体能主导类项目运动员赛前热身赛的安排策略具体见表 8-29。

表 8-29　体能主导类项目运动员赛前热身赛的安排策略

项目	热身赛次数(次)	最后一次热身赛距正式比赛天数(天)
举重	1～2	20～30
投掷	1～2	10～15
短跑	1～2	10～21
中跑	1～3	15～30
跳跃	1～2	20
竞走	1～2	18～24
自行车	1～2	20～28
赛艇、皮划艇	1～2	15～21
游泳(短距离)	1～2	10～15
游泳(中长距离)	0～1	12

(四) 赛前减量阶段训练的设计与运用

1. 赛前减量训练的原理

赛前减量训练又称为再生循环训练，即运动训练过程的赛前调整或赛前诱导周训练。西班牙运动训练学者给予赛前减量训练的定义是，在一个变化时期内循序渐进地以非线性的方式减轻训练负荷，从而减小运动员在训练中的生理和心理压力，以达到最佳竞技状态的训练。如果说运动员的年度、大周期、中周期运动训练设计与实施的目的是发展运动员的竞技能力和不断培养运动员的竞技状态，那么为重大比赛专门设计的赛前减量训练则直接指向了最佳竞技状态的产生。

在经过赛前大周期的量强化阶段和强度强化阶段后，运动员机体呈现疲劳状态，这时就需要降低训练负荷消除疲劳并诱导出最佳竞技状态。众所周知，在适宜范围内，训练负荷越大，运动员的体能和能量底物超量恢复的产生效果越明显，但又会引起更大程度的疲劳，且疲劳消除的速度慢于自然降低的速度。为处理这一矛盾，减量阶段中维持较高的负荷强度，随着减量时间的延长，会出现疲劳水平迅速降低，竞技状态快速上升的现象(图 8-19)。有研究显示，通过训练负荷特别是负荷量的显著降低，可以使运动员的有氧工作能力、神经肌肉特性、内分泌功能、抗氧化应激等指标在一定程度上发生积极性变化。然而，若减量阶段持续时间过长，运动员长期训练获得的竞技能力则无法保持。

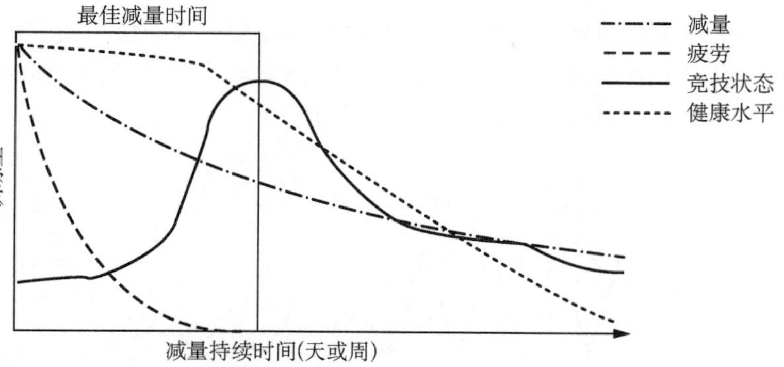

图 8-19　疲劳、健康水平、竞技状态与减量训练时长之间的关系

2. 赛前减量训练的模式

减量训练的安排和选择取决于多种因素，如运动员竞技水平、训练情况、前一阶段训练负荷的大小以及适应不同减量方法的个体化差异。此外，心理压力对训练产生竞技能力复负效应的持续时间可能更长，因此不同运动员对心理压力的承受能力或自我调节能力也与减量训练的模式选择有关。

对于赛前减量训练阶段的负荷量变化模式，依据穆吉卡(Mujika)等的研究成果，理论上讲具有直线式、指数式和阶梯式 3 种，指数式又包括了快指数式(fast decay)和慢指数式(slow decay)(图 8-20)，其中，慢指数式的负荷量降低至起始负荷量的 40%～60%，快指数式在第 1 周便将负荷量大幅下降 60%～70%。如果将直线式和指数式减量训练统一归为渐进模式的话，已有研究通过元分析或个别单项的实证表明，与慢速减量效果相比，快速减量所带来的竞技表现上升效果会更为明显。

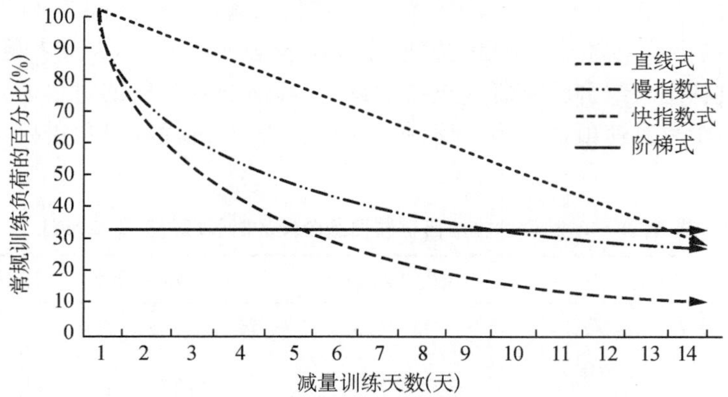

图 8-20　4 种不同的减量训练模式示意图(Mujika et al., 1998)

虽然不同项目或项群的赛前训练安排可能并不一致，但大都以前往比赛地时间为界分为两个阶段(图 8-21)。前往比赛地前，训练安排多为练 1 调 1，即 1 天大负荷训练后进行 1 天的调整或休息，训练日的负荷量有时达到甚至超过之前的强化训练阶段。前往比赛地后的训练安排有两种基本形式，1 是练 1 调 2，即 1 天大负荷训练后调整或休息 2 天，此时训练日的负荷量一般不会超过第 1 阶段；二是练 1 调 1，即在 1 天中负荷量训练后安排 1 天小负荷的调整或休息。而在赛前 3 天左右，通常不安排大或中等负荷量的训练，主要以略微起伏的小负荷技术练习、有氧训练、任意活动等为主。

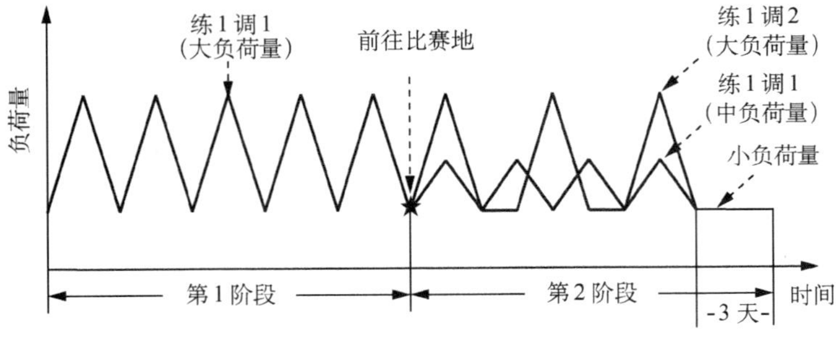

图 8-21 运动员备战赛会制大赛的赛前训练阶段负荷量变化(陈亮 等,2017)

3. 赛前减量训练的项群差异

(1) 持续时长

如前所述，赛前减量训练受多种因素的影响。减量训练持续时间通常难以固定，有研究资料表明，赛前减量训练持续时间的长短，一方面取决于运动员性别、身体机能状态水平和发展趋势；另一方面与专项竞技能力主导因素，以及之前强化阶段的大负荷训练的疲劳积累有关。

国内、外学者曾就减量阶段时长的具体周/天数进行过论述。例如，Mujika 认为，为了消除疲劳以及避免因减量训练时间较长而可能出现水平倒退的负面现象，8～14 天的减量训练是比较合适的选择；徐本力等提出，在中短期赛前训练的"诱导—恢复"阶段，心智类项目的减量训练时间为 9.2～14.0 天，田径跳跃类项目的减量训练时间为 14.0～18.5 天；史密斯(Smith)等提出长距离耐力项目的赛前竞技状态必须经过 14 天或者更长的时间才能调整出最佳竞技状态。综合已有研究成果后认为，赛前训练阶段的时长通常为 2 周左右，但游泳和其他长距离竞速项目约为 3 周，技战能主导类对抗性项目只需要 10 天左右即可(表 8-30)。

表 8-30 不同项群或项目赛前训练阶段的时长(陈亮 等,2017)

时长	体能主导类	技能主导类	技心能主导类	技战能主导类
>2 周	耐力性与游泳	—	—	—
≈2 周	速度性(非游泳) 快速力量性	表现难美性	表现准确性	—
<2 周	—	—	—	隔网对抗性 格斗对抗性 同场对抗性

在安排赛前训练的时长时，应具体考虑如下因素：第一，不同专项的竞技需要，通常，有

氧工作能力相关项目调整时间较长，高强工作能力、神经肌肉系统相关项目则相对较短；第二，运动员的个人特点，肌肉体积较大运动员和高龄运动员的恢复和状态诱导时间较长，赛前训练的开始时间较早；第三，前一阶段训练的性质和负荷量度，之前负荷的量度越大，机体能力下降越多，赛前训练持续时间应越长。

（2）负荷量变化

在年度大周期的负荷安排中，赛前减量阶段之前的强化训练阶段通常达到或接近个人水平的最高值，此时要及时而准确地实施科学监控，避免过度训练。如果以强化训练阶段的负荷量作为基准，不同项群（项目）负荷量的降低幅度会呈现出明显的区别（图 8-22）。其中，游泳的专项训练距离，表现难美性和表现准确性项群的训练时长，至比赛前仅为减量之前的约 40%，总减量比例达 60%；体能主导类速度性、耐力性（不含游泳）、快速力量性项群的减量幅度较为类似，在 50%左右；技战能主导类个人对抗项目负荷量的降低幅度最小，临赛前的负荷量仍保持减量前的 60%。

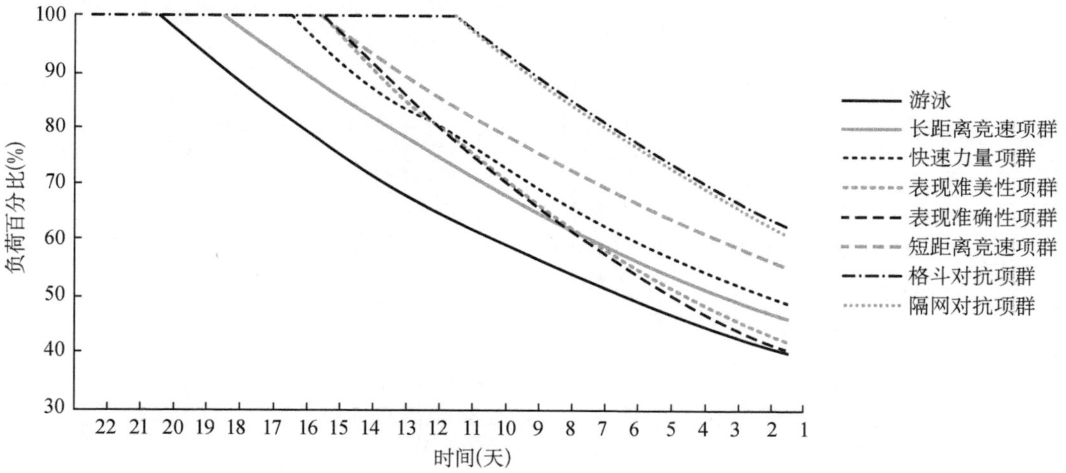

图 8-22　不同项群或项目赛前训练阶段负荷量变化（陈亮 等，2017）

由于赛前训练目的与任务的特殊要求，此阶段需要着重突出负荷强度。连续进行的强负荷刺激，可以使机体产生更为深刻的适应性，与比赛强度接近的训练有助于训练水平向专项成绩的转化。当然，赛前训练的突出强度应有度地予以把握，不应盲目追求负荷强度的极限，安排时必须考虑运动员的恢复能力，过高的强度会对运动员机体的恢复造成困难，甚至导致伤害事故的发生。另外，数量过多的高强度负荷技术与战术练习，会导致中枢神经系统对专项技术动作的超限抑制和重复泛化，不利于比赛中的随机应变和变异组合，甚至进入技术、战术水平的倒退和低效率重复。

（3）训练内容或负荷强度变化

赛前训练的内容选择，应紧密围绕不同项目专项竞技能力的需要展开，强调各训练要素的精细安排与搭配，强化训练质量的核心理念，具体表现在：①训练内容更趋于专项比赛的需要；②练习方式更加切合专项运动形式；③组织方式更接近专项比赛的特点。

竞速类项目的赛前训练内容，主要为高强度（含专项或短于专项距离的极限强度）、中等强度和低强度的长、短翼项训练的搭配。其中，高强度训练比例逐步增加至最后一周的近 40%，中等强度比例大幅减少，低强度训练比例始终保持在 50%以上。

体能主导类快速力量性项群的赛前训练内容，主要由专项、技术练习、运动素质练习构成。其中，专项练习始终保持在 30%～40%，高强度的强化技术训练与低强度的技术细节训练随着比赛的临近增加至 40%以上，而运动素质练习在临赛前明显减少。

澳大利亚女子 100 米自由泳运动员亨利在 2004 年雅典奥运会前 3 周的减量阶段，训练内容主要由低强度有氧练习，划臂、出发、蹬边、定频蹬等高强度技术练习，力量练习构成，并通过长距离游的心率测试监控身体状态，以保证对竞技状态的精准把控（表 8-31）。

表 8-31　澳大利亚女子游泳运动员亨利在 2004 年奥运会赛前 3 周的训练安排

赛前时间		周六	周日	周一	周二	周三	周四	周五
第1周	上午	1 500 米：短距离水上爆发力练习	停训	4 500 米：划臂练习	4 400 米：有氧划臂和打腿，力量练习	停训	600 米：慢游	停训
	下午	停训	停训	4 000 米测验 1 000 米逐次加速游	停训	停训	停训	4 200 米测验，有氧划臂和打腿
第2周	上午	4 000 米打腿，力量练习	3 600 米慢游	3 000 米高强度、包干、蹬边、定划频游	停训	3 200 米：做几次打腿快速游 25 米	生病	2 500 米慢游
	下午	4 000 米低心率、包干、乳酸阈游	停训	停训	3 000 米一般性和接力交接棒练习	停训		3 500 米定心率、牵引、打腿、出发、蹬边
第3周	上午	2 000 米一般游，力量练习	400 米慢游	2 200 米有氧划臂	3 300 米心率测验	停训	2 000 米随意游	“花生泳池”练习
	下午	3 000 米变速游	进驻奥运村	力量训练	1 200 米缺氧练习	2 300 米高强度划臂、出发、蹬边游	1 000 米	停训

技能和技心能主导类项群的赛前训练内容主要由完整比赛动作或模拟比赛击发（散放）练习、分解或一般性的技术练习以及运动素质练习组成。其中，专项训练比例增加至周训练内容的 50%，技术练习逐步增多，身体素质练习则明显降低至 10%以内。

技战能主导类项群的赛前训练内容主要包括实战练习，不足改进或特长强化的技术、战术练习，以及专项运动素质练习。其中，实战练习的比例相对稳定，占总训练量的 50%左右；技术、战术练习，特别是针对对手特点的强化性练习在临赛前有所增加；运动素质训练，特别是无氧耐力的练习比例逐步降低，但同时保持了一定比例的有氧耐力和力量练习。

多项组合项目的赛前训练多采用对不同单项减量的综合，并主要针对影响因素较大的能力发挥作用。以男子十项全能为例，中、短距离跑比例增大，投掷和跳跃训练随着负荷量的降低更多地针对专项本身的训练，而长距离有氧训练比例大幅减少。十项全能运动员赛前3周训练内容及负荷变化具体见图8-23。

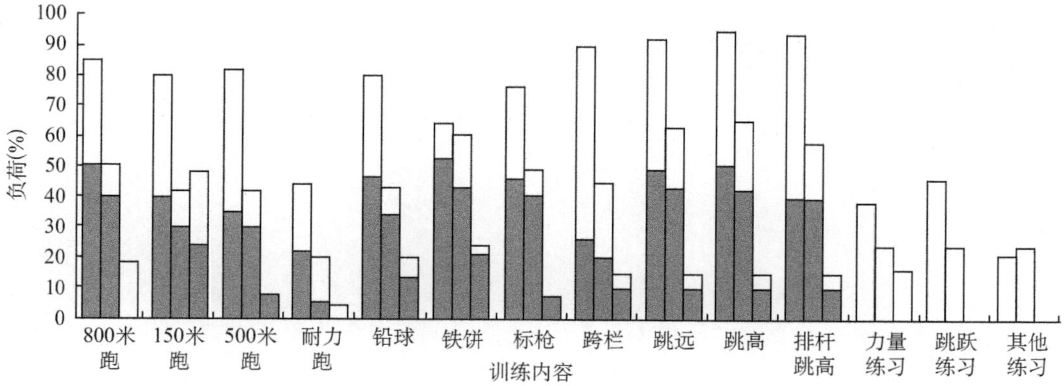

图8-23　十项全能运动员赛前3周训练内容及负荷变化(Maksimenko, 1993)

黑色表示最大或次最大强度训练内容，白色表示中等及中等以下强度训练内容；图中3个柱形分别代表3周

第八章习题

第八章参考文献

第九章

竞技训练监控与评价

【导　　读】

运动员、教练员的竞技训练活动是一个长期、系统的过程。对竞技训练过程和行为系统和科学的监控与评价是现当代竞技训练科学化实现的重要途径。本章首先简要介绍了竞技训练监控与评价的目的、意义;然后重点介绍了竞技训练监控与评价的指标、工作基本方法和流程;最后对数字技术在竞技训练监控评价中的代表性技术进行了系统介绍。

【学习目标】

了解竞技训练监控和评价的内涵,认识其实践价值、意义,竞技训练监控主体与对象;了解数字技术在竞技训练监控评价中的应用;学习掌握竞技训练监控和评价的指标及基本方法。熟悉竞技训练监控和评价的一般原则和基本流程,并能够将其运用到训练实践中,为科学化训练提供实践依据。

【思维导图】

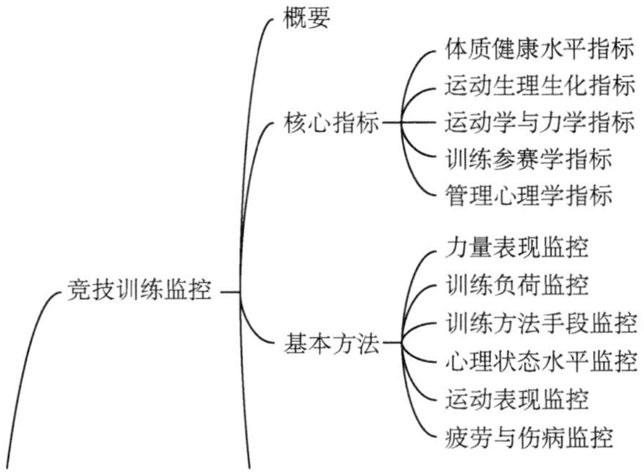

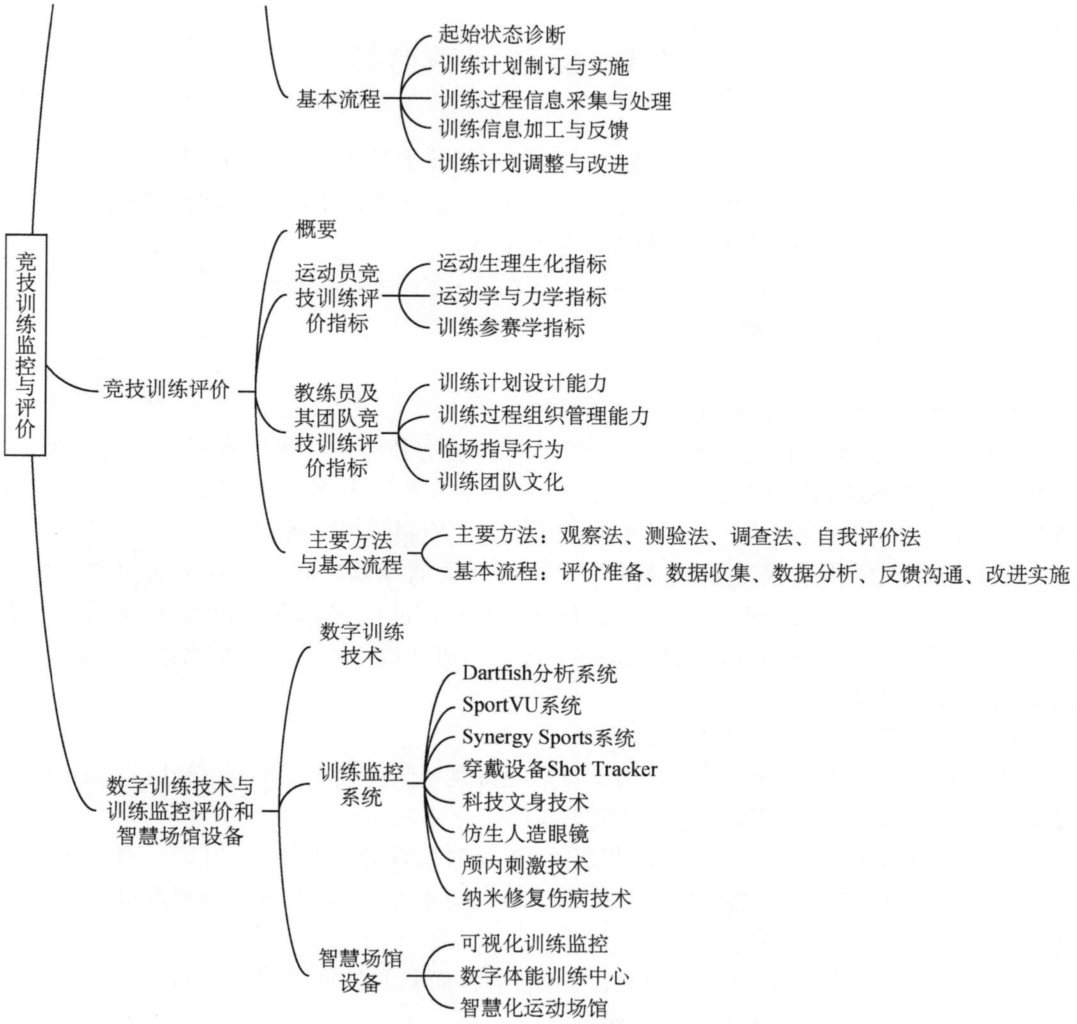

竞技训练是长期、系统的教育管理活动。为了实现这一活动过程最优化和绩效最大化，教练员必须精心设计并组织管理训练活动。随着人们对竞技训练科学化的强烈诉求和多学科渗透于竞技训练之中，竞技训练监控和评价也越来越成为竞技训练活动中不可或缺的重要内容。竞技训练监控与评价涉及对训练团队、教练员、运动员、训练内容等各个层面的监控和评价。竞技训练监控为评价提供数据和信息支持，使得评价能够基于客观的事实和数据进行。竞技训练评价则指导监控的方向和重点。通过有效的监控和评价，可以确保竞技训练活动的顺利进行，实现预期目标和效果。系统、合理的竞技训练监控与评价，是竞技训练科学化水平提升的重要标志。

第一节 竞技训练监控

随着计算机科学、大数据、数字技术与人工智能技术的发展，竞技运动领域关于运动员、教练员的竞技活动监控逐渐朝着更广泛、更系统、更便捷、更智慧的方向发展，形成了由多学科技术与方法支持的竞技运动监控理论与方法。

一、竞技训练监控概要

（一）竞技训练监控目的与意义

竞技训练监控是指在竞技训练活动过程中，教练员和专业科研技术团队运用系统论、控制论、信息论原理和计算机技术、大数据和数字技术等手段，对运动员、教练员及其团队竞技训练行为状态、过程状态与结果状态进行监测和控制的专门活动。

长期、系统的竞技训练监测和反馈是提高运动员训练效果和竞技水平的重要手段之一。竞技训练监控旨在及时了解运动员、教练员及其团队的训练质量和效果，及时发现潜在问题，为教练员训练指导和运动员训练执行提供实时信息，并进行控制或自我控制，最终提高训练质量和效果。

竞技训练监控的意义主要有以下几点：

通过监控训练过程，教练员和运动员可以更好地了解训练计划的有效性、训练负荷强度的合理性以及运动员身体状况、竞技能力状态。

通过监控训练过程和运动员身体状况，可以及时发现并解决潜在的问题，有助于调控训练过程，控制训练负荷，预防过度训练、受伤或训练不足，并帮助运动员提高训练质量和效果。

通过竞技训练监控有助于发现和解决运动员会面临的各种挑战、压力和潜在的问题，帮助运动员保持积极的心态和良好的状态。

通过竞技训练监控能为教练员和运动员制订训练计划提供依据，还可以为运动员选材、医务团队以及管理和保障团队工作提供支持。

（二）竞技训练监控主体与对象

竞技训练监控的主体与对象是多元的。主体一般是科研团队、医务团队等专业技术人员。他们以运动员、教练员训练过程、训练行为和方式为对象，运用生物学、医学、力学、心理学、运动学、训练学以及计算机科学等基础理论、实验技术和测定方法监测运动员竞技能力变化状态和竞技表现水平，通过对运动员的练和教练员的训等各项指标进行处理分析，为教练员和运动员提供实时反馈。

竞技训练监控的主要对象是运动员，还可以是教练员及其训练团队和组织管理机构。针对运动员，主要内容包括训练过程、训练负荷、方法与手段和运动表现等方面的监控。对教练员的监控一般是出于科研需要对专题研究团队的观察和测量。对训练保障的监控则是关于器材设备、康复医疗、营养食品等与运动员训练必要性和适应性的控制。本教材将运动员训练行为状态、过程状态和结果状态作为训练监控的具体对象，为狭义的训练监控。

（三）竞技训练监控范畴与方法

根据竞技训练活动和过程的性质，竞技训练监控的主要范畴包括运动员训练状态、训练水平和训练负荷的监测与控制。运动员训练状态，是指他们在训练成绩、竞技能力、训练负荷等方面的现实表现。这一状态不仅反映了运动员当前的体能、技术、战术和心智水平，还直接影响到他们在训练中的综合表现。训练水平主要包括机能水平状态、心理水平状态、技战术水平状态。训练负荷则是教练员的训练负荷设计和运动员完成状态及其影响。

训练状态和训练水平之间有紧密的关系。训练水平是长期积累的结果，需要通过系统性、持续性的训练来不断提高。当训练水平达到一定程度时，运动员在训练和比赛中表现出色的可能性就会增大。而训练状态则是在这个基础上，根据具体情况进行调整和优化，以确保在关键时刻能够发挥出最佳水平。一方面，较高的训练水平可以为运动员或学习者提供更好的基础，使他们更容易进入良好的训练状态；另一方面，良好的训练状态又可以促进训练水平的提高，因为当身体和心理都处于最佳状态时，运动员更容易吸收新知识、掌握新技能。

竞技训练活动中对运动员身体状况的监测主要包括心率、血压、血糖等，以预防过度训练、受伤或训练不足。技术动作监测则通过分析运动员的运动表现，找出技术动作上的不足和改进空间，以提高运动员的运动表现。训练负荷监控则是了解与掌握运动员不同阶段的训练强度和适应程度，为合理安排训练提供依据。竞技训练监测时，心率监测可以实时了解运动员的心率变化，从而判断运动员的训练强度和疲劳程度。训练或运动记录和分析工具可以记录运动员的运动轨迹、里程、速度、步频等参数，帮助运动员了解自己的运动表现。体能测试则可以全面评估运动员的身体素质和运动能力，包括力量、速度、耐力、敏捷性等。此外，还可以使用运动姿势纠正工具和睡眠监测工具等，以便于更全面地了解运动员的身体状况和运动表现。

竞技训练监控的范畴还包括训练效果评估。通过对运动员在训练中的表现进行评估，了解训练效果的好坏，可以帮助教练员了解训练计划的执行情况，以便及时调整训练计划和方法。

在竞技训练监控中，运动员和教练需要密切合作，共同制订个性化的训练计划，并根据监测结果及时调整训练内容和强度。同时，运动员也需要积极配合科研、医务、营养等团队的监测工作，提供准确的身体数据和运动表现信息，以便更好地了解自己的身体状况和运动表现，为未来的训练做好准备。

二、竞技训练监控核心指标

（一）体质健康水平指标

健康体质是运动员完成训练与比赛任务，改进、巩固和提高竞技能力的基础和重要保障。体质健康水平的评定需要进行医学检查，并从医学和运动训练学角度提出改善和促进方法，对发展运动员的竞技能力和提高竞技运动水平有着重要的实践意义。对于大多数运动员而言，身高、体重、身体成分是基本指标，而对技能主导类表现难美项群的运动员来说，还要关注身高、坐高、胸围、腰围、臀围和各部位肌肉围度等。

运动员健康水平检查主要包括一般史检查(疾病史和生活史)、运动史检查(着重询问训练的详细情况、有无过度训练及运动性疾病和异常)、体表检查(包括皮肤、肌肉、胸廓形状、脊柱外形、下肢、足底等)、人体测量(包括体重、身高、胸围、腰围、颈围、上臂围、前臂围、大腿围、骨盆宽、肺活量和肌肉力量等)、机能试验(如 30 秒 20 次蹲起、15 秒疾跑和 3 分钟慢跑后的脉搏和血压测试)等。

(二) 运动生理生化指标

1. 心率

运动中心率或运动后即刻心率测试可以评定运动强度。一般来说,随着运动强度加大,心率逐步提高,直到达到本人最高心率。在监测中,须事先测试运动员的最大心率及心率储备,根据实际运动过程中的心率来评价低强度、中等强度和高强度运动。另外,次日晨心率的监测可以判断其疲劳状态,基础心率较平时增加 5~10 次/分,认为有疲劳积累,若连续几天增加,则认为疲劳过深。当然,有时基础心率较平时降低 5~10 次/分,也是疲劳的表现,主要是训练量过大导致副交感疲劳。

2. 血乳酸

血乳酸浓度高低能够反映运动强度大小。在一定范围内随着运动强度增加,血乳酸含量也会逐渐增加。在实际运动训练测试中,一般要测试其最高值才能反映身体能量代谢情况。长距离或耐力训练后会产生血乳酸峰值,一般出现在训练后即刻或 1~3 分钟血乳酸值;短距离或力量训练后的血乳酸峰值一般出现在运动结束后 3~5 分钟。因此,取血时间要根据运动时间和血乳酸升高幅度而定。运动时间越长、血乳酸升高幅度越小,则训练完成到取血之间的时间越短;运动时间越短,则训练完成到取血之间的时间越长,但一般不会超过 5 分钟。

3. 肌酸激酶

肌酸激酶水平升高主要是运动训练造成骨骼肌细胞膜的损伤,因此该指标也可以反映运动强度大小。测定一定强度训练后 20~30 分钟或次日晨的血清肌酸激酶,水平越高,表示运动强度越大。机体适应后,相同负荷训练后的血清肌酸激酶升高幅度减少。次日晨下降的幅度越大,表明肌肉恢复良好,训练强度适宜。

4. 血尿素

血尿素主要是体内蛋白质的分解产物。一般蛋白质不用来供能,其运动后的分解产物血尿素浓度较低。但是当运动时间较长,需要用到部分蛋白质供能时,可以在血清内检测到血尿素浓度的升高。因此,血尿素主要反映了负荷量的大小。在运动的次日晨取血测定:一般能降到 8 mmol/L 以下表明恢复良好,训练量适宜。没有明显下降或仍高于 8 mmol/L 表明训练量过大。

5. 血红蛋白

血红蛋白是红细胞中的一种蛋白质,主要是运输氧气和少量二氧化碳,其水平的高低也可以反映机体状态。运动前测试其基础值,运动训练后次日晨取血测定其恢复值,与基础值进行对比,下降幅度越大表明运动强度与量越大。运动训练小周期中连续测定恢复值可以监控训练负荷强度变化。调整 3 天后能够基本恢复训练前水平,表明恢复良好,训练量适宜。在训练适应后,相同训练负荷的训练后血红蛋白下降幅度会因运动适应而减小。

在比赛前的血红蛋白浓度应该在其基础值的最上限。

6. 尿蛋白

正常情况下，人体的尿液中不会检测到蛋白质。如果运动员尿液中出现蛋白质，就说明过度训练负荷导致肾脏轻微损伤。在训练次日晨取尿测定，如果是阴性表明恢复良好，训练负荷适宜；如果出现阳性，则表明训练负荷过大。

7. 血清睾酮和皮质醇

血清睾酮和皮质醇等内分泌指标主要反映机体的合成和分解情况。一般血清睾酮升高表明机体处于合成状态，且恢复良好；而皮质醇升高表明机体仍处于分解状态，恢复不完全。在实践中经常运用两者比值来评定机体恢复情况，也评定一周以上运动训练的总负荷量。用血清睾酮单独评价训练负荷时，一般 2 周左右取静脉血测定一次，较正常最低值下降超过 25%说明训练负荷过大，应该适当下调强度或总量；1～2 周后复查如果血清睾酮没有回升或继续下降，说明过度疲劳，如果回升到正常，说明运动负荷调整合理。

（三）运动学与力学指标

1. 方向与轨迹

人体和身体局部运动轨迹，肢体活动范围以及关节弯曲程度等通常用来评价肢体运动幅度和范围，主要与关节类型、关节周围韧带和肌肉等软组织的弹性有关。

2. 肌肉力量

肌肉力量包括绝对最大力量、相对最大力量、绝对爆发力、相对爆发力、肌肉耐力、起动力量、不同转速下的最大力矩、相对最大力矩、总功率和平均功率等指标，通常用来评价肌肉力量。当然，不同指标可以代表不同的力量类型。

3. 速度

反映速度的指标包括反应速度、起动时间、加速度、最大速度、速度耐力、动作频率、最大动作速度等，不同指标可以代表不同速度。一般以非接触式的运动生物力学测量方法为主，如红外线光电分段计时、雷达测速、激光测速、影片及录像解析等。

4. 耐力

按照人体器官系统来分，有心肺耐力和肌肉耐力；按照实际应用来分，有一般耐力和专项耐力；按照人体供能系统来分，为有氧耐力和无氧耐力。反应耐力的指标如最大摄氧量、最大摄氧量平台持续时间、无氧阈、运动经济性等一般用来反映人体有氧耐力；而温盖特（Wingate）无氧功率测试而得的平均无氧功率和无氧功率递减率等一般用来反映人体无氧耐力。

（四）训练参赛学指标

1. 灵敏性

灵敏性是运动者迅速改变体位、转换动作和随机应变的能力。它是运动员运动技能和各种运动能力在运动过程中的综合表现，其突出特点是当环境突然发生变化时，能够随机应变地完成动作，并能够创造出新的动作。灵敏性可分为一般灵敏性和专项灵敏性：一般灵敏性通常以起动、急停、起跳、躲闪、维持平衡、改变动作姿态等形式表现出来；专项灵敏性常与专项技术的机敏、灵巧、准确、协调等密切相关。例如，体操运动员的灵敏性主要表现为对身体姿势的控制和转换动作的能力。球类运动员的灵敏性则主要表现为对外界环境变化能及时而准确地转换动作、做出反应的能力。灵敏性是一项复杂的综合素质，它与运动员的力量、反应、速度、爆发力和协调性密切相关。主要受感觉机能、大脑皮层灵活性与分析综合能力、掌握的运动技能多少及熟练程度影响。其灵敏性的测试一般采用伊利诺伊灵敏测试、505 灵敏测试、5-10-5 测试、“Z”形跑测试、“T”形跑测试等。

2. 柔韧性

柔韧性是人体在运动过程中完成大幅度动作的能力，即关节的主动或被动活动范围。柔韧性不足可直接影响动作的学习和高难运动技能的掌握，也会有碍于力量、速度、协调、平衡能力的发展，并易造成运动损伤。柔韧性主要受运动器官的构造(包括关节结构)、关节周围组织的体积和跨关节的韧带、肌腱、肌肉及皮肤的伸展性的影响，也与神经系统的调节能力有关。测试关节肌肉伸展性，主要采用坐位和立位体前屈、手臂后伸测试、躯干旋转测试、抓背测试等。

3. 平衡性

平衡是身体所处的一种姿态，包括静态平衡、动态平衡等。平衡性是指身体在运动或受到外力作用时能够自动调整并维持姿势的能力。测试身体平衡性主要采用闭眼单脚站立呈鹰姿、踏木、平衡木、闭眼原地踏步、8 点星形偏移平衡、Wolfson 姿势性应力、视觉反馈姿势描记、动态平衡测试系统、Y-balance 测试等。人体平衡的维持主要依赖于前庭、视觉和本体感觉系统的输入及中枢神经系统的整合。

4. 协调性

协调性是指人体在运动过程中身体各器官、系统在时间和空间上相互配合完成动作的能力。协调性是完成动作的基本条件之一，它贯穿于一切动作的始终，是人体速度、力量、耐力、平衡、柔韧等各种素质与运动技能协同的综合表现。只有具备良好的协调素质，动作才能做得省力、快速、舒展、流畅、准确、优美。主要体现在速度和力量表现、身体平衡性能、节奏性表现、复杂技巧表现、弹跳性表现等方面完成特定动作的时间、动作的精确度、难易度和敏捷度、加快动作频率后的质量、无关身体动作和动作效率、空间感知和动作执行力和疲劳产生实践和程度的测试等。测试协调性主要采用哈勒循环测试、10 秒象限跳、20 秒反复侧滑步、15 秒非对称拍击、15 秒原地垫步摆腿跳等。

5. 节奏感

节奏感指各动作链之间的协同度、动作的流畅性、连贯性、动作准确性、不同节奏变化中的身体协调性等。

6. 训练负荷

训练负荷包括负荷量、负荷强度、负荷节奏等。具体分为外部负荷和内部负荷。其中，外部负荷的具体指标有距离、速度、时间、重量、次数、组数、功率等；反映内部负荷的具体指标有心率、乳酸、血尿素、训练重量、主观体力感觉等级值等。但决定训练效果的负荷主要是由加入身体的外部刺激引起对身体的内部负荷来决定的。

第九章
拓展阅读 1

(五) 管理心理学指标

1. 气质类型与性格特征

气质类型主要分为胆汁质、多血质、黏液质和抑郁质等，而性格特征和个性特点主要分为开朗、内向、坚韧等。这些气质类型和性格特征可以影响运动表现，同时长期的运动训练反过来可以影响个体的气质和性格特征。

2. 动机与态度

动机与态度决定了训练和比赛的投入程度。人们的一切行动都是受一定目的支配的，这种支配人们行为的目的称为动机。动机是行为的发端，动机与运动技能的形成和运动成绩的提高及表现的关系是很复杂的，它们之间并不呈线性关系，而呈现出倒“U”字形的曲线关系。在训练与比赛条件相同的情况下，运动员如果处于最佳动机水平，所取得的训练效果与比赛成绩最好；如果动机水平过高或过低，训练和比赛都不可能获得理想的结果。例如，有些运动员日常训练成绩不错，但在测试、比赛等环境下就会出现紧张、考虑过多、动机太强等现象，而不能表现出自身水平。为此，在教学、训练和比赛中，教练员要善于调整运动员的动机状态，使之处于最佳水平。而训练或比赛时的态度，大部分与自己的动机有关。较好的动机往往会有较为积极的训练态度。

3. 心理技能与心理状态

运动训练和比赛中的心理技能，是指与动作技能、智力技能等同属于人类的技能，与运动训练和比赛中掌握技术动作、提升体能水平、优异运动表现相关，调节和提高人体身心潜能有关的人脑内部进行与形成的内隐技能，它具有定向性、有意性与无意性、内隐性、结构的不确定性与个体差异性、成熟性与可训练性等特点。心理技能训练从广义上是指有目的、有计划地对受训者的心理过程和个性心理施加影响的过程；狭义上是指采用特殊手段使受训者学会调节和控制自己的心理状态进而调节和控制自己行为的过程。

4. 团队文化

个人和团队的价值观与团队精神、团队凝聚力、个人与团队训练满意度等团队文化息息相关。

三、竞技训练监控基本方法

（一）力量表现监控

评估肌肉力量主要有两种方法。一种是实验室测量法，即在实验室条件下利用各种类型的测力设备和系统，对与运动有关的肌群进行精确测量；另一种是训练现场测量法，即在训练场上通过训练器械或反映运动员专项力量的训练手段，测定运动员的力量水平。

实验室测量法最大的优点是可以最大限度地排除技术、专项协调性等因素的影响或干扰，从纯粹的力量素质角度对运动员完成专项技术动作的主要肌群的各力量成分及相应的力量训练水平进行科学的定量测量；其缺点在于测量结果还不能完全反映运动员与专项运动技术要求相一致的专项力量（专项力量测量系统除外）。

训练现场测量方法的优点是通过训练器械特别是专项力量训练手段，将运动员在专项中所需要的力量能力综合地反映出来；缺点是对一些测量数据不能进行准确的定量测量，如启动力量、爆发力量等。该方法所测试的专项力量实际上是一种综合能力的反映，无法排除技术、协调性等因素的影响。实验室测量法主要是使用测力计（握力计、背力计）、肌力测量系统（赛艇测功仪等）和三维测力平台系统测定受试者蹲跳、反向跳和下落跳等。

（二）训练负荷监控

“没有疲劳的训练是无效的训练，没有恢复的训练是危险的训练”。因此，对于训练强

第九章
拓展阅读 2

度和负荷量的监控就显得非常重要。每次的运动训练要出现疲劳，如果没有出现疲劳就不会出现适应现象，运动能力也不会出现提高；但如果疲劳的程度比较深，在第二天正式训练时无法完全恢复而继续进行同等强度和负荷量的训练，就会对身体产生一定程度的伤害，因此掌握疲劳的程度非常重要。在竞技训练监控中，主要是监控运动员在训练过程中的训练强度、训练负荷量等对运动员身体、心理等产生的应激反应程度。

训练负荷的监控主要通过采集、处理运动员的生理生化指标和训练学指标，进而对运动员机能变化与状态进行评价。例如，通过测量运动员的心率、血压、血氧饱和度、呼吸频率等生理指标，了解运动员的身体状况和运动负荷情况，判断运动员是否处于适宜的训练状态；通过采集运动员的血液、尿液等样本，测定其中的生化指标，如血乳酸、血尿素、肌酸激酶等，了解运动员的身体代谢情况、肌肉损伤程度和恢复情况等，为训练计划的调整提供参考；通过心理测试、问卷调查等方式，了解运动员的心理状态，如焦虑、压力、自信心等，为训练计划的调整和心理干预提供依据。

（三）训练方法与手段监控

训练方法与手段的监控是通过观察测量训练全过程或一个片段的训练手段方法的适用性、合理性和有效性来进行监测和控制。通常通过一段时间的训练效果来评定训练方法与手段的科学性和合理性。

（四）心理状态水平监控

通过评估运动员、教练员及其团队成员的心理状态，如自信心、动机、压力等，了解运动员的心理状况和情绪变化。体能训练中常用心理测评方法包括量表（问卷）法，如动作表象问卷、运动队人际沟通问卷、心理坚韧性测试量表、心理灵活性测试量表、运动动机量表、训练策略问卷、瑞文标准推理测验等；专用仪器设备测评如手动作稳定性测试（九洞仪）、反应时测试仪、十秒脚踏频率测试等。

（五）运动表现监控

基于运动员体能、技能、战术和心智等方面的水平表现结果和水平进行评价。通过记录运动员的训练成绩、运动时长、运动负荷等数据，了解运动员的运动表现和运动能力，为训练计划的制订和调整提供依据。

（六）疲劳与伤病监控

根据心率、血乳酸等生理生化监测和运动员睡眠质量监测，采用疲劳感知量表评估运动员疲劳程度，为教练提供调整训练计划的依据。通过定期评估身体疼痛程度，及时发现潜在运动损伤。

四、 竞技训练监控的基本流程

竞技训练监控的流程由起始状态诊断、训练计划制订与实施、训练过程信息采集与处理、训练信息加工与反馈、训练计划调整与改进等几个环节构成。

起始状态诊断是对运动员进行全面的身体评估，包括身体形态、机能、运动素质及训练历史等，通过了解运动员的病史和健康状况，以确定是否存在潜在的健康风险或限制。

训练计划制订与实施基于起始状态诊断结果，根据训练目标和运动员个体差异，制订个性化的训练计划。运动员在教练员指导下按照训练计划进行训练。

训练过程信息采集与处理是通过各种手段、技术对运动员进行实时监控，包括生理指标（如心率等）、生化指标（如血液成分、尿液分析等）以及训练状态、训练水平以及训练负荷的综合分析，为评估运动员的训练状态、训练效果及可能存在的风险提供依据。

训练信息加工与反馈是对将收集处理的训练信息反馈给教练员，以反映教练员训练设计与组织实施的现实情况或状态，通过收集运动员的主观反馈（如疲劳感、不适感等）和客观监控数据，了解运动员训练适应情况、恢复状态及可能存在的问题。

训练计划的调整与改进则是根据反馈信息和分析结果，对训练计划进行必要的调整，主要包括训练内容、负荷等方面的变化，以适应运动员实际需求。

通过这一流程，运动训练监控可以确保运动员的训练过程更加科学、系统和有效，从而提高训练质量，降低运动损伤风险，并促进运动员全面发展。

第二节　竞技训练评价

竞技训练评价和竞技参赛评价是竞技运动评价系统的主体内容。竞技运动评价以严谨、稳重、理性的态度，通过科学、客观、细致的评估方法，全面了解和分析运动员、教练员、训练团队的训练状态、训练过程和训练效果。这种评估不仅能够推动运动员的全面发展，还有助于提升教练员的执教水平，为运动员的职业生涯和教练员的职业发展奠定坚实基础。

一、竞技训练评价概要

（一）竞技训练评价的目的与意义

竞技训练评价是运用科学训练标准和方法对运动员、教练员、训练团队全部训练活动价值与意义、质量和效果的判断、鉴定和估测。竞技训练过程、训练行为和训练效果的评价是其主要内容。其旨在客观地反映运动员、教练员的训练状况，发现训练中存在的问题，及时调整训练计划，提高训练效果，并为改进、优化与完善运动员、教练员的竞技表现和比赛成绩提供科学依据。

竞技训练评价是一项严谨、稳重、理性且至关重要的任务，它涉及运动员、教练员训练过程中的多个层面和维度的综合评估。通过科学、合理、系统的训练评价，可以帮助运动员、教练员理清训练活动中各种复杂的问题，指导竞技训练的判断和决策，并对运动员、教练员和训练团队的竞技训练活动产生重要影响。

竞技训练评价的意义主要有以下几点。

第一，竞技训练评价能够精准掌握运动员的竞技状态。通过一系列科学、系统的评估方法，我们能够全面了解运动员的体能状况、技术水平、心理状态及可能存在的伤病情况。这种全面的了解不仅有助于教练员为运动员制订个性化的训练计划，还能帮助运动员更好地认识自己，发现自身的优点和不足，从而有针对性地进行自我调整和提高。

第二,对竞技训练方法、训练负荷、心理状态等方面进行定期评价,可以及时发现训练过程中存在的问题和不足,如训练方法是否得当、训练负荷是否适宜、运动员是否存在伤病隐患等。这些信息的及时获取和反馈,能够使教练员及时调整训练计划,确保训练的科学性和有效性,防止运动员因训练过度或训练不足而受伤或影响训练效果。

第三,竞技训练评价能够加强训练过程监控。教练员科研团队对竞技训练活动的监控手段、技术和方法需要得到专业的评估和评价。一方面是对监控结果的利用,与训练监控一起共同为教练员、运动员提供训练反馈,同时还可以促进训练监控系统的不断优化。

第四,竞技训练评价能够客观评估训练效果。通过对比训练前后的评价数据,我们可以准确掌握运动员在体能、技术、心理等方面的进步与变化。这种客观的评估不仅有助于教练员和运动员总结经验教训,为接下来的训练提供参考,还能激发运动员的训练热情和积极性,促使他们更加努力地投入训练中。

第五,竞技训练评价对于挖掘运动员竞技潜能和确定未来发展方向具有重要意义。通过对运动员的综合评估,可以发现运动员的优势和潜力,预测其运动成绩,为他们的未来训练和发展提供有针对性的建议和指导。这种指导不仅能够帮助运动员在职业生涯中取得更好的成绩,还能培养他们的综合素质和能力,为他们的全面发展打下坚实基础。

第六,竞技训练评价能够提升教练员执教水平和提高运动员训练能力。通过对运动员训练效果进行评估,教练员可以发现自己在训练方法和手段上的不足之处,从而促使他们不断学习和改进自己的执教方法,提高自己的执教水平。通过训练评价,运动员能够发现自身训练态度、行为与训练技巧及其效果的优劣,并能够及时修正训练模式。竞技训练评价不仅有助于提高运动员的训练能力和训练效果,还有助于提升教练员的职业素养和竞争力。

（二）竞技训练评价主体与对象

竞技训练评价的主体取决于具体的训练情境和目标。一般情况下,训练评价的主体可以包括教练员、运动员、复合型科研团队,甚至是媒体或体育观众。他们对运动员、教练员训练活动过程与效果的达成度和满意度评价都能够为竞技训练主体(主要是教练员、运动员和科研团队)提供训练目标适宜性、训练方法有效性、训练内容合理性、训练过程科学性等方面的信息,以便于发现竞技训练过程中存在的问题。竞技体育管理层或决策者通常关注训练活动对组织整体绩效和战略目标的影响,他们的评价重在关注训练活动投资回报率、对竞技体育组织文化的贡献等方面。

竞技训练评价对象是运动员、教练员和训练团队及其训练行为、过程与效果。竞技训练行为评价对于运动员而言,重点是竞技能力与表现评价,即体能及其表现评价、技术及其表现评价、战术及其表现评价。教练员评价主要包括竞技训练计划设计与组织、训练领导力与团队凝聚力。而训练团队评价主要为训练场地仪器设备保障、康复与营养保障和科研支持效果等内容。

竞技训练过程评价主要包括竞技训练计划合理性、科学性和实施效果。其中,训练负荷设计与实施是重要的、核心的内容。

竞技训练效果评价首先是训练效应,其中主要是训练成绩;其次是训练效率,主要是效率投入产出;再次是训练设计与实施的可靠性和科学性;最后是运动员、教练员、训练团队的训练体验和满意度。

运动员、教练员、训练团队有竞技潜力、竞技现实水平和竞技表现水平高低之分。竞技潜力是指运动员、教练员、训练团队潜在的竞技能力和竞技力量。这种能力或力量在训练和参赛等外部环境或条件许可时，可以通过一定渠道和时机成为现实能力。

竞技现实水平指的是运动员、教练员与训练团队在遗传效应和训练效应作用下已经积累的竞技能力水平，其通过训练效益和参赛效益来体现。

竞技表现水平则是特指运动员、教练员、训练团队在训练和参赛活动中的竞技能力展现状态和效果。其既是静态的，也是动态的，因为不同的竞技现实水平和比赛环境条件都可能使运动员和教练员及其团队展现出不同的竞技水平。

竞技训练评价既要完成对运动员、教练员和训练团队现实水平的判断、监测和评估，也需要完成对他们表现水平的判断、监测和评估。竞技训练活动从根本上讲是通过提升运动员竞技表现水平，并挖掘其竞技潜力，最终实现竞技现实水平和竞技表现水平的同步提高。

本教材将竞技训练评价的对象确定为运动员和教练团队。

（三）竞技训练评价范畴和方法

竞技训练评价的范畴涵盖了多个关键方面，其中，运动员竞技能力评价是主要范畴。体能评价是竞技训练评价的核心部分，包括对身体质量指数、肌肉力量、耐力、爆发力及灵活性等指标的测试。这些测试有助于全面了解运动员的身体状况和运动能力，为制订个性化的训练计划提供科学依据。

技能与战术能力评价是对运动员具体技术规格和表现、战术素养和能力的评估，不同运动项目的技能和战术能力测试内容有所不同。通过技能和战术能力评价有助于发现运动员在技术和战术运用上的不足，并针对性地进行改进。

心理智能水平评估在竞技训练评价中同样占据重要地位。通过评估运动员的情绪、压力、自信心等心理状态，评估运动员训练实践中认知、理解、学习和解决问题和抽象思维的能力，可以帮助他们更好地应对训练中的压力和紧张情况，改善其训练状态和提高训练水平。除此之外，竞技训练评价还可能包括运动员战术理解、训练团队协作、团队文化等方面的评估。

在运动员的竞技训练评价过程中，通常会采用多种评价方法和工具，如问卷调查、观察记录、测试成绩分析等，以收集更全面、更准确的评价信息。评价也必须遵循公开、透明的基本原则，以确保评价结果的公正性和可信度。

在对教练员及其团队的训练评价中，教练员训练指导与管理能力、训练指导与组织风格以及训练团队的整体效能是主要范畴内容。

教练员的指导与管理能力是训练评价的核心部分，包括教练员的专业知识、训练指导技巧、训练计划的制订与实施等方面能力。

教练团队的协作能力也是训练评价的重要指标之一。一个高效的教练团队应该能够密切配合，共同制订和执行训练计划，及时解决训练中出现的问题。团队成员之间应该相互支持、相互学习，形成良好的工作氛围，改善团队成员之间的沟通情况、合作意愿以及共同解决问题的能力。

教练员的训练指导与组织风格也是训练评价不可忽视的方面。一个优秀的教练员应该具备良好的沟通能力和服务意识，能够关注运动员的身心健康，及时解答运动员问题，提供及时、必要而有效的帮助和指导。教练员的职业倦怠和训练投入程度也是重要的评价内容。

对教练员及其团队的训练评价是一个持续、动态的过程，需要关注多个方面的表现并进行综合评价。科学、公正的评价可以激励教练员和团队不断提升自身的专业素养和服务水平，为运动员的全面发展提供有力的保障。

在评价教练员的训练指导与组织管理能力时，一般采用观察法、问卷调查法和访谈法等多种方法。通过观察教练员的训练过程，可以了解其训练方法和技巧情况的运用；通过问卷调查和访谈，可以收集运动员对教练员的反馈意见，了解教练员的执教效果。

二、运动员竞技训练评价指标

（一）运动生理生化指标

1. 运动系统指标

（1）肌肉力量

肌肉力量评定主要包括最大肌力、爆发力和肌肉耐力等，有等长力量、等张力量和等动力量 3 种形式。

等长力量又称静止力量，常采用测力计完成，在测试过程中肌肉或肌群等长收缩，无关节活动。此方式主要了解在某一固定关节角度时肌肉或肌群所能克服的最大阻力负荷（最大肌力）或克服最大阻力的 70%的最长时间（肌肉耐力）。

等张力量又称动态力量，常用测力计、杠铃、哑铃及力量练习器械来测定。其最大肌力的测定是以受试者能克服一次最大阻力值来表示（1RM），在克服所给予阻力后，休息 2～3 分钟后再克服新的阻力值，通常每次增重不超过 2～4 千克，直到最高阻力值。其等张耐力的测定通常以能持续克服最大等张力量 70%负荷的次数作为评定指标，通常一般人可连续完成 12～15 次，而运动员则可完成 20～25 次。

等动力量的测试需要利用专门的等动测力计完成。其与等长力量和等张力量的区别在于，等长力量只能测出某一关节角度的最大肌力，等张力量只能测出肌肉收缩过程中关节处于最不利收缩角度时的最大肌力，在其他收缩角度时所测出的肌力都小于最大肌力。而等动力量的测试过程中，由于运动阻力是随关节活动而不断变化并自动调节的，因而只要肌肉进行最大收缩，就可准确测出肌肉或肌群在整个运动范围的最大肌力。因此，利用等动练习器进行训练，可发展肌肉各收缩角度的最大肌力。

（2）关节的伸展度

通过测定受试者的相关关节的活动幅度，可以评价运动员的柔韧性。

（3）肌电图测试

肌电图是通过肌电仪将肌纤维兴奋时所产生的动作电位进行放大并记录所得到的图形。通过计算机可对其进行振幅、频域和时域分析，从而对肌肉兴奋程度、机能状态进行评定。信号的振幅和频率特征取决于被测肌肉的肌纤维类型组成、肌肉的功能状态、肌肉的用力程度和运动单位同步化等生理学因素以及探测电极的位置、方向、大小等测量性因素的共同作用。表面肌电信号不能选择性地反映单个运动单位的活动，也不能引导记录到深部肌肉活动时的电位变化，而是表面电极所触及的多个运动单位活动时所产生的生物电变化在时间和空间上的总和。肌电信号分析可分为时域分析和频域分析两种方法。时域分析指标包括积分肌电、均方根振幅等指标。频域分析常用的指标有平均功率频率和中心频率。积分肌电是指在一定时间内肌肉中参与活动的运动单位放电总量，即在时间不变的前提下，其值的大小在一定程度上反映参加工作的运动单位的数量多少和每个运动单位的放电大小。均方根振幅是指肌肉放电的有效值，其大小决定肌电幅值变化，一般认为与运动单位募集和兴奋节律的同步化有关。均方根振幅往往用来描述数据静态特性，反映的是在一定时间内的肌肉放电的平均水平。平均功率频率表示的是通过功率谱曲线中心的频率。中心频率表示的是在能量谱中将能量谱的总能量一分为二的频率。

2. 心血管系统指标

心脏作为人体的动力器官，在维持正常的血液循环，确保各组织、器官的血液与营养物质的供应上发挥重要作用。而心脏生理功能的发挥主要在于其能自动地、有节律地发生兴奋和舒缩活动，这就构成了心脏泵血功能的基本条件。而心脏泵血功能的强弱主要由心肌收缩性能、心脏前后负荷及心率决定。对运动员而言，良好的心脏泵血功能尤为重要。因此，运动员心血管系统的结构与功能的诊断与监护作为运动医学监督的中心环节，在运动员身体机能评定与训练监控中发挥重要作用。目前，对心血管系统功能进行评定的常用生理指标有心率、血压和心电图等。

(1) 心率

基础心率是清晨起床前空腹卧位心率，基础心率一般较为稳定，其中优秀耐力运动员基础心率较普通人低。安静心率是指人体在安静状态下的心率，在评定运动员的安静心率时，应采用自身前后比较。运动时心率分为亚极限强度心率和极限强度负荷心率，其中在同等亚极限强度下，其心率越低表示心血管功能状态越好。具体测试时，一般使用运动后即刻 10 秒的心率代替运动中心率；而极限强度心率即为最大心率，与受试者年龄、遗传和身体机能状态有关。运动后心率是指运动结束后即刻测量的心率，运动后心率下降速度的快慢，反映运动员身体机能的恢复情况。

(2) 血压

运动员的血压水平一般和健康人血压值相当，晨起卧床血压较稳定，若安静血压比平时上升 20%左右且持续 2 天，可视为功能下降或过度疲劳的表现。训练中血压的变化与运动强度有关，大强度训练后收缩压上升和舒张压下降明显，且恢复较快，表明身体机能良好。训练后收缩压明显上升、舒张压亦上升，或血压反应与强度刺激不一致、恢复时间延长等，说明身体机能状况不佳。

(3) 心电图

心脏窦房结自动、有节律产生的兴奋，通过特殊传导系统按一定的途径和时程，依次传向心房肌和心室肌，引起整个心脏的兴奋，整个心房肌、心室肌形成的动作电位可经心脏周围的导电组织和体液传导到体表。将引导电极置于肢体或躯体的一定部位记录出来的心脏电变化曲线称为心电图(electrocardiogram, ECG)。心电图反映心脏兴奋的产生、传导和恢复过程中的生物电变化，它是心脏机械收缩活动的先决条件。分析研究心电图对了解心脏活动情况和诊断心脏疾病有重要的价值。

3. 呼吸系统指标

呼吸功能是保证机体在新陈代谢过程中实现气体交换的重要条件，呼吸功能的好坏严重影响人体的能量代谢系统，并影响人体的运动能力。呼吸系统测试指标主要有肺活量、连续肺活量、时间肺活量和最大通气量。

4. 能量代谢系统指标

运动能力是运动员竞技能力的重要组成部分，它是身体各种机能活动的综合体现。物质代谢和能量代谢是人体各种器官机能活动的基础，应用物质代谢和能量代谢的规律来掌握运动员的身体机能水平，从而指导训练，把握恢复规律，可以有效促进运动能力提高，是训练科学化的标志之一。有氧、无氧代谢是能量代谢的基本过程，可细分为三大供能系统，即 ATP-CP 代谢系统、糖酵解代谢系统和有氧氧化代谢系统。不同专项运动时的能量代谢类型和供能比例都不相同，因此对 3 个供能系统的准确评定，将为运动员选材和训练效果的客观评估提供重要的参考依据。

(1) 有氧氧化代谢系统供能能力的评定

最大摄氧量的测定主要反映心肺系统摄取和运输氧气的最大能力，包括肺的通气和换气能力、血红蛋白含量及运载氧气的能力和心脏泵血功能及每搏输出量等。由最大摄氧量派生的指标主要有最大摄氧量峰值、最大摄氧量平台和平台持续时间、最大摄氧量速度、最大摄氧量速度持续时间等。无氧阈是指人体在工作强度递增时，由有氧代谢供能为主过渡到无氧代谢供能为主的临界点或转折点，主要反映了肌肉利用氧气的能力。此时血乳酸、通气、心率和肌电等指标会出现拐点，此拐点对应的运动强度为无氧阈强度。无氧阈的金标准是最大乳酸稳态测试，是指机体在持续运动 30 分钟内，血乳酸变化幅度小于 1 mmol/L 的最大稳态强度运动。

(2) 糖酵解代谢系统供能能力的评定

一般是通过 30～90 秒的最大能力持续运动实验来完成。基本评价标准是做功的量越大，运动前后血乳酸的增值越大，是糖酵解代谢供能能力强的标志。包括 Wingate 无氧功率试验、Quebec 90 秒无氧功测定、60 秒最大负荷测试和无氧功跑台测试等。主要反映速度耐力项目的运动功能。

(3) ATP-CP 代谢系统供能能力的评定

一般是通过 10～15 秒的最大能力持续运动实验来完成。基本评价标准是，无氧输出功率越高，血乳酸上升越少，磷酸原能力越强。其包括磷酸原能商法、Margeria 台阶实验、Quebec 10 秒无氧功测定和 10 秒最大负荷测试法等。主要反映速度爆发力项目的运动功能。

5. 神经系统及感觉功能指标

神经系统是人体功能的主要调节系统。在神经系统直接或间接的调节和控制下，人体各器官、系统的功能才能得以相互配合，相互制约，以维持人体整体水平的协调统一，并适应身体内外环境的变化，保证生命活动的正常进行。感觉是感受器和感觉器官接受外界的刺激后通过神经冲动传到大脑皮层，并经过大脑皮层精确分析和综合后形成的。在体育运动实践中，各种运动技能的形成，以及每个动作的完成，都依赖于对内外环境变化的感受和各种感受器的相互作用。

有研究表明,过度的运动训练会造成中枢神经系统抑制,出现运动疲劳,直接表现在大脑皮层持续有节律的变化(自发脑电活动)出现异常,通过大脑皮层完成的一些感觉功能下降等。因此,在运动训练实践中,常用脑电图和一些感觉功能指标从整体的角度来评定运动员中枢神经系统的疲劳与恢复情况,如两点辨别阈、闪光融合频率、主观体力感觉等级值等。

6. 身体形态与其他机能指标

在机能评定中还常通过专门仪器测试运动医学和运动生物化学方面的指标,如血乳酸、尿蛋白、血红蛋白、血尿素、睾酮等相关激素水平及与代谢有关的酶类活性。此外,尚有心理方面的指标,如注意分配实验等,与生理学指标共同对被试者做出较全面的机能评定。

(二)运动学与力学指标

1. 速度与加速度

速度描述“人体”或“器材-人体”在单位时间内移动的距离,通常以“米/秒”或“千米/小时”为单位;加速度描述“人体”或“器材-人体”单位时间内速度变化的速率,通常以“米/秒^2”为单位。

2. 位移与距离

描述“人体”或“器材-人体”在一段时间内从起始点到终止点的直线距离,通常以米、千米为单位。

3. 时间

描述“人体”或“器材-人体”运动过程中所需的时间长度,通常以秒为单位。

4. 运动轨迹

描述“人体”或“器材-人体”在空间中移动的路径,可以通过记录位移和时间数据来计算。

这些指标既可以用于评估运动员的训练(运动)表现,还可以用于诊断评估训练中的损伤、制订训练计划等。随着数字技术的发展,现代运动学分析软件可以通过高速摄像、运动捕捉系统来精确测量这些指标,为运动员和教练员提供更加科学和客观的数据支持。

(三)训练参赛学指标

1. 健康水平

运动员作为正常人在身体、心理和社会适应方面呈现的一般整体状况,主要是其器官机能水平和普通心理状态。

2. 体能水平

运动员的力量、耐力、速度、灵敏性和柔韧性等身体素质。当进行专项体能水平评估时,多采取专项所需体能、单一动作和动作组合、技术与战术组合,或者模拟比赛情境下整体竞技能力表现指标来进行评估。

3. 技术、战术水平

技术、战术水平指运动员完成动作和技术的准确性、协调性、流畅性水平等。在特定情境下运用单个技术或技术组合解决某一或多个问题,实现训练目标,并最终完成训练任务的能力。

4. 心理素质水平

运动员应对训练挑战和压力的自我认知、情绪状态与管理、训练动机与心态。其中，自信心、抗压能力、专注力、沟通能力、团队协作能力、创新能力和解决问题的能力通过问卷调查、心理测试、教练评价等来评估。

5. 训练态度

评估运动员的训练态度，包括出勤率、训练时长、训练质量等方面。可以通过教练评价、训练记录、运动员自我评价等指标来评估。

6. 伤病情况

评估运动员的伤病情况，包括伤病类型、治疗情况、康复进展等方面。可以通过医疗记录、运动员自我报告、教练观察等指标来评估。

三、 教练员及其团队竞技训练评价指标

(一) 训练计划设计能力

1. 训练计划的科学性、可行性

是否能够根据竞技训练目标、阶段和运动员身体状况、技术与战术水平和比赛需求等因素合理安排周课、年度或多年训练计划设计。训练计划应该具有可行性和可操作性。

2. 训练方法运用能力

是否能够设计和选用具有专门性和专项化特征的训练方法，并能够采用多样化与系统化的训练手段，是否能够突出运动员体能、技战术、心理和综合能力发展需要。

3. 训练负荷控制能力

是否能够根据运动员竞技能力状态、训练目标和训练条件，设计训练负荷并能监控训练负荷，避免过度训练或训练不足。

(二) 训练过程组织管理能力

1. 场地与器材管理

是否能够管理训练场地和器材，确保训练过程的安全和顺利进行。

2. 时间管理

是否能够合理安排训练时间，确保运动员在有限的时间内取得最大的训练效果。

(三) 临场指导行为

1. 职业素养与形象

教练员的外观、言行和态度。

2. 训练投入程度

教练员个人训练前的心理准备、服装准备，训练中对运动员的关注度和支持度。

3. 言语激励与示范

是否能够用积极的语言和态度激励运动员训练，并在言行举止方面以身作则，为运动员做榜样，并给予潜移默化的影响。

4. 观察与指导能力

是否能够准确地观察运动员的动作技术和技战术表现，提供有针对性的指导和建议。

是否能够关注运动员训练心理状态，提供必要的心理支持和指导，帮助运动员在比赛中保持良好的心态。

5. 沟通协调能力

是否能够与运动员和教练团队建立良好的沟通关系，了解他们的需求和困难，为他们提供有效的帮助，共同协作，为团队创造更好的训练环境。

（四）训练团队文化

1. 共同价值观与团队精神

是否有明确的价值观体系，以及训练团队成员是否认同和践行这些价值观。例如，真诚性、责任感、敬业精神、合作精神、创新意识和公平公正。团队成员之间的合作程度和相互支持的情况，包括在训练中的协作能力。

2. 教练领导力

教练员及其团队的领导风格及其对运动员的影响，沟通技巧和激励方法。

3. 运动员满意度

运动员对训练环境、训练安排和效果的满意度。

4. 目标设定与实现

团队是否有明确的目标设定机制，以及运动员、训练团队是否遵守团队规章制度和训练纪律，他们实现这些目标的承诺和努力。

5. 沟通与反馈

团队成员间沟通渠道的畅通程度和成员间的反馈机制。

6. 训练团队成员间关系

教练与队员之间的关系是否和谐，教练是否能够关注队员的个人发展。

7. 运动员福利与支持

训练团队是否关注运动员的身心健康、训练条件和后勤保障等。

8. 团队凝聚力

训练团队成员参与度、合作程度、信任程度、认同程度、沟通效果、团队士气、团队氛围等。

9. 自我效能感

训练团队成员自信度、自我期待、应对挑战的态度、情绪反应、任务选择、持久性和自我调整。

四、竞技训练评价的主要方法与基本流程

（一）主要方法

1. 观察法

通过直接观察和录像技术观察运动员、教练员及其团队在训练场中的表现，评估运动员的训练执行能力、教练员的训练设计组织能力、训练团队间沟通交流能力。

2. 测验法

以笔试和实验方式考核、测定运动员训练水平和成绩，教练员和训练团队训练规划与实施过程效果。

3. 调查法

通过问卷、量表、交谈方式，了解运动员、教练员和训练团队的价值观、训练动机、凝聚力、合作和沟通的协作能力、自我效能感和满意度。

4. 自我评价法

运动员、教练员采用相关方法对各自训练行为和结果进行评价。

（二）基本流程

竞技训练评价的操作程序由评价准备、数据收集、数据分析、反馈沟通和改进实施等几个环节构成。

1. 评价准备

教练员或专业评价人员明确评价目的，提出具体任务，设计评价内容和重点、评价标准，并做好问卷、观察表、训练数据分析工具等准备。

2. 数据收集

运用生理学、心理学、运动学的专门仪器设备对运动员训练效果进行专门指标的采集；通过问卷调查来获得运动员（教练员）对教练员（运动员）训练实施的看法；采用视频分析技术来评估教练员的训练指导技巧和策略以及运动员的训练表现行为。

3. 数据分析

对收集到的数据进行整合和分析，以识别教练员（运动员）训练表现预期水平并对其进行全面分析，及时发现重点问题并做出调整。

4. 反馈沟通

评价结果及时、适时地以清晰和建设性方式反馈给教练员或运动员。反馈的内容应具体可操作，反馈的方式可以是实时，也可以是定期反馈。

5. 改进实施

基于评价结果，制定目标明确、实施步骤清晰、办法具体、措施有效的改进方案。

竞技训练评价需要与训练监控紧密结合，根据教练员、运动员训练效果实际需要进行调整。将评价和反馈机制作为持续的过程，而不是一次性事件。整个评价流程透明和公正，教练员、运动员对评价过程有清晰的理解并积极参与。

第三节　数字训练技术与训练监控评价和智慧场馆设备

人工智能时代下的竞技训练监控与评价可以帮助团队更精准地了解和掌握运动员的状态和需求，为他们提供更科学、更有效的训练指导和服务。云计算、大数据、人工智能技术能够实现竞技训练监控的实时数据监测、数据分析与反馈和个性化训练方案制定。对竞技运动训练进行客观量化评估、形成多维度评价体系，并能够预测运动员的未来表现和潜在伤病风险。

一、数字训练技术

数字技术可以完成大量的训练数据的收集和处理，可以通过机器与深度学习训练模型。计算机视觉数字技术在图像识别、目标监测、视频分析等方面发挥重要的作用。增强现实和虚拟现实技术依赖于数字技术，与人工智能结合可以创建更为真实和交互式的虚拟训练环境。教练员或科研团队可以利用数字技术优化训练过程、内容和方法，提高其决策水平。医务团队通过分析运动员大量的损伤医疗数据，采用数字技术和人工智能可以帮助医务团队做出更准确的诊断和制订个性化的治疗方案。

在竞技训练活动中，通过数字技术，可以构建训练预测模型来预测未来训练活动的趋势或事件，如运动员训练水平、参赛成绩与获胜预测、主要对手或所有参赛选手分析等。数字分析技术让数字体育的训练与赛事数据沉淀为可复用的数字资产；持续迭代的摄录采集，比特传播，传输与显示技术也让运动员、教练员的数字体验不断刷新。可以说，数字体育已逐渐摆脱了传统线上单方面转播的旧时代，进入了结合沉浸式体验、强互动的交互新时代。

二、训练监控系统

（一）Dartfish 分析系统

Dartfish（竞技表现的视频分析解决方案）作为一种视频技术分析系统，可完成对运动员技术动作速度、角度、技术运用等运动参数的每一帧分析，精细解剖与分解技术动作，为教练员、运动员训练提供更准确的信息反馈，优化动作与技术细节，突破训练难点和瓶颈。

（二）SportVU 系统

SportVU 系统利用多个摄像头捕捉球员或运动员在比赛中的动作，包括投篮、传球、触球、掩护、跑动距离等，并将这些动作转化为数据形式进行分析。该系统能提供详细的比赛和训练数据，帮助教练和运动员更好地理解比赛模式、对手风格、受伤风险等，从而优化战术和训练计划。

该系统在篮球、足球等多个运动项目中得到应用，并且在北美的 NBA、国家冰球联盟（National Hockey League，NHL）、MLB 以及国际足联世界杯、国际篮联篮球世界杯等各类赛事中得到了广泛的应用。在篮球比赛中，通过在球馆天花板上悬挂多个摄像头，SportVU 系统能够每秒抓取 25 张图像，对球员的运动进行实时追踪和分析。该系统的数据服务包括及时的数据更新和云保存，服务支持遍布北美、欧洲、中国、印度、日本，提供全天候服务。此外，该系统的安装过程简便，适用于多种场地条件。

（三）Synergy Sports 系统

Synergy Sports 系统就是一个针对某位球员的微观统计工具。它能够记录一个球员在场上的所有得分方式，然后分析出各种得分方式所占的比重，然后将结果呈现给教练员和球员。

（四）穿戴设备——Shot Tracker

职业球员们在训练时都会用很多辅助训练的科技设备。Shot Tracker 就是其中一种穿戴设备，它是一种致力于改善投篮技术的高科技产品。

（五）颅内刺激技术

颅内刺激技术能够通过微电流对颅内相关神经进行刺激，使得人对于特定目标的识别认知能力在短时间内飞速提升。这项技术已经被应用在了军队当中，距离引入运动员训练比赛也不远了。

(六) 纳米修复伤病技术

运动医学专家们已经可以运用纳米技术，运用人工制造的生物材料和聚酯纤维来修复球员受损的韧带。专家们预测，一旦这项技术被允许人体使用，很多遭遇过“毁灭性”伤病的球员，运动生涯很可能会重获新生。

三、智慧场馆设备

(一) 可视化训练监控

团队心率表是监控训练中运动员心率的常用设备。该设备可以适时监控团队全体成员训练或比赛中心率变化情况，并可以通过心率和心率变异性等指标计算运动员有氧训练负荷、无氧训练负荷、疲劳恢复情况、训练效果、睡眠情况等。

全球定位系统是当前监控训练和比赛负荷的常用设备，通过采集训练或比赛中运动员的跑步速度、跑步距离、变向、启动、加速、急停等数据，监测运动员训练负荷量度和强度的大小或适应性。

无损汗液监测系统可以测试运动员训练和比赛中的汗液量和汗液成分，为运动员补液、能量补充、训练疲劳和恢复提供直接依据。经皮肤无损连续监测乳酸浓度的设备也为运动员训练和比赛中无损乳酸浓度测试提供了便利条件。

(二) 数字体能训练中心

数字体能训练中心包括训练平台区、循环训练区、供能系统训练区、功能训练区、测试区等区域。配备 ISOMED 等速肌力、Eliteform 训练系统、AlterG 反重力跑台、NeuroScience 飞轮离心、Lode 大跑台、Wattbike 功率自行车、Kinesio 绳索、Rocket 阻力跑等。

(三) 智慧化运动场馆

在训练场馆建设方面，大量智慧化场馆的建设和运营为运动技术诊断提供高科技手段。例如，为了对运动员训练和比赛过程进行运动学分析，在场馆设计人工智能视频分析系统，可以为花样滑冰、速度滑冰、空中技巧和冰壶等项目提供智能视频分析。在运动员训练和比赛过程中，进行动作捕捉并分析。又如，在跳台滑雪、空中技巧、U 型场地或者大跳台等场地安装动作捕捉系统，可以为运动员的训练和比赛动作提供最优的身体姿势定位。除了这些运动学分析之外，还有部分高科技手段可以用于运动员在训练和比赛中的动力学分析，如运动员滑行过程中的空气阻力、风洞实验监控跳台滑雪时的漂浮力等。甚至在场馆安装的一些计时记分系统能适时给运动训练和比赛提供成绩，并进行现场技术、战术分析等。

第九章习题　　第九章参考文献

第十章

竞技训练的科学研究

【本章导语】

竞技训练的科学研究指围绕竞技训练活动中的选材、训练、竞赛、管理进行科学探究的过程。本章将围绕竞技训练活动中的科学理念、基本内容、训练计划、训练方法、训练手段、训练原则、训练规律、运动康复、科技助力等问题进行介绍。结合竞技训练活动中出现的问题,提出科学研究的基本视角、研究方法、技术路线、研究思路,解析国内外竞技训练科学研究的经典文献,为竞技训练科学研究者提供研究借鉴。

【学习目标】

深入理解竞技训练科学研究的核心议题与研究视角,明确区分其基本、宏观与微观问题,并认识其重要价值。精通常用研究方法与技术,能针对竞技训练中的具体问题选择合适手段解决。掌握研究设计逻辑,强化分析、解决问题的能力及数据处理技巧。研读经典文献,洞悉各领域研究进程、重大进展与理论根基,培养创新思维,实现理论与实践的有效结合。

【思维导图】

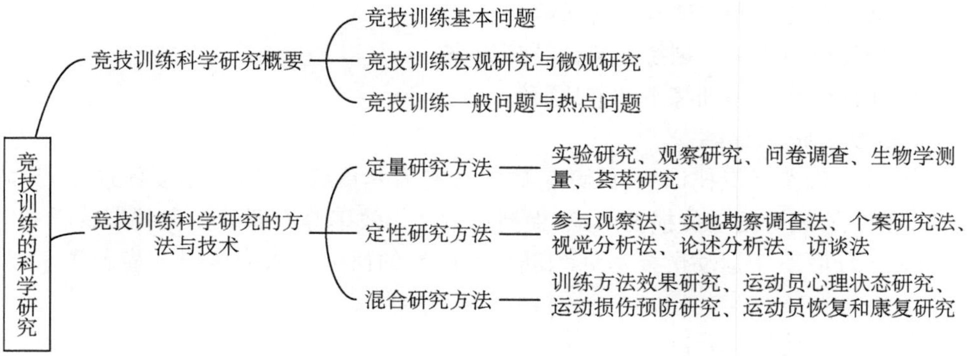

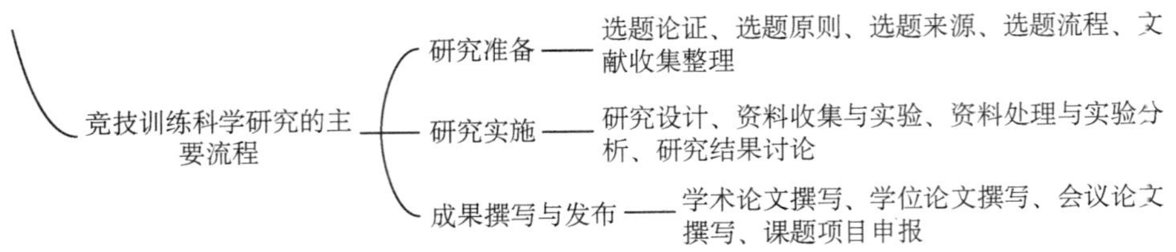

竞技运动在现代社会兼具经济、文化、教育及科技多重价值。科技进步持续拓展竞技运动科研的广度与深度，促使运动员、教练团队对科学训练的需求愈发迫切，使竞技训练科学研究成为体育领域的一大挑战。该研究融合多学科，优化训练活动，为相关人员提供高效训练理念、方法及工具，为运动员的训练与竞技表现提供坚实的科学保障。

第一节　竞技训练科学研究概要

在竞技体育领域，对卓越表现的追求植根于对竞技训练科学研究的持续探索。竞技训练科学研究以独特视角，综合探讨科学研究如何为优化运动员、教练员及其团队表现助力。从体能训练、技术训练到战术训练，从教练员及其团队的训练理念到执教技艺，揭示运动员、教练员训练活动中的关键科学研究问题。本研究通过细致剖析，揭示了科学研究在竞技训练内在机制、解决挑战性问题方面的独特价值。

一、竞技训练基本问题

（一）运动员体能训练

体能是运动项目的基础，体能训练是竞技训练的重要内容。良好的体能是运动员技术、战术有效发挥的保障，是运动员承受大负荷训练和高强度比赛的基础，同时也有助于运动员预防伤病、延长运动生涯。鉴于此，围绕体能的重要地位，加强体能的科学训练、有效促进体能水平提升，成为竞技训练科学研究的重要任务。未来该研究应着重于以下几方面。

（1）一般体能训练与专项体能训练的关键概念与核心内容研究。

（2）体能训练的实施方法及提升策略。

（3）专项技能教学体能训练的关键技巧研究。

（4）体能训练在专项训练中的应用研究。

（二）运动员技术训练

运动员技术训练在竞技训练、体育竞技中具有极其重要的地位，主要体现在提高运动员赛场表现水平、减少运动员损伤风险、提高技术动作效率等方面。在竞技训练学中，国内外科学研究工作者对于运动员技术训练进行了广泛的研究。未来该研究应着重于以下几方面。

（1）运动员运动技术分析。

(2) 运动员专项技术训练方法。

(3) 运动员技术训练中认知和心理因素。

(4) 技术评估和反馈以及技术转化和实际应用。

(三) 运动员战术训练

竞技体育运动员的战术训练是日常训练中的核心部分,特别是在团队运动中。战术训练不仅涉及如何在比赛中获得优势,还涉及如何理解比赛、做出决策以及与队友沟通的能力。未来该研究应聚焦于以下几方面。

(1) 优秀运动员赛场技术、战术分析。

(2) 不同专项运动员技术、战术分析。

(3) 人工智能赋能竞技体育技术、战术分析。

(4) 人工智能和数据挖掘技术在运动员技术、战术分析中的应用。

(四) 运动员心理训练

竞技体育运动员的心理训练是提高运动员在比赛中表现的关键组成部分。心理训练涉及多个方面,如增强运动员的信心、妥善应对比赛压力、集中注意力和处理失败的情绪。未来相关研究应着重关注以下几方面。

(1) 运动员心理素质的评估和培养。

(2) 竞技运动员心理状态研究。

(3) 竞赛压力应对研究。

(4) 运动员退役转型心理适应研究。

(五) 运动员康复训练

康复训练的目的是帮助运动员快速、有效地从伤病中恢复,同时防止未来的伤病。为了确保运动员能够在最短的时间内回到赛场,并且尽量减少复发的风险,目前已经进行了大量关于康复方法、技术和程序的研究。未来该研究应着眼于以下几方面。

第十章
拓展阅读1

(1) 运动员伤病风险评估和预防。

(2) 运动康复干预技术和方法研究。

(3) 运动心理康复研究。

(4) 康复成效评估和预测研究。

二、 竞技训练宏观研究与微观研究

(一) 宏观研究

1. 竞技训练基本概念研究

竞技训练基本概念研究是运动训练学研究领域的重要组成部分,主要围绕相关概念、理念、方法和原则展开。通过对基本概念的研究,明确其具体定义、内涵,对运动训练长足发展具有重要的指导意义。目前该研究主要聚焦于以下几方面。

(1) 核心力量的定义与内涵。

(2) 体能的概念与分类。

(3) 功能性训练。

（4）体育锻炼。

2. 竞技能力训练模型研究

竞技能力训练模型是指对竞技运动中所需要的各种能力进行系统分类和描述，有助于理解和把握运动员在竞技中应着重发展与提升的具体能力。该模型的研究能有效促进运动员在日常训练中的竞技训练水平的提升，以实现增强竞技表现的目标。目前该研究主要聚焦于以下几方面。

（1）皮球理论模型。

（2）木桶理论模型。

（3）双子模型。

（4）胶泥模型。

3. 竞技训练方法与手段研究

竞技训练方法和手段对于运动员在赛场中获得优异的竞赛名次至关重要，恰当的竞技训练方法不仅能提高运动员表现水平、降低受伤风险，更能进一步改进运动员专项技战术水平。当下研究重点包括以下几方面。

（1）运动负荷的监测与预测。

（2）运动技术和虚拟现实模拟。

（3）人工智能数据分析和大数据。

4. 竞技训练周期安排研究

竞技训练周期安排是根据运动员的特点和竞赛目标，将训练时间划分为不同的周期，以达到最佳竞技状态和成绩。常规的训练周期包括多年周期、年度周期、大周期、中周期、小周期等。在竞技训练周期安排研究中，每个周期的长度、内容和重点会因不同的运动项目、运动水平和运动员个体差异而有所不同。关键是要根据运动员的需求和目标，结合科学的训练原理，合理安排和调整各个周期，最大限度地提高竞技表现和成绩。

5. 竞技训练的基本规律研究

竞技训练的基本规律研究对运动训练实践具有重大指导意义。通过深入研究竞技训练基本规律，能够从生理、心理、技术与战术等多维角度深入分析，可以进一步促进竞技训练实践指导的优化，主要体现为提升训练效果、提高竞技参赛成绩、优化科学化训练方法等。目前该研究主要聚焦于以下几方面。

（1）运动员参赛规律。

（2）训练后超量恢复规律。

（3）青少年体能训练规律。

（4）训练学视角下制胜规律。

6. 竞技训练与参赛的适应性研究

竞技训练与参赛适应性研究是竞技体育的关键议题。该研究聚焦于运动员在训练中对各类竞技需求的适应性，包括训练负荷与适应性，探究运动员在面对不同训练负荷时的生理反应、技术发挥及心理状态；竞技要求与适应性，研究不同竞技项目特点对运动员适应策略与能力构建的影响；心理适应性，考察运动员在训练与比赛中心理应对策略的形成与效果。通过竞技训练与参赛的适应性研究，有助于深入了解运动员在训练和比赛过程中的适应机制，为优化训练策略、提升竞技水平提供科学依据，进而促进竞技运动的发展和进步。

（二）微观研究

1. 竞技运动专项训练方法

竞技运动专项训练方法是运动训练研究的核心内容之一，深入研究不同的训练方法可以协助教练员和运动员更科学地制订训练计划、提高训练效果、优化训练方法以及预防伤病和促进康复。目前相关研究多聚焦于以下几方面。

（1）高强度间歇训练。

（2）高原训练。

（3）心理调节训练。

（4）虚拟现实训练。

2. 竞技训练的生理学分析

竞技训练的生理学分析是从微观层面深度解析运动训练对机体影响的本质，通过竞技训练的生理学分析，把握运动员运动训练过程中的训练强度和时长，指导运动员个性化训练，优化训练配合和恢复策略。目前该研究聚焦于以下几方面。

（1）不同运动强度和类型对代谢适应的影响。

（2）运动对神经系统和肌肉的适应机制。

（3）长期运动训练对心血管系统的适应。

（4）高强度间歇训练对肌肉力量和有氧能力的改善及其机制。

3. 竞技训练的动力学分析

竞技训练的动力学分析对提高运动效能、优化专项运动技术、指导力量训练和优化训练计划具有重要的实践指导意义。目前该研究多聚焦于以下几方面。

（1）对特定运动动作进行力学和运动学分析。

（2）对身体姿势、关节角度和负荷分布的描述分析。

（3）力的产生和传递与动作传递之间的关系。

（4）三维动作捕捉技术。

4. 竞技训练的训练学分析

训练学分析通过研究训练的组织、计划和方法，有助于教练员和运动员更系统地理解和评估训练过程、训练效果以及训练对身体和能力的影响。目前该研究多聚焦于以下几方面。

（1）训练计划的组织结构、周期性、负荷分布及训练内容和顺序。

（2）通过量化方法对训练负荷进行评估。

（3）通过定量的测试和评估分析训练对体能、技术和竞技能力的影响。

（4）检测训练负荷预测和评估过度训练的风险。

5. 竞技训练专项特征分析

竞技训练专项特征分析通过深入研究特定竞技项目的运动技术、战术、身体素质等方面的特征和要求，有助于教练员和运动员更全面地理解和评估竞技项目的本质，根据特征提供针对性的训练指导，提高专项技术水平，优化战术策略。该研究聚焦于以下几方面。

(1) 研究竞技项目中的技术特点和要素。

(2) 分析竞技项目的战术特点。

(3) 研究竞技项目对身体各项素质的要求。

(4) 研究竞技项目对运动员心理素质的要求。

6. 竞技训练专项体能分析

深入研究特定竞技项目所需的体能要素和能力要求,以及运动员在该项目中的体能水平,有助于教练员和运动员更全面地了解和评估竞技项目的体能需求,并为训练提供有针对性的指导,改进体能训练方法。目前该研究聚焦于以下几方面。

(1) 特定竞技项目对体能要素的要求。

(2) 针对不同体能要素的评估方法和测试工具。

(3) 体能训练计划设计。

(4) 特定体能要素训练方法的改进。

7. 竞技训练专项技术分析

深入研究特定竞技项目的技术特点、技术要素和技巧要求,有助于教练员和运动员了解竞技项目技术要素、评估运动员技术水平、提高运动员专项竞技水平、优化战术策略。目前该研究多聚焦于以下几方面。

(1) 特定竞技项目的技术要素和技巧要求。

(2) 各种技术训练方法的实施和创新。

(3) 竞技项目中关键的技术动作和技术要素。

(4) 竞技项目中比赛的战术策略和实施方法。

8. 竞技训练专项战术分析

竞技训练专项战术分析对体育竞技训练者具有重要的指导意义,有助于提高运动员竞技水平,增强战术意识和决策能力。该研究多聚焦于以下几方面。

(1) 对手战术策略分析。

(2) 数据统计分析,了解比赛的趋势和关键数据。

(3) 战术训练和模拟。

(4) 战术沟通和团队合作。

9. 竞技训练专项心理分析

竞技训练专项心理分析在竞技训练中具有重要意义,有助于运动员在心理层面更好地应对挑战和压力,提高竞技水平。该研究多聚焦于以下几方面。

(1) 如何帮助运动员有效地处理比赛中的压力和焦虑。

(2) 运动员自我反馈和评估。

(3) 如何提高运动员的专注力和集中力。

(4) 如何培养心理耐力。

10. 专项竞技训练计划的制订

制订专项竞技训练计划有助于确保训练的有效性、系统性和可持续性,从而进一步提高运动员在竞赛中的成绩。目前该研究聚焦于以下几方面。

(1) 了解运动员的特点、目标、弱点和优势,以确定训练的重点和方向。

(2) 训练周期的规划。

(3) 如何管理训练负荷。

(4) 不同的训练方法和技术。

11. 竞技训练生理生化监控

竞技训练的生理生化监控有助于教练员与运动员更深入地理解并有效管理生理状态，进而提升竞技水平。目前该研究包括以下几方面。

(1) 生理参数监控。

(2) 生化标志物研究。

(3) 探讨不同项目运动中的生理反应。

(4) 心理、生理参数的监控。

12. 运动员个案训练分析

运动员个案训练分析允许教练根据每位运动员的个人特点、优势和劣势进行深入分析，从而制订个性化的训练计划和指导，最大限度地发挥运动员的潜力和提高其竞技水平。该研究包括以下几方面。

第十章
拓展阅读 2

(1) 对运动员的技术水平进行评估和分析。

(2) 对运动员的身体素质进行评估和分析。

(3) 风险评估和伤病预防。

(4) 对运动员的心理素质进行评估。

三、 竞技训练一般问题与热点问题

(一) 一般问题

1. 竞技训练的理念研究

竞技训练的理念研究着眼于构建和引导运动员的正确价值观，以展现出最佳的竞技表现。竞技训练的理念因不同的运动项目、不同的教练员和运动员而异，该研究包括以下几方面。

(1) 个性化训练理念。

(2) 长期发展的理念。

(3) 伦理与道德理念。

(4) 科学化训练理念。

2. 竞技的选材研究

竞技的选材研究是一个关键领域，涉及多个核心研究方向。生理层面的研究通过运动员的身高、体重、肌肉质量等身体特征，识别适合不同竞技项目的体格特征。运动学分析方面，运用生物力学分析探讨运动员动作技术特征，以评估其在特定项目中的潜力。心理层面关注运动员的自信心、竞技心态、决策能力和抗压能力，以评估其在高压竞技环境中的适应性。运动技能和天赋的分析包括技术水平、战术意识和技术细节，能够进一步确定运动员在特定项目中的发展潜力。此外，运动员的运动历史和竞技经验也是评估其未来竞技潜力的重要依据。生长和发育方面的评估有助于预测年轻运动员未来的体格和生理变化趋势，指导竞技项目选择。选材过程还需要考虑性别、文化背景和社会经济状况等多元化因素，确保选材过程的公平性和包容性。

3. 竞技训练的原则研究

竞技训练的原则研究旨在科学探索并优化运动员训练计划的设计与管理，以提升其竞技水平。该研究方向包括以下几方面。

(1) 个体化原则：依据运动员特质、目标及需求定制训练，发掘潜能。

(2) 进步性原则：渐进增训，帮助运动员适应并提升实力，降低受伤风险。

(3) 可持续性原则：规划长期训练，维持运动员高水平状态，以防过度训练。

(4) 特定性原则：针对运动技能训练，提升比赛表现。

4. 竞技训练的方法研究

竞技训练的方法研究属于综合性学科范畴，优质的训练方法能有效提升运动员竞技水平，预防运动损伤，增进运动表现。该研究方向包括以下几方面。

(1) 周期性方法。

(2) 训练方法多样性。

(3) 逐渐递增负荷方法。

(4) 心理训练方法。

5. 竞技训练的手段研究

竞技训练的手段研究涵盖了多种用于提高运动员竞技水平的方法和工具。该研究方向包括以下几方面。

(1) 生物力学分析：借助原理优化运动员技术与动作，提升力量传递效率。

(2) 体能测试的设计和实施：评估运动员力量、速度、耐力及柔韧性表现。

(3) 运动生理学研究：探究运动员体内生理变化，指导训练与恢复。

(4) 心理评估和训练：提升运动员自信心、专注力、决策能力及抗压能力。

6. 竞技训练的计划研究

竞技训练的计划研究聚焦于科学、高效地规划并组织运动员训练流程，旨在达成最优竞技状态。该研究应着重关注以下几方面。

(1) 周期化和负荷分配。

(2) 训练负荷检测与管理。

(3) 运动员心理训练。

(4) 定制个性化训练方案。

7. 竞技训练的恢复研究

竞技训练的恢复研究旨在帮助运动员在训练和比赛中快速康复、减轻疲劳和降低受伤风险，以维持竞技状态。该研究领域包括以下几方面。

(1) 竞技运动员恢复策略的研究。

(2) 运动营养和饮食的角度。

(3) 运动员心理的恢复。

(4) 运动员生理生化指标恢复。

8. 竞技训练的参赛研究

竞技训练的参赛研究旨在优化运动员在比赛中的表现，提高竞技水平，以获得更好的比赛成绩。研究方向包括以下几方面。

(1) 如何制定比赛策略和战术。

(2) 竞技心理学的研究。

(3) 比赛模拟和角色扮演。

(4) 适应竞赛环境的研究。

(二) 热点问题

1. 竞技训练理论体系研究

竞技训练理论体系研究致力于搭建并优化理论框架与方法体系,旨在提高运动员的竞技水平和职业生涯发展。首要任务是探索高效训练原则与方法,最大化提升运动员体能、技术及战术能力。管理训练负荷的研究则聚焦于合理调控训练强度、量与频率,预防过度训练及伤害。生理学和运动科学方向基于科学原理,研究训练过程中的生理反应与适应性变化。心理训练和运动心理学的研究关注提升运动员的自信心、决策能力、焦虑管理及注意力控制等心理素质。技术和战术研究旨在明确各项目技术要求和战术策略,制订科学训练计划和战术。在数据分析和技术支持方向,利用数据分析、计算机模拟和技术工具来监测和优化训练过程,分析比赛数据。长期发展计划研究旨在规划运动员职业生涯,确保其持续进步并保持高水平竞技状态。教练员教育与培训注重提升教练员专业素养。伦理和道德问题的研究涵盖药物使用、公平竞争及运动员权益等伦理与道德问题。跨学科研究推动医学、心理学、生物学和工程学等领域的交叉融合。这些研究方向共同构成了竞技训练理论体系的基石,为教练员与运动科学家提供了科学规划与实施训练的策略与方法,推动竞技训练领域不断进步与创新,以适应不同竞技项目及运动员的多元化需求。

2. 竞技训练基础理论研究

竞技训练基础理论研究在竞技体育领域占据核心地位,旨在为运动员的训练与发展奠定坚实的理论基础。该领域包含以下多个关键维度。

(1) 生理学和运动生物力学研究:探究运动员的生理特征及运动训练中的身体反应。

(2) 运动心理学研究:聚焦于运动员的心理素质,以优化其心理状态。

(3) 训练原则和方法的研究:探讨科学制订训练计划,包括周期化方案、负荷调控及恢复策略,以提升运动员的体能和技术水平。

(4) 运动伦理和价值观研究:探讨体育道德与精神,维护公平竞争原则。

(5) 训练技术和设备的研究:旨在提升训练效率和效果。

(6) 跨学科研究:促进与其他领域的交叉融合,推动竞技训练领域的创新发展。

研究构建了竞技训练的科学基础,深化了对运动训练的复杂性理解,支持运动员全面发展,促进体育精神的传承与公平竞争。

3. 竞技运动比赛状态研究

竞技运动比赛状态研究对提升运动员竞赛成绩至关重要。深入了解运动员的比赛状态,有助于教练员更有效地指导运动员,提升其赛场表现与成绩,预测并优化竞技水平,制定比赛策略与战术,并调整运动员的赛前心理状态。目前该研究多聚焦于以下几方面。

(1) 运动员机能状态。

(2) 专项运动员竞赛心理状态。

（3）竞技状态变化。

（4）比赛状态影响因素。

4. 竞技训练过程环节研究

竞技训练过程环节研究是竞技体育领域的核心议题，旨在深入剖析训练各环节与阶段，化优化运动员竞技表现。该领域涉及以下多个关键维度。

（1）设定明确的训练目标与制订科学的训练计划，以满足运动员个性化需求。

（2）周期化训练，将训练过程分为准备期、竞赛期与恢复期，保障运动员竞技状态的峰值表现。

（3）训练负荷管理，旨在平衡训练强度、量度与频率，预防过度训练与伤害，促进运动员稳步提升。

（4）技术和战术训练，通过专项训练提升运动员的技能与策略水平，优化竞技表现。

（5）生理适应与康复研究，旨在理解训练对运动员生理的影响，运用康复手段管理运动损伤与疲劳。

5. 竞技专项训练理论研究

竞技专项训练理论研究是竞技体育的关键分支，旨在探索各竞技项目的独特训练需求与特征，以制订精准的训练计划。该领域涵盖以下多个核心要点。

（1）技术与战术分析：深入剖析各项目技术与战术，识别关键技能与策略，助力运动员提升竞赛表现。

（2）运动生物力学研究：运用生物力学原理优化技术动作与运动效率，分析各项目动作力学特征。

（3）特殊体能训练：根据项目体能需求，强化力量、速度、耐力及柔韧性等身体素质。

（4）比赛心理学研究：研究运动员竞赛心理与压力应对策略，提升心理素质。

（5）训练周期化安排：确保运动员在关键时刻达到最佳竞技状态。

（6）预防损伤与损伤康复研究：探究预防运动损伤的方法并加速康复进程。

6. 运动员竞技子能力提升策略研究

第十章
拓展阅读3

运动员竞技子能力指影响运动表现和竞技成绩的各种能力和技巧，涵盖运动员身体素质、心理素质、技术能力和战术能力等。运动员竞技子能力提升策略研究是竞技训练研究中的重点和热点。竞技训练旨在帮助运动员克服各种难题，提升比赛成绩，其中关于提高运动员竞技子能力的研究非常重要。近年来，越来越多的运动员竞技子能力提升策略被应用于竞技训练中。有研究表明，个性化的训练计划、强化基础训练、多样化的训练方法、重视技术细节、心理训练及合理的休息和恢复等策略对提升竞技子能力效果显著。此外，该领域研究还涉及运动过程和技能的生物力学机制、运动员心理素质的量化诊断、竞技训练的实施和改进等方面。这些研究成果在竞技训练中得到广泛应用，对提升运动员竞技子能力水平产生了积极影响。

7. 竞技训练理论外延研究

竞技训练理论外延研究是竞技体育领域的重要方向，超越了传统训练理论范畴，涵盖运动与竞技相关的多个领域。该研究具体包括以下几方面。

（1）教育与发展方面：强调将竞技训练融入教育体系，以提升青少年身体素质，促进其全面发展，凸显运动的教育价值。

（2）社会与文化因素层面：探讨不同社会文化背景对运动和竞技训练的影响，涵盖文化认知、价值观及体育参与模式。

（3）性别平等与多样性研究方面：关注竞技训练中性别平等的实现，推动多样性和包容性，以扩大运动参与范围。

（4）伦理与道德问题研究方面：讨论竞技训练中涉及的反兴奋剂政策、公平竞争和职业道德等伦理与道德议题。

该研究不仅拓宽了竞技训练的范围，还将其与社会文化议题紧密相连，深化了对竞技训练的认知，推动了运动领域的发展，为应对现代社会和体育环境中的挑战与机遇提供了更全面的视角。

8. 竞技训练认知问题研究

竞技训练认知问题研究是一个广泛且深入的课题，旨在深入剖析运动员在训练及竞赛中的认知机制及其影响因素。该领域包含多个核心研究方向。

（1）决策制定与执行方向：聚焦于运动员在比赛中制定战术决策、选择策略及实施计划的能力，尤其关注高压环境下运动员的表现。

（2）专注力与集中力研究方向：探讨运动员如何有效分配注意力、维持专注及应对外部干扰，以及在关键时刻保持心理稳定的方法。

（3）自信心和自我效能感方面：研究其对竞技表现的影响及培养与维持这些心理素质的途径。

（4）情绪调控与应对策略方面：分析情绪对运动员表现的作用及情绪管理技巧。

（5）智力因素方面：考察智力水平及智力测试与运动员竞技能力的关联。

这些综合研究方向为深入理解运动员的认知过程提供了重要视角，也为运动员个人成长、教练员制订训练计划及运动科学家的研究策略提供了科学依据。

9. 竞技训练优秀个案研究

竞技训练优秀个案研究旨在深入探讨特定竞技项目中杰出运动员的成功要素与训练方法。研究范畴涵盖技术分析、战术策略、体能和训练计划、心理素质、比赛准备、教练和支持团队、竞技历程、伤病管理、社会文化因素及可持续性和长远发展。此研究聚焦于成功运动员的技术精湛之处，剖析其在关键技能上的卓越表现，并探究其在赛事中的战术布局与决策过程。同时，深入探究体能水平与训练计划，包括探究运动员力量、耐力、速度、柔韧性等训练维度，以揭示运动员达到巅峰状态的途径。心理素质研究则关注运动员自信心、专注力、情绪调控等方面，以理解运动员应对压力与挑战的方式。这些研究成果可为其他运动员及教练提供宝贵经验，助力竞技体育领域整体水平的提升，促进更多运动员迈向卓越。

10. 竞技能力应用模型研究

竞技能力应用模型研究涵盖心理学模型、生理学模型、技术与战术模型、训练学模型、营养恢复模型、生物力学模型、比赛策略模型及综合模型等领域。具体而言，心理学模型聚焦心理素质与过程，如自信及抗压策略；生理学模型探讨生理适应与体征，如肌力与耐力；技术与战术模型关注技能与战术层面；训练学模型研究训练计划的规划与实施；营养恢复模型强调饮食与恢复措施；生物力学模型分析身体运动机制；比赛策略模型解析赛事中的策略布局;综合模型则整合多因素考量。这些模型有助于教练员与运动科学家深入理解运动员表现与成功要素,据此制定高效训练方案,提升竞技水平,且模型应用可根据运动项目及运动员特性灵活调整。

11. 竞技训练过程控制研究

竞技训练过程控制研究的核心在于,通过持续的监控、评估与调整,确保运动员训练过程达到最优化,从而提升比赛表现。该研究领域涉及目标设定、数据收集、分析解读、反馈交流、训练调整、预防干预,以及高科技设备与数据分析软件的应用。为实现有效的训练控制,需要设定明确且可量化的目标,收集生理、技能及心理等多维度数据,并对数据进行对比分析与趋势预测,及时反馈沟通。此外,教练团队还需要关注训练方案的适时调整、恢复策略的制定、伤病预防与管理,并利用先进技术工具提升分析与监测效能。

这些研究热点体现了竞技训练研究的前沿和创新,对于优化训练方法、提升竞技水平、为运动员的成功铺路具有重要意义。

第二节　竞技训练科学研究的方法与技术

竞技训练科学研究常采用定量、定性及混合研究方法。定性研究深入探究运动员的体验、感知与行为,促进对研究对象的全面深刻理解。定量研究则通过数据分析量化运动员表现与适应性。混合研究方法融合两者之长,提供更为全面的研究视角。学习本小节,读者将学会灵活运用各类研究方法,深刻把握竞技训练的科学本质,为培养科研素养与实践能力、推动竞技训练科学发展奠定基础。

一、定量研究方法

定量研究方法主要依赖于数据和统计分析来理解研究问题。通过收集大量数据并对其进行统计分析来确定变量之间是否存在关系,以及这种关系的性质。主要特点包括实证性(强调观察和测量)、可重复性(研究设计便于其他研究者验证)和可预测性(基于变量关系预测未来行为或结果)。

在竞技训练科学研究中,定量研究方法具有重要的作用。一方面,定量研究方法有助于更精确地理解和解释运动员的生理和心理反应,从而为运动员的训练和比赛提供科学依据。另一方面,定量研究方法有助于评估和比较不同训练方法的效果,从而为运动员的训练设计提供参考。总体来说,定量研究方法为竞技训练科学研究提供了重要的理论和实践工具。

以下是一些常见的定量研究方法及其在竞技训练科学研究中的应用案例:

(一)实验研究

实验研究指用于检验变量间因果关系,严格控制条件的研究方法。例如,研究人员设计实验以研究特定训练方法(如高强度间歇训练)对运动员有氧能力的影响。在实验中,研究人员将运动员分为实验组与对照组,实验组进行高强度间歇训练,对照组进行传统有氧训练。在训练前后，研究人员会对两组运动员的有氧能力进行测量，使用统计分析来比较两组的结果。如果实验组的有氧能力显著提高，那么研究者会得出高强度间歇训练可以有效提高运动员有氧能力的结论。

（二）观察研究

观察研究涉及对自然环境中的行为或现象进行系统观察和记录。例如，研究人员通过观察和记录篮球比赛来研究特定球员的射门技巧。研究人员录制并分析多场篮球比赛，记录每个球员的跑动距离、投篮位置、投篮次数和投篮成功率等技战术数据，以掌握运动员技术表现状态和特征风格，对其与比赛成绩的关系进行相关分析。

（三）问卷调查

问卷调查是通过标准化和量化的方式了解调查对象和收集所需信息，从而对特定主题或问题进行深入研究和理解。例如，研究人员通过问卷调查来了解运动员的训练满意度、动机或压力水平。研究人员设计一系列关于运动员训练经验和感受的问题问卷，邀请足够样本的运动员参与调查。通过分析问卷回答，了解运动员的训练满意度、动机和压力水平，及其与运动员的训练表现和比赛成绩的关系。

（四）生物学测量

生物学测量指运用专门设备和技术，采集运动员的心率、血压、血糖等生理数据。例如，研究者常通过生理测量探究运动员在不同训练强度下的生理反应，在训练过程中监测运动员的心率、血压等生理参数，并记录其变化。对这些数据的分析有助于揭示运动员的生理反应特征，及其与训练负荷之间的关联。

（五）荟萃研究

荟萃研究（meta analysis）又称元分析，旨在评估特定训练方法或干预措施的效果，为教练员及科研人员提供实践指导。通过整合并分析多项研究成果，对比不同训练方法对竞技表现的影响，确定最优训练方案，鉴别出广受认可的最佳实践。同时，荟萃研究还能深入探索特定训练方法影响竞技能力的潜在机制。通过筛选符合标准的研究，开展系统数据收集与分析，荟萃研究能够为竞技训练提供坚实的科学支撑，推动训练方法的持续进步与优化。

通过使用定量研究方法，研究者可以更准确地理解和解释运动员的生理和心理反应，更有效地评估和比较不同训练方法的效果，为运动员的训练和比赛提供科学的依据。

二、定性研究方法

定性研究是一个跨学科、超学科甚至是反学科的领域。常见方法包括参与观察法、实地勘察调查法、个案研究法、视觉分析法、论述分析法、访谈法。

（一）参与观察法

参与观察法指科学工作者通过亲身融入研究对象的日常生活，力求贴近其实际，以获取对其行为模式、信仰体系及社会交往的直接理解。该方法侧重于主观体验与情境洞察，深入探索研究对象的世界观念与生活模式。在竞技训练的科学研究中，该方法能够收集到运动员在训练、竞赛及恢复过程中的宝贵资料，包括其行为表现、情感体验及人际互动等。

（二）实地勘察调查法

实地勘察法指研究者在自然环境中对研究对象进行观察并收集数据，旨在深入理解其行为模式、信仰体系及社会交往。实地勘察调查法侧重于对现场情境的理解，旨在揭示研究对象在特定环境下的行为与动机。在竞技训练学领域，该法可用于搜集运动员训练、竞赛及恢复的相关信息，并探究其在此类环境中的行为反应、情感体验及互动模式。

借助实地勘察调查法所得数据，研究者能更深刻地认识高尔夫球运动员在比赛中所承受的心理压力及其应对策略。这些发现可为优化运动员心理训练方案及比赛策略提供宝贵参考。

（三）个案研究法

个案研究法专注于深入剖析一个或极少数个体、组织、事件，旨在全面把握其特征、动态及其背后的复杂性。该方法依赖于广泛的数据收集、分析及解读，涵盖文本、访谈、观察及档案等多种资料。竞技训练科学研究中，个案研究法有助于深刻洞察个体或团队在不同情境下的训练与竞赛经历，以及他们的表现、挑战与成功要素。

实施竞技训练学中的个案研究，需要遵循一系列步骤：①明确研究目标与问题，界定待解决的核心议题；②依据研究目标，以具有训练经验和成绩的运动员作为个案，如专业选手、高水平业余选手或特定训练计划中的个体；③全面收集定量与定性数据，确保信息详尽准确；④运用恰当的定量与定性分析方法，解答研究问题；⑤在此基础上，进行诠释，将个案数据与现有理论与实践相结合，提出有价值的见解；⑥撰写研究报告，清晰阐述研究过程与结果，向学术界与实践者传达研究发现。

需要注意的是，个案研究法存在局限性，如样本量小、难以普适等，故需要审慎选择个案，并辅以其他研究方法，综合审视与验证研究结果。合理运用个案研究法，能够深化对竞技训练中个体差异及特定情境下训练效果的理解，为竞技训练学的发展贡献力量。

（四）视觉分析法

视觉分析法运用视觉资料（图片、视频、图表等）进行深入分析和阐释，凸显视觉元素在理解研究对象行为、环境及其互动中的关键作用。在竞技训练的科学研究中，视觉分析法广泛应用于技术分析、竞赛评估及运动员身体动作解析等多个方面。

以篮球运动员投篮技巧分析为例：

为探究某篮球运动员的投篮技能，可收集其在真实比赛中的投篮视频，并将其作为分析素材。通过细致观察这些视频，能全面把握运动员的投篮动作细节，诸如手腕旋转角度、投篮姿态、跳跃高度等。同时，对比不同时段、不同赛事的视频，还能洞察运动员投篮技巧的演变与提升。

此外，结合专业运动分析软件，可进一步精确测量与分析投篮动作，如手腕转动速度、投篮角度等具体数据。此途径有助于深刻理解运动员的投篮技巧，并据此提出针对性的训练策略，从而促进其投篮技能的优化，提升比赛得分率。

（五）论述分析法

论述分析法主要用于阐释和理解文本数据，涵盖书面资料、口头陈述及数字媒体内容。该方法常包含对文本的系统性、目的性及合理性审视，旨在挖掘其深层含义、核心主题及潜在模式。在竞技训练科学的探究中，论述分析法适用于分析运动员、教练员及相关人员的训练日志、赛事报告、访谈笔录等文本。

若欲探究某足球队在关键赛事中战术策略对比赛结果的影响，研究人员可搜集赛后教练访谈、球员反思及媒体赛事报道等材料。运用论述分析法，可细致剖析这些文本，揭示比赛转折点、战术变动、球员表现等因素如何左右比赛结果。

（六）访谈法

访谈法通过与受访者进行面对面或远程交流，旨在获取其观点、经验、态度和观念。该方法能提供深入详尽的信息，揭示受访者的内在体验和个人见解，挖掘潜在观点与动机。在体育领域，访谈法可应用于研究运动员训练经验、教练策略及观众反应等。通过深入对话，访谈法有助于洞悉运动员的心理准备、压力应对策略，并获得关于心理准备与表现的关键认识。

三、混合研究方法

混合研究方法融合了定量研究与定性研究的优势，针对复杂研究问题，能提供更全面且深入的理解。该方法注重运用多样化的数据收集与分析手段，从多角度审视研究问题。常在同一研究项目中并行采用定量与定性方法，或在研究的不同阶段分别运用。

（一）训练方法效果研究

在定量研究阶段，研究者收集和分析运动员心率、血压、血氧饱和度等生理指标以及比赛成绩等数据，以评估新训练方法的效果；在定性研究阶段，研究者对运动员进行参与观察或访谈，了解运动员对新训练方法的主观体验。通过这种方式，研究者可以从多个角度了解新训练方法的训练效果，从而为运动员的训练提供更有效的建议。

（二）运动员心理状态研究

在定量研究阶段，研究者使用问卷调查或实验研究来评估运动员的心理状态，如焦虑水平、自我效能感等。在定性研究阶段，研究者对受访者进行访谈，了解运动员的感受和经验，以及他们的心理状态如何影响他们的训练和比赛表现。通过这种方式，研究者可以更全面地了解运动员的心理状态，以及心理状态与运动表现之间的关系。

（三）运动损伤预防研究

在定量研究阶段，研究者通过实验观察、测量等方法收集和分析关于运动员受伤的数据，如受伤发生的频率、严重程度等。在定性研究阶段，研究者对运动员进行访谈，了解运动员的训练习惯、设备使用情况、心理状态等带来的损伤风险。通过这种方式，研究者可以更全面地了解运动损伤影响因素，以及如何有针对性地预防运动损伤。

（四）运动员恢复和康复研究

在定量研究阶段，科研人员收集和分析关于运动员恢复恢复时间、身体生理指标的改变等数据。在定性研究阶段，研究者对运动员进行访谈，了解运动员的恢复经验、个体感受、生理和心理挑战等因素对恢复进程的影响。通过这种方式，研究者可以更全面地了解运动员的恢复过程，以及如何有针对性地帮助运动员康复。

混合研究方法需要掌握和整合多种研究方法，处理和解释不同方法得到的可能相冲突的结果。使用混合研究方法需要有足够的研究技能和判断力，以确保研究的质量和有效性。

第三节　竞技训练学研究的主要流程

与其他科学研究流程一样，竞技训练科学研究包括研究准备、研究实施和研究报告等阶段。

一、研究准备

（一）选题论证

竞技训练学研究的选题是竞技训练学科研工作者在已获得的大量竞技训练资料、信息的基础上，有目的、有步骤地选择竞技体育领域中尚未认识和解决的问题进行研究的过程。竞技训练学研究的选题从根本上决定着竞技体育学研究的总方向和研究方案的设计，制约着研究的整个过程。

1. 选题原则

（1）科学性原则

选题需要依托坚实的科学理论与知识体系，确保研究议题与现有科学原理及理论框架相契合，以保障研究的逻辑与合理性；选题应具备科学性，依据合理的理论、方法及数据，得出可靠、可检验的结论，同时需要基于现有知识体系，避免主观偏见；科学性原则要求选题能填补研究空白，提出新见解或解决未决问题，促进学科进步，选题需要具备创新性与研究价值；选题应遵循学术规范，包括正确引用文献、采用合理研究方法、确保数据可靠等，以提升研究的学术品质，为学术界及科学领域做出积极贡献。

（2）可行性原则

可行性要求选题在研究实施中能获得必要支持。选题需要有明确的研究目的，解决特定问题或达成既定目标；选题需要具有可行性，即拥有相应研究方法和数据收集手段，能在限定时间和资源内完成；选题应提出可验证的研究假设或问题，便于通过科学方法加以检验，确保研究成果的可信度，经得起学术界及同行的审视，能为学术或相关领域理论研究、实践问题或社会发展提供有益见解。

（3）创新性原则

选题的创新性需要体现研究问题的独特性，能提出新颖观点、理论或假设，与现有学术成果相区分。创新性要求引入新的思考路径或方法，如运用新方法、技术或理论框架解决旧问题，促进学术进步；选题的创新性还应为学术界或实践领域贡献新见解及应用价值，通过阐释和推广研究成果，为学术理论增添支撑或为实践难题提供新解。

（4）应用性原则

选题的应用性强调研究问题需要紧密联系实际，能对社会、组织或行业产生正面效应。这要求研究者深入调研实际问题，发掘具有应用前景的研究议题；应用性研究应确保成果具有实践可行性，能为实际情境提供可操作的建议、方案或决策依据，这需要通过实证、实地调查或案例分析来验证其应用价值；选题的应用性旨在促进社会实践领域的发展，通过推广研究成果，为相关领域引入新思维、策略或方法，从而助力实践难题的解决与社会进步。

2. 选题来源

（1）从科学文献资料检索中寻找选题

科学文献资料是展现既有研究成果与知识的关键媒介。系统性检索与分析这些资料，有助于研究者洞察研究领域的前沿动态与研究缺口，为选定恰当的研究课题提供坚实支撑。检索科学文献时，研究者需要先明确自身的研究领域或方向，借助关键词或主题词，通过专业数据库与检索工具，查找相关领域的学术期刊、学位论文、会议论文等。在筛选与分析检索结果时，应研读文献摘要或全文，掌握研究目的、方法及发现。逐步剔除无关文献，聚焦与研究方向紧密相关的文献。在此过程中，通过文献综述或批判性思考，揭示领域内的未解之谜、知识空白或争议点。总结与分析已有文献，识别前沿问题与研究契机，进而确定兼具潜在创新性与重要性的研究课题。通过整合分析检索结果，明确选题与研究目的。所选课题应具备清晰的研究目标、科学性、可行性及重要性，能在学术上贡献新见解，推动实践发展，为解决现实问题提供有效策略与方案。

（2）从竞技训练学体系中寻找选题

在竞技训练学的研究选题中，可依托学科现有知识框架，重点考虑年度训练大周期、冬季项目及多项组合项目等方向。针对年度训练大周期，研究应深入分析准备期、比赛期、调整期各阶段特点，旨在优化训练方案，适应运动员的生理心理变迁。冬季项目选题，可围绕低温环境和技术特点，探讨科学训练与适应策略对提升运动员竞技能力的作用。至于多项组合项目，研究需要关注各项目间的相互作用，以及综合训练对提升运动员整体素质的影响。

（3）从竞技训练具体实践中寻找选题

基于竞技训练实践中遇到的问题与挑战，确定研究方向。例如，篮球比赛中球员在急停、转向时易使膝、踝关节受伤，促使研究者探讨其成因、预防及康复措施，形成研究选题。同时，竞技训练中的新技术、装备、方法亦是选题的重要来源。科技进步推动竞技运动发展，新技术的应用可能带来新问题及研究方向。例如，随着数据采集与分析技术的提升，运动员生理参数、运动技能得以精确测量评估，激发研究者对这些数据在训练与竞技中应用的兴趣。此外，通过统计分析与数据挖掘，可从数据中揭示规律与趋势，确定研究主题。

（4）从竞技训练研究争议中寻找选题

科学研究选题来源广泛，从竞技训练争议中寻找选题是常见途径。这些争议涵盖训练方法的有效性、比赛规则的公正性、运动员道德问题等，常引发广泛讨论与关注，为研究工作提供了丰富的选题空间。体育赛事在现代社会影响力巨大，争议性事件往往能引发高度关注，促使研究者深入探讨争议背后的原因及影响。例如，比赛中的严重违规行为，可能会激发对比赛规则、裁判制度或运动员心理状态的研究热情。此外，竞技训练争议也推动了体育伦理与治理领域的研究。竞技训练中出现的道德伦理问题，如兴奋剂使用、赛前私下协商等，涉及体育价值观和伦理原则的评价与反思。研究这些争议有助于理解和解决体育伦理与治理中的难题，推动竞技体育的健康发展。

（5）从竞技训练需求趋势中寻找选题

竞技训练需求趋势指在竞技运动领域内涌现的、对训练与竞技活动具有显著影响的发展动向，其根源涉及训练技术创新、装备升级、规则变动及运动员需求变化等。研究者洞察并分析这些趋势，能够发掘新的研究议题与方向。选取基于竞技训练需求趋势的研究题目时，应聚焦于运动科学的前沿探索与专业领域的热点议题。通过查阅文献、参与学术会议等途径，研究者掌握当前趋势所催生的研究问题。例如，随着个性化训练与健康管理需求的日益增长，针对不同运动员需求的个性化训练方案研究成为重要课题。同时，选题时还需要考虑社会、经济、环境等因素对竞技训练的潜在影响。

(6) 从竞技训练学术交流中寻找选题

学术交流是研究者共享成果、探讨问题、提出新见解的关键途径。竞技训练领域的学术交流作为汇聚多方专家的平台，使研究者得以洞悉最新的研究趋势与热点。参与学术会议、研讨会及研究小组等活动，研究者能深入探索竞技训练的前沿研究、新兴理论框架及方法，发掘潜在的研究课题。此类活动中，研究者能与其他学者面对面交流，抒发不同观点，提出疑问与见解，分享研究成果或经验灵感，开辟新的研究方向。此外，专题讨论与研讨会常聚焦于特定问题或研究领域，汇聚该领域内的资深专家，为研究者提供了深入了解现状、热点及挑战的机会，助其筛选出有价值的研究课题。总体而言，学术交流促进了研究者间的启发与合作，推动了竞技训练领域的发展与创新。

(7) 从竞技训练研究指南中寻找选题

国家体育总局及各省市体育局常发布科研项目指南，旨在促进体育科学研究的进步。这些指南涵盖特定议题或挑战，为研究者提供选题依据。研究者可依据指南与国家或地方体育机构合作，针对实际问题展开研究，助力竞技训练领域的发展。此类合作融合了科研与实践，增强了研究的实用性和可行性。通过指南，研究者可明晰竞技训练的主题、目标及需求，进而确定研究方向。同时，国家社会科学基金及省级课题也会提供研究方向和重点的指引，如运动员技能训练、训练方法优化、健康管理与运动表现等。研究者可依据这些指引，在指南框架内选择与重点方向相符的研究课题。

国家社会科学基金及省级课题往往倾向于富有创新性和学术价值的研究项目。研究者可依据选题指南中的评审标准，挑选具有创新性的竞技训练研究议题，清晰阐述选题的学术价值及其对竞技训练学科发展的推动作用。选择与指南重点相符且兼具创新性和学术价值的题目，有助于研究者获得资助，并为竞技训练领域的发展贡献力量。

3. 选题流程

(1) 确定研究主题

在确定研究主题时，可从以下方面结合个人兴趣与研究背景进行选择：①明确感兴趣的竞技体育领域，如足球、篮球、游泳等，以精准定位研究焦点；②考察不同的竞技训练方法与技术，如高强度间歇训练、力量训练及心理训练等，探究其对提升运动员表现、身体素质及预防受伤等方面的作用。此外，应关注训练中的适应性及反馈机制，探索优化训练计划、增强运动员适应性与学习效果的方法，并运用科技手段实现实时反馈，以提升训练成效。同时，分析运动员心理素质与竞技训练的关联，研究士气形成、影响因素及管理策略，涵盖动机、自信心、专注力与团队合作等心理要素。还应重视运动训练中的损伤预防与康复，研究降低受伤风险、提升训练安全性的途径，并探索有效的康复方法与复原策略。另外，利用大数据分析与科技手段，研究运动数据的收集与分析方法，以及其在指导训练、提升运动员表现中的应用。通过深入上述领域的背景研究，可明确具体研究主题，并细化研究问题与目标。在确定主题时，建议参考最新学术文献、研究项目与行业动态，确保研究的创新性与前沿性。

(2) 参考文献综述

文献综述的目的包括：①系统梳理竞技训练学领域的研究成果与学术观点；②明确研究目标与问题，通过综合分析已有文献，识别研究空白与待解难题；③防止重复研究，通过查阅文献掌握既有成果与方法，避免无效劳作；④指导研究方法与设计，依据文献分析，权衡各种方法的利弊，选取最适合当前研究问题的方法与方案。进行文献综述时，应遵循搜索、筛选、分析、整理、评估等步骤，确保综述的准确性和可靠性，并不断更新最新研究成果，以保持综述的时效性和前沿特性。

(3) 提出研究假设

研究假设能指明研究方向与目标，引导研究设计和方法选取，为实证分析及理论构建提供依据。提出假设可依据理论、前期研究成果或实践观察等。需要确保假设明确、可量化且科学，与研究问题、理论框架相匹配，并与研究设计、实验方法相协调。研究假设的设定能为研究提供导向和框架，为研究顺利推进奠定基础。

(4) 研究可行性分析

可行性分析旨在评估研究的可行性与实施条件，识别技术与方法的局限，并预先洞察潜在的问题与挑战，从而提升研究的信度与可靠性。开展可行性分析有助于制订科学的计划与策略，保障研究顺利实施并获取可靠成果。

(5) 设计研究方法

设计研究方法能够确保研究的科学性、可信度，解答研究问题，并提供具有可比性和可重复性的数据。此外，合理设计研究方法还能优化资源配置，有效促进竞技训练学研究的进步与应用。

(6) 研究内容设计

在竞技训练学的科学研究中，恰当的设计能明确研究目的与问题，规范研究流程，增强研究结果的说服力与可重复性。设计时需要综合考虑研究目的、设计方案、样本筛选、数据收集与分析等环节，确保研究具针对性与实用性；样本需要具备代表性、随机性和可比性；数据应准确无误，且需要经过科学、合理分析，以得出可靠结论。在科学研究中，设计研究内容是保证研究有效性和可靠性的关键环节之一(图 10-1)。

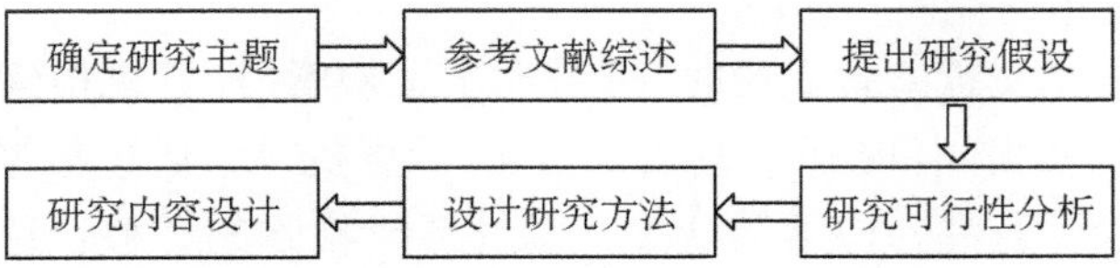

图 10-1 选题流程

(二) 文献收集整理

1. 文献收集整理的作用

(1) 有助于科学选定研究课题

通过对相关领域文献的综合阅读与分析，揭示研究进展、热点及空白，确保研究课题的创新性与重要性。同时,文献梳理有助于明确研究目的与目标,并评估课题的可行性,为研究工作提供科学依据。基于此,能够更准确地选定研究课题,并深入有效地开展研究。

(2) 有助于科学选定论证依据

文献梳理能够验证文献来源及可靠性,汇集多样观点与证据,揭示研究空白,并构建论证框架。经由文献的综合分析,可筛选出高质量的论证依据,保障研究的科学性和可靠性,同时提升论证的全面性和说服力。利用梳理成果,能更有效地支撑研究论点,推动科学研究的进步。

(3) 有助于科学提升研究效益

文献梳理有助于掌握最新研究动态,优化设计与方法,激发研究思路与创新灵感,并揭示研究空白与待解难题。有效利用文献梳理,可以增强研究效率与科学影响力,促进科学的持续发展与进步。

2. 文献收集整理的过程

(1) 根据研究主题确定检索范围

1) 根据研究主题确定专业范围

界定文献检索范围时,需要明确研究主题所涉及的专业范围,包括确定学科领域、细分相关专业领域。参考领域内的核心期刊、会议论文集、专业数据库和权威机构的发表物,可以缩小检索范围,提高文献的相关性和可信度。

2) 根据研究主题确定时间范围

界定文献检索范围时,需要明确研究主题的时间跨度,即判断是否涵盖全部历史文献或仅聚焦近期研究,并识别是否存在与研究主题紧密相关的特定时间点。此外,可依据该领域的研究进展与趋势来设定时间范围。合理选择时间跨度,有助于获取最新且相关的文献资料。

3) 根据研究主题确定文献类型

界定文献检索范畴时,需要明确研究主题所需的文献种类。常见种类有学术期刊论文、学位论文、会议论文、报告、书籍及专利。学术期刊论文是获取最新研究成果的关键渠道,学位论文提供深度研究与探索的资料,会议论文反映最新研究动态,而报告、书籍和专利则作为辅助文献。依据研究主题的特性与需求,合理选择文献种类,有助于获取全面且多样化的研究资料。

(2) 根据研究主题选择检索手段

根据研究主题选择文献检索手段时,可考虑手工检索、计算机检索和混合检索。手工检索适用于传统文献资源,耗时耗力但获取全面;计算机检索通过数据库和搜索引擎快速获取大量文献,高效准确;混合检索结合手工和计算机检索的优势。选择时可考虑主题特点、时间和资源限制,并根据需求灵活选择合适的检索方式。

(3) 根据研究主题选择检索平台

根据研究主题选择适合的检索平台可以获取高质量的文献资源。常用的检索平台包括学术搜索引擎、学术数据库、图书馆数据库和学术社交网络。学术搜索引擎如中国知网、万方数据知识服务平台、Google 学术、Microsoft 学术可提供大量文献结果;学术数据库如 Web of Science、Scopus 可提供广泛的学术资源;图书馆数据库可以咨询所在机构的图书馆；学术社交网络如ResearchGate、Academia. edu聚集了学者的研究成果。选择检索平台时需要考虑可信度、覆盖范围、检索功能和访问权限等因素，以提高检索效率和质量。

(4) 根据研究主题选择检索方法

根据研究主题选择适合的检索方法可以有效获取相关文献。常用的检索方法包括关键词检索、主题词检索、标题/摘要检索、文献引用检索和文献互助。选择适合的检索方法需要了解研究主题、考虑文献资源可得性和时间限制，并根据需求灵活选择。

(5) 根据研究主题进行文献分析

文献分析是围绕研究主题对相关文献进行系统评价与综合解析的过程。具体步骤包括：①利用恰当的方法和平台搜集相关文献；②筛选文献，剔除不相关或质量较低的；③评估筛选后的文献，考量其可信度及方法论合理性；④对合格文献进行综合解析，揭示其关联性与差异性；⑤整理归档分析后的文献，以备后续参考。此过程应始终强调文献的质量与可信度，并紧密贴合研究主题进行综合考量与分析。

常用网络检索平台有以下几个。

(1) 中国期刊网

中国知网：https://www. cnki. net

万方数据知识服务平台：http://www. wanfangdata. com. cn

维普网：https://www. cqvip. com

中国科学技术信息研究所(ISTIC)：http://www. istic. ac. cn

中国科技论文在线：http://www. paper. edu. cn

中国工程科技知识中心(CKCEST)：http://www. ckcest. cn

(2) 国外期刊网

Google学术(Google Scholar)：https://scholar. google. com/

PubMed：https://pubmed. ncbi. nlm. nih. gov

Web of Science：https://www. webofscience. com

Scopus：https://www. scopus. com

IEEE Xplore：https://ieeexplore. ieee. org

ACM Digital Library：https://dl. acm. org

SpringerLink：https://link. springer. com

Elsevier ScienceDirect：https://www. sciencedirect. com

JSTOR：https://www. jstor. org

二、研究实施

(一) 研究设计

1. 研究设计的基本原则

(1) 明确性原则

在研究竞技训练学时，实验设计应遵循明确性原则。要求研究目的、假设、操作定义及变量测量等核心要素清晰界定，以保障研究的可操作性和可信度。明确性原则的关键在于：清晰阐述研究目的与问题，提出具体假设，明确界定操作步骤与变量测量方式，并确定实验设计方案。遵循此原则能增强研究的科学性与可靠性，降低误差与偏差，提升研究结果的信度与效度。

(2) 可控性原则

在研究竞技训练学时，实验设计需要遵循明确性原则。要求研究目的、假设、操作定义及变量测量等核心要素界定清晰，以保障研究的可操作性和可信度。具体而言，需要明确研究目标与问题、设定清晰的假设、规定明确的操作步骤和测量方式，并制定详细的实验设计方案。遵循此原则能增强研究的科学性与可靠性，降低误差与偏差，从而提升研究结果的信度和实用性。

(3) 随机性原则

在研究竞技训练学时，实验设计应遵循随机性原则。要求实验采用随机分配、随机顺序及随机抽样等手段，以消除个体差异对实验结果的潜在干扰。遵循此原则能减小偏差，增强研究的可靠性和可信度，保障实验组与对照组的可比性，进而精确评估竞技训练学的实际效果与影响。

(4) 重复性原则

研究竞技训练学时，实验设计需要遵循重复性原则，即多次实验，采用多个独立样本，并确保实验过程标准化、一致性，旨在验证实验结果的可靠性和稳定性。重复实验与多样本验证能增强研究结论的可靠性和普适性。遵循重复性原则可减少误差，提升研究结果的可比性和可信度。

(5) 合理性原则

在研究竞技训练学时，实验设计应遵循合理性原则。明确界定研究问题，恰当选取实验变量与观测指标，科学进行样本选取与样本量估算，并确定合适的实验设计与方法。遵循此原则，可确保研究设计的科学性与实用性，得出有价值的研究结论，为竞技训练学的发展与应用提供有益借鉴。

(6) 伦理性原则

在研究竞技训练学时，实验设计需要遵循伦理性原则。要求保护参与者权益与福利，确保知情同意，维护隐私及数据保密。同时，应避免给参与者带来伤害与风险，并在招募及处理过程中公正平等。遵循这些原则，可保障研究的道德性与可信度，维护职业操守，促进竞技训练学领域的发展。

(7) 经济性原则

在研究竞技训练学时，实验设计需要遵循经济性原则。要求研究者有效利用资源，平衡成本效益。需要合理规划有限资源，确保实验设计的复杂性、可行性。同时，应选用恰当的数据收集与分析方法，以提升效率并保障结果可靠性。此外，还需要考虑研究的长期可持续性，包括数据维护与结果应用的成本效益。遵循此原则，可高效利用资源，提升研究效益，为竞技训练学的发展及实际应用提供明智决策。

遵循原则，竞技训练科学研究的实验设计将更有可能产生有效、可靠和可推广的研究结果，为竞技训练领域的发展提供有力支持。

2. 研究设计的一般步骤

竞技训练科学研究的实验设计是一个关键的过程，有助于确保研究的科学性和有效性。以下是竞技训练学研究中常见的实验设计步骤，以及相应的例子。竞技训练学研究的研究设计一般包括以下几个步骤。

步骤一——确定研究目的和研究问题：明确研究的目的是什么，要解决的研究问题是什么。例如，研究目的可以是探究不同训练方法对运动员技能发展的影响，研究问题可以是某项训练干预措施是否能提高运动员的爆发力。

步骤二——设计实验组和对照组：确定实验组和对照组，以进行比较和分析。实验组接受特定的训练干预措施，而对照组则保持常规训练或不进行特定训练。例如，将一组网球运动员分为实验组和对照组，实验组在训练中加入平衡训练，而对照组只进行传统的技术训练。

步骤三——随机分配和匹配：对参与实验的运动员进行随机分配或匹配，以消除可能的干预效应和个体差异。例如，在上述实验中，将运动员随机分配到实验组和对照组，以确保两组在初始水平和个体特征上的匹配。

步骤四——实施训练干预措施：对实验组进行特定的训练干预措施，以观察其对运动员表现的影响。例如，在实验组中，运动员进行特定的平衡训练，如单脚平衡器使用和平衡器训练，以提高网球技术和运动能力。

步骤五——数据收集：收集与研究问题相关的数据。可以采用多种数据收集方法，如测试、问卷调查、观察或生物测量等。例如，收集运动员的比赛成绩、技术评估、体能数据以及他们对训练措施的主观反馈。

步骤六——数据分析：对收集到的数据进行分析，使用适当的统计工具和方法来回答研究问题。例如，比较实验组和对照组在比赛成绩、技术评估和体能指标上的差异，通过配对 t 检验或方差分析检验其统计显著性。

步骤七——结果解释和讨论：根据数据分析的结果，解释实验的结果，并讨论其实际和理论意义。例如，解释平衡训练对网球运动员技术和运动能力的影响，讨论该研究对训练方法和干预策略的贡献。

步骤八——结论和推广：总结研究的结论，并探讨其在更广泛范围中的推广应用。例如，总结平衡训练对网球运动员的益处，讨论如何将平衡训练应用于其他竞技项目或训练环境中。

这些步骤可以有助于规划和实施符合科学标准的竞技训练学实验设计，以便系统地研究训练干预措施对运动员表现的影响，并产生可靠的研究结果和见解，从而为竞技训练领域提供有价值的信息和见解(图 10-2)。

（二）资料收集与实验

在竞技训练学研究中，需要深入了解选题领域现状，涵盖既有成果、研究空白及待解问题。应通过查阅文献、参与学术会议、同行交流等途径，广泛搜集资料，为深入研究奠定坚实基础。资料收集时，需要重视来源可靠性与数据时效性，避免使用不准确或过时的信息，确保研究可信度。

竞技训练研究的核心在于实验实施。该环节旨在验证理论假设，深入探究竞技训练的

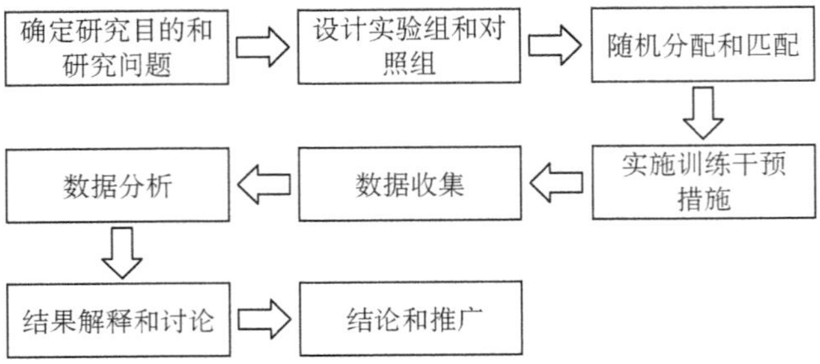

图 10-2　研究设计的一般步骤

科学本质与规律。实施时，需要设计科学的实验方案，选用恰当的方法与手段，严格把控实验条件，以保障结果的准确性和可验证性。此外，还需要重视实验安全，遵守相关法规，避免对人员和环境造成不良影响。

竞技训练学研究中的资料收集与实验实施在科学研究中相互依存、相互促进。一方面，资料收集为实验实施提供了必要的背景知识和理论支持，有助于研究者更好地理解实验现象和结果；另一方面，实验实施的结果又可以进一步丰富和完善资料收集的内容，为未来的研究提供更多的参考和借鉴。

（三）资料处理与实验分析

在竞技训练科学研究中，要及时对收集到的资料、数据进行整理、分析，以揭示其中的规律、趋势和关系。

资料的整理是资料处理的基础，包括数据清洗、数据归类和数据标记等步骤。数据清洗旨在删除、修正不完整、错误或不适用的数据，确保数据的真实性、准确性和可靠性。数据归类则是将数据按照一定的规则进行分类，使整理后的数据具有明确的结构和体系。数据标记则是对整理后的数据进行标识和注释，以便于后续的分析和处理。

资料的分析是资料处理的核心。描述性统计是常用的一种方法，通过计算数据的均值、标准差、频数等指标来描述数据的主要特征和分布情况。此外，归因分析也是一种重要的分析方法，研究数据中各因素对结果的影响程度和贡献度，有助于揭示竞技训练现象背后的深层原因。

在资料处理时，需要确保整理后的资料事实精确，数据无误。资料的整理与分析是深化研究、提升认识的关键阶段，也是实现从感性到理性飞跃的过程。此阶段应善用辩证逻辑、统计学方法及其他量化手段，科学提取资料中的有效信息。竞技训练学研究中，计算机统计软件的应用日益广泛，合理选择这些软件能高效处理大量数据，提供多元分析方法和可视化工具，助力深度挖掘数据内涵。

（四）研究结果讨论

1. 研究结果的描述

对实验或研究中收集到的数据进行整理和分析，得出研究结果。例如，比较实验组和对照组在比赛成绩、技术评估和体能指标上的差异，通过配对 t 检验或方差分析检验其统计显著性。对运动员在不同训练方法下的运动表现进行比较，得出哪种训练方法更有效。

2. 结果解释

对研究结果进行解释,说明其意义和影响。例如,解释某种训练方法为什么能够提高运动员的运动表现,以及其对运动员长期发展的影响。

3. 讨论分析

对研究结果进行深入讨论和分析,探讨其背后的原因和机制。例如,解释平衡训练对网球运动员技术和运动能力的影响,讨论该研究对训练方法和干预策略的贡献。探讨某种训练方法对运动员生理和心理的影响,以及其对运动员技能和体能的提高作用。

4. 结果推广

将研究结果推广到更广泛的领域和应用中,为其他研究者和实践者提供参考和借鉴。例如,将某种训练方法应用于其他运动项目或训练环境中,探讨其适用性和效果。

三、成果撰写与发布

(一) 学术论文撰写

1. 学术论文基本结构

撰写论文是将研究成果和新发现进行系统阐述的过程,有助于学术交流和研究成果的传播。通过论文撰写,可以分享研究观点、方法和发现,从而推动学术领域的发展。同时,高质量的论文可以提升研究者的学术声誉,为职业发展和学术合作创造更多机会。因此,掌握论文撰写技巧对竞技训练研究人员来说至关重要。

撰写科学研究论文的结构通常包含以下 6 个部分(图 10-3)。

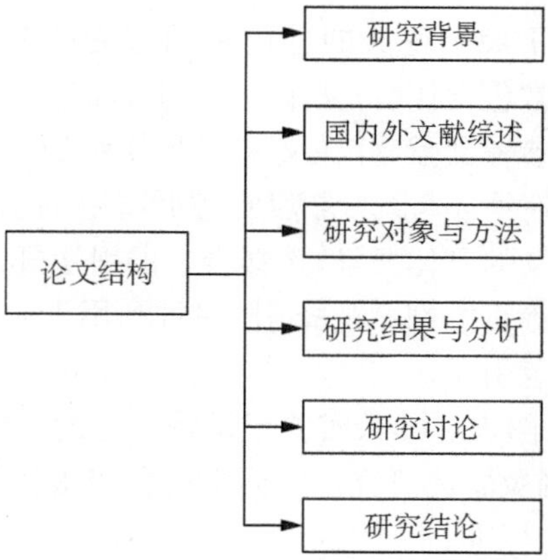

图 10-3　体育学科学术论文一般结构

(1) 研究背景(问题提出、依据、目的意义)

研究背景作为论文的起始部分,旨在阐述研究背景、问题及目的。其目标是激发读者兴趣,并强调研究的重要性。因此,需要清晰界定研究问题,并简述其背景。随后,应明确研究目的与目标,阐述本研究如何填补现有知识空白。

(2) 国内外文献综述

国内外文献综述部分是对相关研究的概括与评价。涵盖与研究问题紧密相关的核心研究，既包括支持自身论点的成果，也涉及不支持或与研究结论相悖的研究。此部分的宗旨在于展现对该领域的深入理解，识别研究缺口，并论证研究的创新性与价值。

(3) 研究对象与方法

研究对象与方法部分详述了研究实施的具体步骤。它涵盖了所采用的实验设计方案、数据收集途径及数据分析手段。此部分需要详细阐述，确保其他研究人员能够据此重现研究过程。

(4) 研究结果与分析

研究结果与分析部分是研究报告发现的核心环节，应清晰、扼要地展现数据与分析成果，常含图表、图形及统计分析等内容。此部分仅限于数据与结果的直接展示，避免包含对结果的阐释或讨论。

(5) 研究讨论

研究讨论部分旨在阐释和解读研究结果。此环节需要明确研究结果的含义，阐述其如何回应研究问题，并与现有研究进行对比。同时，还应探讨研究的局限性及未来研究的方向。

(6) 研究结论

研究结论部分是研究者概括研究成果、探讨其实际应用价值及意义的环节。该部分力求精炼且清晰，着重突出该研究对所在领域的具体贡献。

(7) 其他

1) 参考文献：竞技训练学研究的参考文献涵盖书籍、期刊文章、会议论文、学位论文及专利等多种形式。其作用在于展示论文的理论基础与资料来源，并便于读者检索相关资料。参考文献的标准格式通常包含作者、文献标题、出版信息等要素。撰写论文时，需要遵循既定的格式与规范来引用参考文献，并在文末附上参考文献列表。不同学科与出版物对参考文献的引用和格式要求有所不同，通常需要遵循特定的引用标准。因此，撰写论文时应根据所在学科及目标出版物的具体要求，选择合适的引用规范并严格执行。可参照学术期刊、学术出版社、学术机构等官方网站的指引，亦可利用 EndNote、Mendeley、Zctero 等文献管理工具辅助管理和规范引用。

2) 附件：通常包括数据、图表、代码、实验记录等。有助于读者深入理解论文的精髓与成果，并便利其他研究者复制及验证研究。不同学科和出版物对附件的格式与内容要求各异，故需要遵循相应的规范与标准。

2. 论文写作技巧

撰写竞技训练科学研究论文，开篇应以简介为起点，明确研究问题、背景及目的，旨在引导读者理解研究主旨与目标，为后续论述奠定基础。随后，文献综述需要系统总结并评价既有研究，彰显研究价值与创新。

明确研究问题与背景后，方法部分应详细阐述研究设计、数据收集与分析手段，确保其他研究者能据此复制并验证研究。

结果部分应清晰、准确、有条理地呈现研究发现与数据分析结果。

讨论部分则负责对研究结果进行阐释与比较，分析其意义，与既有研究对话，探讨研究局限及未来研究方向。

结论部分总结研究的主要发现，探讨其实际应用价值，强调对竞技训练科学领域的贡献。

3. 论文修改

科研论文的修改是提升质量、准确性和可读性的关键环节，需要细致入微。修改内容主要包括全文结构逻辑、语言表达、材料数据及图表规范等方面。

检查全文结构逻辑，确保引言、方法、结果、讨论、结论等部分完整连贯，各部分衔接自然，避免跳跃或重复。

仔细审阅论文，纠正语法、拼写和标点符号错误，精炼语言，避免冗余复杂，确保表达清晰简洁，同时运用专业术语，保证学术性。

核实数据与信息来源的可靠性，检查实验方法、数据处理及结果分析的准确性、完整性，确保引用文献格式正确，避免抄袭。

检查图表和插图的质量清晰度，优化设计，使其直观易懂，并确保标题、坐标轴标签、图例等标注清晰准确。

多次审查论文，多角度发现问题并修改。邀请他人审阅，听取意见，有针对性地进行改进，以进一步提升论文质量。

（二）学位论文撰写

1. 选题与背景研究

学位论文是在导师指导下，由学生独立完成的，涵盖选题、资料搜集、方案确定及从初稿至终稿的全过程。选题须紧密结合个人专业背景与兴趣，确保其具备研究价值及实际意义。论文选题应具备创新性、实用性和前瞻性，反映学科前沿与研究热点。需要对课题进行深入的背景调研，掌握国内外研究现状及发展动向，为论文写作奠定理论基础并提供参考。

2. 论文结构安排

学位论文一般涵盖摘要、引言、正文、结论及参考文献等章节。摘要应精炼概述研究内容、方法及结论。引言需要说明研究背景、目的意义，并提出研究问题与假设。正文需要详细论述研究流程、数据分析及结果讨论。结论部分应总结研究成果，同时指出研究局限及未来研究趋势。

学位论文需要符合体育学科及运动训练、体育教育、体能训练等专业规范，展现专业特色与研究深度。其结构、语言及表述方式均需要具备专业性，满足专业读者的阅读需求。论文内容须为原创，严禁抄袭或剽窃他人成果，应提出新颖观点、见解或创造性成果。

3. 撰写技巧与注意事项

务必确保学位论文主题鲜明，逻辑严谨，结构条理清晰，段落衔接自然流畅。语言表达应精准简练，杜绝冗长与含糊不清。论文应严格遵循学术规范，涵盖封面、扉页、原创性声明、目录、正文及参考文献等必备部分。内容须真实原创，严禁抄袭剽窃。图表与数据应清晰准确，与论文内容紧密一致。采用国家正式推行的简化汉字及法定计量单位，术语、符号等需要统一规范。

4. 论文修改与润色

完成初稿后，应反复修改润色，以提升论文质量。建议及时向导师提交初稿，或与同学交流，吸纳意见和建议，进行有针对性改进。在学位论文定稿时，还需要注意格式与排版，确保符合学校及专业要求。

（三）会议论文撰写

学术会议论文的总体规范要求与期刊论文相同，仅在形式上因为国内外不同层次会议的要求有别。

撰写论文前，需要明确研究目的与主题，并开展详尽的文献综述，旨在掌握最新研究动态，规避重复研究，并为研究奠定理论基础。学术会议论文结构通常涵盖引言、方法、结果、讨论及结论等几部分。引言应简要阐述研究背景、目的、意义，并清晰界定研究问题与假设。方法部分需要详细叙述研究方法、数据来源、实验设计及数据分析手段，确保描述详尽，便于其他研究者理解并复现研究。结果部分应客观、精确地展示研究成果，借助图表、表格等视觉辅助手段，确保结果与研究问题紧密契合。讨论部分则需要深入分析研究结果，阐释其意义及潜在影响，与现有文献进行对比联系，提出新见解或假设。结论部分则总结论文主要发现与贡献，指出研究局限及未来研究方向。

（四）课题项目申报

1. 关于申报通知

课题申报的常见信息来源有政府机构及科研基金会发布的通告，涵盖市级、省级、教育部、国家体育总局以及国家社会科学基金和自然科学基金等项目。应密切关注这些官方网站的申报通知，确保课题符合申报条件。通知内容通常涉及研究议题、截止日期、申报流程及所需材料等关键信息。需要认真阅读通知，透彻理解其意图与要求，并据此设计高度相关且可行的研究方案。同时，通知还常包含评审标准、申请表及联系方式等。务必确保在截止日期前提交完整且符合要求的课题申请。

2. 确定申报选题

在课题申报通知后有围绕当前国家和社会需求提供有关选题范围的信息。研究主题通常与现实需求密切相关，因此，在申报课题时需要紧密结合这些选题范围，同时考虑自身的研究领域专长和兴趣，以确定最合适的申报选题。国家级课题立项示例见表 10-1。

表 10-1 近 5 年竞技体育领域国家级课题立项

姓名	题目
熊焰	中国特色竞技体育文化研究
陈亮	竞技体育项目分类治理的国际实践与中国创新研究
李赞	我国竞技体育跨项选材的生成逻辑及创新路径
徐刚	2008 年北京奥运会竞赛工作成功经验与 2022 年冬奥会创新研究
赵鲁南	人类命运共同体视阈下我国竞技体育的社会责任研究
余银	“体育大国向体育强国迈进”中我国竞技体育战略
石岩	中国特色运动员心理健康服务体系整合与构建研究

3. 填写申报材料

竞技训练学课题申报材料因资助机构、项目性质及研究领域差异而各有特色，但核心要素基本一致。申报书需要涵盖基本信息，如课题名称、研究团队构成及所属机构等。论证部分则通常包含标题、研究背景概述、目的与意义阐述、方法论说明、研究内容规划、预期成果与创新点介绍、团队实力与资源条件、前期研究成果展示及参考文献列表等关键章节。为确保课题顺利获批，申请人应严格遵循资助机构及项目的具体要求，不仅确保申请材料格式合规，还需要避免基本错误，以提升整体申报质量。

4. 提交申报材料

仔细检查课题申报材料，确保内容翔实、全面，并符合课题申报规定的格式。在课题申报截止日期之前提交课题申报材料。

第十章习题　　第十章参考文献

附录：竞技训练科学经典文献阅读

国内外竞技训练领域的经典文献展现了该领域的历史发展脉络、坚实的理论基础及前沿的创新方向。文献聚焦具有深远影响的研究，为深入剖析竞技训练科学的本质提供了重要视角。研读文献并从中获得启示，为未来研究开辟新思路、新方法。

一、 国外经典文献解析

经典文献一：周期训练学说——列·巴·马特维也夫，《体育训练科学的基本问题》

列·巴·马特维也夫的《体育训练科学的基本问题》是体育训练的经典之作，蕴含了诸多核心理论与实用方法。书中精髓涵盖周期化训练、体能技能发展、训练负荷调控、训练计划定制及心理因素考量等。其研究方法特色在于融合个人研究、实践经验及与体育界专家的合作成果，构建了一套系统的理论框架。

核心结论包括以下几点。

(1) 周期化训练是一种有效的方法，可以提高运动员的表现，避免过度训练和疲劳。

(2) 训练计划应该根据运动员的特定需求和比赛日程进行个性化调整。

(3) 管理训练负荷对于维持运动员的身体和心理健康至关重要。

(4) 运动员的体能和技能应该在不同阶段得到逐渐发展和提高。

(5) 心理因素对运动员的表现同样具有重要影响，需要加以考虑。

自 1959 年初版问世以来，该书历经多次修订，已成为体育训练领域的权威经典，深刻影响了后续的运动训练理论与实践，被广大学者与教练广泛引用与借鉴。

经典文献二：训练学理论的诞生——迪特里希·哈雷，《训练学》

1964 年，迪特里希·哈雷及其同事编纂的《训练学》函授教程初现雏形，并于 1969 年正式出版成书，这标志着训练学正式确立为一门独立学科。该书深度剖析了训练学的基本理论框架与实用方法，为学科奠定了坚实基础。迪特里希·哈雷团队的工作不仅构建了运动训练与运动科学研究的理论支柱，还激发了训练学的深入探索与持续发展。这一里程碑事件极大地推动了竞技训练学领域的进步，为研究人员及从业者提供了更为系统化、科学化的训练指导思路，启发了后续研究与实践的新方向。

经典文献三:竞技运动理论奠基——列·巴·马特维也夫,《竞技运动理论》

该书系统性地剖析了竞技运动训练的原理与策略,构建了全面的训练理论体系框架。其核心聚焦于竞技训练的科学逻辑与合理性论证,涵盖训练目标的精准设定、训练负荷的科学调控、周期化训练安排及运动员适应能力的逐步提升等多个维度。该书深度挖掘体能训练、技术精进、战术布局及心理调适等关键训练要素,不仅从理论上阐述了其重要性,还结合实例为教练员和运动员提供了切实可行的操作指南和理论支撑。其研究设计思路清晰,研究方法注重实证分析与理论综合,展现了严谨的学术态度与实践导向。

该书通过深入研究体能、技术、战术和心理等方面的训练要素,为教练员和运动员提供了实践的指导和理论的支持。

经典文献四:奥林匹克运动训练理论——弗拉基米尔·尼古拉耶维奇·普拉托诺夫,《奥林匹克运动员训练的理论与方法》

《奥林匹克运动员训练的理论与方法》深度聚焦于奥林匹克级别运动员的训练精髓,旨在系统性地培育并指导运动员迈向奥林匹克巅峰。该书广泛覆盖运动生理学、心理学及营养学等多个维度,融汇了领域内最前沿的研究成果与理论框架,并穿插实战案例分析,传授实用的训练策略与技术细节。书中尤为强调训练方法的个性化与科学化,引领教练员依据每位运动员的独特条件与竞技目标,量身定制训练蓝图。同时倡导运用现代科技手段,精准监测与评估训练成效,为运动员的每一步成长提供科学依据与方向指引,启发读者在训练设计上追求精准与高效。

经典文献五:运动训练理论——图德·O.邦帕,《周期:运动训练理论与方法》

《周期:运动训练理论与方法》为体育科学权威图德·O.邦帕 1990 年的力作,是体育训练理论领域的重要篇章。其精髓在于分期训练理论与方法,深入剖析了各阶段训练特性及计划设计要点。图德·O.邦帕提出的“超负荷适应原则”尤为著名,该原则主张循序渐进地增加训练负荷,以增强运动员的适应能力。书中还着重论述了训练的周期化、变化性价值,以及技术、战术、心理等多维度训练要素。图德·O.邦帕的设计思路体现出对训练过程全面而深入的洞察,研究方法则注重理论与实践的紧密结合,既有理论高度,又具实操性。该书对运动训练理论与实践产生了深远影响,尤其在力量训练领域表现突出,不仅是高水平运动员训练的宝贵指南,也为普通人提升体质提供了科学依据。该书为教练员和运动员设计高效训练计划、优化训练效果提供了重要参考,其思想和方法至今仍启迪着无数体育从业者。

二、 国内经典文献解析

经典文献一:田麦久,麻雪田,黄新河,等,项群训练理论及其应用

基于竞技运动项目的科学分类,田麦久、麻雪田、黄新河等学者创立的“项群训练理论”深化了运动训练理论体系。该理论聚焦于项群的形成与演进,系统剖析了影响各项群运动员竞技能力和成绩的关键因素,并深入揭示了项群特有的训练规律。这一理论不仅驱动了运动训练理论与方法的创新、融合与演进,还在竞技体育战略规划、项目宏观管理、人才流

动等方面展现出重要的理论指导意义与实践应用价值。文献提炼了同一项群内不同项目的共通性规律，强化了训练理论与实践的联结，实现了训练学理论层级间的顺畅过渡，为学生提供了深入理解运动训练本质的新思路。

经典文献二：田麦久，刘大庆，熊焰，竞技能力结构理论的发展与“双子模型”的建立

改革开放以来，我国运动训练学理论取得了显著的科学进展。田麦久、刘大庆、熊焰在“木桶模型”与“积木模型”的基础上，提出了竞技能力结构的“双子模型”理论。文献认为，两个模型从不同视角审视竞技能力结构特征，以不同图像揭示子能力间的联系；模型各具适用性，既可针对不同运动员，也可应用于同一运动员的不同训练阶段，相辅相成。“双子模型”将复杂的竞技能力结构具象化，从多角度创新性地解读了要素间的组合关系。这一理论有助于深入理解运动员的竞技能力构成，准确诊断其表现状态。根据运动员在不同训练阶段的特征，该模型能指导运动员如何发挥其特长，最小化“短板”影响，为制订科学的训练计划和参赛战术提供有力依据。这一研究设计思路独到，研究方法选取巧妙，启示学生在研究运动训练学时，应多角度、全面地分析问题，寻找不同理论间的互补性，以便于更精准地指导实践。

经典文献三：王卫星，李海肖，竞技运动员的核心力量训练研究

文献系统阐述了核心力量训练的概念，并结合实践经验阐明核心训练在提高运动员竞赛成绩方面的作用，并根据运动训练相关的理论知识，提出了关于核心力量训练的方法和注意事项，归纳了基本的训练思路，为我国竞技运动员的训练和从事此方面研究的学者提供参考性建议。文中重点指出，采用多元组合训练法对篮球运动员进行为期 15 周的体能训练实验，实验对象实验前、后的运动素质发生变化，各项指标均有明显提高且差异显著；体成分无明显差异，但体脂率呈下降趋势，瘦体重上升。表明多元组合训练法有利于提高篮球运动员的体能状况；同时在体能训练实践中并未造成实验对象的机体过度疲劳和损伤，表明多元组合训练法中运动负荷量及强度的安排具有合理性。

经典文献四：刘大庆，张莉清，周爱国，等，我国潜优势项目特点及制胜规律的研究

探究竞赛规律可助运动员与教练洞悉各赛事制胜核心，据此精炼战术策略，强化竞争力。该研究设计聚焦于深度剖析，旨在揭示不同项目胜利的关键要素。方法上采用综合性分析，不仅优化训练模式，定制高效训练蓝图，还精准培育竞技必需的技能与能力，全面提升运动员素质。同时，通过对技术与装备的细致考察，该研究促进技术创新，明确优劣，进而提升运动员表现，激发新的竞争力增长点。此思路启示学生，深入理解并应用竞赛规律是提升体育竞技水平的关键路径。

附录
拓展阅读